法国大革命批判辞典

4

观念卷

〔法〕弗朗索瓦·孚雷 莫娜·奥祖夫 主编

黄艳红 译 刘北成 校

François Furet
Mona Ozouf
et collaborateurs
**DICTIONNAIRE CRITIQUE DE LA RÉVOLUTION FRANÇAISE
IDÉES**

©Editions Flammarion, Paris, initially published in 1988,
New revised and enlarged edition in 2007
根据 Flammarion 出版社 2007 年版翻译

《法国大革命批判辞典》中文版
编委会

刘北成　庞冠群　申华明
张　智　黄艳红　洪庆明

说　明

本册据弗拉马里翁（Flammarion）出版社 2007 年出版的《法国大革命批判辞典》（修订版）第四卷《观念卷》翻译。修订版经重新审读和校对，文献目录也大幅更新，并增添了雅克·雷韦尔撰写的词条"绝对君主制"。

"参见条目"中黑体标注者为本卷中的词条，其余则见于本《辞典》其他各卷，即《事件卷》《人物卷》《制度卷》《阐释卷》。

中文版编委会

2021 年

一部"革命政治的表象史"

（代译序）

法国大革命，若从1789年算起，已经230多年了，但是它的影响至今不灭。

大革命为什么重要？以色列史学家阿隆·康菲诺对此作了一个解释。他把法国大革命称作一个"根基性过去"（foundational past）："根基性过去是指代表一个时代的事件，因为它体现了一种历史创新，成为道德和历史尺度，成为衡量一切人类事物的尺度。根基性要素不是事件的一种内在品质，而是存在于人们主观性之中的一种历史建构。"在他看来，法国大革命正是上述意义上的历史创新事件。具体而言，"《人权宣言》和恐怖重新定义了政治和道德。大革命催生了从1789年起决定现代欧洲和世界历史的思想和实践：自由主义、社会主义、女权主义、人权、总动员以及革命观念本身。大革命是关于民主和国家恐怖的第一次现代经验，因此被视为衡量现代历史的新标准。对于英国评论者埃德蒙·柏克来说，它是一个不惜任何代价都要避免的模式，但对于列宁来说，它是一个值得效仿的典范。"①

康菲诺的论断言简意赅，颇有见地。大革命作为现代性的雅努斯门槛，以《人权宣言》和恐怖两副面孔示人，不仅粗暴地截断了过去与现代，而且预示了"现代"或"现代化"的张力和冲突，开启了现代世界的路线竞争。

在西方乃至更广大的世界，从柏克－潘恩论战开始，有关大革命的争论从未停止。一代代的研究者和论战参与者，自觉不自觉地代入89年或93年乃至帝国的党派。这里不仅有语境和代际的差异，也有物质和精神利益的关联。正如法国历史学家弗朗索瓦·孚雷曾总结的："其他任何历史争论都没有如同每一代人都会发生的关于法国大革命的争论那样激烈和尖锐。"实际上，大革命不仅是一个历史事件，而且一直以历史话语的形式参与现实生活。现实与大革命形成互文关系。每一代人需要用大革命叙事和阐释来提供实践和思想的依据，大革命的历史话语成为现实的建构因素。而每一代人的大革命话语也是当时的现实映像，每一代人基于当代记忆和想象的历史话语来重构大革命。当然，大革命的历史话语积累了丰富厚重的思想遗产。

按照莫娜·奥祖夫的说法，法国经历了"旧制度与大革命的百年战争"，到19世纪末大致尘埃落定。艰难出世的第三共和国终于向第一共和国遥遥致敬。后来有"老虎总理"之称的共和

---

① Alon Confino, "Introduction. Edge of the past" in id., *Foundational Pasts: The Holocaust as Historical Understanding*, New York: Cambridge University Press, 2012, pp.5-6。康菲诺认为，法国大革命和大屠杀是近现代的两个根基性过去。他赞同孚雷的大革命结束论，理由是大屠杀的重要性在逐渐取代大革命。

派政治家乔治·克列孟梭宣布：大革命是一个整体（bloc），必须完整地接受大革命的一切，包括恐怖。这个基调当然不能结束争论。大革命史学作为一门专业学科，就是在第三共和国的实证主义和共和主义的氛围中诞生的。20世纪前期和中期，以巴黎（索邦）大学法国革命史研究所为中心的专业研究深受马克思主义的影响，自马迪厄、勒费弗尔到索布尔形成了学院派正统。学院派目光向下，开掘社会经济分析，将视野扩大到农村、无套裤汉以及民众心态，但他们对雅各宾派有明显的偏爱。本书第5卷有关于学院派的详尽评述，尽管是通过孚雷的批判目光，但仍可窥见一斑。

1989年，正值法国大革命二百周年之际。此前，索布尔的继承人米歇尔·伏维尔受法国政府委托协调法国和国际的相关学术活动，但是以孚雷为代表的修正派也开辟了另外的学术天地。1988年出版的《法国大革命批判辞典》就是修正派的集体之作。

《批判辞典》的主编和主要撰稿人是弗朗索瓦·孚雷和莫娜·奥祖夫。孚雷（François Furet，1927—1997）属于年鉴学派的第三代。年鉴学派第一代（吕西安·费弗尔和马克·布洛赫）和第二代（布罗代尔）以及第三代多数历史学家（如雅克·勒高夫）关注跨学科研究，偏爱总体史、社会史以及心态史，不愿触及大革命这样的"事件史"和政治史课题。孚雷是一个例外。他曾加入法共，匈牙利事件后退党。他从进入学界就热衷研究大革命，先后发表《法国革命史》（两卷，与里歇合著，1965年）、《思考法国大革命》（1978年）和《马克思与法国大革命》（合著，1988年）。他从马克思主义的社会史研究起步，但转而反对学院派的"雅各宾史学"和马克思主义社会史研究取向,主张回归19世纪托克维尔和基内的思路,强调大革命发生和整个进程的复杂性和偶然性。他先后主持法国社会科学高等研究院和雷蒙·阿隆研究所,建立了修正派的道统。奥祖夫(Mona Ozouf, 1931—)是孚雷学术小圈子中的密友。她以《革命节日》(1976年)这部创新之作开启了对大革命的政治文化研究,也得到一些年鉴学派学者的认可。他们二人代表了年鉴学派第三代中的政治史回归倾向和政治文化分析取向。

《法国大革命批判辞典》并非人们常见的辞典。我们可对比一下1989年出版的《法国大革命历史辞典》。二者都是规模宏大的集体作品。《历史辞典》由学院派已故掌门人索布尔启动,由伏维尔主持完成,编写者64人,均为大学及其附属研究所的法国革命史专业学者。全书1132页,按照法文字母顺序排列,收录1000多个词条,并附有大事年表,可谓关于法国大革命的一部百科全书。与之相比,《批判辞典》的体量大体相似,全书1122页,却只有99个词条,每个词条是一篇长文。编写者只有24人。孚雷、奥祖夫和里歇三人撰写了其中的53篇。① 所有作者都就职于法国大学体系之外的机构:法国社会科学高等研究院、法国国家科研中心或国外大学。(这里需要说明一下,法国社会科学高等研究院是布罗代尔在大学之外组建的研究机构。)其中一些作者并非法国革命史专业研究者,而是政治学或政治哲学学者或社会学者。全书按照专题分为5卷,不是按照社会理论概念

---

① 第二版增补了6条,总计105条。新增条目是雾月十八日、圣多明各革命、布里索、圣茹斯特、公共教育和绝对君主制。其中圣多明各革命由新邀的意大利学者撰写。

分类（如政治、经济、宗教等），而是对一般历史现象加以分类（事件、人物、制度、观念和阐释者）。有评论者认为，这两部辞典属于两种历史书写体系，前者提供实证基础上的史实，后者则偏重阐释、比较和话语分析。后者许多词条明显利用了学院派的研究成果。当然，奥祖夫等人也显示了坚实的档案研究功底。

在孚雷看来，对大革命不论诅咒还是歌颂，都属于"纪念史学"，大革命依然是一种身份话语，在这个意义上，大革命依然没有结束。但是，时代已经变了，从第三共和国到第五共和国，大革命的基本原则得到了充分落实。我们可以告别革命，亦即，不再代入大革命的角色，可以用一种批判的态度反思法国大革命。借助恢复被学院派史学霸权所遮蔽的19世纪的思想资源，我们可以重新获得评判大革命的勇气和能力。[①] 该辞典的"批判"主旨也正在于此。

在方法论上，辞典的作者们剑走偏锋，拒斥学院派的社会经济解释，认为后者使用的概念（如封建制）需要还原到历史语境中。《批判辞典》完全自限于政治史，但是也开出一条政治文化研究的新路。有评论者指出："辞典作者的主要方法论标准，是对'革命者对自己行动的表述'的研究。……不仅仅是在19世纪历史学家的指令下重写法国大革命，批判史学还在特别关注'法国大革命关于自身的话语'的基础上，对'观念在法国大革命中的作用'进行了初步评估（转引奥祖夫的话）。一些词条对法国大革命中文本的分析以及对话语融贯性的恢复解释了这些作用。这里看到

---

① 参见傅勒（即孚雷）的《思考法国大革命》，生活·读书·新知三联书店，2005年。

的远不是一个虚无缥缈的思想故事。因此,《批判辞典》最具原创性的贡献在于一部'革命政治的表象史'。这是一个已经部分完成但仍有待完成的历史,这可能解释了表面上并不完整系统的词条选择,但我们已经可以特别欣赏到关于革命概念的精彩系列,要么是高度象征性的(如奥祖夫关于自由、平等、博爱、再生、革命的词条),要么是相当重要的关于新政治艺术的(如贝克关于主权的词条)。"①

大革命二百周年的纪念活动确实呈现出一派纪念的气氛,但无论法国国内还是国外,重心在《人权宣言》。法国政府给先贤祠增补了3人,包括启蒙哲人、吉伦特派成员孔多塞,立宪派主教、鼓吹废奴主义的格雷古瓦教士和数学家蒙日。修正派史学也赢得了媒体。"我赢了",孚雷的这句玩笑话也并非虚夸。伏维尔在中国出席史学界的纪念活动时,甚至听到"我们都是热月党人"这种令他难以置信的表达。放眼当时全球的"山崩地裂"(霍布斯鲍姆的比喻),修正派的胜利其实不过是时代潮流转向和国际学术进展的一个表征而已。

近年来,无论修正派还是学院派都已回归平静的学术研究。有关大革命的争论似乎止于青萍之末,不再掀起惊涛骇浪。大革命是否真的成为了过去?近日有新闻说,法国现任总统马克龙悄悄地把三色国旗上的蓝色改回象征法国大革命的海军蓝。在发生《查理周刊》袭击、出版《21世纪资本论》的国度,这会是什么预兆吗?

* * * * * *

---

① 法国政治观念史学者雅克·吉约蒙的书评。

法国大革命在现代中国的历史话语中占据重要地位。各个时代各个流派代表学者以《法国革命史》为名的经典史著大多译成了中文。孚雷也曾撰写过《法国革命史》，提出著名的侧滑论，但很快就放弃了。因此，《法国大革命批判辞典》可以作为修正派的代表作，进入法国大革命史学的谱系。也许它是大革命史系列的一个压轴之作，至少目前看是如此。这一学术价值判断是我们选择翻译这部著作的一个学术动机。

刘北成

2021 年 11 月 21 日

目　录

旧制度（Ancien Régime）……1
贵族（Aristocratie）……20
中央集权（Centralisation）……43
反革命（Contre-Révolution）……61
民主（Démocratie）……75
人权（Droits de l'homme）……91
平等（Égalité）……109
公共精神（Esprit public）……134
封建制度（Féodalité）……150
博爱（Fraternité）……167
自然疆界（Frontières naturelles）……184
雅各宾主义（Jacobinisme）……200
自由（Liberté）……220
启蒙（Lumières）……240
绝对君主制（Monarchie absolue）……256
孟德斯鸠（Montesquieu）……279
民族（Nation）……301

重农学派（Physiocrates） ………………………… 321

再生（Régénération） …………………………… 333

共和国（République） …………………………… 350

革命（Révolution） ……………………………… 374

美国革命（Révolution américaine） …………… 395

卢梭（Rousseau） ………………………………… 412

主权（Souveraineté） …………………………… 436

汪达尔主义（Vandalisme） ……………………… 458

伏尔泰（Voltaire） ……………………………… 474

旧制度
Ancien Régime

"旧制度"是与法国大革命"合为一体"的概念。它表达的是大革命的反面，糟糕的方面和否定的方面：它不只是先于大革命的事物，而且正是针对它，大革命才把自己定义为抛弃、决裂和新的开端。因此旧制度与法国人的革命观念一起缔造了一对不可分割的组合概念，并使得革命一词的含义与盎格鲁－撒克逊语境中的理解区分开来。17世纪中叶，英国革命只是以传统宪法的名义推翻君主制度；最鲜明的革命者、最富有平等主义色彩的战斗者，都没有在人性再生的基础上建立一个全新社会的抱负；相反，他们坚持这样一种信念：应当"恢复"被背弃的社会秩序和被遗忘的承诺。后来，就在法国大革命爆发前，美国的起义者以英国宪法的名义反抗英国人的暴政。一个世纪前，这些人为了摆脱君主制、贵族制和建制教会而逃离欧洲，他们怎能有"旧制度"呢？托克维尔曾对美国的民主和法国的革命民主进行对比，前者从欧洲人来到这片大陆就已经建立起来，后者却需要推翻此前的贵族制度。从双方的性质和原则来看，这两种经验的差别在于有没有旧制度，在托克维尔看来，这是"大革命"的根本性和决定性的（sine qua non）条件。

实际上，19世纪的法国人依然深受从旧制度到大革命的剧烈过渡的困扰，这一过渡决定了他们在政治上的集体特性。他们组成了一个极度分裂的民族，以致他们不能热爱自己的整个历史，尽管这种历史总是萦绕在他们心头；谁要是热爱大革命，谁就会憎恶旧制度；谁要是为旧制度惋惜，谁就会仇恨大革命。甚至那些设法缝合历史造成的撕裂的人，也禁不住产生这种对无法弥合的撕裂的意识。夏多布里昂（Chateaubriand）曾试图调和旧君主制和新民主，但他的著作中也充满了一种无法克制的意识：一个世界已经终结，另一个时代开始了。

在法国的文化中，这样的意识是如此强烈，以致"旧制度"这一观念成为某种全民皆知的事实，它的表述和接受简直不言自明。甚至我们的大学在组织历史课程时，旧制度获得了这种经典的断裂意义："近代"史开始于文艺复兴，终结于1789年，现代史开始于1815年。两个大的阶段被标示出来后，中间的那个年代学上的"无人地带"就是大革命的历史；断裂的时刻就在两个阶段之间的过渡之中，这些教授签署的旧制度的死亡证书上确定了这一时刻，即1789年。

不过在当时，旧制度这一观念更多是为了标志革命造成的断裂，而不是确定革命之前的事物的本质。如果旧制度死在1789年，那它从什么时候算起？如果大革命以这个术语来诅咒封建制和君主制、诅咒中世纪和17—18世纪的行政国家，那是不是应该这样理解：大革命试图否定在它之前的整个民族的历史？甚或是被视为人的腐败的世界史？历史断裂概念总是造成各种认识论上的困难——后来与此前好像完全不同了；除此之外，"旧制度"概念还有与其政治上的惊人成功密不可分的定义上的不确定性。要想降低这种不确定性，最简单的办法就是从其最初形成的条件出发再做一番考察。

"旧制度"一词已经出现在好几份陈情书中，但其用法仅限于指某种惯例，如："按等级表决的旧制度因而是最有利的"（卡尔卡松那司法区的教士陈情书）。当这类文献中有某个试图表达正在酝酿的全面变革的意思时，它是将旧的和新的"事物秩序"（ordre des choses）进行对比（亚眠第三等级的陈情书、巴黎城内贵族的陈情书）。

因此"制度"（régime）一词最初的含义局限于某个行政管理领域。1789年3月17日，《巴黎日报》（*Journal de Paris*）的增刊上刊载了一篇关于题为《预定税》（*L'Impôt abonné*）的著作的宣传词，其中说到"旧制度的弊端"，并将其与该著作提出的新税收制度进行对比。在8月4日夜开始的著名辩论结束之后，8月11日，国民议会投票表决"完全废除封建制度"。国民议会的这一说法，正如整个法令所证明的，指的不仅是仍然存在的封建产权和采邑契约，也指什一税、官职买卖制度、个人和团体特权，总之，社会的整个团体结构。8月4日，一位演说者还用"新制度"（régime nouveau）来表明这些改革的意义，但还没有人使用"旧制度"来指称整个过去。这可能是因为，在王国的宪法问题上还没有敲定任何事项。不过，8月11日法令第17条"庄严宣布国王路易十六是'法兰西自由的恢复者'（Restaurateur de la liberté française）"。这个说法不仅意味着国王主权观念仍然支配着人们的头脑，还表明自由的根基一直延伸到民族的历史中，因为国王"恢复"了它。因此，对于"旧制度"这个意味着要扫清过去的观念而言，这个说法在双重意义上与之相悖。

不过，旧制度一说还是从8月底开始传播。尽管还没有成为惯用语，但它已经出现在有关公共权力组织的辩论中，如一院制还是两院制，国王的否决权，以及主权（souveraineté）问题。此前，议员们谈论的是"封建制度"和"旧宪法"，此后他们开始把"旧"（ancien）和"制度"（régime）结合在一起，以质疑其权力及其合法性，其实质内容也从社会方面转向了政治方面。9月1日，利昂库尔（Liancourt）公爵谈到"君主制政府"过去一直是法国的政府形式，"甚至在国王摆脱制定法律必须与人民商议这一习惯的羁绊之前。如果民族的代表从民族那里接受了废除这种旧制度的权力，国民议会当然可以铲除它；如果我们所接受的委托只赋予我们使旧制度再生的能力，那么，如果我们认为有权摧毁旧制度，则将违反那种委托"。这位公爵像王政派（Monarchiens）一样，赞同英国式的国王与两院之间的主权分享，捍卫国王的否决权，认为这是君主制的构成要素；他自己显然是支持第二种假设的。但他也提出了第一种假设，而且它很快就占据了上风，因为王政派的论点后来被彻底否定了。随着这些论点一起消失的是9月1日的这位演说者所称的"君主制政府"，或者"旧制度"，它们转而让位于享有不可分割的主权的一院制议会，国王转变为王国的首席公务员。

因此大革命没有等到废除这位君主——这一点直到1792年8

月10日才发生——之后才用他来界定"旧制度"。1789年9月之后，大革命只满足于改变利昂库尔所认为的君主制的"本质"，不承认国王可以共享主权（cosouveraineté），并将路易十六的职权限定为从属性的行政权的首脑。然而，10月5—6日的人民让这些职权也都快成幻觉了。当然，事情确实没有那么截然和纯粹：很多议员——首当其冲的是米拉波（Mirabeau）——还在将年轻的美利坚合众国和古老法兰西王国进行对比，前者有可能建立全新的制度，后者则应在过去的破烂堆中挽救世袭君主制。但这个评判并不意味着妥协的必要性：王政派的垮台在揭示君主制传统的终结的同时，也发明了"旧制度"。

1790年年初的一份文献可以用来衡量这个说法和其观念走过的道路。当时尚特罗（Chantreau）出版了一部辞典，其宗旨是"帮助理解革命以来我们语言中新增的词汇，以及阐明某些旧词所获得的新含义"；其中对"régime"一词的解释是："在政治方面，它相当于行政（administration），政府（gouvernement），ancien régime 就是过去的行政，即革命之前的行政；nouveau régime 就是革命以来采用的行政，是真正的爱国者寄托其幸福的行政，但它让那些大胡蜂寄生虫感到绝望，他们只有靠过去的行政所认可的弊端才能生活下去。"看来从这个时候起，大革命与旧制度这一对立的两极就已构建出来；消灭旧制度是新公民幸福的条件。名词"制度"（régime）逐渐取代这个世纪的政治哲学中经常使用的老词"政府"（gouvernement），不过当时政府一词的含义比今天宽泛得多。与此同时，制度一词还使得"爱国者"将"君主制宪法"和"封建制度"统一在同一个咒语之下，因为从此之后，旧制度就不加分别地指过去的社会和过去的"政府"。

因此，制宪议会很早就有"摧毁一切"、"重建一切"的意思：1790年2月11日，塔列朗（Talleyrand）在宣读致法国人民的庄严声明中就用到这样的说法，这份声明是对议会工作的总结，也是对这一工作的庆祝。在关于摧毁的一章中，他提到了绝对君主制、三级会议、等级、特权和封建制，它们构成一个整体。关于重建的一章中，有议会所代表的民族主权、公民权、王国的新区划、公正的代表制的建立，以及法律面前人人平等。在这份清单的开头，这位奥顿的主教陈述了决定新"大厦"的原则，逐条都与旧原则对立的人权的原则："多个世纪以来，人权被漠视，被侮辱；为了全体人类，这些人权已经被恢复……"

就这样，旧制度的废除在自然权利哲学中得到了最终的证明。议会改革措施的整体意义在于它的这样一种意志：要将新的社会契约奠基于不受时效约束的个人权利、首先是这些权利之中的首要权利——自由之上。最后，正是由于这种对旧社会诸原则的猛烈倒转，旧制度这个观念既获得了其哲学基础，也有了自己的激进主义色彩。一种从神所意欲的等级制中汲取合法性的社会秩序，与一种基于自由个体、因共同维护他们的"权利"而同意的契约形成了对立：大革命就是这样一个由旧入新的转折点，因而也是对过去多个世纪的否定，因为以往人权"被漠视，被侮辱"。1790年2月11日的声明没有或者还没有像18世纪的启蒙哲学那样，走到援引"自然状态"的地步；它只是说要"恢复"长期以来被践踏在脚下的原则。从什么时候被践踏的呢？塔列朗没有说；这种沉默，再加上他提到的"全体人类"，相当清楚地表明，这种对过去的谴责就像卢梭的言论一样,指向的是人性在历史中永不止息的腐败。

于是,"旧制度"这一最初针对君主制政府而提出来的观念,很快就包含了社会、政治和哲学方面的含义。在9月份,它指的是旧"宪法",为的是否定这一宪法,但它很快也被用来谴责在8月11日被废除的封建体制,这一点于人权宣言颁布两周后在议会投票中得以确认:接二连三的事件和决议将这个古老王国从其过去中剥离出来,并用集体性重启的观念将一个全新的民族团结起来。如果从各个民族的历史存在必然具有连续性的角度看,就会发现所谓重启的观念是非常奇怪的幻觉,但是它在民众对不平等的反叛中,在精英们对18世纪哲学的信念中获得了现实的支撑。

路易十六在新宪法中的存在也让这个观念变得更易被人接受,仿佛这个昨日的国王经大革命的挽救而变得可以承担一种全然不同的角色。不管怎样,他还是法国人与其历史之间的连字符。但1789年的10月事件已经让这个脆弱的假象陷入尴尬,并终于随瓦伦逃亡(1791年6月)一起死亡。路易十六在离开杜伊勒里宫之前,在办公桌上留下了一份公开声明,宣布不承认他不得不签署的革命法律,而他的离开则已完全表露了他的情感。大部分议员都很想将王位再交给他,他们假装相信国王是被人拐跑的;但在这次危机中,革命舆论还是割断了旧制度与大革命之间最后的联系。像往常一样,罗伯斯庇尔总是理解了局势并将其表述了出来,当年夏天,他一直在议会鼓动反对斐扬派(Feuillants)粉饰和解政策的斗争,这个派别试图维持路易十六在其修改过的宪法中的地位：他们的这个做法不是第一次了，而且变本加厉。一年后的1792年7月29日，还是罗伯斯庇尔，他在雅各宾俱乐部的会议上提到，大革命的政府"是旧制度与新制度的畸形混合"。

8月10日，这个畸形的怪物被正法了，9月，国民公会的第一次会议宣布成立共和国。从此，在革命者的用法中，"旧制度"这个词摆脱了一切羁绊。它倾向于指一切与大革命对立的事物，是后者的反面原则（anti-principe）。突然之间，它的化身，甚至它的年代界定，都呈现出无限定的延展。已沦为囚徒的路易十六是它最好的象征；应该归入受诅咒的过去的不仅是1789年之前，还有1789年到1792年8月10日这三年，这期间大革命与国王勾兑，搞了一个立宪君主制。新时代的元年只能从共和国开始，从1792年9月21日开始。而且，1792年12月—1793年1月，路易十六被审判和处死；但他曾经担任的角色没有因此而消失，这个角色反而被多次运用。旧制度成了一个舞台，昨天的反革命和昨天的革命很快就一起出现在舞台上：流亡者和吉伦特派，玛丽-安托瓦内特和她的弑君的堂兄弟奥尔良亲王，接着是德穆兰、丹东、埃贝尔，直到罗伯斯庇尔本人——热月党人指控说，他想恢复王权自己上位。

从此，"旧制度"一说在革命的语汇中具有了最宽泛也最含混的含义。它指一切来自过去的抵制或者就是过去的惯性，而这种抵制和惯性与建立新秩序——共同幸福的条件——的集体努力是对立的。旧制度不再仅仅是与自由的个人组成的社会相对立的封建社会；不仅仅是阻碍法治的参差不齐的制度的大杂烩；不仅仅是与公民的共和国形成对比的国王的专制主义。它还是各种心态、习惯和风俗的集合体，所有这些东西都阻碍塑造"新人"这一共和国律令的兑现。因此，旧制度观念被理解为一种残渣形态，它是过去在当下的残留，会妨碍当下创造全部的福祉。对共和国而言，"旧制度"的人，包括贵族和他们在革命内部的同谋者，始终构成一个政治威胁，但还有另一种同样明显而且更加可怕的危险，这就是"旧制度"的偏见：因为，如果风俗和精神的滞后阻碍法律结出果实，那么法律再优良又有何用呢？

这个问题在第一部革命宪法期间就已经提出来了，例如，1791 年底 P. N. 戈蒂耶（P. N. Gautier）出版的《法国政府与宪法辞典》（*Dictionnaire de la Constitution et du gouvernement français*）中有这样一段文字："虽说我们法律中的一场革命将我们的权利交还给了我们，但要维护这些权利，还应该在我们的风俗中来一场革命；我们在摆脱奴役的枷锁时却没有摆脱一切奴役的习惯；我们的身份变了但性格还是原样；我们要赶紧剔除这种性格中与我们过去的奴役紧密相连的一切。"但从 1792 年开始，由于革命进程的不断加速，旧制度概念被用来论证这一加速进程的混乱特征：正是过去在当下之中无法根除的残留造成接连不断的危机，要战胜过去要花很长时间。在法国大革命呈现的两个角色的戏剧中，旧制度扮演的是第二个角色，即与大革命对立的角色，它是一个双重的隐性角色，既藏在阴谋的暗影中，又披上了遗忘的外衣；但它无处不在，武装着人们的行动和头脑竟不为人知。由于大革命认识不到这些障碍物，它就面对着一个个的反对者；在发明现代政治的同时，它也将意愿和意志传播到了全世界。旧制度不仅仅是一个咒语，它也是敌人。对这个正在诞生的世界而言，它汇集了一切反对这道曙光的力量。

在现代法国的政治史中,"旧制度"观念有着像大革命一样的——光辉的——历程,二者不可分离。它已经深深植根于人们的脑海中,可以随时成为某种被拒斥事物的象征:它是贵族与绝对君主制的旧世界的象征,而且通常指涉与天主教会结合的统治。在19世纪的资产阶级和农民社会中,这是一种很广泛的情绪,而且它有很深的现实利益基础,他们在大革命期间获得了教会和贵族财产;当旧制度的回归看来更为迫在眉睫之时,如在复辟王朝期间"无双议会"(1816年)出现和1820年之后极端王党派掌权的时期,这种情绪就更强烈了。这种恐惧随着其对象的消失而逐渐淡化;但一直到第二次世界大战之前,它始终存在于共和主义运动中。直到今天,旧制度,即领主和什一税的时代,仍然是法国农民最重要的记忆之一。

但在20世纪,当旧制度这个说法起作用时,基本是用在酝酿它产生的历史背景之外,它只是作为革命和社会进步的负面形象。它在唤起压迫与不平等时,也就固定为一种应该通过革命行动予以摧毁的过去的意象,正如《国际歌》的著名歌词中提到的。因此它也孕育着激进的社会变革的幻觉,这种幻觉很自然地成为雅各宾之后的极左文化的一部分。"神授权利的守护人""旧制度的政客"取代了18世纪的领主和贵族的位置。

旧制度也有一段学术性的历史,因为它一直让历史学家们兴味盎然。例如,它从1790年起就成为柏克探讨的对象。这位辉格党英国议员对彻底抛弃君主制的过去深感震惊,因为这一过去恰恰决定了法国经验的特征。他看得很清楚，旧制度没有留给三级会议良好的、形式合宜的宪法，当然他想说的是英国式的宪法。不过，旧制度虽然有绝对主义的一面，但它至少为良好的宪法创造了基础；现在只要将这项工作完成就够了，而这正是三级会议第一阶段所做的工作，这个阶段完成于6月23日的会议；实际上，柏克将那天路易十六的发言解读为英国式君主制的设想。然而法国人抛弃了这个设想，热衷于"纯粹民主"的抽象观念，将这个民族许多世纪以来的经验和遗产扔到了一边。他们想要"创办一家没有本钱的企业"。

为什么有这种狂热的扫平一切的意愿？对这个问题柏克从来没有做出回答，如果他有交代的话，可能也只见于对议会的社会构成的思考，他认为议会被王国的精英们抛弃，其主宰者只是一小批出身市民、喜欢讼辩的法律人士。这个分析远不是无可辩驳的，而且也几乎没有解释价值：因为，如果说"旧制度"真的给了法国人至少一半是好的制度和"政府"，如果大革命在1789年6月真的利用了它，这些此前如此具有经验主义色彩的理性人士，又为何变得如此盲目呢？如果对过去的否定在柏克看来是法国大革命特有的疯狂，那他最终得出的是一种意识形态类型的解释，即这是人类的傲慢对上帝意欲的秩序的反叛。

柏克的批评既丰富了反革命思想，也向法国自由派提出了一个根本性问题，这就是：以革命，即以法律的悬置为代价获得自由究竟意味着什么？如何从旧制度与大革命的关系来思考这种自由的来源？鉴于大革命没有能确立法治，而是偏向了专制独裁和恐怖——从而反过头来证实了那位英国自由派作者的悲观主义看法——这个问题就更加严重了。我们可以理解为什么柏克是热月党知识分子最偏爱的对话者之一，当时这些人正试图回应柏克，以法律来结束革命。他们一边将共和国与恐怖分离，一边恢复1789年的断裂作为自由奠基的尊严。例如，1796—1797年，贡斯当在几份小册子中（《论政府的力量和归附这一力量的必要性》(*De la force du gouvernement et de la nécessité de s'y rallier*)，《论政治反动》(*Des réactions politiques*)），始终在与柏克争辩，在反驳他，尽管贡斯当很少提到柏克。这位才华横溢的督政府的年轻代言人，对特权时代和共同的法律面前人人平等的时代进行了逐条对比，对于前者，他也称之为世袭的时代，那时个人的社会地位在摇篮里就已经确定了，而后一个时代实现了人的普遍理念。柏克将许多世纪进程中财产、地位和偏见的偶然性沉积描述为一切社会都不可避免的状况，而在贡斯当那里，这一切都只是"旧制度"。这是个只知道被动地接受观念和毫无争辩地服从的世界，在这个世界内部，平等理念如白蚁一样在蛀蚀它，结果就体现在1789年：这是法律的胜利，也是理性的胜利。

  15—20年后，复辟王朝改变了问题的性质。路易十八将颁布宪章的1814年定为自己统治的第十九个年头，此举旨在消除与君主制的正统性不相容的断裂。这个驱魔咒还不足以抹去旧制度的信徒对它的缅怀，也不足以消除旧制度的对手对革命的缅怀。对宪章的支持者来说，难题在于弥合大革命造成的撕裂，以某种自由传统为轴心，联结1789年的上游和下游，为法国人重建统一的历史。在极端王党主义者这边，夏多布里昂眷恋着编织他的人生图案的两个世界：作为贵族，他忠诚于自己的国王，但他也深信1789年的精神不可逆转。这种精神，他在绝对主义之前的君主制传统中找到了其祖先，那就是他所称的"等级君主制"（monarchie des États），但这个阶段有点模糊不清，大概处于封建时期和瓦卢瓦王朝末期之间，当时的王权由于贵族的存在而没有受到专制主义的诱惑，因为贵族极为珍惜自己的权利，捍卫着各项自由（libertés）。在经历大革命的风暴之后，19世纪初的君主制应该恢复教会、宗教和道德，但也应该承认时间带来的变化，接受公民平等和现代社会，认可资产阶级的上升，跟上精神和风俗演进的步伐，而不是在自己的过去中故步自封。1814年宪章所期望和组织的"代表制政府"，将一份统一的遗产交给了路易十六的弟弟，从而担当了抹去旧制度和大革命的角色。

在同一时期，来自另一个世界的斯塔尔夫人（Mme de Staël）也在论述同一个问题。她是新教徒，1789年春天的风云人物内克（Necker）的女儿，1792年之前一直与大革命联系紧密，督政府时期的共和派，她对旧制度没有任何眷恋。但像夏多布里昂一样，她敌视皇帝的专制，也想以1814年宪章为核心调和王权与自由。她的《法国大革命思考录》（Considérations sur la Révolution française，在她去世一年之后的1818年出版）可以作为对柏克的新回应来解读。该书系统地尝试将1789年的根基置于法国历史之中，并淡化大革命造成的断裂。确实，如果在绝对主义之前，即14—16世纪之间真的存在某种"立宪"君主制的话，那么自由就是古老的而专制是新生的；而"1789年的大革命的目标只能是将法国已然存在的限制加以规则化"，而过去的绝对君主们总是忘记这个目标。像17世纪的英国革命及1814年一样，

1789年已经是一次复辟了。

然而有意思的一点是，无论是极端王党分子中的夏多布里昂，还是自由派中的斯塔尔夫人，都没有成功地弥合旧制度与大革命之间的鸿沟。1820年，贝里（Berry）公爵遇刺，这再次激活了两个世界的所有对立情绪，并导致极端王党派政府的长期执政，在这期间，旧制度的幽灵与复辟的君主制的结合从未如此紧密。夏多布里昂只是获得文学的名声；斯塔尔夫人的继承人赋予自由派思想以新的革命性表达方式：如果极端王党派希望回到旧制度，那么自由派就只能回到1789年。对于身处这个时代的基佐（Guizot），这个著名的年份是第三等级对贵族取得最后胜利的日期；极端王党派若要颠覆这个判断，那他们就会面临再一次的破产。旧制度与大革命再次将两类人对立了起来。

从这个意义上说，1830年的"七月革命"是1789年的重演，并第二次终结了旧制度的幽灵——如果不是旧制度本身的话。但原型事件（événement matriciel）①的重演更是前所未有地将这些事件嵌入民族政治的想象中：路易-菲利普（Louis-Philippe），这个弑君者的儿子成为富裕的资产阶级的国王。他以自己这个非正统王朝为中心来重新统合全民族的记忆，尽管他很努力，但并不比路易十六的弟弟更成功。在政治生活中，旧制度的观念还像昨天一样活跃，历史学中更是如此，它受到正统派的吹捧，受到共和派的批判。从此之后，这个观念与其说孕育着贵族社会回归

---

① 指的是1789年的事件。作者意思是说，1830年"七月革命"是对1789年的重演。——译者（除注明之处外，本卷页下注均为译者注）

的威胁，不如说滋养了以共和为名对君主制的批判：19世纪仿佛再现了大革命进程中出现的政治－语义学的偏移。这一演变过程中有好多例证，但关键的证人是米什莱（Michelet）。1830年，他是奥尔良派，十年后他是共和派。旧制度对大革命，神恩对人权，专断对法律：这些革命性断裂在他身上的内化，比任何人都更鲜明；然而，在被1789年扔进黑暗之中的那笔可憎的遗产之中，起关键作用、承载着过去的邪恶的，是君主制。所以，米什莱虽然把联盟节抬高到无以复加的地步，虽然他不是很喜欢雅各宾派，但他还是把审判路易十六视为法国大革命的真理时刻（l'heure de vérité）。

　　这种对旧制度的看法影响很大，它强调主权体现在法国国王身上；与之相对的另一种对旧制度的看法同样很有名，但它完全不同，它来自托克维尔。他和米什莱在第二帝国时期都是内心流亡者，但与那位共和派史学家不同的是，这位"民主"的哲学家很少关心君主制还是共和制的问题，尽管他的同代人对此十分热衷。

　　让托克维尔感兴趣的完全是另一回事。在他看来，用以定义法国大革命的所谓之前和之后发生彻底断裂的观念，本身是某种包含两个事件的历史的产物：这两个事件就是行政国家壮大和社会被剥夺。托克维尔论述旧制度，是要追溯中央集权的国家不可遏制的膨胀及其对整个社会肌体的影响的历史。他在这段历史中发现了一种时代变迁，在他看来，贵族支配地方生活的时代之后，随之而来的是这样一个时刻：领主和社区之间的协商对话被国家的行政体系取代了，后者清除了领主和社区的政治作用；这个体系酝酿于15世纪末到16世纪前半叶之间，在路易十四时期达到其发展的经典阶段，但它的增长尚未结束。托克维尔在分析这个体系在18世纪的特征时认为，它有一种标志性的二元现象，这将导致它的失败：一方面，它压制社会有序地参与对共同利益的集体管理，并造成全体法国人在统一监护之下的平等化；另一方面，为应付财政需求而出售带有特权的公共职位，又使得社会结构僵硬化甚至种姓化。旧制度就是这样一个世界：行政君主制既播种贵族制也播种民主制。

由于无法在常规的政治机构中谈论和解决各种冲突，因为没有这类机构，于是就由知识分子以哲学和文学的方式来处理，他们构成了政治阶级的替代品。正是通过他们，未来大革命的激进特征逐步构建起来：这些哲人没有实际事务的经验，爱好抽象概括，用理性支配的世界来反对传统支配的世界。正是由于他们对封建制度和专制主义"弊政"（abus）的谴责，旧制度带上了受人诅咒的特征，这些特征随后将轻而易举地被大革命利用和发挥。因此，白板（tabula rasa）观念本身也是出自这种旧制度的历史。这种观念是革命意识中的关键元素，它是一种强有力的行动酵母，但它又是一种幻觉，因为革命源自行政国家对旧式社会的改造，它也要以国家独享对现代社会的统治而告终。波拿巴圆了路易十四的梦。旧制度和大革命联合积累起来的效应，将剥夺现代法国对自由的向往，乃至对自由的意识。

这是对法国历史中两个对抗形象[①]的托克维尔式调和，但是，不难理解，它从来没有在政治上获得多大的成功。这种调和的

[①] 指的是旧制度与大革命。

优点在于接续传统，重建不可或缺的连续性，但它是以十分悲观的方式做到这一点的，以致无法服务于第二帝国之后共和派的教育抱负。托克维尔描画的是一个糟糕的旧制度，随后是一场糟糕的大革命；共和派需要的是一场好革命，而此前的旧制度至少要成为构建中的民族国家反对贵族制和不平等的背影：这就是为什么他们宁愿在奥尔良派历史学家（米涅、梯也尔和基佐）那里寻找资源而不愿求助于托克维尔的原因。

更为神秘的是，在一个多世纪的时间里，历史学家对今天主宰了旧制度问题的那部著作[①]漠不关心。这种冷漠的原因很可能在于其分析的奇特之处，因为它在那场著名的断裂之前发现了与断裂之后同样的要素；如果民主的个人主义和行政集权既是绝对君主制的创造也是大革命的结果，那么，区分1789年之前和之后两种法国历史的那条分界线就要抹去了；旧制度就只是一个迟来的名字，它在绝对主义第一次颠覆贵族制社会时就该出现。第二场颠覆贵族制社会的运动目睹了民主彻底的胜利，在这场运动中，旧制度所能带来的遗产仅仅是一种革命状态，正是潜伏在这种状态下的精神和民情，最终导致了白板观念的产生，这是对当下的彻底否定。

因此，托克维尔的旧制度应该是在两个层次上研究的对象。首先是作为集权化的行政君主制对贵族制社会的改造的产物；随后是18世纪末的人们从自己的过去中构想出来以否定过去的一种离弃观念。他对1789年的解读就是对这两个分析层次的交融：

[①] 指的是托克维尔的《旧制度与大革命》。

大革命试图赋予自己的事业的这种全新特征，本身就是它之前的历史进程的结果。

作为一种历史研究的假设，这个观念在提出一个半世纪之后依然不失其清新。反革命史学很喜欢托克维尔的幻灭感，但无法同意他对君主制遗产的指控；而革命之友，无论是自由派还是社会主义者，他们的历史学至少都能在开启民主的那场断裂中找到其强调的重点。作为一个模糊而强大的概念，旧制度在法国文化中保持着其诞生时的新鲜感长达两百年。

弗朗索瓦·孚雷

延伸阅读

GOUBERT, Pierre. *L'Ancien Régime*, 2 vol., Paris, Armand Colin, 1969.

TOCQUEVILLE, Alexis DE. *L'Ancien Régime et la Révolution*, 2 vol., t. 2 des *Œuvres complètes*, Paris, Gallimard, 1952; rééd. avec une préface de Françoise Mélonio, Paris, Flammarion, coll. « GF », 1988.

VENTURINO, Diego. « La formation de l'idée d'"Ancien Régime" », in Colin LUCAS (sous la dir. de), *The French Revolution and the Creation of Modern Political Culture*, t. 2, *The Political Culture of the French Revolution*, Oxford, Pergamon Press, 1988.

参见条目

中央集权（**Centralisation**）

人权（**Droits de l'homme**）

平等（**Égalité**）

封建制度（Féodalité）

斐扬派（Feuillants）

自由（Liberté）

路易十六（Louis XVI）

绝对君主制（Monarchie）

王政派（Monarchiens）

八月四日之夜（Nuit du 4-Août）

热月党（Thermidoriens）

贵 族
Aristocratie

"贵族"（aristocratie）意味着什么？这个词的含义是多变的，它本来就是个使用很广泛的术语，大革命又使其使用更加广泛。更严格来说，根据罗贝尔辞典的解释，亚里士多德以来的政治思想传统将贵族定义为一种"政府形式，其中主权属于一小部分人，尤其是属于某个世袭阶级"。这个狭隘的定义如果运用到法国，我们就将无的放矢，因为法国有过享有主权的国王和享有主权的人民，但从来没有享有主权的贵族。但另一些定义，如"才智贵族"（aristocratie du talent），又过于宽泛。"吊在路灯上的贵族"（les aristocrates à la lanterne）的说法也是如此，它是用来意指大革命的对立面，或所谓的对立面。在这里，尽管这个术语有政治动员的能力和功效，但正因为如此，对于客观的社会描述而言它是无效的。我也需要以稍微武断一点的方式，集中关注 noblesse 的问题，当然我也认识到，法国的 noblesse 只是部分符合 noblesse 是"世袭阶级"的经典定义。①

---

① 作者在这篇文章中使用的两个集体名词 aristocratie 和 noblesse 在汉语中都可以理解为贵族，但从相关的描述来看，在 18 世纪的法国的社会语境中，它们

特权身份的世袭特征实际上是 noblesse 的专属权利；这一特征使其与社会其他阶层隔离开，并赋予这个在财富、功能和文化方面多有不同的群体以统一性。特权的拥有者远远超出 noblesse 的范围，因为很多平民，包括行政官员，法官甚至修鞋匠，同样享有特权。但他们的特权是暂时性、个人性的，附属于他们持有的职位，或者仅仅与居住地相连。与贵族（nobles）的特权不同，平民的特权随时可以被国王撤销（如果国王能偿还特权的价格的话），以致它可以成为独立于个人的可支配的财产，能够出卖给他人，或者在居住地点改变时丧失。但对于贵族（nobles）来说，贵族身份（noblesse）的本质及其独有的特权是个人专有的。Noblesse（贵族身份）一旦取得就是内在的、永恒的，孩子们只需毫无困难地接受这一身份而无须经过公证。

两个世纪以来，对旧制度贵族特征的描述导致大量的概括性结论，它们有些是真的，有些则是半真半假。在 19 世纪，最古老最流行的描绘可能是基于某种道德审判。18 世纪的贵族被视为放纵、自满、轻浮、高傲、懒惰、游手好闲的阶层，总之，他们

之间是有细微的区别的，这一点托克维尔也谈到过，可参阅《旧制度与大革命》第 279—280 页（冯棠译，北京：商务印书馆 1992 年版）。对于当时与贵族相关的术语，必须做细致深入的分析。从译者的理解来说，当时的 noblesse 是一个特别强调家世和血统的社会范畴，即作者说的"世袭阶级"，一些家世久远的贵族尤其强调这一点，而 aristocratie 的含义有时相对宽泛一些，它包括在财富、才智或其他方面——但非出身——的卓越人士。当代史学家克洛德·戈瓦尔（Claude Gauvard）在谈到中世纪法国的贵族问题时认为，noblesse 是靠血缘传递的，aristocratie 则因为个人能力而高贵。参阅 Claude Gauvard, *La France au Moyen Âge, du Ve au XVe siècle*, Paris: PUF, 2012, pp. 59-60。译文中尽量标明作者使用的原词。

完全不同于正直的、蒸蒸日上的资产阶级，正是后者凭借自己的劳动和廉正建立了新的秩序。对那些善感的灵魂来说，这个观点很能宽慰人。我们现在知道，作为一个等级，18世纪的法国贵族无可挽回地走向集体毁灭。有些贵族肯定要走向断头台，更多的人则要丧失财产，成千上万的贵族流亡。他们是咎由自取：这是个让人安心的想法。道学家们就此写下了出色的著作：导致罗马帝国覆灭的不正是贵族的奢侈和放纵吗？引发宗教改革的不正是罗马教会的虚伪和买卖行径吗？现在有人将法国大革命归因于精英阶层的精神堕落，是一点也不奇怪的。对于他们，《危险关系》（*Liaisons dangereuses*）①是一部关于社会风情的著作，是对一个腐败和垂死的世界的临床描述。

然而，我们并不能将腐败作为贵族（noblesse）的特征，他们的个人道德与社会其他群体并无不同。在19世纪30年代，阿隆维尔（Allonville）伯爵尚能回忆起大革命前的生活，他说当时的道德起码还算体面，犯罪现象较少，母亲也很尽心尽责，成年人对年轻人也很关心。贵族在性方面的习惯看来与资产阶级没有太大的不同。当然，贵族的傲慢确实可以经常看到。在凡尔赛，国王的青年侍从（pages）在剧院的阳台上以向进门的资产阶级吐口水为乐，或者并排在城里行走，把行人挤到遍布街道的垃圾堆中。这样的例子不胜枚举。但应该注意到，人们报道这些例子时还提到其行为人所受的惩处。尽管贵族有高高

---

① 《危险关系》是法国作家拉克罗（Pierre Choderlos de Laclos）发表于1782年的一部书信体小说，描写的是18世纪法国贵族阶层的放荡生活。

在上的优越感，但他们与平民的关系总的来说还算良好和轻松。在外省和巴黎的科学院中，三分之一的贵族成员和三分之二的非贵族成员很容易就打成一片，而大革命前共济会支部的迅速扩张也提供了另一些消除出身傲慢的案例。在18世纪，甚至装饰也变得愈发简单了。巴贝夫（Babeuf）绝非贵族（aristocrates）的赞赏者，但他在大革命前夕评论说，近来已经不可能从外表区分大领主和地位仅次于他的下属了。在过去，贵族（aristocrates）之间会竞相攀比穿号衣的男性仆役的数量和排场，如今贵族家庭内部的主仆关系的发展趋势与资产阶级无异。与此同时，家庭服务在整个18世纪不断女性化，并且越来越限于厨房、打扫和照顾孩子等事务，这种"资产阶级"趋势也出现在贵族（aristocratie）的家庭中。总之，贵族（nobles）除了比较富有而能获得更多的优质生活外，他们与资产阶级在日常道德规范和生活方式方面都更为接近了。

那怎么理解1789年及随后如此强烈的谴责，以致他们被指控为游手好闲乃至寄生虫呢？这里也必须做一些区分。在20万个贵族中，大约4万成年男子可以占有一个职位。他们中间至少有四分之一的人作为军官进入了陆海军服役。1/12或1/14在高等法庭任法官或在王家高级行政机构任职。其他的还有主教或代理主教（vicaires généraux）。根据居伊·里夏尔（Guy Richard）的统计，足足有一千名贵族进入了工商业。在各商业港口，尤其是从事殖民地贸易的港口，在采矿和制铁行业，在纺织和纸张贸易中，工商业贵族人数最多。有些贵族还是玻璃制造商，地方商业活动中也可见到贵族的身影，尤其是在布列塔尼和普罗旺斯，但没有相关的统计数字，研究也很少。贵族还和平民一道占据了金融行业。市政机构和下层教士中的贵族所占比例，要比人们想象的高得多；有些贵族甚至不顾规章，作为普通士兵而非军官在军队中服役。在最贫穷的贵族当中，完全无所事事者的比例可能更高，但年收入不足 1000 利弗尔的贵族占到总数的五分之一。在大多数情况下，贵族的游手好闲并非自愿的选择，相当一部分贵族是有职业的。

但实际状况与人们的感知完全是两回事。大部分贵族从事积极的个人职业活动，但不能让他们免受游手好闲和一无用处的指责。至少在这一点上，托克维尔和西耶斯的意见是相同的，这也是大革命时代普遍接受的看法。如果贵族普遍从事职业活动，那么上述指控性的看法从何而来？这可能是因为，他们从事的工作与普通人的距离较为遥远，并且越来越多地在特定的制度框架内完成，只有其同僚才能看到他们的工作。在广大的农民、村民、工匠、小店主的世界中，邻近贵族给人印象最深的不是他们的劳动，而是特权。在这个世界的日常事务管理和营生中，贵族只起辅助性作用，或完全不起作用。那些可能在发挥作用的贵族相距遥远，而那些近在眼前的贵族看起来最是贪婪，但后者肯定也是最无权的。贵族在地方政府中的缺席，或者作为个人、群体、社区与国家的中介的缺席，不可避免将我们引向了托克维尔的论述。这个问题的责任者是当时的王家行政机构，它数百年的行动已然摧毁了作为贵族体制（arsitocratie）的贵族（noblesse），并使其种姓化。国家自黎塞留时代以来迅速发展，这就将 15

世纪国家与贵族达成的致命交易推向了极端。贵族正是在15世纪犯下了自己的原罪：出卖自由和权力以换取特权。他们将参与全国性和地方性决策和治理的古老权利让给了国家，换来的是没有相应责任的特权和豁免权。这个代价太沉重了。由于他们不再支付税收，由于国家让他们过上了安逸生活，他们觉得自己是自由的，在这种幻觉中，他们很难意识到，在失去治理权的同时他们也失去了真正的自由。贵族就只能退隐到孤立和隔绝中。

　　自此，国王可以任意对人民实行直接统治，无须经过那些封臣了。这就是托克维尔给出的解释，他还提供了丰富的细节。他也是这样分析法国人对国家的依附为何越来越严重的长期性条件的。这些自由人从前能够采取自发行动，完全独立地解决随时出现的难题并满足自己的需要；但现在他们被告知，行动之前要等候上级权威的批准和命令。已经没有独立贵族的地位了，没有为他们作为贵族而扮演的角色了。国家逐渐独占了公共领域，个人的希望与恐惧、赞美和责难都只能指向国家。令人悲伤但无法挽回的是，贵族失去了同人民的联系。不同群体之间有了更多的共同利益：地方治理的责任归国家了，但对税务机器的抵制与贵族无关，因为他们不纳税。由于贵族没有任何功能来证明自己的特殊地位和特殊待遇的正当性，他们就处于易受攻击的境地。在人民中间，平等思想和对特权的憎恨同时产生：既然所有人在国家面前都是平等的（因为都被排除在权力之外而平等），贵族老爷（gentihomme）为何要被视为与别人不同的人呢？这种不平等的制度虽然是法律规定的，但它不合时宜，应该消失。国王在其财税法令的序言中甚至也让人领会到了这一点,而且政府也不时强调税收不平等造成的不公,对被税收压垮了的辛劳民众来说,这种不平等是个可怕的重负。在托克维尔看来,当大革命到来时,贵族普遍被认为是无用的、懒散的,并且受人憎恨,这一切都毫不奇怪。

　　这个简单的总结肯定有不完全符合托克维尔分析之处。但我们主要不是回顾托克维尔的分析,而是要考察其分析中较少关注的贵族问题的某些方面。我们首先要注意的是这样一个观念:贵族仅仅是或者主要是土地精英阶层。作为一个群体,"封建"贵族的统一性来自基于某种共同的经济支配类型的农村权力,这一贵族群体的物质利益在旧制度的最后几年曾是激烈争辩的问题。的确有很多贵族拥有采邑(fiefs),但这一事实真的足以构成一种阶级利益吗?领主制捐税在各个地区不尽一致,它们在贵族的收入中只是微不足道的一小部分。另外,这笔收入并非为贵族专有:某些采邑属于市民,而贵族有时并没有这类权益。封建体制当然包括免税权,但其经济意义有点模糊不清。关于军役税(taille)的法律将相关的豁免权限制在120或150公顷,而且很多官员和市民也享有这种豁免权。18世纪设立的税收并没有宽免贵族,而且,整体来说,贵族缴纳的直接税可能比税负较低的城市居民更高。大革命期间,负责重建税收体制的各委员会曾指出,各种免税权给国家造成的损失每年为3000万利弗尔。贵族免税权所占的比重不会超过一半;贵族应该补交的1500万利弗尔尽管是一笔不可忽视的收入,但对于1789年接近1.5亿的赤字来说简直是杯水车薪。

与土地相关的贵族经济问题，就其本质部分而言与封建体制牵连甚少，而更多地涉及租金问题，这是资本家熟知的领域。作为土地所有者，贵族从18世纪中叶开始的农村人口增长中获益。在马尔萨斯主义的人口压力之下，获取土地的竞争日益激烈，这导致谷物价格和租金价格双双上涨，它有利于地产所有者，但不利于广大农民。这种好处对贵族而言具有决定性意义，如果他拥有更多的土地的话。我们知道，贵族实际上只掌握25%—30%的土地，其余的土地归教士（大约10%）、市民（20%）和农民自己所有。因此，贵族从人口增长中得到的好处并不见得多于一般市民和富裕农民：他们的地位并不见得比别人更好；但对贵族的敌意的增强主要不是因为封建主义和制度方面的原因，而是人口和经济方面的原因，因而是非个人的、现代性的因素。贵族只是沉重地束缚着大多数农民的链条中的一个环节而已。

但这并非根本性的因素。实际上，最引人注目的是法国的贵族对土地的眷恋是如此之少。做个比较就能说明这一问题。从某个方面看，法国的贵族体制（aristocratie）是欧洲各地贵族体制中最少"封建"色彩的。在法国，没有任何法律，任何情形，任何社会抱负要求一个贵族必须拥有土地才能换得其特别的地位：这种制度与英国完全不同，在英国，农村精英的自我定义几乎完全依据地产。在英格兰，大约两万个"真正的绅士"（vrais gentlemen）家族在声望和总体人口比例上构成堪与法国贵族（noblesse）相比的阶层。然而英国的这个阶层占有的土地可不是25%或30%，而是80%。占有土地是绅士身份不可或缺的条件,而且应该占有很多土地:可能60%以上的法国贵族从来就没有达到过英国精英的标准。我们可以把英格兰农村想象为一个由一些不可分割的空间构成的巨大棋盘,其中的每个格子对大多数法国贵族来说都十分辽阔。一些大地主可能拥有好几个这样的格子,即使是最小的乡村绅士,也必须完整地拥有一个格子才能获得或维持其身份。土地不足者就要被置于棋局之外。在东欧,贵族与土地的联系同样十分紧密,当然其中的原因有所不同。在这里,辽阔的土地和农民的奴役性劳动是贵族维持其地位的唯一财富来源,他们长期无偿地为国家服务,但他们的身份正来源于此。对他们来说,幸运的是东欧各地人口稀少,土地相对充裕,尽管他们不像法国贵族那样进行各种投资来充实其财源,如投资官职、个人或国家的债务、城市产业,有时还可投资商业。在法国,贵族也不是意大利或莱茵地区的那种城市门阀集团(patriciat),后者不像别的国家的贵族那样依赖于土地。

当然,传统,意识形态,对故土和家族基业的眷恋,夏季寻找避暑地的需求,所有这些都使得贵族要持有或获得一块地产,哪怕它很不起眼。有些贵族占有的土地十分辽阔,而且他们还在努力扩大自己的地产。但应该认识到,地产不是法国贵族的本质属性。实际上,贵族的根本性条件恰恰是没有任何门槛:贵族可以任意界定,当然这里指的是按国王的意志界定。因为是国王创造了贵族。贵族虽然有些自我想象,如梦想自己的祖先来自日耳曼森林,或是曾与国王骑马并肩作战的征服者,但大部分人很清楚自己的家庭出身。他们小心翼翼地保存着国王重申或认证从前他们所获得的王家羊皮卷。① 但是，随着现代国家的发展，尤其是行政、陆军和彻底重建过的海军的费用的增长，贵族身份（noblesse）很快就成为君主制国家重要的财政资源。从16世纪开始，由于无法获得足够的税款以应付长期的资金匮乏，甚或弥补获得正常的借款能力的不足，国家逐渐将过去的特权转换成货币化的职位，并且创设新的职位。于是，贵族身份变成一个更为广泛的特权综合体中颇为诱人的部分，这个综合体中还包括各种垄断权、官职以及各种权益，但贵族身份尤其是志向远大的人们所垂涎的战利品——既为他们也为他们的后代。总之，国家发现贵族身份可以变成牟利的来源。

但这需要好几个条件。首先是国家要标明不同阶级之间的分界线，为此必须十分明确地界定贵族身份，并指明哪些人可以通过付钱逾越阶级界限。国家还必须保证唯有它能够授予贵族身份，而不是像过去那样可以被人窃取。此外还要创立新的机制。16世纪以后，颁发贵族文书以换取金钱的做法已很普遍，但它逐渐让位于出售可使其持有者获得贵族身份的官职。这种做法好处很多。官职构成某种由国王任意设立的本金，其售价要比贵族文书高得多。这种官职可以转手，有时还可以让好几个人成为贵族。对国王而言，转手也可以带来收益；尤其是因为那些雄心勃勃的买主——无论是个人还是集体——既有钱又易于接受国家对他们提出的强制借款要求。他们时常——通常

---

① 这里的羊皮卷即国王册封贵族的文书。

是在战争时期——被要求向官职投注补充基金，相当于扩大他们的投资。于是官职演变成国王的一种借款制度。到最后，官职构成一笔国家难以偿还的巨额本金，它们已经是一种持久的制度性元素，直到1789年。

从17世纪到18世纪初，设立官职的浪潮一波接一波。这让一些表面看来奄奄一息的机构获得了新生。例如，财政署（bureaux des finances）即使在工作清闲的时期，其官职数量也在增长，从每个署4—5个官职（1600年左右）增加到18世纪的28个。1715年之后，各文书处（chancelleries）共有800个可使持有者获得贵族身份但没有任何职能的官职，各高级法庭也有同样多的冗余官职。总起来算，这类官职在18世纪超过4000个，富裕的平民因而能更有效地利用它们变身为贵族。各文书处在17世纪初每年创设10个新贵族，到17世纪末增加到每年20个，1730年达到创纪录的50个，这个高水平一直维持到1789年。审计法院、税务法院、财政署、高等参事会，甚至某些高等法院，都主要从资产阶级中招募成员。在旧制度的最后15年中，不下2000个平民获得了可以受封为贵族的官职，如果不是大革命，他们和他们的后代将会成为贵族。总之，君主制的最后60年是加封贵族的黄金时期。因此毫不奇怪的是，在某些人看来，法国贵族的膨胀似乎没有任何限制，这与欧洲其他国家不同，对后者来说，土地的供应是一种约束。

大部分通过这种途径成为贵族的人，在那些可能认识他们的人眼中，应该是完全配得上贵族身份的。但并不认识他们的人，会仅仅将他们视为这样一个类群，他们的上升是场灾难，是法国社会所遭受的更为严重的病患的表征。他们是这种病患和金钱策略的象征。在法国，很多人在谴责过度的奢侈，谴责宫廷和城市的急剧扩张以及利己主义的商业精神，认为这是不幸的根源，而且这一切都受到无效而浪费的国家的恩惠。大部分受封的贵族被认为是在财政业务中牟利，靠损害国家发财，并显然占据了无用的官职。他们缺乏美德却追求荣誉。这种获得贵族身份的捷径引起广泛的敌意，在1789年是显而易见的，贵族和第三等级陈情书都一致表达了这样的看法：贵族身份应该是对功劳的奖赏，而不能出卖给金钱。当公共舆论处于这样一种精神状态时，财政上陷入窘境的国家的唯一答复，就是在1771年对获取官职的平民强加新的税收，并要求1715年以来获得贵族身份的人缴纳类似的捐税以认证其身份。国家由此认可了过去并承诺了未来。

由于剥夺了贵族的地方职责和政治功能，国家看来也就贬低了那个不再辅佐它进行统治的等级集团的身份。这种贬低也是贵族后来的命运的一个诱因，因为它引发了一场表面上的"贵族反动"，而在公众眼里，这种反动带来的效应是灾难性的。贵族反动针对的实际上是受封的新贵族，但它惹恼了平民。著名的1781年塞居尔法令（ordonnance de Ségur）规定，担任军官者须有四代贵族的家世，但平民可能很难了解，这一法令并不涉及他们。毕竟资产阶级很少在军中服役，对他们的排斥纯粹是一种潜在现象，直到此时还没有受到质疑。但该法令公布后成了辩论的话题。军队之所以提出家世要求，只是出于改革的意图：禁止军官团向新受封的贵族开放，这些手执贵族文书的人完全是受军服和军官身份的声誉吸引的。这些人出身没有行伍传统的家族，习惯于无拘无束地花钱和奢侈的生活，因而可能并不适应军队。严格且古老的家世是淘汰这类人的手段。不少高等法院，尤其是位于加封贵族速率很快的城市和地区的高等法院，也出于类似的职业上的理由而做出了类似的限制。这些措施是一些贵族针对另一些贵族的，但第三等级的新人完全不了解其目的，相反报以新的、武断的恼怒。在18世纪80年代的公众意识中，家世查验成了凝聚普通资产阶级敌意的事件，尽管这些人从来没有梦想过成为军队的副官或法院的法官。

因此平民对贵族的敌意的源头是很清晰的，但还存在一个难题。既然贵族有一系列的优势，既然他们并不缺少力量，为什么他们在大革命中不能更好地保卫自己呢？的确，他们更懂得如何抵制王权，如何与他们很多人所称的国王专制主义作斗争，而不是如何捍卫自己的地位。有意思的是，作为一个整体的贵族阶级要小于其各个组成部分之和，即使贵族们自己也是这个看法。尽管有孟德斯鸠的理论，但在大革命期间，很少有贵族能有效地捍卫作为阶层或作为集体身份的贵族。对革命原则的抵制，就算存在也只是个人的、孤立的群体或地区性的现象，而且这种抵制来得很晚。到最后，大概有20%的成年贵族以自己的方式进行了自我表达：他们选择了流亡。但大部分流亡贵族直到1791年和1792年才出发。1789年8月特权的终结、1790年6月废除贵族身份，可能让大部分贵族感到不快，但并没有让他们感到不安；从个人而言，他们每个人都准备与新制度和平相处。如果贵族的存废是个根本性的问题，那么流亡就会立刻到来，并且会更加彻底。如何解释这一现象呢？是贵族缺乏勇气吗？还是因为恫吓和恐惧？可能两种因素都存在，但最为重要的是制度与观念的演变：贵族在1789年已经分裂碎化了，贵族的心态也发生了转变。

应该对观念进行考察。并不是所有贵族都以同样的方式接受革命，但大部分贵族接受了革命的原则，或能与之调和，这些原则包括：个人权利、代表制度、立宪主义、免税特权的终结。真正的但并非立刻显现出来的难题是平等主义，它涉及各种制度的社会构成问题。

对于很多从事严肃职业的贵族而言，以出身作为入职标准几乎是自然而然的事，子承父业是恰当的做法。普遍而言，他们更倾向于"从内部"、从传统深厚的家族之中吸收新成员：这种意识与启蒙的新观念是契合的，在启蒙观念中，人的根本禀性取决于教育的塑造。在这种观点之下，根据职业传统塑造某种种姓（caste）便是有意义的；所以，当大革命到来时，贵族在思想意识上已经有了很好的准备，可以捍卫他们的排他性纲领。在这一点上，他们立场坚定，而且是强有力的反革命者。很多贵族在1789年之前就经常质疑新封贵族的大量涌现，认为他们并不具有职业精神；现在，他们同样毫不犹豫地抵制那些试图对制度进行民主化、让各种职业向每个人开放的革命者。

关于贵族对大革命的态度的这种解释，实际上包含着一个设定：很多贵族的职业，乃至他们身份认知，已经越来越具有专业化色彩了。这就使得我们要考虑18世纪贵族的社会整合所采取的独特形式。这个整合过程在源头上存在启蒙时代的某种深刻意识，即尊严是与有益的工作联系在一起的。这个看法最先是重商主义者看重的，后来它传播到所有阶层。我们可以从这种新文化所认定的敌人身上清楚地看到这一点：不事生产、专注于祈祷的僧侣；逃避社会责任的单身者；拼凑恶劣文学的糟糕作家；沉浸于思索之中的无所事事的博学者；没有实际产出的财政家们[①]；纯粹为了装点门面的廷臣。这些人也可被视为"贵族"（aristocrates）。本笃会修士就汲汲于教育职位，凡尔赛的青年侍从不愿回老家而为在步兵中谋个位子而奔走央求。法学院的注册人数翻了一番。职业看来取代了等级地位（rang）而成为个人认同的核心，而负罪感也随之转变：慵懒涣散之人越来越觉得必须掩饰懒散了。工作的观念从前是"资产阶级的"，但这时已不再是某个阶级的专属品了。作为大革命期间无套裤汉意识形态的核心，它在贵族的思想观念中的地位一样重要。在王家军事学校，学生们总是能听到包括军事大臣在内的教官们的教导：没有一份有用的工作，出身一钱不值，身为贵族而游手好闲是件丢脸的事。在各种各样的环境中，出现了一种召唤竞争、功业和才智的清教式的话语。

这些新观念使得很多贵族觉得应该去扮演某种新角色了：应该根据自己的能力参与积极的职业活动，应该以某种方式成

---

① 财政家（financiers）这个术语当时指从事与国王的财政相关的金钱事务的人，如总包税所的职员。

为有用之人。但如何做到呢？正如托克维尔提到的，有一条路已经向他们关闭了。要将一个原子化的贵族阶层按照英国模式重塑成一个真正的政治阶级，已经为时太晚。这样的方案在17世纪中叶或许还有可行性，但此后随着国家对古老习惯和各种联系的摧毁而成为不可能了。参与地方决策也太迟了：从前缓慢编织起来的关系网络已经不存在，贵族游离于社区事务之外，这已经成为他的第二属性。贵族对社会的再介入只能以官僚化、职业化、符合国家目标的方式。行政部门的公务员、军队的军官、法官和财政官员都可以成为贵族。甚至商业领域的从业者也在购买官职，并声称商业有益于国家，从而为自己的活动寻找合法性。

重返积极的职业生活产生了两个戏剧性的后果，但二者都削弱了贵族捍卫自身地位和等级的能力。作为一个等级（ordre），贵族的分化在加剧，产生了一些心怀疑虑且经常相互嫉恨的群体。关于贵族性质的大辩论（1750年左右）已将这些冲突展露无遗。孟德斯鸠在《论法的精神》中提出了一种理想化的贵族角色，作为国王与人民之间的中间体的法官，全体贵族是君主制的支柱，是自由的保障，这是在为穿袍贵族正名。接着，科瓦耶（Coyer）修士为商业贵族进行辩护，他们是新的贵族分支，主要来自新受封的贵族（anoblis）。随后，阿尔克（Arcq）骑士自命为军事贵族的代言人，称赞他们不受金钱和市民价值观的污染。教士之中也出现了不同的声音：贵族主教们日益感受到哲人、高等法院和世俗化国家的无所不在的威胁，他们开始明确强调自己在教会内部的角色。只有公务职能贵族没有发表看法，他们因为握有实际权力而觉得安稳。这些争论有时十分激烈，而它们在实际制度中则展现为一系列不同的贵族形象，贵族更像是多种职业阶层，而不是个统一的社会阶级。

所有这些都让我们重新思考这样一种看法：贵族已经在统一的意识形态之下构建起一条共同阵线，孟德斯鸠和高等法院就是这种统一的意识形态的化身。这种假想的统一并没有在它应该表现出来的时候出现：在三级会议的选举中，12个贵族代表中只有一个来自高级法院。大革命开始时，贵族很可能比从前更加分裂了。认为贵族是个整体，可以作为一个等级整合到1789年的新宪政体制中，这种认识回过头来看是个严重的误解。

个人的贵族身份、他的社会等级和法律地位，则是一场更为激烈的斗争中的对象。在这场斗争中，贵族知道自己要捍卫什么。但在大革命造成的普遍敌视的氛围中，他们所能做的无非是在事先就已失败的前提条件下讨价还价。大部分贵族并不指望自己的特权能得到补偿，但他们坚持认为，社会等级方面的根本区分具有重大意义，按他们的看法，这些区分对制度和职业的运作至关重要。在这方面，基贝尔（Guibert）的案例最能说明问题，尽管乍看起来这个例子让人费解。作为军队改革的领导人，他接受了大革命带来的几乎全部东西：宪法和代议制、个人权利和税收特权的废除。当三个等级融合之时，他甚至深感欣慰。然而，就是这个基贝尔，一年之前还强化了对军官军衔的家世要求，1789年12月，他甚至主张应该保留贵族！对于民主派，他提出了这样的反对意见：军队与市民社会不同，它从来就不适用平等原则，不能指望商人、法官或教士有军事指挥能力。纪律、上下级关系和服从等都必须有某种社会差距，它能够增强军阶之间的差别，因此贵族是不可替代的。接着，基贝尔又解释身份和尊严如何强化权威，而一个立宪体制也是需要这种权威的；贵族如果认为公职服务是件光荣的事，那就会将从前漠不关心的民众提升到超越纯粹个人利益的境界；贵族本身没有对民族造成任何负担，相反他们会因为自己的责任感而节省开支，因为责任感使得贵族接受了那些报酬很低的职务。

基贝尔在为军队辩护，但其他的机构也触发了类似的意识。不过，这时所提到的贵族身份，与那种平民根本无法染指的英雄主义或神秘色彩毫无关系。尽管这些贵族还在使用美德和荣誉等古老的术语，但他们改变了这些术语的含义。对他们而言，这些术语意味着工作，意味着经验的获得和对职业常规的专注。在日渐现代化的职业中，唯有经验是最重要的。这是一种平民也能理解的话语。如果说只有工作经验和能力重要，很多非贵族就可以有非分之想：老练的法律从业者比年轻的贵族法官更懂得法学和程序，年长的教区神甫比贵族出身的主教更能履行教会的牧灵使命，以及种种这样的推论。然而，为什么一进入机构，就要特别关照偶然的出身呢？职业人士，无论是贵族还是平民，全都讨厌轻浮的半吊子介入进来。但是，如果贵族的身份所反映的只能是等级制度中的一个层次，贵族对平民职业人士的排斥就很容易招致西耶斯的控诉。正是由于这一悖论，贵族就成了既热衷于进步又受人憎恶的阶层。

1789年在给法国的旧制度冠名的同时也终结了它；旧制度所提供的贵族画卷，并不是经典意义上的作为统治寡头（如在威尼斯）或政治参与者（如在英国）的"贵族"（aristocratie）。法国的贵族很大程度上与地产无关，他们是围绕着与国家的关系而构建起来的；这种关系甚至是从绝对主义出现就确立下来，但也因此剥夺了他们的政治权力。因此，从贵族的社会存在而言，这个阶级最显著的特征就在于个人身份的世袭性，因出身而得来的权利以及受到王权的保障等。18世纪，为了在这种身份与某种特别的社会功能之间建立联系，曾经有过各种努力；然而，贵族还是没有能够摆脱既昂贵又无用的特权者形象，他们是这一形象的突出体现：他们为扭转这一形象而做出的努力甚至也适得其反；广泛的贵族改革思潮的出现，反倒强化了这个世纪的舆论所谴责的出身权利的观念。

这种事态有个伟大的见证者，他就是西耶斯。1788年底，他接连撰写和发表了《论特权》和《第三等级是什么？》（出版于1789年1月）。第一份小册子更为简短，它把特权界定为与法律的普遍性相矛盾的法学怪物，特权与社会的自然秩序不相容，因而特权的享有者也与社会不相容。然而，这里的特权者指的是贵族，至少是作为特权本质之象征的贵族，因为贵族特权是世袭的。由于一出生就享有特殊权利，本来只应该作为对特别的功绩的奖赏的事物，就建立在了一种持久的、根本的、与个人的普遍权利相违背的不平等之上。贵族社会不成其为社会，而仅仅是一种权力关系。《第三等级是什么？》扩展了这一论证并对其进行了系统化，当时三级会议即将召开。作为重农学派和亚当·斯密的卓越读者,西耶斯以贵族没有社会效用为由将他们从民族之中排除了出去:社会中的所有积极角色都是由或者可以由第三等级来承担。作为洛克的信徒,他还以自然法的名义对贵族进行加倍排斥。一个民族是"生活在共同法律之下,由同一个立法机构代表的联合者构成的整体";贵族外在于这一联合,因为他们本质上就是外在于共同的法律的。然而,这个外在于民族的团体竟然成了民族的主宰者。西耶斯在第二章的关键段落谴责贵族的篡夺行为,揭露其绝对主义的真实面目:"相信法国处于君主政体之下的说法是个极大的错误。只要从你们的年鉴里删除被认为属于不折不扣的专制统治的路易十一、黎塞留的那些年以及路易十四的某些时期,相信你们看到的是**宫廷**(aulique)贵族的历史。是宫廷而不是君主在统治。"因此,早在旧制度的定义出来之前,就有了贵族以国王为幌子、在宫廷的外表下篡夺权力的观点;由于民族将重新找回自己的权利,大革命的战场事先就树立起了公民平等和制宪主权的旗杆。

这位沙特尔的代理主教预感到了事态发展,他已经预见到第三等级的大会将转变为国民议会,因此他在1789年年初就发表了大革命的纲领。不仅如此,他还率先用一组观念表达了即将出现的革命行动的主要源头:这就是对贵族的仇恨,直至将贵族排除在社会契约之外。这种情绪的力度在陈情书中是远远找不到相应的表述的,整体而言,陈情书要温和得多;但在大革命的各种标志性政治情绪中,它将成为一个关键性的要素。而排斥观念则尤其成为革命政治的起始点:享有主权的新民族不再通过与外部的关系、在与外部敌人的战斗中来界定。划分民族的界限移到了民族内部，这界限就是对曾经篡夺了民族权利的一类法国人的驱逐。用贝尔纳·马南的话来说，西耶斯打开了大革命的潘多拉之盒。西耶斯还在用特权观念对敌人做出法律定义，但是，有一种看法已经通过他呈现在革命民主制的想象之中了：有一批躲藏在民族内部的尚未确定的敌人，他们是要让民族走向堕落和解体。1789年7月开始的贵族流亡还不足以限定西耶斯赋予贵族的角色。在法国大革命中，旧制度迟迟没有死亡；它总是在酝酿"贵族阴谋"，并给了爱国者重新定义与"贵族"相对立的民族和人民的机会。出身方面的贵族之后还会有财富方面的贵族。王政派贵族之后将有斐扬派贵族、吉伦特派贵族、丹东派贵族、罗伯斯庇尔派贵族，在这个不可穷尽的死亡名单上，贵族指的只是被打倒的政治对手。

在法国大革命中，贵族观念的悖论在于，作为一种社会组织原则，贵族很早就被击败和粉碎了，但在政治斗争中，它作为不平等和专横的梦魇却不断重现。"封建"社会，毋宁说等级-团体社会，已经在1789年8月4日到11日的法令中被摧毁了，贵族制也于1790年6月被取消。制宪议会以激进的个人主义为基础建立了公民平等，这种个人主义可被视为对一个以团体特权为根基的社会的拒斥。但是，"贵族"（aristocratie）在被废除之后，依然作为民主的想象中的对立面而存在，与大革命相对的旧制度，与平等对立的不平等，与人民对立的宗派，同样如此。在君主制时期，贵族观念从来没有与贵族的实际状况吻合过；在大革命期间，贵族观念孕育出令人生畏的平等动力。18世纪法国的这两大现实之间存在一种隐蔽的连续性，对于这种连续性，托克维尔仍然是最深刻的评述者。

大卫·D. 比恩（David D. Bien）

延伸阅读

BIEN, David D. « La réaction aristocratique avant 1789. L'exemple de l'armée », *Annales ESC*, 1974, pp. 23-48 et 505-534.

CHAUSSINAND-NOGARET, Guy. *La Noblesse au xviiie siècle*, Paris, Hachette, 1976.

HIGONNET, Patrice. *Class, Ideology and the Rights of Nobles during the French Revolution*, Oxford, Clarendon Press, 1981.

MEYER, Jean. *La Noblesse bretonne au xviiie siècle*, 2 vol., Paris, SEVPEN, 1966; éd, abrégée, Paris, Flammarion, 1972.

SIEYÈS, Emmanuel. *Qu'est-ce que le Tiers Etat ?* éd. établie par Roberto Zapperi, Genève, Droz, 1970; réed. avec une préface de Jean-Denis Bredin, Paris, Flammarion, coll. « Champs », 1988.

TOCQUEVILLE, Alexis DE. *L'Ancien Régime et la Révolution* (Paris, 1856), 2 vol., t. 2 des *Œuvres complètes*, Paris; Gallimard, 1952; réed. avec une préface de Françoise Mélonio, Paris, Flammarion, coll. « GF», 1988.

参见条目

旧制度（Ancien Régime）

军队（Armée）

巴贝夫（Babeuf）

平等（Égalité）

流亡者（Émigrés）

三级会议（États généraux）
封建制度（Féodalité）
税收（Impôt）
启蒙（Lumières）
绝对君主制（Monarchie）
孟德斯鸠（Montesquieu）
内克（Necker）
八月四日之夜（Nuit du 4-Août）
西耶斯（Sieyès）

中央集权
Centralisation

根据托克维尔的看法,中央集权将君主制和执政府连接在同一部民族历史之中:中央权力,即王权,成为法国人的"监护人",它在对传统社会进行统一化的同时也拆解了这个社会。中央集权是"旧制度的产物",它历经大革命而继续发展,因为它与新社会相适应。托克维尔盘点了中央集权的各种要素:王国中心的单一机构(国王的议政会(le Conseil du roi):"一切最后都要汇总于它,一切向下传达的流程都起始于它");外省的督办(intendants)及其助理(subdélégué);"次级"行政机构不请示中央就不得轻举妄动;用特别法庭来裁决牵涉行政当局的案件:"只要打倒行政当局四周的一切,它就会显露出我们今天看到的这番面貌。"因为督办是政府意志的唯一代理人,所以他们所听命的财政总监就有了中央集权的权力了。君主制拥有以议政会和财政总监为核心的强大的集中化的权力,这一意象长期存在于那种以"法学家"、王权的歌颂者乃至其对手的话语为基础的史学传统之中。在《论美国的民主》中,托克维尔区分了"统治集权"(centralisation gouvernementale)

和"行政集权"（centralisation administrative），以说明美英与法国相比的特征所在，但这个区分在《旧制度与大革命》中变得模糊了。的确，统治集权指的是西方各社会政治发展的内在动力，而行政集权是指国家自我构建且区别于市民社会的一大特征。在《旧制度与大革命》中，中央集权和国家化（étatisation）是并行的：托克维尔在分析时，高估了这种以督办以及随后的省长（préfets）为标志性形象的国家统治社会的模式。

督办参与了18世纪行政在司法和诉讼权上的缓慢扩展进程，但这损害了各高级法院和常规法庭（tribunaux ordinaires）：蒙彼利埃的税务法院在1734年就因此而抱怨了朗格多克督办的工作，但达戈索（d'Aguesseau）[①]回答说，有关领导和行政的事务"几乎不能经过人数众多的机构之手"：行政领导工作应该"由单独的个人、统一的思想领导"。对于王权的辩护者来说，君主制的本质就在于国王是君临一切的法官，他可以剥夺普通法官对某些案件的审理权；这种情形不必上溯到很久之前，最近议政会对财政事务和与教宗《一圣通谕》（Unigenitus）[②]相关的宗教事务的干预，就表明了这一点。不过，在18世纪，调案（évocation）的非常规色彩逐渐被弱化了，决定性的步骤是1738年6月28日达戈索提交给议政会的司法程序规章。这种把司法权交给议政会

[①] 达戈索是当时的司法大臣（chancelier）。

[②] 《一圣通谕》(标题全文为Unigenitus dei filius，意思是上帝的独子)是教宗克莱蒙十一世于1713年发布的一份文件，谴责了法国詹森派神学家帕基耶·凯内尔（Pasquier Quesnel）的101个命题。这份文件标志着詹森主义争端在法国进入了一个新阶段。

的做法预示了19世纪法国的行政司法权,尽管国王的议政会设立的特别委员会并不是严格按照现代意义上的公私区分来办案:很多私人案件仍然被调案,很多轰动性案件则被压制了。在1790年8月16日到24日的法律中,制宪议会议员们深受国王法学家的影响,念念不忘高等法院的阻挠态度,庄严宣告行政与司法的分离。但大革命并没有组织起真正的行政法庭系统:行政部门既是协商机构,也是执行和裁决机构。区别于行政管理部门的行政司法机构,即最高行政法院(Conseil d'État)和省行政法院(conseils de préfecture),是在共和八年才设立的。严格来说,这还只是个叠加的司法机构,行政法院获得独立权限要到第三共和国初期。国家躲在法律背后,自居于社会之外和社会之上:公共权力概念为国家的干预提供了合法依据,公共服务的观念则是其非常规特征的理由所在。

在18世纪,督办是"议政会在外省的眼目"(1781年某位督办的说法)。他的权限从来没有明确地界定过,但其在经济和社会领域的权力在增长。在当时,三分之二的督办辖区刚好与财政区(généralité)是重合的。其他的督办辖区或者处于边缘地带,或者覆盖更为辽阔的、依然保留着省三级议会的一些省区。在具体事务中,督办由督办助理协助。后者分为两类:或者由督办任命,或者由国王特别授权;第二类人看来是职业的行政人员,第一类则预示着"名流"(notabiliaire)网络的形成。与此同时,督办们的办公室人员日益增多,这些职员(commis)越来越像公务员(fonctionnaire)了,1784—1788年布列塔尼督办贝尔特朗·德·莫勒维尔(Bertrand de Molleville)的办公室就是如此。但这套制度远不像其组织图表所显示的那样有效率。一切取决于具体情况和每个督办的个性。督办有点像 P. 格雷米永[①]笔下的省长，实际上是个中间人，是在地方权力和国家权威之间迂回的协调者。旧制度的国家是个泥足巨人，君主制自身也突出了这种虚弱性。按托克维尔的看法，正是君主制国家剥夺了贵族的地方政治权力，为平等主义的价值观开辟了道路，因此，导致绝对君主制垮台的那场断裂发生在法国大革命之前：集权化"革命"酝酿了社会解体，社会解体孕育了最终于 1787 年到来的"文化"革命。从这个时候开始，督办，这些在 1775 年马勒泽尔布（Malesherbes）的诤谏书中被谴责为市政精神的扼杀者的人，只能在一旁目睹省议会和市政议会的纷纷出现。

在这些议会设立之前，18 世纪的人们就已经提出了各种计划，其中有杜邦·德·内穆尔（Dupont de Nemours）和杜尔哥（Turgot）草拟的《关于在法国设立市政机构的报告》的著名文献。但进行试验的是内克。他急于提高君主制在舆论中的信用，而且比杜尔哥更为敏锐地意识到争取经济阶层支持的必要性。1778 年，他向路易十六提交了一份报告，鼓吹某种集体行政模式优越于督办制。这个方案看起来是针对督办的，但也是为了消解高等法院的抵制，因为后者自称是一个代表机构。内克设立的省议会保留了等级区分，但规定按人头表决，第三等级代表人数翻倍，由各城市和乡村地主的代表们构成。

---

① 格雷米永（P. Grémion）是当代法国社会学家，曾研究过法国的官僚制。

卡隆（Calonne）①指责内克没有预见到中间层次，于是他于1787年向被他召往凡尔赛开会的缙绅们提出了一个新方案，计划在各财政区建立三个层次的会议：1775年报告中的教区大会；包括30个教区的代表的区议会，负责在各教区之间摊派税收，并向省议会提交报告；最后一级是省议会。省议会由各区议会的代表构成，不存在等级区分，将处理税收摊派、公共工程、救济穷人等工作，并向政府提出建议；在省议会休会期间有一个中间委员会，但其职责将仅限于监督。1786年11月卡隆向路易十六阐述的意图很清晰：就是要"听取纳税的有产者的意愿……使他们通过协商性的辩论来阐明政府工作，但不赋予其权利，也不让他们有管理政事的非分之想"。督办将有权列席省议会的会议，了解其所有辩论，并确定所有开支款项。因此这绝不是要对国王的行政制度实行地方分权。在经过复杂的协商之后，卡隆的继任者罗梅尼·德·布里安（Loménie de Brienne）终于在1787年6月公布了关于设立省议会和市议会的法令：这套制度只有在不存在省三级会议的地区才有效；规定按人头表决，第三等级代表人数翻倍，但主席职位留给特权等级；议会将负责分摊税收，规划公共工程，发表建议；议会将由一名总理事（procureur-syndic）代表。这一法令的补充细则明确了议会与督办的关系。督办可以要求解释，但唯有他可以决定哪些资料应转呈议会，在审查各社区的账目时，必须有督办在场。此外，督办可以批准数额在500利弗尔

---

① 卡隆（Charles Alexandre de Calonne, 1734—1802）曾于1783—1787年担任法国的财政总监。

以内的开支，但超过该数额应该有委员会（Conseil）的意见。因此，与托克维尔的看法不同，督办并没有被压缩到完全无权的地位。另外，尽管托克维尔担心18世纪改革派的专制主义倾向带来的危险，但低估了这种监护制度的分量，没有注意到这些议会如何经常向财政总监的下属问询。P. 雷努万（P. Renouvin）正确地指出，这里谈不上什么地方分权。

在26个本应该进行此类改革的财政区中，只有17个开始推行这一改革，雷努万对操作中的困难进行了分析：将近一半的第三等级代表是特权者，但更重要的是选举的拖延。1788年10月15日，内克决定暂停改革：于是一切都留待全国性的三级会议了。

中央集权不能简化为简单的地域组织问题。为了让不可分割的主权适应新社会的诞生，有一系列的立法和新举措，但我们在此无法详尽地列出。我们只限于考察三个决定性的时刻：1789年12月14日到22日的一系列法令，它们基本规定了新的地域组织的特征；共和二年组织革命政府的霜月改革（1793年12月4日）；以及共和三年革命政府的转型。

在6月17日的政治革命、8月对旧社会的摧毁以及9月的一系列成功①之后，制宪议会携这些胜利，借助市政革命和农村起义——但它也对此感到不安——重塑了王国的制度。由于特权被废除，新的地域组织成为必需，这成为君主制改革的

---

① 6月17日，三级会议改称国民议会。8月4—11日，国民议会废除法国各种封建制度。9月，国民议会否定国王的绝对否决权。

入口。在各省（départements）内部，经选举产生的总议事会（conseil général）任期两年，议事会休会期间由一个执行委员会（directoire）代表，该机构有权发布命令；另有一名选举产生、任期四年的总干事（procureur général syndic），负责督促法律之实施。各区（district）的制度组织与此相似，而市政机构（municipalités）每个教区设立一个，它也有自己选举产生的议事会（conseil）、市政官员和市长，并有一名选举产生的管事（procureur）代表国王和纳税人，在私人利益面前捍卫公共利益。根据法规，这些机构的权力在经济事务方面相当广泛，并可以要求动用军队和宣布戒严。

传统的历史学都把这一立法视为地方分权的表现。其依据是，这些既具有协商性又具有执行权的机构的权限扩大了，上级监护被缩减而且消除了中间层次，但更主要的是新机构的选举特征。在泰纳看来，1791年宪法"几乎消灭了"中央权力：这部法律只是组织了一次解体，而且权力已经向底层下放；各个独立的小共和国，也就是各省，成为"自己过日子的小国家"。在奥拉尔看来，这就是"某种行政无政府主义"。马迪厄的立场与泰纳接近而与饶勒斯相左，认为这种"最大程度的地方分权……不仅不能巩固新秩序，反而只会动摇它，甚至差点颠覆了它"。要拯救法国，雅各宾的中央集权一点也不过分。饶勒斯的判断较为温和。他也指出，由于制宪议会担心地方权力会听命行政首脑即国王，因此在宪法中地方权力与中央权力机构的行动缺少协调机制，但是，这套制度实际上使得这个国家能够免受宫廷反革命行动之害。饶勒斯无疑是在与托克维尔对话，他认为这个制度既然见证了制宪议会的信心，也显示了阶级斗争的不存在，否则把地方权力交给工匠和农民而没有任何制衡是难以想象的；另外，整个制度安排不仅催生了一批与大革命血肉相连的行政人员，而且有助于对人民进行共和教育：瓦伦事件（国王逃亡事件）就很好地揭示了这一点。

74 有些人认为这场改革对消除法国的权力多元状况起了加速器的作用。他们强调地方当局对行政首脑的合法服从，平等主义意识形态内涵的均等化理性，以及行政区划的重组所具有的多面效应。的确，制宪议会进行的是统一化的工作，行政区划的重组也推行到司法体系，尤其是宗教秩序中：我们知道，教士公民组织法单方面要求宗教区划向行政区划看齐，造成了教会教阶体系的混乱，进而将天主教会这个国家的模板和竞争对手推向了反革命阵营，大革命一下子就失去了一个由训练有素的布道者构成的官僚体系，而它本来可以像路易十四那样利用这套官僚体系。另外，当教会从革命危机中走出来时，它比过去更加集权了，而且也更服从于权威，教宗控制了主教，主教控制了教区神甫，就像波拿巴控制了省长，省长控制了市长。

阅读议会辩论可以发现，有三个要点特别受到制宪议会议员们的关注。首先是区划重组所依据的标准：在这个问题上，我们只需注意支持地域标准的论证方式所造成的断裂。其次，地方行政对行政首脑的服从；但议员们也有一种执念，就是重建某种督办制，这类人应该负责沟通行政首脑和地方行政机构。11月23日，塔尔热（Target）提醒说，通过某些预防性措施（如对行政首脑设立的某些限制，议会的常设），国王应该能够将其命令传给各行政会议。制宪议会的难题是如何将中央部门的政策——这是理性的表达——向周边传达，同时又清空各中间组织。这里我们想起米什莱的说法：制宪议会是"没有手臂的大脑"，尽管它有"44 000只手"；考虑到以下情形，这个说法就更确切了：这时候的省还不是前后有两副面孔的雅努斯①，也就是说，还不是连接中央官僚机构与地方"名流"们的重要磋商场所。支持制宪议会革命的是来自地方自治的激情。米什莱还认为，1789年12月14日的法令不是体系精神的结果，而是对事实的承认，这个看法也很确切。

但选举制是个新事物；因为鲁昂省议会原来的总理事图赖（Thouret）碰上了政治代表制的发明人西耶斯。新的区划既反映了代表制，也反映了行政管理的意愿，尽管议会像西耶斯一样，对各种特殊主义（particularismes）及其利益很不信任，并且毫无困难地投票宣布，地方行政机构的成员将不成为民族的代表。但投票过后，一些最有远见的人已经预感这一模棱两可的措施将会造成严重的后果。

1790年进行的选举使得1789年的运动正规化了。尽管各省的权限还不明确，但是市政官员的权限和义务得到了较好的厘清。阿里逊·帕特里克（Alison Patrick）强调，对1789—1792年而言，只可能在一种有限的意义上谈论地方分权，即制宪议会特别关心的是快速和有序地建立新制度、新机构以避免动乱。在她看来，地方行政官员是在自行安排自己的新职责。由于信息传达不畅，

---

① 雅努斯（Janus），罗马人的门神。

这些新机构只能处于独立状态，尽管它们并不情愿。由于向巴黎提出的请求经常得不到回音，这些行政机构只能自行处理紧迫问题。最后，它们彼此之间相互磋商，以减轻因信息缺乏造成的不便。与旧制度的行政模式相比，这是一种创新，这也促成了联邦主义的幻想。随着旧式团体的消失，这种幻想将成为王党主义者送给罗伯斯庇尔及其雅各宾派的一份厚礼。

随着危险的不断涌现（对外战争、内战、民众发动），时局成为这一体制发生集权转向的直接诱因：为了保卫受到威胁的革命，人们不得不重建旧的强制性机器。1793年见证了山岳派的胜利，他们内部虽然并不团结，但齐心反对吉伦特派，指控吉伦特派为"联邦主义者"。1793年10月后，救国委员会出于双重的考量对中央集权加以制度化：一方面要对前几个月在政治、行政、军事和经济领域采取的各种措施加以协调和实行等级管理；另一方面，遏制乃至摧毁外省激进的民众运动所催生的制度和机构。共和国的统一和不可分割也意味着国民公会应该单独行使统治权，也唯有它能够统治。

首先，国民公会试图通过特派员来体现主权。制宪议会已经在两次事件中做出了榜样，一次是在处理南锡事件时，另一次是在瓦伦逃亡事件中。立法议会在与执行权的斗争中也曾效仿先例，向边境地区、军队和动荡地区派遣特派员，而国民公会已经允许这些人在完成其使命前继续留守原岗位。1793年3月，为了完成30万征兵计划，国民公会决定向各省派遣代表。旺代的叛乱，巴黎6月2日的武装政变在外省和一些大城市引发的敌意，战争和大规模征兵，民众经济诉求的高涨及随后的最高限价立法，准政治和准议会组织的压力,市政机构镇压职权的扩大(理论上说这些机构是在 1792 年 11 月由普选产生的):所有这些因素都让山岳派政治家们觉得,必须建立强大的中央权力,才能将敌人逐个消灭。 77

就在旺代叛乱和当年夏天的群众运动有所缓解时,1793 年 10 月,政府开始采取攻势。在非基督教化运动暂停、各派别相继垮台之后,这场攻势仍在持续,直到巴黎公社的领袖被清除、特派员被召回,以及大恐怖体制的确立。在 1793 年 10 月 1 日关于旺代的报告中,巴雷尔(Barère)将法国的不幸归结为决策中心太多。他宣布:"我们打击匪帮的能力主要取决于能否做到同时性、行动的整体性和行动观念的一致性。"10 月 10 日,国民公会在听取圣茹斯特的报告后下令,在和平到来之前,政府将是革命政府,执行委员会、部长、将军、各宪法团体,都将服从救国委员会的领导。在这次会议上,国民公会还决定,为了实施谷物最高限价令和规范战时的地区供应,将确定每个区的谷物产量表,估算每个省必需的粮食数额,以便征调余粮。同时还确定,革命军队中的棘手问题也将由救国委员会来处理。

接下来是比约-瓦伦(Billaud-Varenne)11 月 18 日的报告,它最终呈现为 12 月 4 日的法律,按奥拉尔的说法,这是"某种战时宪法"。由于这部宪法,"因为时局所需而随意组织起来的时断时续的、混乱不堪的中央集权",被"一种有序的、持久的中央集权取代了"(马迪厄);不过,后者固然很有效率,但全然保留了某种修补凑合的外观,与特派员和由部长、巴黎公社和各街区派遣的特使之间并不协调的合作很是匹配。与 12 月 25 日罗伯斯庇尔的演讲一样,比约-瓦伦在演讲中担心的是, 78

地方的特殊利益将可能篡夺人民主权。因此必须终结制宪议会的"马基雅维利计划",因为制宪议会设立了两个政府中心,即立法中心和执行中心:这样一来,人们可以砍掉君主制"怪物的头颅","但其躯干将永远留存"。这个躯干,在当时就是各省当局,它们是"自由的吸血鬼",五十多个省的当局曾抗议6月2日的起义。因此,一切"来自中心的都必须通达四周","立法中央"是政府的枢纽;换言之,应该消除接二连三的枝蔓和层出不穷的接续杠杆,它们只能减弱驱动力,甚至在传达这些力量时使其改变方向,从而造成"立法无政府主义"。结论就是:"达摩克勒斯之剑必须削平整个表面。"没有"简洁主义"(laconisme)就不能统治,圣茹斯特这样说……

随着这份法令的颁布,国民公会成为"政府驱动力的唯一中心",唯有它有权解释法律。为了保证法律的公开性及其传达,还创办了一份法律公报。由此带来的逻辑后果,在巴雷尔1794年1月关于语言革命化的计划中得到阐发:要把中央的话语推广到全国各地,因为"以高昂代价传送到法国边陲的智慧之光,在抵达那里时就已经熄灭了,因为那里听不到法律的声音"。今后,"自由和平等的强音",从比利牛斯山到孚日山都是一样有力。

12月4日的文件深刻改变了制宪议会从前建立的金字塔结构:省的权力被大大缩减,区的权力有所增长,国民公会对区的担心要少一些:它太小了,无法成为强大的力量,而且彼此之间竞争激烈,不可能团结在一起,"它们只有确保法律执行所绝对必需的力量",而且将处于国民公会的直接监督之下。省议事会(conseil)和总干事被撤销;只保留一些权力有限的行政官员，而且他们无权在自己的辖区内巡视。区和各公社的干事（procureur）被从他们中间挑选的"国民代理"（agents nationaux）取代，但须经过特派员的"纯化"；而这些要被纯化的人的继任者将由国民公会任命。国民代理必须每十天报告一次他们的行动，不过他们与留任的行政官员不同，可以外出活动，且构成唯一稳定的权威；省执行委员会的主席和秘书处，以及其他革命委员会和监督委员会的主席和秘书处，均须每十五天改选一次。与此同时，革命军、民众社团的聚会、各省革命委员会均被取缔。最后，特派员们的委托权受到了限制。

"这一法律想要实现的就是整个法国想要的：建立行动的统一，消灭各种小僭主。"米什莱补充说，"在摧毁各省的联邦主义的同时，完全保留了公社的联邦主义，也就留下了让人不堪重负、不胜烦扰的地方暴政，致使法国在随后的六十年间又回到了君主制。"的确，尽管各革命委员会服从国民代理，但法律也导致各革命委员会与市政机构在"革命法律"的执行方面形成竞争。至于负责检举疏漏、监督权力当局的国民代理，他们中间的很多人以前就是总干事（procureurs-syndics）：这套制度主要依靠他们，但他们夹在基层和他们的上级（议会各委员会和特派员）之间，一般会采取谨慎立场，只满足于登记汇报国有财产出售和剥夺教士资格等情况。

1793年12月29日，国民公会向外省委派58名享有很大权力的议员。在各派系相继瓦解，巴黎公社被改造成驯服的公务员机构之后，救国委员会不再有公开的对手了，它将权力都集中在了自己手中。1794年4月1日，执行理事会（Conseil exécutif

被撤销，取而代之的是依附于救国委员会的12个执行委员会（commission executive），但财政委员会除外。4月16日，圣茹斯特下令，有密谋嫌疑的犯人将只在巴黎审判，5月8日，特派员们设立的革命委员会法庭被撤销：恐怖现在处于救国委员会的集中监控之下。但这个机构从来没有获得过后来省长们对拿破仑的那种服从：特派员以地方局势为由，并不总是执行或者公然违反救国委员会的法令，在非基督教化和税收等工作中就有这样的例子。

　　人们一般认为，热月9日之后的时期是革命政府的解体阶段。不过，热月党人，还有回归的吉伦特派，都是和下台的雅各宾派一样的中央集权派。虽然热月党人进行过某种消除集权的工作，但他们没有质疑过集权，甚至进一步完善了它，因为督政府时期国家官僚机构极速膨胀。1794年10月24日，执行权（或行政权）由16个委员会分割——立法委员会成为名副其实的内政部——尽管它们不再服从救国委员会，但中央集权仍然维持着：地方当局仍然严格服从中央权威。各省的权威只是逐步恢复起来的。9月8日，省行政当局被批准与立法委员会保持联络。20天后，国民公会决定完善各宪法机构：它将任命巴黎省的空缺职位；在其他省，如果有特派员，则由他负责任命；若没有特派员，该省在国民公会的议员将提出一个名单，然后由国民公会来任命（1795年3月4日，国民公会委托立法委员会负责任命工作）。1795年4月16日，重新回到国民公会的吉伦特派提交了一份法令，建议恢复省行政当局在1793年5月31日之前享有的权力，并恢复设立总干事和省执行委员会。但相关人员仍由特派员或立法委员会任命。

中央集权

共和三年宪法（1795年8月22日）和三分之二法令①是在向同一方向努力，也就是加强中央集权。以前区（district）的设置被取消，新的区划（canton）成为整齐划一的市政组织的基础。市政行政当局服从省行政当局，后者服从于各部部长。每级机构都能废止其下级机构的法令，暂停或撤销下级机构的行政官员，但应得到督政府的认可。督政府也能进行直接干预，并由它指派被撤销的官员的替代者，直到下次选举。最后，尤其重要的是，人们还继承了1793年孔多塞提出的宪法草案中的一个条款：在每个地方行政当局旁边，安排一个由督政府任命的、可以撤回的"特使"（commissaire），行监督和执行法律之责。这些特使将经常在从前的总干事、市长和国民公会议员中挑选，这个群体具有明显的稳定性，尽管他们经历了多次政变及随后的罢免，尤其是共和五年的果月18日政变。国民公会有些人反对这项制度，卢韦（Louvet）则以共和国的统一为之辩护，多努（Daunou）则统一了人们的想法：这不再是像制宪议会时那样，是要打乱君主制政府的组织，而是要组织共和政府。在督政府时期，罢免、选举作废、流放和政变等构成中央集权的一种有效的手段。最后一击又是来自多努：在关于共和八年（1800年）雨月28日法律的辩论中（该法律废除公务员的选举制和行政同僚共治制，从而赋予中央集权以其现代面目），多努最后采纳了波拿巴的方案，理由是不采纳它将是危险的。雾月政变的策划者深谙西耶斯所总结的大革命的教训：权力自上而下，信任

---

① 当年的宪法规定，新议会的成员中，三分之二从原国民会议的代表中选出。

自下而上。

正如巴纳夫（Barnave）所担心的，中央集权的官僚体制的组织特征是服从义务，而最终确立这种普遍义务的将是一位将军。历届政府过后，行政机器还在，它"独立于创作者的价值观"而运转，按托克维尔的说法，正是它使得政府可以为懂得操纵"曲柄"（manivelle）的人所用：拿破仑"在建造这一强大的等级制时……也使得革命在我们之中既更为容易进行也更少破坏性"。因此，对托克维尔而言，行政集权和巴黎的全权地位，是19世纪政治不稳定的主要原因。

巴黎和法国国王的关系总是带有各种不明朗的色彩：这座城市依赖王权这个"地方权力的倍增器"而生活，但它也会出卖后者。但在1789年，法国发现了一个主人：巴黎，它不再满足于像过去那样给国王拆台，而且，在1789年7月和10月，接着是1792年8月10日，往后还有1830年7月和1848年2月，它还战胜了王权。1789年，巴黎成为一个省：在杜邦·德·内穆尔看来，此举是要使这座城市"不再因为偶然而是在宪法上成为王国的首都"，成为"国家组织的基本要素之一"。革命者对其中的奥妙洞若观火：米拉波（Mirabeau）就是例子，他之后是罗伯斯庇尔。巴纳夫说得清楚：人们无法"建立统一体而又拒绝首都的影响；但这种影响是历次革命的持续的源泉"。罗伯斯庇尔对此也有所了解，他采取一些预防措施，而其成果后来让热月党人受益：面对巴黎的骚动，他们以政变来应对，这是另一种掌握中央权力的方式；他们出于对"八万巴黎人"记忆的恐惧，把巴黎降格到塞纳省之中。法国历史上的政体赓续，总是发生在巴黎的骚乱或政变之中，这比任何现象都更能表明作为一种方便的统治工具的中央集权的胜利。即便是查理十世等极端保守派，也宁愿赋予国家权力，而不是回归博纳尔（Bonald）赞赏的公社。进一步说，地方社会的同质性不过是政治－行政制度所维系的碎化状态。不过，虽然国家是这段历史的胜利者，但中央集权的驯服，巴黎对外省明显的独裁地位的丧失，等到第三共和国初期普选制到来时才变得清晰起来。中央集权与普选制的结合酝酿出了"名流"的权力，这是国家与社会之间关系的特殊组合方式。

泰纳可以讽刺说，特雷亚尔（Treilhard）、墨兰·德·杜埃（Merlin de Douai）或康巴塞雷斯（Cambacérès）所谓的才干，无非是将"专制的传统和僭政的创新"完全结合在了一起，但他同时也强调，这产生了一个"可能的、实在的、持久的法国"：不过这个说法只是一种论战方式，它将托克维尔意义上的"连续性"表述为旧制度与新制度的接续，但是，当平等取得胜利、普选在社会中扎根之后，这种接续也是社会秩序的保障和条件。

亚纳·福舒瓦（Yann Fauchois）

延伸阅读

Antoine, Michel. «La monarchie absolue», in Keith M. Baker (sous la dir. de), *The French Revolution and the Creation of Modern Political Culture*, t.1, *The Political Culture of the Old Regime*, Oxford, Pergamon Press, 1987.

Barnave, Antoine-Pierre-Joseph-Marie. «Réflexions politiques», *Œuvres*, publiées par Alphonse-Marc-Marcellin-Thomas Bérenger de la Drôme, Paris, 1843, t.2.

BORDES, Maurice. *L'Administration provinciale et municipale en France au XVIIIe siècle*, Paris, SEDES, 1972.

GRÉMION, Pierre. *Le Pouvoir périphérique*, Paris, Le Seuil, 1976.

GRUDER, Vivian R. *The Royal Provincial Intendants*, Ithaca, Cornell V.P., 1968.

LE ROY LADURIE, Emmanuel. «La monarchie française classique», *Commentaire*, n° 27, automne 1984.

PATRICK, Alison. «French Revolutionary Local Government, 1789–1792», in Colin LUCAS (sous la dir. de), *The French Revolution and the Creation of Modern Political Culture*, t.2, *The Political Culture of the French Revolution*, Oxford, Pergamon Press, 1988.

PEUCHET, Jacques. *La Police et les municipalités*, t.9-10 de l'*Encyclopédie méthodique*, Paris, 1789-1791.

RENOUVIN, Pierre. *Les Assemblées provinciales de 1787*, Paris, Picard, 1921.

TOCQUEVILLE, Alexis DE. *L'Ancien Régime et la Révolution* (Paris, 1856), 2 vol., t.2 des *Œuvres complètes*, Paris, Gallimard, 1952; rééd. avec une préface de Françoise Mélonio, Paris, Flammarion, coll. «GF», 1988.

参见条目

旧制度（Ancien Régime）

巴纳夫（Barnave）

教士公民组织法（Constitution civile du clergé）

政变（Coups d'État）

省（Département）

联邦主义（Fédéralisme）

革命政府（Gouvernement révolutionnaire）

内克（Necker）

八月四日之夜（Nuit du 4-Août）

西耶斯（Sieyès）

热月党（Thermidoriens）

反革命
Contre-Révolution

    1797年，约瑟夫·德·迈斯特写道："君主制的恢复，人们称之为反革命（Contre-Révolution），但那根本不是一场逆向革命（révolution contraire），而是革命的对立物（contraire de la Révolution）。"这就是诞生于1789年的新制度的反对者自己提出的纲领——如果不是神话的话。他们的胜利不会是邦雅曼·贡斯当所恐惧的那种反动，不会像雅各宾的政治手段那样暴烈、盲目和违背时代；相反，它是回归旧制度的稳定、安宁和甜美生活。这个让人安心的神话是以对革命现象的外科手术式的解读为基础的：革命被诊断为一种侵入神圣肌体的晦暗不明的邪恶，要想治愈病人，就必须将其铲除。总之，大革命被理解为一场灾难性的意外插曲——是法国历史上突然出现的一道深渊——只要将被打断的连续性线索重新接上，就可以终结这场意外了。

    这是反革命观念中不可回避的根本。后来，在政治生活中日益具有变动性的迫切需求面前，这种虚构出来的理念显得无能为力，对旧制度危机及其内在矛盾的更为切实的分析也让它无法立足，它的影响力逐渐丧失。但是，对1789年原则的拒斥之中还有些合理的内核，在整整一个世纪中，这一内核将不断为针对建立在"人权"之上的世界的批判提供养料。革命来自虚空并注定要归于虚空：应该说，这种论战性的形象并不完全是幼稚天真的。实际上，它是大革命自身试图孕育的神话的对立意象：在革命者看来，建立在新的理性原则之上的大革命，不正是许多世纪的专制主义之后自由的统治的全新开端吗？它的使命难道不是要将法国从它的过去之中连根拔除吗？

一些后来人试图化解因为派别对立造成的冲突，努力调和大革命的成就和传统，调和观念与习俗、自由与秩序；他们自然要考虑那些现代性的对手提出的反对意见，他们不仅要反驳后者，某些情况下还要让这些人为己所用。反革命的遗产尽管仍然忠实于其基本精神，但到后来它大大偏离了自己的源头，对一些明显不同的思潮都发生了影响：从政治浪漫主义到温和的自由主义，再到社会天主教思想。

随着时间的推移，反革命思想注定要变得更为复杂，它既不是简单的也不是线性的，而且从一开始就是如此。实际上，反革命思想指的并不是一个同质现象，因为它涵盖了各种学说和倾向：从为最顽固的绝对主义辩护到欧洲的某些温和主义思潮，这些潮流都因为拒绝1789年的民主原则而形成一条阵线。如果考察革命与反革命两大派别之中的极端势力，对二者之间的边界就能有清晰的感知；但是，随着目光转向各种中间派的政治立场，这种边界就日益模糊了；对自由主义来说情况尤其如此，因为它本质上就是暧昧不明的，"革命"与"反革命"的论据同时存在。

1789年法国的君主制需要改革：对这一看法的拒绝并不是反革命的基调。实际上，整个法国社会，包括特权等级，当时都认为必须进行某种改革。直到1789年夏末，那些后来成为反革命学说代言者的人，如柏克、马莱·杜潘、迈斯特、博纳尔，都还在善意地注视着巴黎事态的发展，希望君主制国家在限制绝对主义的方向上来一场改革。此外，对那些反对革新的人来说，一开始他们主要是对改革进程进行抵制，还没有发展为真正的反革命。6月23日，路易十六在演说中提出了一个确定范围的纲领，在这个范围之内，君主制国家愿意接受渐进的改良：自由主义的要求得到了一些满足（如出版自由、个人自由等），确立了税收平等，还有确立法律平等；贵族社会的等级制依然维持。君主制在灾难到来的前夜所赞同的这个纲领太过畏畏缩缩，但在很长的时期内，它将一直是复辟派的宣言，正如流亡中的路易十八不止一次地说过的那句套话："卸掉弊端的旧制度。"（L'Ancien Régime moins les abus）因此决定性的危机产生在别的地方。从单纯的抵制态度向公开的反革命的转变，其诱因是"政治代表制"的快速演变，这种演变使得作为旧制度的一种组织形式的第三等级变成了国民议会，也就是变成了像君主一样的主权实体，而且它还以重构法国社会的基础为己任。

1789年，法国大革命向民主的偏离日渐明朗化。在攻占巴士底之后不久，以阿图瓦伯爵和孔代亲王为首的贵族已经开始了第一波贵族外逃浪潮，不过，反对派阵线在9月份才明显扩大，当时的国民议会失去了其温和派，他们在有关否决权和二院制的辩论中落败。随着温和派的失势，引导大革命向英国式的立宪君制发展的努力也告失败,尽管后者曾被18世纪的很多改革者视为典范;于是,在几个月的时间内,王政派(Monarchiens),如穆尼耶(Mounier)、拉里-托朗达尔(Lally-Tollendal)及其同道,也流亡国外,加入了极端保王派亲王们的早期流亡队伍。

将军们一旦到位,反革命的坚强核心就形成了,先是在都灵,领导者是阿图瓦伯爵;后来是在科布伦茨,在那里,普罗旺斯伯爵于1791年取代其弟弟,成为正统派流亡者的首领;还有在沃尔姆斯的核心,孔代亲王在那里组织军队。但他们的行动看来效率不高:国王的出逃以灾难收场;都灵的委员会曾策划在里昂、瓦朗斯和普瓦图发动叛乱,但实际上都只是些零星的骚动;争取欧洲列强进行干预的努力也长期不见成效;最后,当战争到来,流亡亲王们的军队于1792年投入战斗时,他们没有取得任何值得一提的战果。

接下来的情况与当初没有两样。实际上,流亡者散布在欧洲各地,他们不得不从一个国家跑到另一个国家,因此并不存在什么流亡者的阴谋,没有什么间谍网,也不存在像基贝隆登陆那样能对大革命构成直接威胁的军事行动。更为重要的是,旺代和东南部(里昂、马赛和土伦)的叛乱是由革命事态的内在发展引起的,它们发生在巴黎政府的宗教政策和雅各宾的激进主义走向极端之时,是这些极端政策使得反革命可以加入民众队伍的行列,而此前它一直缺乏这一力量。

热月9日之后,有人曾试图在合法性的框架内恢复君主制,尽管这一尝试因为"三分之二法案"和葡月13日的严酷手段而被粉碎,但它本身至少还有一点现实性,因为它可以以热月体制的脆弱性为行动的依据。然而,尽管对手很虚弱,激进的反革命自始至终都没有武装起来。在内部,它因为绝对王权派和立宪派的争吵而陷于分裂,而拿破仑推行的民族和解政策又进一步削弱了它;而且,它还因为各种试图影响事态发展的笨拙努力而自我迷失:如幻想来一次英国式的复辟,把皮什格吕(Pichegru),甚至拿破仑视为法国的蒙克将军[①];还有天真地期待国际局势最终会粉碎巴黎的政府。1814年,当欧洲盟国将波旁家族扶上法国王位时,复辟并不是在流亡中幸存的旧世界的原则对新世界原则的军事胜利的结果,后者只是暂时被打败:正统派君主要想统治下去,就必须对大革命在这段历史间隔中缔造的"非法"利益做出妥协。

反革命在直接的政治层面无能为力,但在思想领域,它产生了最为持久的成果:它详细阐述了敌视诞生于大革命的现代世界的各种理由,这一体系化的学说的影响力贯穿整个19世纪。还在事态的发展充分展开之前,激进和早熟的敌意就已经表达了出来。1790年看起来是大革命时期最幸运的一年,但就在这一年,埃德蒙·柏克在他的《法国革命论》中就发表了不容置辩的谴责:在他看来,真正的戏剧已经在1789年夏天上演,剩下的不过是尾声。对于那些大革命的拒斥者而言,它从一开始就是一种病症。即使在约瑟夫·德·迈斯特若干年后所写的文字中,也很难看到关于偏离正轨的革命片段的真正分析:在他眼里,无论是国王的

---

① 蒙克(Monk)是英国革命后扶植斯图亚特王朝复辟的原革命军将领。

死还是恐怖和战争，所有这些事件都只是一种原初反叛行径的致命结局，这种行径包藏在《人权宣言》中。热月党人曾提出并为后来的自由主义所继承的一个经典问题，是1789年的自由何以导致1793年的专制？但对那些除了二者之间必然的因果联系之外什么都看不到的人来说，连这个问题都是不存在的。

"法国大革命是迄今为止世界历史上最让人震惊的事件"，柏克在评论1789年的革命者时这样写道。在他看来，之前没有任何人企图如此彻底地抹平过去，并依据诸如"人权"和"人民主权"之类的纯粹理性的原则对社会进行全面重构。英国在17世纪也发生过革命，但那场革命远不是要建立一个全新的社会，毋宁是要恢复被侵犯的合法性；因此革命达到了自己的目标，将国民暂时被剥夺的各种自由交还给了国民。与其法国的同僚们不同，1688年英格兰民族的代表们尽管也有可能以抽象原则颠覆王国的法律，但他们还是很明智地在尊重传统的前提下行事：他们抵制过君主，废黜过君主，但他们的革命是场消极革命，革命是一种为维持秩序并使其不被摧毁而暂时成为必需的手段。柏克将"好"革命与"坏"革命进行对比，从而第一个在有关法国大革命的辩论中引入了与英国经验的比较。对这一比较的表述（如英国的革命为何能成功地建立自由制度，而法国的革命却造成数十年的动荡？），很快就成为从斯塔尔夫人到基佐的自由派史学中的老生常谈；不过，这种史学还是努力挣脱这位辉格派保守主义者的那些论战性的结论。

法国是否能够学习英国的榜样，"恢复"其寓于"古老宪法"的历史权利，并将其植根于传统之中呢？柏克的回答是肯定的：

"你们法国人,你们本来可以从我们的榜样中受益,本来可以赋予你们重新找回的自由以其应有的尊严……你们古老的特权,尽管因为历史原因而不再使用,但它们还没有从你们的记忆中被抹去……你们的宪法在臻于完善之前就半途而废;但是,你们手中曾有过一个十分接近于其最完善形态的宪政的一些元素。"柏克提到了贵族、高等法院和中间团体的古老权力,如果这些权力能够恢复,本来是可以平衡和弱化君主的绝对主权的。"你们过去的状况已经包含所有这些优点,但是,从你们的偏爱的行为来看,你们似乎不能确信自己有过任何文明的过去,你们要一切从头开始。你们成了病人,因为你们一开始就蔑视一切属于你们的事物。"柏克的这种立场可能是建立在某种严格的反思辨的法理学观念之上的:社会是一种独立于个人意志的自然秩序,在这种秩序中,人类创造物及政治制度的合法性是通过缓慢和自发的行动过程而产生的,这一过程以经验主义的方式,在各代人的实验之中进行积累和筛选;议会的法令不能基于一种并不存在于人民的民情之中的自由之上。不过,在柏克对法国大革命的判断当中,也有某种关于旧制度的乐观主义解读。在柏克看来,法兰西王国的"古老宪法"体现了各种权力之间传统的平衡关系,它已经在绝对主义的"扫平政策"之后幸存了下来,而且本可以在1789年年初的几个月中引领一场"优良革命"的步伐;但是,所谓"古老宪法"实际上像个神秘主义的存在,况且它还备受争议,甚至法学家们也不能就法国是否是一个"有宪法"的国家达成一致意见。后来,斯塔尔夫人在对这个不确定的问题进行总结时写道(1818年):"法国曾受习惯和任性的意志的统治,但从来不受法律的统治。"

在这个问题上,托克维尔直截了当地回应了这位英国保守派的论点,他指责柏克对旧制度的看法是理想化的("对于他所惋惜的这种君主制度,柏克很不了解我们被交给新主人时它所处的是何种状态"),准确地说,柏克因而也不了解绝对主义所进行的"革命"工作,这一工作使得曾与贵族的特权联系在一起的古老自由失却了根基,也使得君主周围一片虚空;总之,柏克没有认识到,大革命的绝对民主是绝对君主制的女儿。然而,柏克提出了一个法国的自由主义难以解决的难题:由于没有积极的自由传统可供参照,法国的自由主义将永远无法像英国的自由主义那样成为"传统的";另外,由于要给自由找一个源头日期,法国的自由主义就必须寻找一种特殊的方式,以让自由植根于历史进程之中。邦雅曼·贡斯当和斯塔尔夫人都是英国制度的赞赏者,都敏锐地注意到了柏克的批评,他们后来提出了一种关于社会秩序的演化观念;演化包括在时间之中前后相继的几个时代(封建制、君主制和代议制),这样就能同时考虑到1789年的创新性和其历史必然性。

95 不过,关于旧制度的辩论并不是反革命理念的全部内容,因为从根基上说,反革命有这样一种更为重要的直觉:法国大革命与历史时间存在一种否定性关系,确切言之,这种关系与民主的到来不可分割。正是由于革命原则中的抽象普遍主义,君主制的臣民和国家制度与王国的历史记忆之间的联系纽带被斩断了。西耶斯曾写道,"民族是联合者构成的实体",就是说,是享有自然权利的平等的个人组成的整体,他们以共同的人类特质的名义自由选择组合在一起。这种平等和意志主义的理念,是大革命所宣告的代表制的新观念的根基，它强烈地暗示着，社会的联系纽带是通过对不同的个人的具体状态的抽象、通过仅限于考虑每个人都具有共同的人性而构建起来的。

　　大革命的反对者的诘难，针对的正是民主制固有的"几何精神"（esprit de géométrie）；他们转而强调，应该承认人与人之间实际存在的差异和区分。他们并不否认，民族应该"被代表"，但这种代表只是民族的各种团体利益的总和，是社会的组合结构的直接表达，而这种结构也是它的自然组织状态。民族不是公民之间的意向性的联合：他们一出生就融入了一个规则集合体，所有的规则都是在时间中得到认可的，他们都会学会如何遵守这些规则；社会先于个人而存在，就像语言一样，二者都没有武断的仲裁者。正如路易·德·博纳尔所写的："人不能给宗教或政治社会一部宪法，正如他不能赋予物体重量，赋予物质面积。"18世纪启蒙哲学所珍视的自然法理念，即君主权力与民众意愿之间存在一种契约的理念，就这样被彻底否定了。有些人认为，社会是某种契约的产物，但实际上并不存在先于社会的状态："严格来说，"约瑟夫·德·迈斯特写道，"对人而言，从来就没有先于社会的时期，因为在政治社会构成之前，人根本不是人。"社会是一种自然的、超验的秩序，是直接由上帝创造的。反革命思想即使在利用自然法的各种范畴时（例如柏克，他更多地承袭了辉格派、洛克和契约论的传统），这些范畴实际上也转向了保守的解释。"社会当然有契约的本质。"柏克写道，但社会契约的源头已经消失在历史的黑夜中，个人的干预对它多半是无效的，因为这种契约将每个人与此前和此后的所有时代连接在一起，当下的人民不过是一个不曾中断的文明巨链中的一个环节。社会是个地地道道的有机共同体（"作为一种永恒价值，社会连接最底层与最上层，连接可见的世界与不可见的世界"），它拒绝人们进行粗暴干预的意愿，理由并不是"神权论者"所谓的超验关联，而是历史进程内在的理性：这是一种意识不到的理性，它体现在习俗、惯性，甚至偏见中，人民的智慧正是由它们构成的。

不管是神权论的还是传统主义的，反革命思想表达的对民主的批判将在整个19世纪成为一种典范，它既服务于右派也服务于左派，但所有这些作者都试图反驳"人权"的幻觉。实际上，抽象的人是不存在的，只有复数的具体的人，埃德蒙·柏克和约瑟夫·德·迈斯特都这样说；平等是一种抽象，不平等才是实际，宣扬人人平等的制度无非是个谎言：这种对"形式上的"民主的批判，从浪漫主义者到马克思，从泰纳到很多其他作者，一直将其根基延伸到对大革命宣告的普世价值的早期的拒斥中。此外，对于这些反革命者而言，人权和民主不只是个谎言，还是一种虚无主义的错乱。由于这一错乱，个人被赋予绝对主权，并根据数量法则，即多数法则行使主权，这就给现代人造成某种自以为掌握无上权力的狂热，并释放出根据多变的意愿和利益而采取不确定的行动的可能。这是一条通往相对主义的道路：如果大多数人想要如此，就没有什么是不被许可的。此外，纯粹理性和定量的个人考量，对道德领域和美学领域都是一种摧毁性的因素：它将文明人试图用以遮蔽其本性缺陷的装饰和技能扫荡一空，仿佛这些东西是粗俗的同义反复；它试图以真理的名义将世界彻底暴露出来，它宣告了趣味、优雅、骑士道德和礼仪规范的终结（柏克在他抨击理性主义哲学的檄文中指出:"在这种新的事物秩序中,国王仅仅是一个人,王后仅仅是个女人,一个女人无非是个动物,而不是最骄傲的物种。")在对民主的平等主义的批判中,对资产阶级社会的物质主义及金钱的均等化力量的厌恶昭然若揭。

反革命思想中有两大潮流:一个是柏克代表的传统主义,另一个是博纳尔和迈斯特代表的"神权论",二者都同样拒斥法国大革命,但它们最后采取了不同的历史形态,对法国政治思想的发展产生了不同的影响:实际上,主要是在神权学说的形式下,反革命首先哺育了复辟时代的"极端保王派"(ultras),随后又滋养了1830年之后的正统派思潮。当然,不能在这两种立场之间做过分明确的区分,因为它们都有同样的反理性主义和反意志主义倾向,这种倾向都立足于对人性的悲观看法,后者是它们的整个政治学说赖以构建的基石。但是,正如我们已经看到的,柏克的反人道主义通往一种对严格的内在论历史的直觉:对人性的脆弱和全能的神意的认知,转化为对时间的建设性效能及历代人的合作的积极信念;如此文明方能建立,才能给可悲的人性披上高贵而尊严的装饰。

神权论立场的独特之处在于,它将"柏克主义"论点融入了关于人类状态的戏剧化的理念中,这一理念的标志就是人因为原罪而必然走向堕落。血淋淋的战争、毫无理由的暴力、意想不到和无法解释的波折,所有这些使得历史看起来像是一幕荒诞的演出,但这正是一切试图掌握人的命运的努力终归徒劳的写照:结局总是与意愿相距遥远,愿望总是落空,人们也从来不知道他们做了些什么。在约瑟夫·德·迈斯特看来，这场混乱的表演的背后上演的是一幕规模更为宏大的玄学戏剧：是神圣上帝的手在实现他不可窥测的意图，为此他甚至会使用最恶毒最痛苦的工具。99 在这样一种观念中（对迈斯特首先涉及的是历史秩序，对博纳尔主要涉及社会秩序），政治失去了其自主性，成为一种衍生出的形态，它的实相存在于宗教领域。因此，非常合乎逻辑的是，在关于革命原因的研究中，1789年就成为罪孽链条上的最后一环，紧靠它前面的是新教改革，后者宣告了自由检审的原则，并摧毁了权威的原则。博纳尔和约瑟夫·德·迈斯特的指控完全遵循的是天主教的护教论传统，两位作者共同关心的，是恢复本质上具有教条主义色彩的宗教，这种宗教本身就同时产生关于权威的宗教原则和政治原则。

路德宗教改革与法国大革命：这是神权论思想试图给予回应的两大历史危机，这一回应将能应对现代性挑战的全部"玄学"影响，而且会比绝对主义原则做得更好。绝对主义说到底只是应对新教造成的难题的糟糕方案：确切来说，它的历史角色在于"抵消"宗教冲突，在于其成为一种独立的世俗权威。当"该变的都已变了"（mutatis mutandis）之后，神权论者将发现信条派（doctrinaires）调和大革命与传统的尝试也属于这种"抵消"立场。对于这种调和方案，神权论者以他们自己的世界观为对抗：在他们看来，世界就是善的原则与恶的原则之间的殊死搏斗，这场斗争中没有"中立"（抵消）可言。但归根结底，这种一厢情愿的成见，这种对不可避免的玄学抉择的召唤，充分揭示出神权论思想与对历史自发的创造性的传统主义颂词之间的距离：它希冀一种有立场的权力,懂得如何逆势而上,因为它意识到自己是神圣秩序的工具。在柏克那里,自由的情感依旧强烈,但神权论者的观念之中还掺杂着对权威的执念;与民主的反对者——那个英国人尤其如此——相比,神权论者更像是绝对主权理念最后的捍卫者,不过,在已经发生转变的欧洲,这种理念只有在永无谬误的教宗权威那里才得以体现。

然而,在当时人的眼中,这种复辟的意愿注定要被谴责为"人为的"和"抽象的",就像立宪派和雅各宾派的行动主义一样。神权论的反革命者从来没有走出过这样一个悖论:既然他们为平和的、非个人的时间创造辩护,那么如何协调他们为扭转事态进程而对不懈的斗争的召唤呢?在复辟时代,这个悖论在"极端保王派"那里表现得空前突出。对于那些已经经历过大革命的创痛,但并不想以相反方向的创痛来刷新经验的人来说,反革命立场是死路一条,这一点很早就已经显而易见。邦雅曼·贡斯当在1814年写道:"今天,这个权威要想恢复封建制、农奴制、宗教不宽容、宗教裁判所、酷刑,这个权威徒劳地声明,它只是想恢复古代的制度。但这种古代的制度无非是些荒诞和灾难性的新举措。"真相是,反革命并不想停止大革命;尽管他们在宣扬某种神话,但这是一种他们由衷呼唤的逆向革命。

马西莫·博法(Massimo Boffa)

延伸阅读

BALDENSPERGER, Fernand. *Le Mouvement des idées dans l'émigration française 1789-1815*, Paris, Plon-Nourrit, 1924.

BEIK, Paul Harold. *The French Revolution Seen from the Right: Social Theories in Motion, 1789-1799*, Philadelphie, American Philosophical Society, 1956.

GODECHOT, Jacques. *La Contre-Révolution. Doctrine et action*, Paris, Presses universitaires de France, 1961.

MADELIN, Louis. *La Contre-Révolution sous la Révolution, 1789-1815*, Paris, Plon, 1935.

OMODEO, Adolfo. *La cultura francese nell'età della Restaurazione*, Milan, Mondadori, 1946.

RÉMOND, René. *Les Droites en France*, Paris, Aubier, 1982.

RIALS, Stéphane. *Révolution et Contre-Révolution au XIXe siècle*, Paris, DUC/Albatros, 1987.

SCHMITT, Carl. *Politische Romantik*, Munich et Leipzig, Duncker & Humblot, 1919; 2e éd. augm., 1925.

VINGTRINIER, Emmanuel. *La Contre-Révolution, première période, 1789-1791*, 2 vol., Paris, Emile-Paul frères, 1924-1925.

参见条目

旧制度（Ancien Régime）
朱安党叛乱（Chouannerie）
流亡者（Émigrés）
王政派（Monarchiens）
革命（Révolution）
西耶斯（Sieyès）
旺代（Vendée）

民主
Démocratie

19世纪以来，人们认为大革命是现代民主制形成的主要阶段之一，这种民主不仅是一种政治制度（建立在代表制和普选之上），还是一种社会制度，其特征是贵族制类型的、制度化的不平等不复存在，以及平等的理想居于核心地位；随着革命的发展，大革命也第一次大规模地展现了现代"民主"政治固有的各种紧张关系，如代议制与"直接民主"的对立，捍卫权利平等与要求"实际"平等的对立，还有个人权益与公意主权的对立。因此，分析大革命与民主的关系就牵涉很多重大政治问题，而且总有陷入论战和时代错乱的可能；若要避免这些暗礁，最简单的做法可能是，从"民主"对于1789年的人们意味着什么出发，重构民主观念在大革命期间经历的变迁历程。

对于18世纪末经历了启蒙的法国人，"民主"这一术语首先意味着一种明确的政治制度：民主就是"一种简单的政府形式，在这种形式中，人民作为一个整体享有主权"（见若古（Jaucourt）骑士为《百科全书》撰写的"民主"词条），或者是孟德斯鸠所称的两类共和制中的一种（另一种是贵族制）。对于大部分"哲人",民主属于一个已经无可挽回地逝去了的过去(古代的小城邦),对法国这样的大国,民主无论如何都是不实际的,法国社会关系之复杂、领土之辽阔、居民之众多,看来都不可能让全体人民聚在一起商讨公务事务;此外,必须考虑到法国启蒙运动的某些"精英主义"面向:哲人的目标是建立理性的主权,这意味着对民众的判断力不无怀疑,因为民众很容易因为"偏见"而陷入盲目。当然,另一方面,民主看来也是一种非常理性化的制度,它不仅有一种道德上的优越(保卫自然平等),也有实际的好处:如果公民是立法者,他们便很容易遵守自己制定的、被认为符合其利益的法律;至于智识方面的不平等,它并不能成为任何稳固的等级制的理由,因为对偏见和传统的批判意味着,批判本身是一种潜在的平等原则,即人类理性的普遍性原则。

在大革命时代的人们可能了解的作者中,显然应该指出卢梭独特的重要性,《人权宣言》和宪法的起草者在某些基本问题上与卢梭相当接近,但令人困惑的是,他们同时又接受了代议制原则,而《社会契约论》是否认代议制的合法性的。

卢梭的独创性首先在于他让人民主权和民主脱钩了,前者严格来说只涉及立法者的活动,后者是一种政府形式,即执行权的组织。有一种常见的曲解:《社会契约论》对民主制度有所保留("如果存在一种由众神构成的人民,那么人民将可能以民主的方式自我统治"),但这些保留并不涉及人民的立法能力,而是针对人民在政府领域内几乎不可遏止的腐败。由于腐败,人民的意志就不再是全体一致的了,因为人民的注意力将转向"个别事物"。因此卢梭的民主观念首先是建立在公意学说之上的;

公意须以人民主权为前提（作为整体的人民才可单独表达公意），同时也意味着拒斥代议制（意志不可能被代表），但卢梭的民主观念更严格地限制了主权者（souverain）的行动范围（主权意志从源头上说是普遍的，但在其客体中也是如此），这就可以解释卢梭对民主政府的保留态度：在这种体制中，政府与主权者是合一的，然而，"如果说可能存在这种情形下拥有执行权的主权者，法律和事实都将完全陷入混乱，以致无法分清哪个是法律，哪个不是，国家因而就是反常的，很快就要陷入暴力之中，而最初设立国家正是为了反对暴力"。这还不是卢梭论述民主的关键：罗马人"作为公民的同时经常也是法官"，他们为我们树立了一个准民主制的楷模，这个制度很昌盛；尽管民主制内在的不稳定和分裂有时也出现在卢梭的笔下，但和马基雅维利一样，卢梭也视之为政治健康的标志之一："一点点的骚动会赋予灵魂以活力，促使人类繁荣的与其说是和平，不如说是自由。"

这些回顾足以表明导致制宪议会议员与卢梭学说分离的所有原因：他们大多数人受亚当·斯密或重农学派的启发，首先寻求的是保障个人和财产的安全，如果说他们承认代议制，这首先是因为，在他们看来，自由的本质与其说是参与，不如说是个人自治（制宪议会一开始就禁止"强制委托权"（mandat impératif），以保障其决策的独立性，考虑到这一点，代表制的意义就更重要了）。此外，正如法学家加雷·德·马尔贝戈（Carré de Malberg）指出的，他们关于主权者（君主）与政府之间关系的理解，并非卢梭的观念；在卢梭那里，法律的主权是在明确的范围内行使的（主权者制定少量涉及一般性问题的法律），但在

1791年宪法中，立法者权力的界限就是他自己界定的："立法机构以法律形式决定的一切，都是法律或法律性文件……不管其内容的性质如何。"

不过，我们不应过分强调制宪议会观念中的"民族主权"和"人民主权"之间的对立。对于西耶斯本人来说，民主和代表体制是两种可能的合法政治形式，但唯有后者适用于现代社会（原因在于商业的发展和劳动的普遍化）；在这两种政府形式中，公民都被认为有协助制定法律之责：在民主制中是以"直接协助"的方式，但代表制也应保障他可以有"参与的自由"。在卢梭式的自由概念中，自由是"服从自己制定的法律"，上述学说保留了这一概念的基本要素，我们在《人权宣言》中再次看到了这一学说。《人权宣言》这样解释法律所具有的极端重要性："法律是公意的表达。所有公民都有权亲自或通过他们的代表协助制定法律。"

令人意外的是，西耶斯的学说与卢梭的一个基本理念是相符的，即使是在看起来距离最远之时：这就是他为禁止强制委托权而援引的各种理由，而在卢梭看来，唯有强制委托权可以挽救代表制的弊端。从三级会议召开伊始，代表的职权由其委托人（commettants）授予的观念就被抛弃了（连国王也抛弃了它，而不仅仅是第三等级中最激进的成员），这样一来，会议实际上可以以民族的名义行事了。除了这一技术性的理由，西耶斯还提出了更为深刻的学理依据，实际上，这些依据将卢梭赋予单一的人民实体的一些公意特征移植到了国民代表制的层面上："代表"（正如卢梭笔下的公民）不应考虑局部社会（这里指的是选民群体）的利益，除了"民族的意愿"他不能有别的意愿，他应该协助公意的表达。此外，对卢梭理论的这种部分的、但无可置疑的忠诚，可以解释何以法国大革命一开始就排斥了利益的代表和协调政策，转而强调平等的抽象形态。这一导向在特权的废除（几天之内就摧毁了旧制度的等级和团体结构）中得到了最鲜明的体现，也因而导致长期难以承认异见存在的合法性：有组织的少数派很快就被看作位于个人意志和公意之间的"局部联合"；因此，革命学说一开始就认可——如果不是引发——了对少数派的排斥，少数派被视为"朋党"（factions）。这是法国大革命最具悲剧性的特征之一。

还应补充一点。在当时人看来，法国大革命一开始就有比英国革命和美国远为"民主"的潜能：与当时英国的体制相比，它将选举权扩展到了广泛得多的群体，尤其是它对当时欧洲现存的所有政体都抱有普遍的怀疑，只承认那些尊重人权的政体的合法性（即那些排除任何法定的贵族式的不平等，以"公意"的统治为前提的政体）。这就很容易理解，为何革命时代的政治冲突立刻就把公开的"民主"诉求置于首要地位，这种诉求大大超越了保障个人自由或法律平等的纯粹的自由主义理想。

在革命时代的制宪辩论中，民主的动力学是受人民主权与代表制之间的辩证关系支配的，这种动力学本身又以公意的"一致主义"逻辑为特征；它造就了两种不同的政治传统：第一种从国民公会向第三共和国发展，第二种从西耶斯延续到17世纪的自由派。

第一种传统首先以崇拜"法律是公意的表达"为特征，尽管它抛弃了卢梭为立法主权而设置的各种条件（立法权限的严格划定，放弃代表制）；正是以这一信条的名义，法国大部分的"共和派"曾长期拒绝一切限制议会至上权力的制度设置（如违宪审查，或者全民公决这一更为激烈的方式）；同样，由于这一信条，任何或多或少让人想起美国的"院外压力集团"的做法，在法国都被长期敌视。但另一方面，我们也应该注意到，民族主权学说也可以在"自由"的意义上进行解说，即反对"代表们"的全权（热月之后，西耶斯为设立一个负责对法律进行违宪审查的"宪法委员会"的计划而辩护，可能就是基于这样一种解读）。不过，只有在放弃革命的立法中心主义之时，革命思想中的自由主义元素才能具有真正的影响力，而这一点直到第五共和国成立才得以充分实现。

从制宪议会到国民公会的演变历程，首先是革命学说中的民主元素的展开。从1791年开始（1791年8月10日的会议），罗伯斯庇尔就指责当时占主导地位的学说模糊不清，他拒绝将权力的委托制作为一项不可违反的宪法原则；随后，议会与国王的冲突、巴黎"人民"的介入，使得国民公会讨论的两部不同的宪法都远离了1791年的原则，它们都质疑积极公民与消极公民的区分，并大大扩展了选民对议员的监督权。作为所谓"吉伦特"宪法的主要起草者，孔多塞首先要努力调和代表制的逻辑（这意味着代表们有行动的自由）与民主制的要求，为此他仔细区分了民族权力之中由民族"掌握"和"委托"的权力；我们都知道，山岳派的宪法是在什么条件下被接受的，这部宪法表达了类似的想法，但它同时强调民族意志的进一步集中化，为此削弱了初级选举

(圣茹斯特曾提议,全体议员应在单一的全国选区中选举产生,只是因为技术上的原因,这个提议才没有被接受)。从两方面来看,当时民主制度的创造和延续因为"人民"的再生而越来越明显地被搁置了,人民的再生日益成为比宪法本身更加重要的事业,我们不能认为,在"塑造新人"(莫娜·奥祖夫)的计划中,吉伦特派总是比山岳派更加温和。

不过,除了政治策略上的问题,这两部宪法还有十分不同的哲学源头,正如革命议会的其他辩论中十分清晰地揭示的那样。如关于教育(éducation)的辩论。孔多塞的出发点是启蒙的设问;在他看来,问题在于为理性政治创造条件,以使政治实体能够自然地走向理性的决策;因此,公共辩论的组织在他的宪法计划中居于优先地位(但这就使得决策的过程大为复杂,甚至于无法实现决策),而教育的目标首先是通过"知识"的传播,塑造可以进行自觉思考的公民。山岳派的勒佩勒蒂埃·德·圣-法尔若(Le Peletier de Saint-Fargeau)认为(他的这个计划是在他死后由罗伯斯庇尔公布的),国民教育的首要目标是克服人与人之间状况的不平等,办法是让孩子们脱离自己的家庭环境,通过集体生活、节日等手段向他们灌输"爱国"和平等情感;同样,在山岳派预想的公共权力组织中,优先的任务是统一公意,而不是组织集体"商议"。

实际上,除了宪法问题,国民公会的辩论中还有一个新议题,这就是"美德"(vertu)问题,它在雅各宾统治时期具有决定性意义。这并不是说这是个前所未有的新议题,无论在思想方面还是在实践中:对公民美德的崇拜曾是孟德斯鸠重新探讨的问题,它可以追溯到马基雅维利,而且在美国革命中占有重要地位(尤其是在杰斐逊那里)。不过,在罗伯斯庇尔那里,对公民美德的崇拜获得了一种新的意义,由于强调其情感和教化功能,这种崇拜几乎要吞噬民主观念本身。在马基雅维利的后继者的视角下,共和主义公民精神的理想尽管可能导致某种"激进"政治,但其人性论的影响力是有限的,因为它首先反映的是一种对人性相当悲观的看法:这样一来,问题就在于,在压制激情和利益之前创造这样一种秩序,处于这种秩序中的公民可以即刻认识到,他们自身的利益依赖于城邦的利益;因此,尽管政治体总是因为自身原则的削弱而面临威胁,政治参与始终是政治体得以留存的最终保障,而"美德"更主要是一种政治禀赋而非道德品质。在雅各宾派的观念中,人民意志的合法性在于服从唤醒它的人们的美德,不过,一旦人民的意愿道德高尚,就不存在任何它不能付诸实施的领域。除了法律和公意,罗伯斯庇尔还反复援引共和国应当遵循的原则,但这些原则既不是法理上的也不是政治上的:它们只是表明,人民和道德正好在这位不可腐蚀者的身上交融在一起。

112　　在法国民主制的历史中,任何时期都不曾像雅各宾统治阶段那样,引发如此激烈的辩论,这个阶段又与"无套裤汉"运动的充分发展并行。对于罗伯斯庇尔派史学(马迪厄,较小程度上还包括勒费弗尔),6月2日(驱逐吉伦特派)开启的阶段标志着民主制的决定性发展——尽管它伴随着恐怖:在这个阶段,民众运动和资产阶级最激进的派别结成了联盟,并且出现了某种社会民主的早期要素(因为最高限价令和经济管制的实施);在马迪厄看来,罗伯斯庇尔最终的失败葬送了"民主共和国,为期一个世纪";相反,对于自由派,这个阶段是大革命中最不幸的时期,因为它使得政治自由长期被贬低,它还是现代专制主义的雏形。除了这个已经有些陈旧的争论,还有另一个导致马克思主义的大革命阐释发生分裂的争论:无套裤汉实践的那种"直接民主",究竟是"不断革命"的征程中无产阶级革命的先兆(D. 盖兰),还只是民众对山岳派"资产阶级"的一种支持,这种支持虽然在政治上富有成效,但缺乏真正的社会视角(A. 索布尔)?

这里我们无法解决所有问题,只想做一些评论,期待进一步明确这些问题的真正意义。

首先,我们应该重温 F. 孚雷和 D. 里歇的看法:就政治和社会纲领而言,山岳派的专政并无太大的新颖之处。社会救助,公共教育,普选权,这是包括"布里索派"在内的所有国民公会议员的共同观念。至于民众运动与资产阶级的联盟,那也总是脆弱的,相当多的无套裤汉敌视最高限价令(它既抑制了物价,但也限制了工资),就说明了这一点。不过,应该指出的是,罗伯斯庇尔最伟大的辩护者 A. 马迪厄也曾十分明确地指出,恐怖体制和经济管制,与"一个急切地维护刚刚获得的自由的社会的观念、意向和理想,其对抗是何等深刻";在他的著作中,雅各宾专政实际上经常呈现为一种早熟的民主化尝试,"是一个值得铭记的范例,它见证了人的意志的局限性与事物的阻力之间的冲突"。(马迪厄还写道:"要想一下子改变人性和社会秩序,最严厉的法律也归于无效。")因此,对自己英雄的赞美实际上并没有妨碍马迪厄暗中认可自由派对雅各宾"意志主义"的长期批判的合理之处:罗伯斯庇尔的"抽象"性格使其脱离了社会实际,这是导致其首先滑入恐怖、随后走向覆灭的主要原因之一。今天重读《恐怖时期的昂贵生计和社会运动》，便能清晰地发现什么才是共和二年经验中的核心问题。一方面，平等和公意的革命观念包含着对"多元利益"的拒斥，这种拒斥与选择反自由主义的经济政策（尽管是仓促之间的急就章）之间显然存在紧密的联系；另一方面，"管制和核定价格"的政策，又奇特地与法国旧制度那种已然十分古老的传统对接（"这种传统不再是一种慈善，而像是某个党派的报复，像是一种复仇和掠夺"），尽管旧制度与大革命具有"完全不同的性质"。就社会政策本身（当然不能脱离恐怖的背景）而言，雅各宾的经验最为清晰地揭示出，大革命的激进主义与"绝对主义"政治传统之间的密切关联——自托克维尔以来，这大概是自由派眼中法国大革命主要的独特之处了。

在严格的政治领域，共和二年体制造成的难题性质是一样的，这就是"直接民主"与国民代议制之间的关系。在雅各宾主义的史学中，与"无套裤汉"和公安委员会、救国委员会的复杂关系相比，这个问题的重要性通常被严重低估了；但是，正如F.孚雷和D.里歇提醒的，"1793年的实际情况……是议会主义"，尽管有来自街头的压力，但国民公会仍然是真正的权力中心。"自由的专制"的基础是一种复杂的游戏，登场的不仅有各革命委员会和无套裤汉，还有国民公会和雅各宾派，这种游戏不外乎一种原则冲突：这就是代议制与"直接民主"理想之间的冲突。由此出发，F.孚雷对罗伯斯庇尔的特殊角色做了如下评论："他是在5月31日到6月2日的反议会政变中上台的，但他仍然是国民公会的人。他受巴黎各区人民的爱戴，但他将让这些人消声。只有他能神秘地调和直接民主制和代议制原则,因为他能从高处确立一个对等物的金字塔结构,他日复一日的发言就是这座金字塔得以维持的保障。在各街区中,他是人民,雅各宾派的人民,国民代表机构中的人民。"

应该在这个背景中对巴黎各街区的"直接民主制"重新定位。首先,我们应该像米什莱那样注意到,准确意义上的民众革命在1793年就已经死亡了,各街区和雅各宾分子的活跃只是民众对公共事务兴味索然后的一种抵偿(国民公会本身是在参选率十分低下的情况下选举产生的);因此,对于巴黎无套裤汉的行动,不能简单地视为与代议制对抗的民主运动的深入发展。实际上,像罗伯斯庇尔派的雅各宾分子们一样,无套裤汉也念念不忘一致性、美德和揭发"叛国者";虽然他们经常与国民公会的温和派处于程度不一的潜在冲突状态,但他们并没有提出替代性的整体纲领,无论是从制度的角度还是从社会的角度来看。当然,这并不是说,"革命的民主"只是无政府状态的简单重现,也不意味着其内在的逻辑与从前的民众情绪的逻辑是一样的:法国大革命独特的诉求给革命的民主打上了深刻的烙印(与多元利益政策对立的公意主权);反过来说,革命民主也以自己的方式,给与"抽象"相对立的具体的个人关切的声张打上了烙印,但是,这种民主首先表现为各种革命要求的激进化(正是这一点解释了它后来的声誉)。在人权之后,街区民众的运动揭开了社会问题的盖子:这就是为什么它后来被视为另一场革命的期许的原因所在。

法国大革命与"民主"的不可遏制的崛起之间有一种特别的

关联：这种想法无疑是19世纪法国思想中的重大主题之一，而当时人的政治辩论总是离不开关于法国大革命的阐释的讨论。

"共和"思潮的特点首先是完整地重拾革命遗产的意愿，它总是坚称1789年遗产的现实性。在历史学家当中，米什莱大概算是最出色地实现了这一想法的。他的《法国革命史》把人民作为主角，在他看来，人民是一种观念的化身，这种观念就在于对"旧制度"的否定，在于反特权的斗争和对人类自由的声张，在于反对基督教导入的他律原则。大革命是人民的事业，它以权利（droit）对抗专断和特权（恩典不过是特权的一个说法），而民主就是权利和平等获胜的化身。当然，我们不应该忘记，尽管很多"共和派"不加分别地赞赏丹东、罗伯斯庇尔和波拿巴，但他们对革命进程中的某些方面（尤其是恐怖）却远不能达成一致的看法。有些人认为，雅各宾的恐怖是"局势"造成的（而且普遍认为，作为一种政府形式它已不再是必需的了），但另一些人（尤其是埃德加·基内）觉得它是绝对主义的阴魂作祟，或者是人民疏远大革命而造成的恶果（米什莱）。对于法国大革命的史学而言，"共和信条"（"大革命是一个整体"）实际上直到第三共和国才凝结成形。

不过，比自由派更"先进"的共和派并未因此与"社会主义者"混为一谈，后者虽然是"民主派"，但他们把社会问题放在第一位，对他们而言，这比获得政治民主和普选权更重要（米什莱说自己敌视"社会主义"）。实际上，社会主义运动一开始就对大革命持矛盾态度。在其主要的创始人圣西门那里，我们首先看到的是他对启蒙与大革命的一种哲学批判，有点荒诞的是，这种批判很大程度上受惠于反革命思想。圣西门指责领导大革命的知识分子和"法学家"的"抽象"思想状态,因此他的思想方针是揭示隐藏的因素,这些因素能够对18世纪末的动荡做出深层的解释(劳动和产业的发展),他的实际目标主要是社会的而非政治的,这其中包括建立一种新的精神权威的必要性,这一任务超越了启蒙的"批判"责任。不过,从另一方面看,法国大革命也见证了"社会问题"的诞生,它的激进思潮看起来也像是社会主义运动的某种先导,这就可以解释,何以某些"先进"的民主派别与初生的社会主义运动之间存在连续性。但这些运动也复制了大革命的各种紧张关系,从这一点来说,它们自身是分裂的:路易·勃朗捍卫罗伯斯庇尔的遗产(即以国民代议制而非已然成为徒劳的恐怖为基础的社会民主),另一些人(如布朗基)则从救国委员会的经验中看到了革命专政的典范,但普鲁东和无政府主义者却认为,雅各宾的实验是政治欺骗和政治疏离的巅峰之作,他以"结社联合"所具有的多方面的创造性与之对抗。这些分裂直到巴黎公社时才告终结;相反,马克思的声望很大程度上来源于这一事实:他看来对所有这些相互龃龉的元素做了一个综合(尽管他自己在有关大革命的各种解释之间并非没有踌躇)。

在自由派中间,问题首先是让大革命的结局与专制主义和无政府主义色彩并存的革命进程脱钩。第一个阶段是对卢梭学说的批判,他的学说被认为是导致革命民主发生偏离的根源,在今天,这一批判仍然是贡斯当和基佐的思想中最为人知的一面。不过,这并不是自由主义思想最重要的贡献。托克维尔区分了"民主"的两个方面(这里他继续了卢瓦耶-科拉尔已经提出的区分):身份状态平等的进程并不必然伴随着政治自由的普遍化。不过,与保守的自由主义者不同，托克维尔在民主的政治体制中看到了自由的最佳保障。另外，他的思想也不能简化为法国民主的动荡（因为服从革命精神）与"民主精神"的明智之间的对立，因为他始终承认1789年的伟大，而且，在他看来，美国人的中庸可能很快就伴随着公民精神的衰落。在我们的探讨行将结束之时，最好的结语或许是回想一下七月王朝的失望时光对托克维尔的启迪：

"身处废墟中间，我还敢说些什么呢？对后世而言，我最担心的并不是革命。

如果公民们越来越局限于自家的狭隘利益，继续碌碌于这点利益的小圈子之中，我担心他们最终将不具有那种伟大而强烈的公共情操，这种情操会让人民激动不安，但也使其获得发展和新生。

……人们认为，新社会每天都在改变面貌，而我担心的是，新社会最后会一成不变地固化于同样的制度、同样的偏见、同样的民情之中，以致人类会止步不前，自我设限；以致精神走向自我封闭，无法产生新的思想；以致人在孤立和徒劳的狭小活动中耗尽自我；以致人人都在忙碌，人类却不再前进。"

菲利普·雷诺（Philippe Raynaud）

延伸阅读

AVRIL, Pierre. «Les origines de la représentation parlementaire», *Commentaire*, été 1985.

民主 89

CARRÉ DE MALBERG, Raymond. *Contribution à la théorie générale de l'État*, 2 vol., Paris, Sirey, 1920-1922; rééd. 2 vol., Paris, CNRS, 1962.

CARRÉ DE MALBERG, Raymond. *La Loi, expression de la volonté générale*, Paris, Sirey, 1931; rééd. Paris, Economica, 1984.

COCHIN, Augustin. *L'Esprit du jacobinisme* (rééd. quasi intégrale de *Les Sociétés de pensée et la démocratie. Etudes d'histoire révolutionnaire*, Paris, Plon, 1921, avec un texte complémentaire), prés. par Jean Baechler, Paris, Presses universitaires de France, 1979.

FURET, François et RICHET, Denis. *La Révolution française*, 2 vol., Paris, Hachette «Réalités», 1963-1965; rééd. 1 vol., Fayard, 1973; Marabout, 1979; Le Livre de poche «Pluriel»,1986.

FURET, François. *Penser la Révolution française*, Paris, Gallimard, 1978.

FURET, François. *Marx et la Révolution française*, suivi de textes de Karl Marx, réunis, prés. et trad. par Lucien Calvié, Paris, Flammarion, 1986.

FURET, François. *La Gauche et la Révolution française au milieu du XIXe siècle. Edgar Quinet et la question du jacobinisme (1865-1870)*, textes prés. par Marina Valensise, Paris, Hachette, 1986. Contient des textes choisis de: Alphonse Peyrat, Jules Ferry, Emile Ollivier, Louis Blanc, Edgar Quinet, Jules Michelet.

GUÉRIN, Daniel. *La Lutte de classes sous la première République. Bourgeois et «bras nus» (1793-1797)*, 2 vol., Paris, Gallimard, 1946; 2e éd. 1968.

MATHIEZ, Albert. *La Révolution française*, 3 vol., Paris, Armand Colin, 1922-1927; rééd. 1933-1939.

MATHIEZ, Albert. *La Vie chère et le mouvement social sous la Terreur*, Paris, Payot, 1927; rééd. 2 vol., 1973.

NICOLET, Claude. *L'Idée républicaine en France*, Paris, Gallimard, 1982.

SOBOUL, Albert. *Les Sans-Culottes parisiens en l'an II. Histoire politique et sociale des sections de Paris, 2 juin 1783-9 thermidor an II*, La Roche-sur-Yon, H. Potier, 1958 (aussi Paris, Clavreuil, 1958; rééd. 1962, avec sous-titre *Mouvement populaire et gouvernement révolutionnaire*).

参见条目

宪法（Constitution）

人权（Droits de l'homme）

平等（Égalité）

公共教育（Instruction publique）

雅各宾主义（Jacobinisme）

自由（Liberté）

共和国（République）

罗伯斯庇尔（Robespierre）

卢梭（Rousseau）

西耶斯（Sieyès）

主权（Souveraineté）

选举制度（Suffrage）

人权
Droits de l'homme

罗伯斯庇尔在热月8日的遗言中说,大革命是"第一场以人权理论为基础的革命",此说已经表明对人权的定义难以达成一致。1789年8月26日通过的宣言被1793年宪法中的新宣言取代,后者又被共和三年宪法中的公民权利和人权与义务宣言代替。从历史的角度看,第一份宣言仍然是很了不起的,尽管也遭受了各种批判,这些批判对其两次被要求重新"回炉"看来起了决定性的作用。但其奠基效应看来应该是毫无疑义的。

不过,总体而言,如果认为1789年夏天的辩论已经设定了1793年和1795年的后续版本的争论议题,那么这个想法无疑是正确的。当人们回过头去看时,会过分强调资产阶级的谨慎、雅各宾派的大胆和热月党人的恐惧所反映出来的意图和话语之间的对立。他们的选择尽管不同,但思想领域是一样的,人们动用的思想元素从辩论拉开之时就已全部齐备。著名的"社会权利"真的将1793年的民众关切与制宪议会狭隘的有产者自由主义区分开了吗?实际上,1789年的各种方案中,有一半的方案将救助,甚至工作,纳入一个集体对其成员应负的基本保障的范围之列；这些方案之中最有名、最有影响的，是西耶斯的方案。人们不是认为，同样鲜明的关于"义务"的表述，标志着热月党人被迫采取带有训诫色彩的退却立场吗？但在这个问题上，制宪议会也曾就某个条款进行过激烈辩论，尽管该条款在形式上被拒绝，但最后通过的文本中还是留下了其强烈的印记。此外，在开始我们的讨论之前，不能忘记这一事实：原初（principe）的文本远不是一份深思熟虑的文件，其各个条款之间的整体平衡和框架的确定——尽管经常受到歌颂——并未经过全面的考量；实际上，这是一份未完成的文件，它被1789年8月27日召开的议会会议中断，当时普遍的共识是，必须优先着手一项更紧迫的任务，即制定宪法。对已经通过的17条宣言的补充宣言的审查，文件的二读和整个文本的排列等工作，全都推迟到"宪法制定之后"。1791年，议会曾提出这样的抗辩词：这份"民族的教义问答"自问世以来已经获得了"神圣特征"，它不能被触动。但是，如果不懂得偶然性对《人权宣言》的局限，那么任何对议会深层意图的揣测都注定走偏。

1789年8月26日确定的文本中展现了一个提出人权问题的方式，值得我们加以探讨。这是一种母题式（matricielle）的提问方式：在这个领域，正如大革命的政治文化中的很多方面一样，此后的激进化只是在利用一开始就已存在的各种潜在可能性，而远不是进行创新；即使是热月反动，在努力平复或遏制最初的理想的同时还在维持着它。革命进程存在的某种思想上的统一性，使得对这个结晶时刻的分析显得至关重要。人权构成这个机制中的突出部件。只有从这个层次考虑问题，结果之中真正的独特之处才会显现出来。这种独特性可能是通往起源和影响的幽暗丛林的唯一道路。一个问题是要确定继承元素和借用元素，另一个问题是理解这些元素是按照什么目的并如何使用的。

　　毫无疑问，美国的榜样在法国《人权宣言》的起草中扮演了重要角色。第一个向国民议会提交《人权宣言》草案的，是美国独立战争中的英雄拉法耶特（Lafayette），仿佛他本来就有这个资格，这一点是非常有象征意义的。他在起草自己的文本时，得到了《独立宣言》的作者、当时正在巴黎任美国大使的杰斐逊的关照和建议。但其他人也向杰斐逊寻求启发。宪法委员会甚至向他十分正式地征求意见，但他的职务迫使他回绝了。爱国者和王政派在他家里不期而遇，8月26日，即《人权宣言》辩论的最后一天，这些人还将他们之间的一个分歧交由杰斐逊裁定，这就是王权在未来权力组织中的地位问题。另一些美国独立战争中的老兵，如马迪欧·德·蒙莫朗西（Mathieu de Montmorency）伯爵，与拉法耶特一起成为这场辩论中最热情、最雄辩的发言者。《北美十三州诸宪法》（Constitutions des treize Etats de l'Amérique）的翻译者拉罗什福柯·丹维尔（La Rochefoucauld d'Enville）公爵是议会议员，不过他只是在涉及出版自由问题时提示了美国的经验。《人权宣言》的所有起草者手中都有他的文集，他们都直截了当地承认这一点。国民议会还有其他几位通晓美国事务的代表，如在辩论中十分活跃的德梅涅（Démeunier）和杜邦·德·内穆尔。除了这些起重要作用的直接参加者，还有一些间接发言的人，例如孔多塞这样的政论家。除了芒特地区贵族的陈情书，孔多塞还起草了一份旨在推动会议之外的辩论的方案，并对大西洋对岸的伟大先驱们进行了严格的分析，写作了《论美国革命对欧洲舆论和立法的影响》(*De l'influence de la révolution de l'Amérique sur l'opinion et la législation de l'Europe*)和《专制主义诸观念》(*Idées sur le despotisme*)等作品。不仅所有人的脑海中都萦绕着美国的模式，而且法国的制宪议会议员们还公开或暗地里与它进行对比。这个模式一开始就给他们提供了一个渠道，以满足其中较为超前的人的一个最重大的抱负：绕过英国宪法及其"哥特式"沉淀物。但这并不意味着他们拘泥于自己脑海中或眼皮前的文件的字句。他们对法国和美国的不同处境有着敏锐的意识。他们在判断自己的任务时是着眼于其必要性的。他们必须赋予法国一部宪法。这项工作必须依据某种对宪法的基础及合法目标的某种预先阐述吗？在某些人看来，由于社会状况存在差别，将抽象的权利表述与其落实的具体形态分离开的做法是危险的。7月11日，在法拉耶特刚刚宣读完他的草案后，拉里－托朗达尔发表了不同意见："请您想想，一个刚诞生就面向全世界的、斩断了与一个遥远的政府的联系的殖民地民族，与一个人数众多的、古老的、在世界上名列前茅的、14个世纪前就有了某种政府形式的民族，它们之间的差距有多大。"(《议会档案》，第8卷)马卢埃在8月1日的言辞更为激烈。他发言的大概意思是，如果说美国人能够"从自然的本质之中理解人，并向世界展现人原本的主权"，那是因为这个新构建的社会内部普遍比较平等，它"完全由有产者构成"，这样一来，宣告理论上的平等就是无害的。相反，"在一个大的帝国，因为命运而处于依附状态的人，必须看到自然自由的恰当限度，而不是看到它的扩展"(《议会档案》，第8卷)。但对另一些人而言，尽管存在不可否认的鸿沟，拥护美国革命的原则并不意味着要在文本起草中向美国看齐。恰恰相反，对源头的熟知不会产生模仿，而只有超越。一些最了解情况的人士公开表达了要做得更好的抱负。8月1日，正是蒙莫朗西提出了"完善美国的伟大先例"的计划，并要求"这个半球比另一个半球更加高声地援引理性，并以一种更为纯洁的语言来表述它"（《普罗旺斯信使》，第22号）。拉博·圣艾蒂安（Rabaut Saint-Étienne）与拉法耶特一样赞同杰斐逊的建议，他在8月18日提醒议会："你们已经决定要通过权利宣言，你们的陈情书已经提到过，因为法国有美国的榜样。但这并不因此就意味着我们的宣言应该与之相似。"他还像贤者那样强调说："国情的确不同；美国是与一个遥远的宗主国断绝关系，为了让一切更新而摧毁一切的是个崭新的民族。"他从中得出的结论是，法国人应该表现出更大的勇气，要超出美国人驻足的边界之外（《议会档案》，第8卷）。灵感来自西耶斯。对美国式的宣言的批评和更好的模式都出自他。他在7月20日和21日向宪法委员会提交了自己的方案，大多数人对此感到震惊和困惑，少部分坚定的议员报以热烈的欢迎，也有几个人表示拒绝。从他的文字来看，美国式的宣言之所以遭到谴责，是因为它维持着一种关于权力及其界限的古老形象，对一个"完全恢复其全部主权的人民"来说，这个形象是不能接受的。他写道，"根据这个假定，权利宣言就该在精神和性质上来个彻底的转变；它不再是一种让渡，一种交易，一种买卖条文，一种权威与权威的契约。它必须是**一种权利，一种权威**"（《国家档案》，AP第8卷）。因此关键不是列举各种权利，而是要以分析的方式阐明可能更优良的政治结构的诸原则。他反对逐条分割表述，提议以一种说理的形式取而代之，但表述中可以更为通俗，以为人熟知的文本风格，凝练成"格言"形式的概要。我们可以看到，蒙莫朗西和拉博·圣艾蒂安的方案依据的就是他的想法。但这种创新更多的是产生困惑而不是让人信服，"从人的本性中认识社会状态的目的和手段"的"玄学"造成了恐慌。不过，辩论却基本是围绕这份"谜一般"的文件展开的。

人们除了对一份与宪法分离的文件的恰当性表示怀疑，对由政治学神谕衍生出的形式和内容也提出了质疑。由于会议踌躇不决，各种暗中的龃龉抵触根深蒂固，于是各种方案就不断被提出。光是来自这个单一的全国代议机构的方案就有30份。院外人士也纷纷介入，而且不在少数，如前面已经提到的孔多塞，还有瑟吕蒂（Cérutti）和塞尔旺（Servan）。关键性的辩论发生在8月1日到4日。7月27日宪法委员会诸位报告人（尚皮永·德·西塞（Champion de Cicé）、克莱蒙-托内尔（Clermont-Tonnerre）和穆尼耶（Mounier））表达的肯定性意见占了上风。宪法前面将有一份《公民权利和人权宣言》，而且它将不会出现一个附带性的"义务"宣言。从8月4日到11日，议会忙于"废除封建制度"。12日，一个新的五人委员会成立，负责澄清各种流行的方案。但17日米拉波为之辩护的结果让人大失所望。在"右派"（这个时候左与右的座席划分开始显露意义）的操纵下，一份由议会的某个组草拟的方案被接受为讨论的底稿。但在8月20日到26日的最后定稿阶段，底稿方案大部分被放弃；但不管怎样，它还是在这场难产的工作中起到了依托的作用。

尽管西耶斯和他的支持者没有成功，但他们的想法还是占了上风。虽然他们梦想的**形式**没有落实,但他们想赋予理由、加以阐述的那种**功能**还是兑现了。这里有一个根本性的原因:国民议会需要某种合法性,因为它是自我宣布的,它自认为可以"行使制宪权",但正如西耶斯在其方案的开头就十分明确地承认的,"目前的代表制并不严格符合这种权力的性质的要求"。面对这一缺陷,宣言将起到某种**替代品**的作用,期望中的宪法将突出一切社会的"不可让渡的神圣"原则的权威性,而国民议会仅仅是在表述它、为它服务。因此最终通过的这份宪法序言采取了某种奇怪的表述方式,它**经由**米拉波的方案,但它来自西耶斯。大家都知道宣言的阐述者是谁,但他被隐去了,这是原创者付出的代价,重要的是要让他提出"简单的不容置疑的原则",而议会在这些原则面前也只是个不起眼的中介。文本起草中必须考量的"普世性"的强制要求(contrainte de l'université)也是由此而来的。用8月18日迪波尔(Duport)的话来说,唯有一份"适用于所有人、所有时代和所有地方的宣言",才是这一不容置疑和抵抗的权威可以接受的,而制宪会议的议员们的事业正需要以这一权威为依靠。立足于"普世性"并非某位个别天才的想法,也并非某种特有的不切实际的标志。这是从时局的需要中产生出来的。恰恰在同一时刻,美国国会也正在制定1787年宪法的十条修正案,它们在1791年被批准后,就将《人权法案》(*Bills of Rights*)的内涵在社会和权力组织之中予以确定。面对在联邦党人主张下设立的"强势政府",美国国会回到那份权利宣言,指明了公共权力的界限,使得个人权利免受侵犯。但法国人的难题完全是另一回事。他们当然想让个人自由神圣化，但他们又在困难的处境下试图建立一种维持个人之间的秩序的权威。这种奠基性工作和防护心理之间难以实现平衡，并使得他们的工作显得不伦不类。

除了第一个理由，时局本身还产生了与之紧密相连的第二个理由。《人权宣言》不仅是个象征性的支柱，它还是解决制宪议会面临的复杂任务的一把钥匙。他们选择了一条狭窄的道路：这是在旧的权威**内部**建立一个新权威。换言之，这需要在建立民族合法性与维持和尊重王权合法性之间找到平衡。这种迂回的做法有个突出的优点：可以牢固地奠定集体代表制的权威，同时避免与王朝权威的直接对立。从政治热情的角度来看，这可以在本质上是激进的，而在实际做法上又是温和的。它可以满足再生的需要，但又不至于同时推翻既有权威。

与卢梭的关系也是围绕这种逻辑展开的。在当时的局势下，最有吸引力的想法当然是这样的：既将立法权威严格定义为全权和优先的，同时又不明确否认存在君主制执行权的可能性。这种情况下，获胜的"公意"既给以个人为基础的集体合法性提供了最激进的创生版本，又保留了一个位置给国王。此外，这种想法与绝对主义国家缓慢酝酿的"民族主权"颇为协调，只是这个创始者的头衔从6月17日以后就被国民议会拿过去了。革命是从这些并不纯粹但很有效力的碰撞和巧合中产生出来的。历史遗产被投射到哲学规划中。公意是作为民族主权的表达而被确立的，它的公共性（généralité）正好与以集体个性名义行使的统治权所要求的非个人性特征（impersonalité）呼应。最后，公意不仅以一个恰当的名称掩盖了社会权力的不同面孔，它还满足了那种被最强烈地感受到的紧迫需求,即打破充满依附关系和特权的世界。对于人身依附和人身支配,公意将以法治取而代之。法治是这样一种人际关系模式:人们出于责任(obligation)而尊重他们最初的分离(déliaison)。美国人并不需要废除等级制社会,不需要承担数个世纪累积下来的公共权威的遗产,他们在建立一个优先权威时,没有什么庞大的既定权威会被扰动。但在法国,上述所有限制性条件汇聚在一起,使得卢梭主义的概念成为解决问题的关键角色。不过这里说的卢梭主义主要不是指它的影响力(《社会契约论》的发行量在法国人的总体脑容量中占据的重大分量);而是一种契合时机的功能性的卢梭主义,它是从环境和事业的特殊需求中产生的,因此它在哲学上的保真度并不重要。与严格的文本资料参考相比,这是一种相对自由的运用;很多荒诞的争吵之所以会出现,正是由于不了解这一点,如20世纪初耶利内克(Jellinek)和布特米(Boutmy)之间的爱国辩论就是一个完美的范例。制宪议会的议员们**既被美国的先例左右,也受**《社会契约论》(和其他一些著作)的话语支配。但他们也都全部远离美国,并且是卢梭的糟糕的学生。不忠诚就是他们的规则,甚至也是他们从这类源泉中汲取养料的理由;正是出于这一规则,重要的就是搞清楚而不是要去建立一致性中的那些不可能和相互矛盾的属性。

  对于内容的辩论是由独特的时局造成的。为自己作为民族代表的合法性寻找依据的必要性,使得我们的议员上溯到一切社会的基本原则,并以这些原则的权威性为依靠。他们并非没有意识到这一步骤中的要害。恰恰相反,他们敏锐地感觉到,对他们而言重要的不是抽象地宣布几个自然真理,而是要全面投身于社会的重构中,因此不可能忽视社会的实际状况与所颁布的规则之间的距离有多大。《普罗旺斯信使》以嘲讽的口吻评论说:"如果在宣布何为应然的同时,对当下的实际没有做出任何针对性的表态的话,《人权宣言》也许并不是难事。"这一困难是整个预备性辩论的核心,也是促成文本最终定稿的关键因素之一。在 8 月初乡村起义,即"外省的烽火"如火如荼之际,《人权宣言》的制定给人的感知非常特别。它造成了很大的焦虑,并使得人们对在宪法之外单独颁布一个《人权宣言》产生反感。但当反感消除后,不安之情转移到了在这种条件下通过的《人权宣言》的内容上。由于问题不再是自然状态下的人,而是处于社会关系中的个人,一系列的发言者都争先恐后地重复说,仅仅谈论个人的权利是不够的,还应该指出个人与自己同类共处时所必需的约束。这时,对社会混乱深感忧虑的保守主义态度得到了宗教情感的支持,后者在整个辩论的言辞之中始终起着重要作用。这里并不存在教士的反动立场问题。国民议会中最进步的教士议员格雷古瓦(Grégoire),正是人的**义务**的最热烈的辩护者。这是名副其实的根本性的辩论。人作为社会存在就意味着要对人的天然自由进行限制吗?西耶斯的方案再次成为争论的源头。因为他确信,"人在进入社会时并没有牺牲部分自由……社会秩序中的自由比在人们所称的自然状态下的自由更为完整和全面"(《议会档案》,第 8 卷)。主张用义务来平衡个人权力的那些人反对的正是这个论点。没有约束原始独立性的各种**义务**(obligations),就不存在社会联系。西耶斯并非不知道这类责任的存在。但在他看来,每个人对自己同类的互利性就足以反映这种义务：我对别人有义务，是因为我承认他与我有同样的权利。所以，实际上只存在权利，权利中的义务是处于人际空间中的一种特殊情形。换言之，仅从作为社会成员的个人的"自然"权利的构成要素出发，是可以完整地重构一个社会的。一个与个人主义的规范一条条相符合的社会是可能的。而义务论的支持者所反对的归根结底就是这种意识。义务不是从权利中推导出来的：格雷古瓦的反对意见本质上就是如此。换言之，要想缔造一个社会，仅讲成员的权利是不够的。社会的运转要求行使某种限制性的约束，尽管这种约束的合法性可以有其他的来源。西耶斯的观念再一次占了上风，不过没有形成文字表述。激进的个人主义比义务论学说更受青睐。反对意见虽然从前门被赶出，但又从窗户潜回。对权利施加限制的执念虽然从理论上被清除，但它在最终的文本上打上了深刻的烙印。义务的幽灵将与权利寸步不离，甚至可以这样说：还在共和三年正式回归之前，它的阴影就已徘徊在1793年的辩论中了。

在社会状态中保留完整的自然权利：这就是西耶斯的观念中想要得到保证的东西。在他眼中，这尤其意味着需要实现后来所称谓的"社会"权利。这个问题上特别要梳理出处于摇摆状态的制宪议会议员们的想法和意图，打破人们对他们的错误理解。西耶斯本人则以最明白无误的方式写道："人可以从社会状态获得的好处，不仅限于对个人自由的有效而全面的保护：公民还有权获得联合带来的一切利益……没有人否认，社会成员从公共财产、公共工程中获得了最大的好处。我们也知道，公民之中有些人会因为命运的不幸而无力获得生活所需，这些人有权要求获得其同胞的援助，等等。我们还了解，没有什么比一个优良的公共教育制度更有利于在精神和体质上完善人类……对于国家可能带来的福利，所有公民都享有共同的权利。"（《议会档案》，第8卷）本来还应该对1789年诸方案中这份最重要、影响最深远的设想做更多的引述，尤其是因为它远非例外。有十来份方案讲的是同一个意思。"财产权不能妨碍人的生存，"来自格勒诺布尔的第三等级议员皮松·迪·贾朗（Pison du Galland）就有这样的看法，"因此人人都有权通过自己的劳动而生活。但任何不能劳动的人都应当得到救助。"但类似的条款没有出现在最终被采用的文本中。不过有几个迹象显示，之所以没有出现这个条款，更主要的原因是局势造成的，而非出自主观意愿。如果宣言定稿时有不错的时机，可能它就会包含某种关于救助的条款。但仅仅这个可能性就足以表明，对1789年资产阶级所谓的单子论利己主义的批判是无的放矢。救助条款在西耶斯的方案中有着非常突出的表现，并经过了他的论证；尽管这个西耶斯也以高超的寡头手腕心安理得地划分积极公民和消极公民，但他也在敦促人们思考这些所谓"社会"权利的真正源头——然而这些权利可能太容易被用作掀起民众运动的依据。"对于国家可能带来的福利，所有公民都享有共同的权利"，这种诉求乃是个人组成的世界里的内在要求，我们需要从这个角度重新加以审视。

8月20日到26日为起草宣言而进行的辩论，还被另一个暗地里的盘算支配着，这就是已经被推迟的制宪难题。随着时间的推移，制宪工作显得日益紧迫，于是辩论工作从24日起开始加速，27日又宣布延期。由于国王否决权这一重大问题悬而未决，于是各种内幕交易展开了，各派别的面目也开始清晰起来。从很多方面看，关于人权的辩论像是一场预备辩论。王政派引领的温和派和爱国党人都在借此进行组合，检验各自的力量。两派力量基本保持平衡。王政派的各位头面人物，尤其是拉里－托伦达尔，尚能依靠灵活的手腕保持某种优势。因此他们让议会采纳了一个相当没有棱角的方案，即第六组的方案；作为辩论的底稿，西耶斯的观念被南锡主教以十分低调的口吻重写了一遍，在这一文本的支持者看来，它的一大优点就在于其明智的省略。但拟定的文本中的悖论在于，两个阵营本来相互对立的意图最后竟然汇聚在了一起。温和派关心的是划定个人权利行使的范围，这种意图当然要被采纳；而爱国党人是要把自然权利完全"社会化"，某种意义上说，就是要同时确保个人权利和（民族）国家权威；双方的意愿尽管也有摩擦，但总体而言达成了同样的结果。实现这一独特融合的重大要素是**法律（Loi）**概念。关键性条款在于 21 日由拉梅特（Lameth）提出的第四条。但他受西耶斯的启发："自由是指能从事一切无害于他人的行为；因此，每一个人行使其自然权利，只以保证社会上其他成员能享有相同的权利为限制。**此等限制只能以法律决定之。**"根据西耶斯的想法，这一条的意图是要避免给个人性的专断强制留下任何有机可乘的缝隙。自由的行动者及其享有同等权利同类，他们所有可能的关系都应该包含在法律的领域之中，否则就根本不存在这种关系。但显而易见的是，人们一下子就将刚刚宣布的自由重新置于法律的监护之下，这种法律既可以扩大也可以收紧其设定的界限。接下来的条款看来与之有内在的关联："法律仅有权禁止**危害社会的行为**"（相当于将不得伤害他人的原则从个人层面提升到集体层面）。但谁能成为法律的裁决者呢？

从这一刻起，出现了两个重大困难，它们将阻碍刚宣布的权利的有效确立。第一个困难是独立与隶属（appartenance）之间不可克服的紧张关系。《人权宣言》第二条虽然是温和派穆尼耶的作品，但仍然将反抗压迫列为不受时效约束的权利之一；这个具有重大后果的条文强烈地表明代表们对原初的自治从自然状态转入社会状态的态度，西耶斯甚至更有力地强调"以暴力击退暴力的权利"。但第七条中有一句意味深长地使用了同样的词（反抗），尽管其意义有所不同："任何根据法律而被传唤或逮捕的公民应当立即服从，反抗即属犯罪。"这个句子有段有趣的历史。它又是来自西耶斯的方案，但是根据他在王政派阵营中最著名的对手之一马卢埃（Malouet）的提议而采纳的。这清楚地表明，在各种对抗性意愿的基础上实现了反自然状态的一致意见。马卢埃从中看到的当然是用权威制止可能的混乱状态的保障。西耶斯想到的则是，从全体参与中产生的权威具有不可抗拒性，个人自由只有通过全体人的权威才能绽放和验证。将个人独立直接转换成集体权力，这一做法使得全面展现人权的抱负联结了一种保守的意图：对人权的表现进行规范甚或限定。当然在具体方式上也存在冲突。8月23日，当触及对所有人都很敏感的宗教自由问题时，冲突发展到了极点。当时，动员起来的教士成功地去除了一个限制性的表述："任何人都不应因其观念，即使是宗教观念，而受到干涉，只要观念的表达不扰乱法律确定的公共秩序。"这是讨论中的一次重要交锋。争论围绕着具体条文而展开，但是普遍性架构并没有、也不可能受到质疑,因为只有在人们要求全面彻底的自由时才会出现这种情况。但对于当时的议员们来说,对自由的表达与对权威的确认不可分割,而法律就是权威自我延伸的工具。因此,他们不仅没有动机指责这个监护原则,而且,他们的胜利只会导致原则的收紧,对更多的独立的追求将会导致更多的隶属的义务。要把个人自治转换为社会权力,这种需求就与通过限制权力来维护权利的需求相冲突。这样一来,人们很容易从自由的理想转向威权主义(autoritaire)的诱惑。正是在这里,我们可以看到,建立在人权理论基础上的大革命,为何没有能够设想和建立一种保障人权的制度。

《人权宣言》的序言中号召,应随时将立法和行政权力的行为与"政治制度的目标"相比较。此外它还对法律做了限定(除了已经引述过的第五条,第八条还规定:"法律只应设立严格来说明显必要的刑罚。")与此同时,它还含蓄地勾勒了权力机构格局的大致轮廓,其中并没有在立法机构的行为与其依据之间设立一个仲裁机制。这个矛盾构成第二个根本性的障碍,并致使革命事业摔跟头。第六条规定:"法律是公意的表达。每个公民皆有权亲自或由其代表去参与法律的制定。"(在论及税收同意权时,再次重申了这个说法:"所有公民都有权**亲自或由其代表**决定公共赋税的必要性。")第十六条:"一切社会,凡权利无保障或分权未确立,均毫无宪法可言。"这些表达因为超越时空的抽象性而显得天真。在当时的环境和倡导者的观念中,它们带有明确的目标,而宪法很快就将进一步明确:"在法国,任何权威都不得高于法律。国王只通过法律进行统治,只以法律的名义的才可要求服从。"立法机构的优先地位禁止任何人充当其决定的审查者,执行机构严格服从于它,并根据关于政府的卢梭式定义(《社会契约论》),负责将主权者的公意转化为"具体行动"。制宪议会在辩论的最后一天采纳这一条时,正是考虑到严格由公意思路决定的分权。"分权"意味着立法权脱离了君主。同样,这种考量中的逻辑解释了这一文本的主要反常之处:它有个民主的开头,强调公民个人应协助公意的形成,但有些人却想建立纳税选举制,至少这一点让人震惊。还应指出的是,国民议会在这一点上走得比西耶斯还远,尽管后者在援引公意时也明确预见到,应该将代表的选择局限于"有公共关切并有能力的公民"。但第六组的草案比最后的文本更为激进:"所有公民都应直接协助法律之制定。"西耶斯有一套思想,可以保证他既克服卢梭反对代议制的意见,又能将卢梭融入自己的方案中。但他的同事们没有那么肯定,而宁愿求助于这种无须在直接民主与代表制度之间做出选择的骑墙方案,这样就能在他们需要全体公民支持的时候免于遭到任何反对。在这里,他们仍然是在对个人权利做政治转述,但是预先排除了在两种篡权之间实现一种公正的政府,一种是毫无监督的代表的篡权,另一种是作为对这种篡权行为的唯一匡正途径的篡权。

这份奠基性文献问世已经包含了将影响整个奠基事业的抑制性关系定式:它浓缩了某种对自由的思考方式,而这种方式却阻碍着自由的实现。

马塞尔·戈谢(Marcel Gauchet)

延伸阅读

关于美国范例：

Sur la réception de l'exemple américain:

ECHEVERRIA, Duvand Mirage in the West: A History of the *French Image of American Society to 1815*, Princeton, Princeton University Press, 1957.

Sur l'élaboration des déclarations américaines:

RUTLAND, Robert Allen. *The Birth of the Bill of Rights, 1776-1791*, Chapel Hill, University of North Carolina Press, 1955.

经典论战：

BOUTMY, Emile. «La Déclaration des droits de l'homme et du citoyen et M. Jellinek», *Annales des sciences politiques*, 1902, p. 415-443.

JELLINEK, Georg. *La Déclaration des droits de l'homme et du citoyen. Contribution à l'étude du droit constitutionnel moderne*, trad. de l'allemand par Georges Fardis, Paris, 1902; éd. originale: *Die Erklärung der Menschen-und Bürgerrechte. Ein Beitrag zur modernen Verfassungsgeschichte*, Leipzig, 1895.

JELLINEK, Georg. «La Déclaration des droits de l'homme et du citoyen», *Revue du droit public et de la science politique*, 1902, p.385-400.

BOUCHARY, M. *La Déclaration des droits de l'homme et du citoyen et la constitution de 1791*, Paris, Tiranty, 1947.

«Les Droits de l'homme», *Droits*, n° 2, 1985.

GAUCHET, Marcel. *La Révolution des droits de l'homme*, Paris, Gallimard, 1989.

MARCAGGI, Vincent. *Les Origines de la Déclaration des droits de l'homme de 1789*, Paris, 1904.

SANDWEG, Jürgen. *Rationales Naturrecht als Revolutionäre Praxis*, Berlin, Duncker & Humblot, 1973.

WALCH, Emile. *La Déclaration des droits de l'homme et du citoyen et l'Assemblée constituante. Travaux préparatoires*, Paris, 1903.

参见条目

孔多塞（Condorcet）
拉法耶特（La Fayette）
自由（Liberté）
王政派（Monarchiens）
再生（Régénération）
美国革命（Révolution américaine）
卢梭（Rousseau）
西耶斯（Sieyès）

平 等
Égalité

"虽然财产权、自由、平等可能是不可分割的,但它们在各民族之中得到的钟爱却可能非常不平等,三者之间的分量比重也是非常不平等的,其状态的完美程度也不一致……在权利平等与事实平等之间,在实际的优越与权利平等观念所能容许的优越之间,存在巨大的差距。"这番话是谁说的?不是托克维尔,不是基内,也不是泰纳,而是大革命中的一位活跃分子罗德勒(Roederer)。他在1831年出版的《大革命的精神》(*Esprit de la Révolution*)中说,这部书写于1815年,主要是热月之后的想法。罗德勒意识到,大革命所赞赏的价值观,每个都可能与其他的价值观发生冲突;而且法国人对它们的重视程度也不一样;法国人对其中的一个价值,即平等,表现出明显的偏好,以致愿意为此付出放弃自由的代价(这就可以解释,为何作为大革命继承人的拿破仑,能够毫无阻碍地在鼓吹平等的同时削弱自由)。这里已经可以看到托克维尔的一个重大主题。

像托克维尔一样,罗德勒也将平等视为一个复杂的观念,客观的评价和主观的评估会在其中形成不稳定的混合。在他看来,在法国大革命之中,平等的表象所占的分量,说到底要大

140 于实际的平等。"农村产权的束缚,产业中的桎梏,人民都已经摆脱,但这主要不是因为它们造成的负担太重,而是因为它们带有侮辱性。"因此,大革命的引擎主要不在于追求利润,而在于对屈辱进行报复,在于弥补"自尊心所蒙受的痛苦"。还是和托克维尔一样,在罗德勒看来,这场革命由于缺少平等而根本没有酝酿出一个消除了各种区隔(distinctions)的社会。恰恰相反:由于身份标准的存在,对区隔的偏好进一步加剧,并导致各种区隔衍生出一些吹毛求疵的象征性的高低之分,使得区隔既让人难以忍受却又不断地涌现出来。

罗德勒把追求平等的热情与国民的历史和心理联系在一起,后来托克维尔和泰纳也曾这样做。历史从11世纪就开始迈上启蒙的大道,从"自由人敲响城市和市镇的第一声警钟"就已开始,就是说,开始于公社(Communes)建立之时。这场启蒙的征程可以用一个事实来总结,这就是"领主制衰落时平民在物质、智力和道德上的上升"。只需一个原因就足以解释这一切:王权对这第一场革命①——早在另一场革命之前就已完成——的认可。关于一种平路机式的、颠覆性的君主制的观念,蒙罗齐埃(Montlosier)也曾论述过,而奥古斯坦·梯叶里(Augustin Thierry)让它家喻户晓,但在1815年,这个观念还很新鲜。它赋予大革命的平等以漫长的史前史,它利用并增强了其民族特征:法国人中盛行一种赶超(émulation)的集体爱好,但这种爱好与平等根本不矛盾,而是紧密联系在一起。正是在权利平等——

---

① 指的是中世纪的公社革命。

"年轻的法国人称之为民主"——的腐殖质中,个人之间的无限区分消失了:因为平等为才智的竞争敞开了康庄大道,但一个越来越同质化的社会因而也孕育出一个越来越异质化的人群。

这份令人惊叹的文献试图界定平等观念在法国大革命中的位置,从而汇聚了19世纪辩论中的大部分问题。首先,罗德勒摆脱了将大革命视为平等的开创者的意识,认为早在大革命让平等进入风俗之前,平等就已经在民意之中取得了胜利。他还坚定地拒绝这样的看法:大革命中的某个时刻对于平等特别重要。在他看来,大革命从一开始就完全属于平等,这是法国不同于英国的明显特征。英国发展出对"特权型自由"的热爱;而在法国,"这个民族的精英已经深受严重的伤害",平等成为民族唯一的激情,并且可以成为损害自由的理由。最后,罗德勒提出了令人头疼的问题:形式上的平等与事实平等之间的关系。在他看来,革命者对事实上的平等并不满意,这种平等看来意味着人类的一致化,"卓越的才智之士"不会有什么位置。但他们赞赏权利上的平等,这种平等强调"获得性的卓越远高于继承来的高贵"。罗德勒还拒绝认为,对权利平等的诉求会导致事实上的平等。不过,在论证权利平等的无限开放性的同时,罗德勒也暗示平等就其本性而言是不可捉摸但非常值得追求,从而也就意味着,曾把平等视为旗帜的大革命具有永不会终结的特征。

路易·迪蒙(Louis Dumont)认为,18世纪只是很晚才发现平等观念。科拉多·罗苏(Corrado Rosso)则坚持,对平等的热情贯穿了整个18世纪。在这两种解释之间该如何抉择呢?实际上,问题完全在于人们如何界定平等观念。

基督教布道者宣扬的平等观念,通常是最前卫也是最激进的,尤其是博须埃(Bossuet)的看法,其回响经由詹森主义而在整个18世纪传播。根据詹森主义的思想,神的三个位格之间的平等就是基督徒之间完全平等的真正依据所在,既有积极的平等也有消极的平等。从积极的方面来说,因为每个受造者都需要一个中介才能与神发生联系。从消极方面来说,由于所有人都是由同一种污泥塑造的,同样的卑劣构成了平等。死亡反映的是同样的虚无,因而同样是平等的启示。莫里(Maury)修士曾说,博须埃正是"坐在一些坟墓的边沿,俯视诸侯帝王们特有的傲慢,尽管这些人一度在尘世卓尔不群,但傲慢之后他们将永远与一堆无名尘土混合在一起"。因此大革命之后的圣西门说,博须埃是他真正的老师。

把终极状态当作对极端平等的启示,这显然表明对不平等是多么不在乎。不平等是上帝规划之中的一部分,它们一旦确立就不能推翻,否则就是不正当的;除此之外,不平等的展现不超过一个人的短暂一生。在永恒面前,一切都是虚空,虚空之中的不平等完全没有意义:"死亡把君主和臣民混合在一起:二者之间仅仅有种脆弱的区分,它太肤浅、太短暂,简直不值得考量。"至于个人成就,那也是不平等的,但詹森主义思想倾向于认为,拯救与个人成就不成比例。圣西朗(Saint-Cyran)①让詹森主义者深信,一系列的善行,哪怕它们十分突出,如果没有上帝的介入

---

① 圣西朗(1581—1643),即圣西朗修士(abbé de Saint-Cyran),原名 Jean-Ambroise Duvergier de Hauranne,法国神学家,他将詹森主义神学介绍到了法国。

就毫无意义。倘若神的意志不经过恩典转移到人的意愿之中，任何的成就都不能表现出来。因此，以成就为依据的分配性平等，比任何想法都更加远离基督教的平等。悔改的浪子，第十一个小时（酉初）雇的工人得到的报偿[①]，完全是不合任何逻辑和任何比例观念的：这种不合理使得基督教的平等与分配性平等呈针锋相对的关系。这就可以理解，詹森主义作为一种强有力的运动反叛"建功立业的伟大"（grandeurs d'établissement）[②]时，它的那种平等并不是18世纪喜欢的平等：18世纪更倾向享乐与便利，这就使得平等远离了关于贫乏的人性论。

18世纪所偏爱的平等，是在每个人都拥有理性这一前提下展开的平等。人只要稍微反思一下，就能发现他们的理性要求和道德评判具有普遍性。这种平等唤起他们同荒诞和非理性作战的意愿，激励他们为实现符合理性和正义、有益于人类的事业而奋斗。最令人向往的平等，就是与个人向群体提供的服务成比例的平等。18世纪有数以千计的例子表明，人们更加偏爱以成就来衡量的平等（égalité méritocratique）。例如，在反驳阿尔诺（Arnauld）和艾斯普利（Esprit）修士——他们都拒绝认为异教徒有任何美德，或者说，没有上帝就不存在任何成就——时，拉莫特·勒瓦耶（La Mothe Le Vayer）坚持认为异教徒有能力弘扬人类的伟大，于是他的那部晦涩难懂的著作就成了畅销书：18世纪的人们在书中看

[①] 作者在这里用了两个圣经故事，分别见《路加福音》第15章和《马太福音》第20章。

[②] 这是詹森主义者帕斯卡尔的说法，与"自然的伟大"相区别，见其《伟大三论》。

到的是"真正的成就"的形象,他们完全服膺那些浅显的、严格的人类意义上的美德——克制、稳重、同情、怜悯,尤其是善行和效用。再如,颂词作为一种文体压倒了17世纪偏爱的丧事诔文。诔文可以在贬低个人成就的思想氛围中铺陈,因为堕落的一生之后若想经由上帝之手重返正途,只需在临死时有个体面的想法就够了。但颂词是累积性的文体,它要耐心地盘点各种成就:这不是死亡瞬间的体面,而是整个一生的体面。

这种以成就为标准的平等容忍甚至孕育不平等,以及身份和报偿之间的差别。当然,在大多数哲人看来,这些差别都是可以被接受的,像伏尔泰这样的人,还自恋地接受这样的看法:首要的位子应该留给开明人士。这种不平等,孟德斯鸠说得很清楚,就是从平等之中产生的。他解释说,在民主制中,就算不是人人都能为祖国提供平等的服务,至少他们都应该提供服务。如果(从严格的比例正义而言)服务的不平等是"差别"(distinctions)①的发生器,那么还是应该记得,这些差别是对平等效力的认可:"因此分配产生自平等,而平等看来又因为卓越的服务和杰出的才能而被消除了。"同样,对伟人的歌颂也在人与人之间造成声望和尊贵的差距,但这种敬畏之情正是从人类平等的内部产生的,平等唤起每个人尽力而为的愿望和相信事情可为的信念。

更为重要的是(这是关键所在),以成就为标准的平等表达的是对特权的一种摧毁性的批判,是对世袭传承的彻底否定,按米拉波的说法,世袭传承的死板传统是个"怪物"(monstre)。

---

① 这个词也可以理解为"荣誉""优待"。

以成就和才智为标准的平等扫荡了出身特权。如要衡量成就论观念具有的巨大批判能量，最好的办法是回顾一下那些针锋相对的、为特权辩护的文字。这里只举一个例子，就是1776年巴黎高等法院为反对杜尔哥废除道路劳役的法令而呈递的诤谏书。它在阐述社会肌体内部个人的等级状态时，那种坦诚和自信着实让人吃惊："应该有些人指挥，另一些人服从，这是必然的事。享有最高主权的领主（souverains seigneurs）指挥他们国家的所有领主，将他们的命令传达给大贵族，大贵族传达给中等贵族，中等贵族传达给小贵族，小贵族传达给人民。"

以成就为参考标准就足以定义18世纪的平等吗？成就至上论也会演变成一种"贵族制"（aristocratie）：这种疑虑已不仅是停留在初露头角的阶段。有些人就曾激烈抨击掩藏在这种平等主义背后的不公正，因为它将一切都归结为个人的"素质（才能）"（qualités），但丝毫不关心人的需求。即使对那些没有突出的成就、没有做出卓越的工作，甚至没有从事有益的职业的人，这些需求同样必不可少，正是这类需求构成人的同质性的基础。所以，好的立法者的标志不在于确保报偿的公平，而在于促成"幸福在公民之中的平等分配"。

这里的幸福一词与平等结合在了一起，这种新奇的说法让人意识到，新的平等主义的要害不是指向出身的不平等，而是指向福利或财产（biens）的不平等。同这种不平等作战，有两个强有力的根据。首先，在达尔让松（d'Argenson）和马布利（Mably）那里，财产的不平等不仅导致人的堕落，而且很快引发国家的衰败。第二个理由是积极的：唯有回归相对的平等，才能在缩小公民之间令人难堪的巨大差距的同时重建社会联系。平等的主要功效——这是一个古典命题——是消弭贫困滋生出的人对人的怨愤之情，并使人焕发政治参与的热情。通过限定遗产法、奢侈法或其他任何措施回归财产之间的平衡，就是一个优良政府的主要任务。

　　一会儿与成就绑定，一会儿与需求为参照，平等在其定义者面前的确有着迥乎不同的面目，但它仍然是18世纪各种思想的真理性的检验标准，即使是那些看来与平等相悖的思想。布兰维利埃十分汲汲于捍卫贵族荣誉，但实际上他深受个人之间存在自然平等之观念的影响：如果说在原初平等的基础上，历史催生了身份地位的不平等，那么，在这些身份地位的内部，至少从此应该盛行最严格的平等。就赋予财产权的特权而言，重农学派的思想是非常不平等的，但他们的体系同时也是建立在人与人的一致性之上的：严格来说，人与人都是一样的，从其逃避痛苦、追求快乐的自私心理而言，他们是可以严格互换的。尽管他们对民主表现出很大的恐惧，但他们是同质化、扁平化社会的最早构想者，托克维尔正是在他们那里发现了民主的本质。因此，18世纪的思想之间虽然也有分歧，但都坚决跳出了有机论和等级制的世界观，从这一点来说，它们都是有关平等的思想。

　　但在这种激进主义之外，18世纪思想对于不平等的解决方案却表现出非常明显的温和。且以被视为平等主义最热情的拥护者马布利为例进行考察。他认为财产的不平等是绝对的不幸。每当需要他开出一个解救的药方时，他总是选择温和的药方。他对帕尔马（Parme）的君主说，请不要认为我是在敦促您"对您臣民的财产采取粗暴行动",因为今天已经不可能幻想"斯巴达的平等"了。既然"我们知道彼此不再是兄弟",那还有什么可以期待的呢?当然是权利的平等("愿公民的才能在国家最卑劣的人那里也能得到尊重")和财产不平等的弱化:"驱逐国家中的乞讨和过分的暴富"是马布利的坚持不懈的药方。卢梭也不会有别的想法:"我的目标不是摧毁个人财产权,而是将其限定在严格的范围之内。"

这是卢梭说的。对于一个把他尊崇为新平等的发明者的人来说,卢梭的温和会让他感到意外,路易·勃朗(Louis Blanc)后来说,由于卢梭,"一种新的公民秩序出现了,并要求在世界上有自己的位置"。但也可以把卢梭视为温和的思想者,因为在他歌颂比例平等和神圣财产权的文本中,有很多这样的参考证据。但这样有可能低估卢梭本人颠覆自己观念的能量。没有什么比根据成就按比例地分配报偿更加远离他内心的意愿的了:因为成就就像地位、权力和财富——最后一项是对前三项的总结——是在社会之中任意散播的四项不平等之一。对于使人与人产生差别的成就,卢梭的看法只是漠不关心,甚至鄙视。他希望自己笔下的爱弥儿不是被培养成为法官、士兵或教士,而是成为一个人,他希望人的成长是为了彼此相似,而不是为了彼此不同。当以成就作为平等的依据时,就是在认可人与人的差距。应该依据需求来强调平等吗?同样不行,尽管这表面看来有些理由。因为,尽管人的基本需求的确反映出人类状况的相似性,但并不能由此产生统一性。如果我们了解为了满足需求而产生的冲突,我们就会懂得,当人与人应该实现统一时,需求会导致他们的分裂。

另外,更为关键的一点是,在卢梭的思想中,需求远远没有简单直接的特征：由于社会中的每个人都是以别人为镜观察自己，因而也就存在获得威望和名誉，即争取"公共名誉"的需求，这就酿成攀比的恶习，从而成为人类不幸的根源。卢梭比任何人都更清楚的一点是，很难找到界定需求的客观标准，需求也不可能超脱变化不断、模糊不清的表象世界：攀比之风绵延至今，从未平息，以致任何奖励酬劳都难以被视为公平的，而平等的苛求也会永无止境。至于好的立法者用法律纠正财产不平等（卢梭的评论者经常从中寻找其胆小怯懦的证据），在他看来其效果也是暧昧不清的：这样压制不平等，就是承认不平等并使其制度化，而从观念上说人们应该终结这种意识。因此在卢梭那里，抽象的、不可捉摸的平等与任何比例的意识无关，它是集体生活与个人生活的理想规范，尽管不平等总是以无限多样的形式暗中重建起来。正是在这一点上，卢梭与法国大革命产生了最深刻的共鸣。法国大革命在其不同阶段展示了18世纪的不同思想：它首先关心的是为成就敞开大门的权利平等；接下来，大革命更加关心财产的平等；最后它重新与财产权和不平等实现了调和。但整个过程也展现了卢梭已然意识到的状态：不可能为平等的激情设定界限，以及将有限的平等和对平等的无限渴望连接在一起的痛苦。

托克维尔在描写迈向身份状态（conditions）平等的进程时，区分了三种形态：法律地位（statuts juridiques）的平等化，这使得所有个人在缔约、买卖和婚姻方面享有同等的权利；随后是政治权利的平等化；最后是物质生存条件的平等化。制宪议会完全实现了第一种平等，部分地实现了第二种，对第三种完全没有作为。因此，后世可以依据对三种平等之间关系的设想来评价制宪议会的成就。有时人们把头两种平等视为第三种平等的初阶，以及对第三种平等的许诺：只要将诉求扩大或强化，就从头两种平等转向了第三种。有时人们又觉得这些平等之间有种复杂的狡计，这狡计或是有意识的，或是无意识的：形式上的平等是制宪议会为维持现实的不平等而设想出来的、对其进行掩饰的工具。那么显然不可能从前两种平等——这被归结为资产阶级社会中的利己主义的个人——转向第三种平等。恰恰相反：社会不平等正是政治不平等的另一面。

"弊端的莽林中的一个大伐木堆。"格雷古瓦评论制宪议会的成就时这样说。8月4日夜，当议会主席总结那次辩论的要点时，他滔滔不绝地列举了一长串的"取消"、"放弃"、"摧毁"、"废除"。在一番摒弃之后，各种豁免权——无论是税收的还是司法的——和减免特权全都消失了，它们曾经是人们"不共戴天的愤恨对象"，因为对满脑子都是成就论平等观念的人来说，这些特权的世袭性是不合乎理性的；正如西耶斯所言，正是由于世袭，"哪怕是试图论证这些特权的最微弱的理由"也被剥夺了。随着等级（ordres）的废除，旧制度时代作为人的身份特征的不平等消失了。制宪议会宣布税收平等，刑罚平等，公共职位和商业经营活动向所有人开放，并将旧社会排斥的群体，即犹太人和新教徒，重新融入民族共同体之中。在确认社会同质性的同时，议会还十分关注比例性的问题：米拉波发表评论，税收计算中的算术平等是不公正的，应该以"纳税能力"的概念加以纠正，应该追求"真正的比例均衡"。对"公正比例"的关切曾是18世纪平等观念中的灵魂,如今它又出现在乞丐事务委员会的报告中,甚至出现在划分省界的辩论中,用来平衡几何平等的原则。

但无论如何,这一摧毁贵族制不平等的宏大事业导致权威的象征符号体系灰飞烟灭。没有什么比废除世袭贵族的辩论更能说明这一点了,这场辩论几乎是出于偶然而在1790年6月19日展开。这个建议出自一个无名议员,但随后的辩论针锋相对,十分激烈:平民出身的莫里修士在捍卫纹章特权,他的对手诺阿耶(Noailles)和蒙莫朗西却很轻松地接受废除纹章的提议。在这里,一切都以基于成就的平等为核心:拉梅特说,人没有别的尊严,除了"与他们受托的职责"相联系的尊严;没有其他的光荣,除了"其行为应得的光荣"。一切都表明,这种平等观念获得了胜利,即使对那些反对废除的人也是如此。反对派最强有力的论据——他们并不知道这个论据会导致怎样的推论——实际上也是借自平等观念。福西尼·德·吕桑日(Faucigny de Lucinge)悲叹说:"你们摧毁贵族的荣誉,却保留对银行家和高利贷者的礼遇。"莫里修士则承认,理想的状态是依据各自的成就将荣誉授予不同的个人,但目前要紧的是维持与君主制不可分离的贵族制。没有人再为这些象征物辩护,尽管它们已经不对任何人构成伤害:社会的异质性和个别化的权利最终被彻底地污名化了。

同样的权利适用于所有人,同样的法庭适用于所有人,同样的考察方式,同样的对任何形式的区别对待的愤怒——哪怕这种区别对待是补偿性的(当新教徒要求的仅仅是权利平等时,拉博[①]就抗议给予新教徒的"宽容"和"宽恕")。政治权利也一样吗？制宪议会许诺的不仅仅是法律面前的平等，还有法律制定中的平等，即所有人都同等地参与公意的构建。但在这一点上，议员们显然违背了自己的原则：他们在代表与被代表者之间引入了不平等，当他们将选举权和纳税身份挂钩时，这就更加糟糕了。

在承认所有人都同等地享有源自人类本性的所有权利之后，制宪议会拒绝所有的人直接行使主权（souveraineté），尽管这是"政治完善的最后层次"。这样做是有复杂的因由的。这其中有18世纪的各种常识（如现代公民不同于古代公民，他不能全身心地投入政治活动）。吊诡的是，其中还可能有借自卢梭的理由（因为公意不是个别意志的总和）。最后还有一种担忧，西耶斯1789年9月7日就表达了这种担忧，即应该为民众的影响力设置限度：尽管人民有权选择为自己立法的人是件好事，但他们有权自己为自己立法并非好事。我们还应该指出，制宪议员已经有种强烈的意识：应该排除被代表者反对代表们的意志的可能性。由于米拉波的影响，他们甚至害怕人民势必会被引向这个方向：他们将在"最愿意为公共事务牺牲时间"的人中间挑选自己的代表，从而导致"事实上的贵族制"的重建。

对政治平等原则的初次扭曲随后变得更加醒目：甚至选举代表的权利也因为纳税条件而受到限制，这就复活了等级之间的不平等。《人权宣言》与纳税资格之间刺眼的矛盾——朗日（L'Ange）说这是不折不扣地将社会契约中的个人一笔勾销——，当然被人

[①] 拉博－圣艾蒂安是位新教牧师。

觉察到了，并受到议会左翼一些孤立的发言者的批判。克莱蒙-托内尔在自己对大革命的批判性分析中也明确意识到了这一点："积极公民在权利方面与消极公民是不平等的。"特别是将拥有地产和50利弗尔纳税额作为被选举资格的条件的银马克条款（clause du marc d'argent），招致了很多人的反对，从米拉波到佩蒂翁（Pétion）：对于这些深受以成就为标准的平等观念浸染的人来说，这个条款尤其难以忍受。而制宪议员们之所以觉得纳税条件可取，显然是出于因贵族影响力和民主诉求的不断加码所引起的不安。但也是因为，在他们看来财产贵族没有另一个贵族那么可怕：因为这个新"贵"（aristocratie）不是一种原则，而是一种境况，用魏耶特（Villette）侯爵的话来说，它本质上是"流动的"（mobile）。说到底，正是在这种不完全平等的地平线上，人们可以窥见真正的政治平等。德梅涅还说，排斥穷人是"偶然的"（accidentel），而获得选举权将成为竞争赶超的目标。但这个说法在纳税资格的反对者那里引起轩然大波。很快这个论点就被推演到所有被排斥者身上："为欧洲各国最伟大的人民提供君主"的妇女们，看来也被极不公正地排斥了。正如焦马尔（Guyomar）后来的嘲讽的那样，应该承认《人权宣言》是男人的，不适用于女人吗？

制宪议员在确立法律上的平等的同时，在政治平等前却步了，而在财产权原则上从未让过步，这种踌躇不决的步骤真的反映了其隐藏的意图，即之所以承认形式上的平等，是为了更好地拒绝事实上的平等吗？乔治·勒费弗尔就是这样解释的。在他看来，制宪议员们坚定地把公共福祉（félicité générale）——这可以表明公共性优先于个人利益——排除在人权宣言之外，是非常能说明问题的：他们试图阻止人们援引平等原则去要求改善无财产者的处境，并试图在法律平等与社会平等之间画出一道分界线。但大量的文献可以证明，制宪议员们对这个问题非常在意，并且一直为此而辩论。例如，塔列朗在其《关于公共教育的报告》(*Rapport sur l'instruction publique*) 中承认，在诸多事实上的不平等之中，只有当教育也参与"水平仪的重建"时，人们才会感觉到权利的平等。又如，福歇（Fauchet）和他的宪制派的教会友人一起宣扬，为了重建平等，应该通过继承法采取温和手段。克莱蒙-托内尔因为敌视权利平等原则而别具洞见，他比任何人都更能说明制宪议员们对从"形式上的平等"向"实际中的平等"的转变的极度关注：正是他对制宪议会许可的对平等原则的违反做了最出色的列举。他还指出了问题的关键：如果说今后的社会区分建立在"公共用益"（utilité commune）之上，那么谁是这种作为不平等之依据的用益的裁决者呢？托内尔还在社会主义者登场之前就对形式上的平等下了一个最佳定义："说权利平等可以缩减为占有各人所有的极不平等的自由和财产的平等权利，（就是说）这种抽象极不可靠，极为荒诞，以致一无用处。"不管议员们是跟克莱蒙-托内尔一起指控说，没有物质上的平等法律上的平等就是幻影；还是像德朗定（Delandine）一样担心，人民从原初平等来理解平等一词时，会忘记这其实是个"哲学上的空想"；抑或是像塔列朗那样，认为教育是让两种平等相互接近以致相互融合的工具：他们所有人始终都认为，将形式上的平等扩展为物质上的平等是可行的，甚至应该立刻执行——不管是出于担心还是出于期望。

153

此外，他们对自由与平等之间可能出现的冲突有了充分的估量。社会主义史学认为，议员们更关心的是自由而不是平等，他们总是为前者而牺牲后者。这个认识很值得商榷，因为对他们中间的很多人——从艾吉永公爵（duc d'Aiguillon）到西耶斯——来说，权利平等是首要原则，它甚至是自由的决定性条件。平等的优先地位，根据就在于法律所具有的显而易见的普遍性，正如西耶斯说的："在我的想象中，法律是无限广大的圆形的圆心；所有公民都毫无例外地处于圆周之上，与圆心的距离都是一致的，所占有的位置也都是平等的。"在西耶斯看来，只有当法律为了所有人的自然自由而做出同等的限制时，才有自由人可言："在某个社会中，如果一个人的自由比另一个人多一点或少一点，则可以肯定这是一个组织得不好的社会，应该对其进行重构。"在这里，平等远不是在自由面前受到了屈辱，而是几乎与之浑然一体。专断绝对是对自由的一种戕害，也是对平等的损害。法律既是自由的，也是平等的。

更有甚者，制宪议员们有时甚至为了平等而牺牲自由。关于继承权平等的辩论就说明了这一点。在某些最保守的议员看来，立遗嘱的权利就是财产权的保障，卡扎雷斯（Cazalès）就说，如果一个人无权自由地订立自己的遗嘱，这种权利就只是个幻影；佩蒂翁、杜邦·德·内穆尔、米拉波和朗基奈（Languinais）则以平等的名义反击：在他们看来，遗嘱自由会导致财产集中，因而会成为新的不平等的发生器。他们主张均分财产，由于他们已经将政治权力的行使与财产挂钩，这个主张就显得更有分量了。佩蒂翁坚定地说，如果让父母拥有优待某个孩子的自由，就是让他们成为决定谁是积极公民谁是消极公民、谁有没有被选举资格的主人,这就"剥夺了无数公民的政治权利"。相反,剥夺这种自由就是在推动财产继承的平等,"这必将把贵族制送进坟墓"。

因此我们可以看到,如此执着于自由和绝对的财产权的制宪议员们,却设想出一种吹毛求疵的法律来保护遗产继承平等,在他们眼中这是权利平等的条件。我们可以认定:对实际平等的关照对他们而言绝不是不存在的。就算他们关心自由甚于关心平等,这种先后顺序也不是绝对和始终如一的。托克维尔后来说,法国大革命中只有几个月是真正关心自由的,从1789年10月之后,平等的激情就已占据了中心位置,因此平等的狂热绝非雅各宾的发明。我们还可以推想,这种占主导地位的关切甚至出现得更早。从《论特权》和《第三等级是什么?》开始,西耶斯就勾勒了平等在革命中的至上地位,并预言了它要求自由做出的牺牲,以及这些牺牲的无限性。平等之所以属于至上地位,是因为人们只能将民族定义为权利上平等的个人的集合体,没有这个条件,民族就不能被视为统一和不可分割的。平等优先于自由,是因为民族不仅排斥特权观念,而且排除特权者的存在,对民族而言,这些人就像外国人一样外在于民族。最后而且尤其重要的是,这种排斥可以无限扩大,因为平等的公民与外在于民族的人之间的分界线是一条内部边界,它可以随便移动。只要不再用等级和出身特权,而是用财产特权来定义想要排斥的人,就可以在社会肌体内部塑造新的分割力量,新的内战威胁就到处弥漫,这种幽灵甚至更难以根除。1792年,勒吉尼奥(Lequinio)在一篇致《被摧毁的偏见》(*Préjugés détruits*)的小册子中写道:"我不再从旧的意义上区分资产阶级和人民;但我们能辨认富有阶级,耍手腕的阶级和穷人;我看到并确信,四分之三的富人完全像过去的贵族(noblesse)一样,他们就是贵族(aristocratie)。"

瓦伦事件之后,巴纳夫警告说,在自由的道路上再进一步就是"王国的毁灭"。在平等的道路上再进一步,就是"财产的毁灭"。立法议会和国民公会终于迈出了这两步。这两届议会完善并扩展了制宪议会在民事平等和政治平等方面的工作。它们还在物质平等的道路上有所进展,国民公会确定了平等继承权(制宪议会没有能够完成这一立法),无偿分割公共财产,并且建立了救助制度。但这离巴纳夫预言的财产分割还很远。物质平等的难题在国民公会时期同样是个反复思考的对象。

总体而言,国民公会对"土地法"①是敌视的,但辩论中经常会有人提出这项可怕的法律。孔多塞称事实上的平等是"社会技艺的最后目标",但国民公会的议员们对这个问题的看法倒很一致。所有人都深信,腐败与财产的极度不平等有关。所有人都认为,要抑制这种不平等,应该采取孟德斯鸠、马布利和卢梭倡导的"明智法律"。但在国民公会的辩论中,没有任何人认可,为实现这种平等而诉诸强制手段,因为所有人都从自己的政治阅读中汲取了这样的看法:贫困的平等是专制主义的另一个名字。所有人都相信,在一个秩序井然的共和国,"每个公民都应该有

---

① 这里的土地法指的应是公元前 2 世纪罗马共和国格拉古兄弟提出的土地改革,他们主张限制个人的土地占有面积并让贫民拥有一定数量的土地。

些财产",这是巴雷尔的话。因此,如果说国民公会在事实平等的道路上似乎走得更远,那也绝不是通过财产分割的方式:吉伦特派的宪法和山岳派的宪法对财产的定义采取的是同样的方式。

不过,平等的不同形式之间的次序有了改变。在某些形式之中,博爱的要求成为优先的了,它被置于成就论标准之前。罗伯斯庇尔把财产定义为生存权的表现,而生存权是各种不受时效约束的人权中的第一项。所有权利都服从这一初始权利,任何其他权利都不得与之对立。因此,虽说财产的平等只是个幻影,但至少"对维持生活必不可少的资财是整个社会都共同拥有的财产",而且唯有剩余财产可以交给"特别的产业"去开发。不过,在罗伯斯庇尔看来,这种财产概念并不构成国家侵入个人领域的理由(1793年2月,他还反对税收和物资征调),但将最低限度的福祉置于首要地位之后,他后来就应该容易接受了。

是否赞同使用强制手段,构成国民公会内部真正的分界线:维尼奥(Vergniaud)竭力反对的正是强制手段;他虽然也赞同可以遏制过分的不平等的"明智措施",但莱喀古①式的手腕在他看来势必引发内战:"最可怕的平齐划一和死亡将笼罩城市和乡村",散播绝望的平等的种子。甚至孔多塞也反对强制手段,他比维尼奥更愿意接受比例平等,但也意识到可能产生各种恶劣效应:想要正面摧毁不平等,就是"打开孕育更多不平等的源泉,带给人类更直接更具毁灭性的打击"。如何能消除这种疑虑,突破这条分界线?冈本(Cambon)提出了大家都很能理解的想法。

---

① 莱喀古(Lycurgus),相传中的斯巴达立法者。

他像前面提到的那些人一样坚持财产权,但他对富人采取了咄咄逼人的立场:"我想尊重你的财产权,但我也想把你拖入革命,尽管你不愿意;我还想你能把自己的财产借给共和国。"

罗伯斯庇尔在辩论中的原创性贡献,不仅在于赞同冈本的为了平等可以采取强制的看法(这就涉及某种必要的但令人憎恶和迫于情势的措施),更在于他认可应该通过强制走向平等的观点。在他看来,关键是要向富人灌输对平等的愿望,"强迫他们为人正派",矫正他们天然的反社会倾向。应该懂得,"财产权基于某种道德原则之上"。富人不仅应该缓解穷人的困苦,更关键的是要"尊敬穷人",要达到这个目标就很有必要采取强制了,但这是一种很特别的强制:根本不是零星的而是全面的,不是临时的而是持久的,其目标不是要产生某种状态,而是要培育某种美德。正是由于这种转变,我们完全不能把罗伯斯庇尔对税收手段的赞同,理解为某种为了同无套裤汉和解而采取的政治策略。在他那里,这种机会主义毋宁有种关于平等的特殊理解的告白:平等不再是对成就、才智甚至天生的自然需求的酬答,而是一种有待于从头创立的高尚品性;因此这是个没有尽头的十字军目标,它既是一种教育也关乎道德。

在这个时期,无套裤汉的骚动赋予平等追求更为明确的特征。无套裤汉没有阐发与雅各宾派不同的财产观念,而是一心一意要"废除迄今为止导致人与人分离的幸福方面的巨大差距",而且他们还要将想法付诸实施:抢劫食品店(认为这就是恢复人民的权利),入户搜查,瓜分刚到城门口的马车上的口粮,要求所有人都食用同一种面粉制成的面包——"平等面包";不仅如此,他们还要求着装统一，以"你"相称以示教化，举办狂欢宴饮时，富人要站着服侍坐着的穷人，对于各种被他们简单地称作"记号"（signes）的荣誉象征和标志，他们都极力反对，并且陶醉于《卡玛尼奥拉》的歌词（"所有人都一般高，那才叫真正的幸福"），以至于钟楼他们都要摧毁，因为那种垂直的势能是对平等的侮辱：所有这些做法都赋予无套裤汉的平等以强烈生硬的面目。有时候，他们还越出了大革命试图认同的机会平等，甚至超越了享用权的平等，进而要在各种人类成就中实现彻底的平等。个人的成果、成就、不成功、不幸或幸福，甚至个人的情感，都应该"归大众共有"。无套裤汉的平等指涉的不再是个人权利，而是所有的社会权利：平等不再是平等，而是一致化。

这种摆脱了个人主义的平等在督政府时期被巴贝夫理论化。他青年时代阅读过马布利和卢梭。他像这两位作者一样，期望人人都丰衣足食，还提出过一些温和的解决方案，如为穷人设立国立储金会。大革命开始时，他本来完全赞同塔里安（Tallien）的定义和方案："对财富增加负担，对贫困减轻压力，消灭一方对于另一方构成威胁的过剩，这就是大革命的秘密。"1791年底，他信奉了人们所称的"土地法"，即土地分配计划。热月事变之后，他一度很怀念自己曾参与抨击的罗伯斯庇尔主义，并且发现山岳派宪法的一大优点是以共同的幸福为宗旨，随后他提出了巴贝夫主义的基本原则。对这些原则可以总结为如下几条：固然应该满足每个人的生活所需，但除了这种生活所需，就**没有别的了**；废除尘世的个人财产权；每个人的家庭财产都应严格分配；实物产品必须储存在公共仓库。这种"完美的平等"仅仅以"生活所需"和"肚子的容量"为比例，而这些东西在任何时候、任何地方都是一样的；但其必然的结果就是以成就为标准的平等的失效，"大脑的容量"只是在"才智者"（intelligents）自恋的幻觉中才存在差异——巴贝夫想起了卢梭《论科学与艺术》中的话。

这种声音的独特之处不仅在于对私有财产的根本性批判，同样在于对实现平等的工具的发现：为了同连绵不断的平等之敌进行斗争，应该组织起专政（dictature），将专政权托付给"平等派"，还应进行征调，对公民进行军事化组织。这个方案是对革命恐怖的一曲颂歌，也解释了何以后代人会崇敬罗伯斯庇尔。罗伯斯庇尔懂得，"再创造者必须目光远大，必须扫平沿途的一切"。巴贝夫的社会主义的后辈很少强调，为了平等就要牺牲自由，但他们会忆起对虚伪的激烈抗辩：当宣布人人平等的时候，人们还劝说穷苦人应满足于比例平等："我们是平等的，不是吗？我们就要求同等地生活和死亡，就像我们平等地出生一样。我们要的是真正的平等，否则就是死亡。"

当巴贝夫阐发他的理论时，"真正的平等"的时代已经远逝。共和三年的宪法文本中的确保留了平等，但涉及的仅仅是法律的普遍性所保障的公民平等，它已经抛弃了任何关于共同幸福的念想。它对政治平等做了一番仔细的限定，与1791年相比，既更为民主（创造了更多的公民），同时也更少民主（选民数量少了一半），政治平等也因此被悬置。新社会给予"能力"和优点以应得的回馈，但完全否认了自然平等，而将以成就为标准的平等放在了首位；它甚至不愿意去想象各种类型的成就之间可能存在的冲突：正如布瓦西·当格拉（Boissy d'Anglas）指出的，这个社会通过层层的等式将"最出色的"等同于"最有文化"的、"最关心法律之维持的"。"一个由有产者统治的国家符合社会秩序"，马克思在这句平静的宣言中看到法国大革命的真相终于大白于世：这是资产阶级利益的胜利，他们在民主的抽象平等的掩盖下，大力推动社会不平等的发展。民主的抽象平等既是幌子，也加剧了社会不平等。资产阶级有产者的厚颜无耻的统治就这样降临了，在这种统治中，平等成为一种功能性的谎言。

但是，此前历届革命议会的辩论，它们在各种不同形式的平等造成的难堪差距面前的苦恼，难道人们全都忘了吗？当然，远没有忘记，正像热月国民公会和督政府时期的教育执念所揭示的那样。若将这种执念归结为对资产阶级精英和平民子弟实施隔离教育的意愿，那就太简单了。当然，很容易指出，热月党人和督政府的立法放弃了雅各宾的雄心壮志，经常牺牲公共小学的政策（共和派的历次政变之后是例外）是出于现实主义的考量。但是，孔多塞的抱负依然留存着：通过知识的传播缩小不平等。共和三年雾月3日，拉卡纳尔（Lakanal）在向国民公会提交的《关于师范学校的报告》——这份文件后来成为"加拉（Garat）文件"——中提出，应该"实现共和国2500万人民的人类理解力的再生，而民主已然使他们全都成为平等人"。学校取代恐怖成为平等的工具。学校的地理平等化（"从阿尔卑斯山到比利牛斯山"）和社会平等化（"富贵人家花巨资为孩子延聘教师，但生于茅屋的孩子应该有比他们更出色的教师"）是个长期性工作。但对学校的投入反映了这样一个基本事实：平等不是一种状态，而是一个演变过程。

最后应该评价一下共和国格言中平等的原创意义。与博爱不同，平等不是一种需要培育的美德（也许在罗伯斯庇尔那里是个例外）。与可以进行消极定义的自由（自由就意味着不受强制）不同，平等意味着对一些紧迫问题的积极回应：跟谁平等？关于什么的平等？哪方面的平等？这里我们就看到了坚持财产不平等的个人之间权利平等的困难之处，也能想象"形式"平等蕴含的丰富性。形式平等当然掩盖了实际的不平等，但它不能长期保护这种不平等。相反，在与社会宣扬的根本性原则进行对照时，它将社会实际中的弥天大谎暴露无遗。它将永无止境的骚动的种子引入社会生活之中，托克维尔对此有深刻的理解。19世纪的重大问题就是如何调和平等的实际状态与大革命的平等应许。

莫娜 · 奥祖夫

延伸阅读

CLERMONT-TONNERRE, Stanislas-Marie-Adélaïde, comte DE. *Œuvres complètes*, Paris, an III.

DUMONT, Louis. *Homo hierarchicus. Essai sur le système des castes*, Paris, Gallimard, 1967.

DUMONT, Louis. *Homo aequalis*, Paris, Gallimard, 1976.

ESPINAS, Alfred. *La Philosophie sociale du XVIIIe siècle et la Révolution*, Paris, 1898.

GARAUD, Marcel. *Histoire générale du droit privé français, de 1789 à 1914*, t. 1, *La Révolution et l'égalité civile*, Paris, Recueil Sirey, 1953.

LEROY, Maxime. *Les Précurseurs français du socialisme de Condorcet à Proudhon*, Paris, Editions du Temps présent, 1948.

LICHTENBERGER, André. *Le Socialisme et la Révolution française. Etude sur les idées socialistes en France de 1789 à 1796*, Paris, 1899.

MABLY, Gabriel Bonnot, abbé DE. *De l'étude de l'histoire, à Monseigneur le prince de Parme*, Maëstricht, 1778.

ROEDERER, Pierre-Louis. *L'Esprit de la Révolution de 1789*, Paris, 1831.

ROSSO, Corrado. *Mythe de l' égalité et rayonnement des Lumières*, Pise, Libreria Goliardica, 1980.

SAGNAC, Philippe. *La Législation civile de la Révolution française 1789-1804*, Paris, 1898.

SIEYÈS, Emmanuel. *Essai sur les privilèges*, s.l., 1788.

SIEYÈS, Emmanuel. *Qu'est-ce que le Tiers Etat ?*, éd. établie par Roberto Zapperi, Genève, Droz, 1970; rééd. avec une préface de Jean-Denis Bredin, Paris, Flammarion, coll. «Champs», 1988.

参见条目

巴贝夫（Babeuf）

巴纳夫（Barnave）

孔多塞（Condorcet）

自由（Liberté）

米拉波（Mirabeau）

孟德斯鸠（Montesquieu）

重农学派（Physiocrates）

罗伯斯庇尔（Robespierre）

卢梭（Rousseau）

无套裤汉（Sans-culottes）

西耶斯（Sieyès）

选举制度（Suffrage）

伏尔泰（Voltaire）

公共精神
Esprit public

"触摸公共精神的脉搏,"塞巴斯蒂安·梅西耶[①]在《新巴黎》(1798年)中写道,"需要有特别细腻的触觉。"这句具有讽刺意味的评论,道出了最富原创性的革命事业之一,即确定和衡量公共精神。梅西耶暗示,大革命期间所有近似统计学的努力,最终所揭示的与其说是被观察的对象,不如说是投身这一事业的观察者:"可以说,他们把手放在温度计上,并认为手感受到的热度就是空气的温度。"于是公共精神就被可笑地简化为最为个别的意见。我们在共和三年芽月《"普世"通告》[②]的一篇匿名文章中也可以发现类似的论调:"我们谈论公共精神,是因为着意要给各种至为不同的观点找一个公分母。以自己的小集团思想来冒充公共精神的人,他们假装不知道周围还有其他沉湎于各种空想的小集团,假装不知道即使是在自己的小圈子里,每个月、每十年都会改变体系、立场和原则,而且经常是从早到晚都在变。"

---

① 塞巴斯蒂安·梅西耶(Sébastien Mercier, 1740—1814),法国作家。
② *Abréviateur universel*,1793年创办的报纸。

这位颇感失望的作者得出的结论是，大革命的创新洪流不仅淹没了调查研究，而且连概念也被席卷而去："大革命辞典中包含的某些术语都已经过时了。"公共精神也曾强势入选革命辞典，但它所经历的难道不也是这种狂热但稍纵即逝的命运么？

像"公共舆论"（opinion publique）一样，18世纪辞典中是找不到"公共精神"（esprit publique）的，这些辞典总是将公共与个别（particulier）对立，而不是和私人对立。不过，在18世纪后期的政治文献中，这两个单词很常见，但政治文献使用的术语很多，如出现了公共福祉（bien public）、公共呼声（cri public）、公共抱怨（murmure public）、公共利益（intérêt public）、公共之爱（amour public）等表述。赋予上述所有术语以情感色彩的，是那个定语形容词。它用的是单数：孔多塞在杜尔哥那里发现，碎裂为"上百种叫嚷"的"公众的声音"（voix du public），和因为团结而强有力的"公共之声"（voix publique）之间存在巨大鸿沟。看来唯有这个单数形容词能够让舆论摆脱可怕的异质性。"舆论中的矛盾"是政治著作的老话题，霍布斯（Hobbes）就认为这是个噩梦。相信"公共之声"的善意和理性，就意味着首先要以消极方式将其定义为通俗意见（opinion commune）的对立面。后者正如西耶斯所说的，实际上是由"臣服于各种迷信的各色人等"编造出来的。尽管迷信也以自己的方式构成"非常普遍、非常流行的看法"，但它们不能形成公共舆论。要享有真正的公共舆论，就应该——这里继续引用西耶斯——"有一个公共的支点，以便所有力量都能围绕它来组织和排列"。公共舆论是开明人士的观点，因此它不是消极的、野蛮的，不能无限分化。西耶斯，还有孔多塞、内克和米拉波，都立足于这个预示着美好未来的区分。他们知道，从逻辑上说，这样认识舆论会让他们得出如下推论：任何个人都与别人是等价的。形容词"公共的"（public）所带来的正是这样的结论：公共的不等于百姓的，公共舆论不是日常流行的看法。

这种公共之声的出现归因于何人何物？有人认为源于某种域外舶来品，一种从英国来的剩余产品：用科瓦耶（Coyer）修士这样热情的旅行者的话来说，英国当时是这样一片土地，在那里"每一步都表现出公共精神"；随着来自伦敦或莱顿的"公共文献"进入法国，这种公共精神也蔓延了过来。也有人说这是高等法院的论战造成的，高等法院反复地与王权发生激烈的对立，就像连续剧一样，王权对它们在公众之中肆意散发诤谏书的做法深感恼怒，而高等法院则认为有人要"窒息公众之声"。还有更多的人，包括科学院和文学社团，已经在自己学术聚会的乌托邦空间中建立了一个公众群体，一种新的社交，其特征就在于严格地实践平等。尽管人们会把公共舆论的诞生归于某个社会或文化群体，或某种政治实践，但他们都同意把诞生的日期定在18世纪中叶。卢梭写道："在我们依靠别人生活的这个世纪，与众不同的特别之处是最近二十年来（这番话是1776年写下的）引导公共舆论的条理化和一贯性的思想。而在此前，人们的意见只是随着其激情毫无规则和结果地流浪，这些永远在相互撞击的激情使得公众从一种意见跳到另一种意见，毫无始终如一的方向。"

卢梭并未论述如何知晓可以团结所有漂移不定的意见的原则。如果注意到这番话是在对绝对主义的抗议中说出的，那么对他的用意可以做一点延伸：形容词"公共的"总是带有某种论战性。说舆论已经是公共的，就是说它所建立的新"法庭"已经"独立于所有权威"，如马勒泽尔布说的那样。这里说的权威是地上的权威，因为有形的王权已不再占据前台，它已经让位于公众的无形权威。这里的权威也是天国的权威，因为从此公众就握有对未来的永无谬误的判断，对于不为这个时代认可的人来说，这是一种新的不朽。这一新的法庭优越于旧法庭，因为它的可见性（国王裁决的隐秘性和"沉默的法则"[①]在18世纪不断受到十分严厉的批判），因为它的非人格化（这似乎保证了其公正性），最后还因为它发出判决的标准：因为成就标准已经取代了出身标准，城市已经取代宫廷。因此启蒙运动让公共舆论扮演某种上诉法庭的角色，这给了受到专断侵害的人以第二次机会。启蒙将关于伸冤和补偿的宏大梦想诉诸公共舆论的言说，而卡拉斯（Calas）恢复名誉案这样的象征性的胜利会定期激发起这一梦想。

18世纪后半期援引"公众"的力量是否足以让人相信，舆论作为一种汇聚个人意愿、将原则和结果可能各有不同的纷争和分歧团结在一起的现代概念，已经取得胜利了呢？远没有，根据18世纪的流行思想，不幸源于意见的多元。那些最乐于鼓吹新法庭的好处的人也很难承认，开明人士可以有不同的想法，可以承

---

① 沉默的法则，指神父必须为忏悔告解者保守秘密，即便忏悔者是凶手。

认——尽管不乐意——社会生活的冲突本质。他们反感给予孤立的意见以同等的尊重，也不愿意进行清点计数，不乐意承认多数的合法性。孔多塞曾论述过下述程序的逻辑问题：个人倾向集中在一起形成的集体决策，易于确立为多数派法律；尽管如此，他还是很犹豫是否赋予多数派规则某种有效性，如果人民不能同时证明这一规则的合理性的话："当多数派对少数派的权力明显违反理性时，它就不能要求被服从。"这就一下子在代表制观念前面来了一次倒退，并且预示着分裂的到来。总之，在18世纪末，所有人都对公共舆论转化成阴谋和宗派的可怕倾向十分敏感。对于政治联系滑向宗派的灾难性蜕变，卢梭显然是最激烈的批判者。

因此，这些革命之前的文献既展现了内在的一致性，也表明了真正的难题。一致性在于，对所有人而言，公共舆论已经是历史动力的主要角色，是历史的发动机。难题在于，对公共舆论存在两种认识模式：第一种模式将公共舆论中个人主义的平等前提发展到了极致：公共舆论是各种不同意见自发结合而产生的。但要形成这样的认识，就必须承认舆论超越于社会，它逃脱了政治权威的控制，人们可以接收到舆论，但不可能人为地创造它，因此必须放弃政治上的意志主义。但这种舆论的至上权威无法把握，说到底它总是胜利的一方，这就让人很是担心，以致要以某种具有内在一致性的公共舆论取而代之，这种公共舆论是经过对个人意见的权威性更正后产生出来的。在公共舆论的第二个面相中，它是自上而下确立的，腐败堕落的个人意见需要接受它。这就需要有个教育者或立法者的强力干预，需要政治权威插手其间。公共舆论概念中的那个名词opinion（舆论、意见）本身包含着共同体碎裂的威胁,因而它始终带有贬义的意味,于是人们更倾向于使用公共精神概念,它更直接地带有统一色彩,并孕育着更为完整的集体性。

法国大革命先后阐发了理解"公共"的两种方式。正如它的支持者描述的那样,大革命是服从外在权威的终结时刻,是服从自我显现的理性法庭的开始时刻,是向形形色色的公共舆论形态表达由衷信任的时刻。但它也是一种完美统一的古旧梦想强势回归的时刻,这就是关于共同体及其向导、关于个人彻底融入其公民身份的梦想:雅各宾派的文献放弃使用"公共舆论"一词,因为它仍然带有过多的主观意向和自由色彩,它们更偏爱更富统一和强制性色彩的公共精神概念,或者如圣茹斯特期望的,使用公共觉悟(conscience publique)概念。法国大革命可以解读为公共精神观念对公共舆论观念的胜利:一场代价沉重的胜利。

大革命出版业的历史可以阐明这两个时刻。革命的头几个月见证了报刊出版的极大增长:1789年5—7月是42份,当年下半年达250份。这种爆炸性的增长自显贵会议以来就在酝酿之中,当时各种讽刺小册子激增,其中有的还分成好几个分册定期出版,这就预示着定期出版物的到来。制作条件的改善也有利于这种局面的产生:出版一份报纸所必需的物质材料已经不贵了;一个人就可以同时兼任报纸的主编、撰稿、印制和销售等事务。革命出版物多以劣质纸张印制,印刷中到处是错误,报纸的出版就像它所评论的时局一样急促匆忙,而且几乎总是与某位撰稿人的个性联系在一起:《人民之友》就是典型的例子。在五花八门的标题和表达风格之中,我们还是可以发现现代报刊业的基本特征正在形成：报刊评论，读者来信，报道。有时还能看见工作分工的早期形态：《使徒报告》（*Actes des Apôtres*）就是一个例证，它有一个作者团队。

但不应该将这种爆发局面视为某种绝对的开端。J. 波普金（J. Popkin）已经证明，出版物的语言在大革命之前就已出现，一些重要的革命报人，如布里索、米拉波、卡拉（Carra）、戈尔萨（Gorsas）、马莱·杜潘，当然还有兰盖（Linguet），也已经崭露头角，他们给欧洲或法国的报纸撰稿，这些报纸往往拥有大量热情的读者。公共舆论已经处于政治生活的中心，严格来说大革命并没有创造报刊文化。不过，大革命的确见证了前所未有的民众报刊业的出现；由于米拉波的狡计，它创立了一种事实上的自由体制：米拉波的《三级会议》（*Etats généraux*）第一期出版时，被视为很不妥当并被禁止出版，但他以议会豁免权为掩护，以《致委托人的信》（*Lettres à ses commettants*）为标题改头换面地继续出版。引人注目的是，正是在这种事实上的自由时期之初，产生了与革命报刊对立的极端王党派的出版物，如号召贵族流亡、与《人民之友》相对应的《国王之友》。

对革命者来说，接受这种事实上的自由就是表达他们对公共舆论的自由表达的信心。他们认为，这种自由是揭露和发现弊政的工具。它不会是煽动性的：当人民不幸时反叛就是一种义务；当人民幸福时煽动性文字就无人问津。佩蒂翁曾为这种安稳心理提供过论据，人们在关于出版自由的辩论中也反复体验到这种心理，这显然暗中意味着，贵族的小册子不应被禁止。理论上的自由在得到人权宣言的正式确认之后，它在 1790—1791 年看来相当自信,所以当有人打算提出一些旨在明确言论过失行为的计划时,遭遇了激烈的争论:1790年1月西耶斯草拟的计划是如此,1791年8月图赖的方案同样如此。图赖曾以为,在免受诽谤伤害方面,公务员应该跟私人身份的个人享有同等的权利。议会的左翼,如罗伯斯庇尔、巴纳夫、佩蒂翁则强调,公职人员不应该有此种权利,他们的身份使其置于公共舆论的裁决之下。他们的发言中逐渐产生了一种后来变得重要的观念,即害怕公开性的人是有罪的:图赖的方案最终还是体现在了宪法之中,不过这类压制性的条款从未执行过。

因此一种无限自由的体制建立了起来。这个体制一度凸显了对多元性的接受,但8月10日猝然终结了这一局面。王权的垮台首先导致王党和立宪派出版物的消失。巴黎公社委员会当时决定向各爱国印刷商分发它自己的报纸、铅字和工具。对王党报纸的控诉开始了,迪罗祖瓦(Du Rozoi)因为煽动内战而被处决,叙罗(Suleau)于8月10日夜间被杀。这种事实上的镇压还因为1793年3月29日十分苛刻的法律而被制度化。这标志着出版政策的转折点,也是公共舆论概念的转折点。作为"毒化剂"的贵族报纸受到追查,这就等于承认,公共舆论远非先行者(即判断形成过程中的先行者),而是结果(判断形成时产生的)。因此它可以被操纵、被歪曲,可以走上歧途,可以改变方向。最后,为了同大量反革命文字造成的分裂进行对抗,必须重新建立统一和积极的舆论。

于是公共精神的时刻就到来了。1792年8月18日设立的公共精神局(Bureau d'esprit public)是个新的革命措施,它是吉伦特派的一项创举,并获得了一笔资金,以资助革命报刊的出版及其在各省和军队中的发行。吉伦特派对这笔钱的使用非常具有党派色彩,他们资助的是自己的报刊,如《戈尔萨信使》(*Courrier de Gorsas*)、《法兰西爱国者》(*Le Patriote français*)和卢韦的《哨兵》(*La Sentinelle*),但拒绝资助马拉。公共精神局于1793年1月21日随国王一起消失了,吉伦特派昙花一现的教化措施所遵循的精神,开始反过来对付他们了:1793年冬天没收吉伦特派印刷所是最早的征兆;6月2日,国民公会不顾宪法对出版业所承诺的保障(当然宪法实际上已经冻结,"直到和平到来"),下令执行3月29日的法律,9月的惩治嫌疑犯条例又进一步加剧了镇压措施,因为这项法律准许将任何报人移送革命法庭,并可在绞刑架下焚毁他的著作;就这样,出版从业者在恐怖中付出了沉重的代价。在这期间,救国委员会资助山岳派报刊,并下令向军队免费派发。1794年春天,最后一批具有对抗精神的报刊,埃贝尔的《杜歇老爹报》(*Le Père Duchesne*)、德穆兰的《老哥德利埃报》(*Le Vieux Cordelier*),被视为"朋党出版物"而与它们的出版者一起消失了。从此,出版自由就与对多元性的认可一起完全消亡了。4月5日,小罗伯斯庇尔为雅各宾派制订了纲领:"所有优秀公民都应该团结在自己的街区,都应该在那里以比此前更有益的方式**引导公共舆论**,应该来到国民公会的议席前,敦促我们逮捕不忠诚的议员。"雅各宾主义的整个雄心实际上就是要复活步调一致的公民生活,重建社会整体性。这是公共精神对公共舆论的胜利,后者难以摆脱其个人主义的底色。圣茹斯特自己甚至更倾向于使用"公共良知",它更少智识色彩,但更为统一,更易于同美德本身合一。

热月期间,报刊业出现了新的繁荣,人们重新提出了对全面的出版自由的要求,这一点并不让人感到奇怪;另一方面,让·邦·圣-安德烈(Jean Bon Sain-André)阐发的老观念也再次浮现,这个观念后来由贡斯当进一步理论化,即立法者应该倾听公共舆论,而不是抢在它之前。不过,这幸运的几年中的自由并没有如期待的那样再现出来。从热月到雾月之间是场混乱的战斗,其特征就是无休止的摇摆。一方面,无限自由的支持者(如弗雷龙(Fréron)和布瓦西·当格拉)着力强调的,是雅各宾主义对形容词"公共"的使用是强制性的("公共福祉"(salut public),"公共精神"总是为富基耶-丹维尔(Fouquier-Tinville)和科洛·戴布瓦(Collot d'Herbois)的暴政提供依据),因此他们要求回归"意见"(opinions)的自由。另一方面,因为王党报刊的大胆言论而受到伤害的人,很担心报刊界人士会发展为新的贵族,例如卢韦就说,"他们是我们的神甫和贵族";因此这些人反对无限的自由,至少因为大革命仍然"没有结束",且以几乎被王党分子谋杀的公共精神为名:卢韦已将公共精神定义为"神圣的热情,对祖国神圣的爱,所有不朽行动的源泉"。热月国民公会和督政府时期表决通过的法令,实际上偏向后一派(共和三年花月12日的谢尼埃(Chénier)法,共和四年芽月的法律,共和五年果月19日的法律,规定了各种镇压措施,以遏制对共和国的诽谤行为)。督政府甚至复活了吉伦特派的公共精神局:这是一个"政治机构",由报刊界人士组成，负责分发资金，策划纳入各报纸版面的文章，编纂法兰西共和国《旬报》（*Bulletin décataire*），每期都会发布官方文告和旨在激励公民精神和美德的英勇事迹。但所有这些规定都不能平息反对派报刊的激烈言辞。雾月来临之前，陪审团已经不可能惩罚出版界的违法行为，无法对编纂者进行追究。意见分歧日甚一日，法律中的镇压条款成了摆设。不过需要指出的是，尽管有对罗伯斯庇尔主义的记忆，尽管所有人都认为报刊界的作用并不是充当"政府的书记员"——这是布瓦西·当格拉想出来的说法——但革命者仍然没有放弃公共精神概念。

要想更好地理解这一概念，可以参考反映督政府的统计学抱负的文献，它们体现在弗朗索瓦·德·内夫夏托（François de Neufchâteau）给内政部的两段文字中。弗朗索瓦·德·内夫夏托要求督政府驻各省的特派员就本省的收成、学校、生活物资和乡村治安提交报告，一开始是每旬一报，随后是每月一报。这位部长希望在报告的开头看到对"公共精神"面貌的描绘，为了更好地说明这一点，他还试图对反映这种面貌的现象做一番盘点。例如，人们旬日是否休息了？在哪里休息？谁戴了三色徽？旬日婚礼上人们的衣着是否得体？圣诞节和复活节人们是否不干活了？应征入伍者是否——这可是个关系重大的问题——出发了？走的时候是否高喊"共和国万岁"？这是以对待共和国制度的态度来考察公共精神。但这位部长也让其属下置身一个充满难题的世界：不但要观察，而且要评估公共精神。

最易感知到的踌躇涉及的是观察公共精神的方式：部长要求

的频次十分急促，再加上各省面积较大，必须求助于信息员，因而也是求助于不可靠的中间人，还有就是居民对统计调查的抵制，这些都妨碍了特派员的工作，可以清楚地看到，他们对此叫苦不迭。他们并不真的相信有什么东西需要去观察。塞纳省的特派员指出，如果部长理解的公共精神只是对法律的服从，那就可以认为该省存在这种公共精神。相反，如果部长认为这个词语具有某种"更为高尚"的动人内涵，意味着"对祖国的热爱"，那必须承认，根本看不到这种东西。因此，在因为这种调查而产生的大量文件中，关于公共精神的典型描述是否定性，而且这种描述反复出现的程度到了令人震惊的地步。其中的一份文件悲哀地总结道："今天谈论公共精神，就好比为金牙而喋喋不休。"①

特派员们所表达的，正是公共精神这一范畴中确定无疑的目的论本质。既然在自己的辖区看不到公共精神，既然从上面空喊口号就意味着永远也看不到公共精神的出现，于是特派员们就以"培育"公共精神的迂回方法来取代守株待兔的观察，他们觉得这还靠点谱：节庆，共和主义戏剧，周末活动，教师和士兵下乡村，这些办法都可让失落的地区变成共和国的影响力可以渗入的地方，因而都是产生公共精神的药方。特派员们在自己的概述中从客观描述转向了规范，从观察转向真诚的期望，他们天真地认

---

① 这里的金牙（la dent d'or）应该是源自丰特内尔（1657—1757）于17世纪末写的一个讽喻故事。16世纪末德国西里西亚有个传说，一个七岁的男孩牙齿掉了，然后嘴里有了一颗金牙。一些文人学者不问这件事的真相原委，而是围绕金牙编造各种传说，并引起一些离谱的争论。这个故事意在讽刺那种还没有确认事件真伪就去进行各种阐发的人。

为："鉴于麻木和单纯是该地区居民普遍存在的鲜明特点，公共精神将始终是该地区的负责人期望出现的东西。"还有的说："公共精神需要立法机构的再生之眼"，这是以委婉的方式将部长的要求打发了回去。不过，尽管部长不再说一不二，但仍然要求特派员在其对状况的描述性文字中必须注意公共舆论和公共精神之间的合理区分。如果他们在自己应该规范的土地上看到并记录下这种"驳杂混用"，那就可以明确地说不存在公共精神。其中一个特派员发现"公共精神和意见的区分很明智"，并对这种区分做了一番评论："很不幸，我必须告诉您，本省的最高裁决者是后者①，政治舞台上一幕幕的血腥戏剧，不同意见之间持续的纷争，各种源于自爱的奢望，已经使得国家让位于个人，在只有意见的地方不可能有公共精神。"尽管部长想不惜一切代价获得他的统计表，但他的手下却要离开公共精神领域而去描绘意见的拓扑图。

于是，由于各省官员被要求完成不可能完成的任务，反而迫使他们抛开了具有所谓凝聚力的公共精神，转而去关注意见，而意见不会把人们团结成一个共同体，而会把人们分为不同的群体。因此，他们因时因地描绘意见的拓扑图，所依据的是性别（妇女更为反感公共精神）、年龄（躁动的年轻人尤其对共和派话语充耳不闻）、宗教（新教群体有良好的意识，而天主教社区的状况令人悲叹）、地理（共和派的平原，王党主义的矮林围田地带），等等。部长既强调集体意识的统一理想状态，但（说来奇怪）又派遣行事最谨慎的属下去发掘当地的某种意见，这种意见是杂乱

---

① 即意见。

的、会犯错的、非理性的、极易冲动的，与内克和孔多塞设想的意见正好相反。内克和孔多塞所设想的是一种不可分割的、无谬误的、理性的、正在慢慢形成的意见。因此特派员们要思考统一的公共舆论之梦中尚未到位的东西，必须思考意见的文化社会学或社会地理学对象，必须重视那些接收和传播意见并使其发生变形的社会网络。

特派员们的报告终于表明，在启蒙对于通俗意见和公共舆论之间的区分中，已经产生了某种对立情形，此时，它明显表现出来，这就是公共精神与民众生活之间的对立。首先，民众生活中的活跃角色，妇女、儿童和青年人，恰是最突出的缺少公共精神的人。其次，民众生活的重要时刻，如赶集、朝圣、宗教礼拜、主保瞻礼，正是最缺少公共精神的时刻，是其死亡的季节。总之，到处都是习惯战胜了革命的新举措。

他们醒悟之后的结论是，如果大革命忘却自我，庶几有某种公共精神。北方省的特派员写道："我在这个省走访得越多，就越发现公共精神服从于宗教偏见。恢复十字架、钟楼和主日吧，所有人都会高喊：共和国万岁。"在这么多令人沮丧的评论之后，令人惊叹的是部长和他的属下竟然没有放弃使用公共精神概念。在他们看来，虽然还不存在可以观察得到的公共精神，但至少存在可以教化的人民，可以指望通过他们形成公共精神。公共精神一直被视为与革命计划共存的一项任务，它至少可以被视为一种期待的视阈，但前面的路途要比塞巴斯蒂安·梅西耶所设想的更漫长。

这个梦想要到执政府和帝国时期才有了真正的终点。拿破仑·波拿巴憎恶"公共精神"，认为这是老生常谈，是小帮派的暗语。他的内政部长和各省省长在调查中主要关心的问题是:"国有财产的获得者是否受到打扰;公共车辆是否受到攻击;道路是否受到武装团伙的袭扰;交通是否始终安全可靠。"他们完全放弃了对公共精神的塑造,将一切教化的抱负都扔到了一边。他们关心的不是公民的活动,而是街道的安全。"公共秩序"盘桓在他们心头,这等于给"公共精神"签署了死亡判决。

莫娜・奥祖夫

延伸阅读

BAKER, Keith Michael. «Politics and Public Opinion under the Old Regime: Some Reflections», in Jack R. CENSER et Jeremy PORKIN (sous la dir. de), *Press and Politics in Pre-Revolutionary France*, Berkeley, University of California Press, 1987. Prépublication en français, «Politique et opinion publique sous l'Ancien Régime», trad. par Jean-François Sené, *Annales ESC*, janv.-févr. 1987, p.41-71.

BOURGUET, Marie-Noëlle. *Déchiffrer la France. La statistique départementale à l'époque napoléonienne*. Paris, Editions des archives contemporaines/Ecole des hautes études en sciences sociales, 1988.

CONDORCET, Marie-Jean-Antoine-Nicolas DE CARITAT, marquis DE. *Réflexions sur le commerce des blés*, Londres, 1776.

GODECHOT, Jacques. «La presse française sous la Révolution et l'Empire», in Claude BELLANGER ET AL., *Histoire générale de la presse française*, t.1, Paris, Presses universitaires de France, 1969.

MERCIER, Louis-Sébastien. *Paris pendant la Révolution ou le Nouveau Paris*, Paris, 1862.

NECKER, Jacques. *De l'administration des finances de la France*, Paris, 1784.

Popkin, Jeremy. *Enlightened Reaction: The French Right Wing Press under the First Republic, 1792 to 1800*, thèse Ph. D., University of California (Berkeley), publiée par University Microfilms International, Ann Arbor, 1978.

Saint-Just, Louis-Antoine de. *Rapport à la Convention sur la police générale*, Paris, 26 germinal an II.

Stoll, Laurence Walter. *The Bureau Politique and the Management of the Popular Press: A Study of the Second Directory's Attempt to Develop a Directoire Ideology and Manipulate the Newspapers*, thèse Ph. D., University of Wisconsin (Madison), publiée par University Microfilms International, Ann Arbor, 1975.

参见条目

巴纳夫（Barnave）

波拿巴（拿破仑）（Bonaparte）

布里索（Brissot）

孔多塞（Condorcet）

人权（Droits de l'homme）

平等（Égalité）

吉伦特派（Girondins）

雅各宾主义（Jacobinisme）

启蒙（Lumières）

马拉（Marat）

米拉波（Mirabeau）

内克（Necker）

罗伯斯庇尔（Robespierre）

卢梭（Rousseau）

圣茹斯特（Saint-Just）

西耶斯（Sieyès）

封建制度
Féodalité

在近代法国史学中，féodalité 这个词指的是欧洲在日耳曼人入侵之后，通过附庸契约和采邑逐渐建立起的人与人之间的一套关系制度。它牵涉自由的个人之间的依附和等级网络，这个网络是建立在公共权威的式微之上的：领主和他的附庸通过采邑而构成一种保护与服务的相互关系。与封建制度相对应的是封建主义（féodalisme），它指的是这一时期占支配地位的整个经济制度，其基础是地产所有制和乡村领主制。

不过，尽管封建主义是个新词，封建制度一词却很古老，从16 世纪就存在，但在 18 世纪之前很少流行。1694 年，《法兰西学术院辞典》（*Dictionnaire de l'Académie française*）第一版中收录了副词"封建地"（féodalement），但名词要到 1762 年第四版中才出现，而在十年前，它已经出现在《特雷武辞典》中。在狄德罗的《百科全书》中，这个词是严格的法学定义的对象（采邑契约关系），其作者布歇·达尔日（Boucher d'Argis）是这方面的专家。不过，这个词的意义已经扩大，并被历史学家再次发明出来，以赋予近代之前，即绝对主义或"文明"发展之前的欧洲以某种内涵，尤其是对法国。经过这种改造，它在法国大革命期间成为用得最多的政治术语之一，它是最负面的术语之一，很可能没有之一，因为它将"旧制度"的所有弊病捏合成了一个整体。正是从这个语义学的演变出发，1789年的光辉得以展现出来。

不过，当这个词出现在18世纪初布兰维利埃（Boulainviliers）的笔下时，并没有那么糟糕的含义，恰恰相反：它指的是民族历史的一个阶段，一种政治制度，在这种制度中，君主制受到出身法兰克征服者的贵族的制约。自文艺复兴以来就被系统分析过的封建法是封建制度的基础：作为一种有条件的财产，附庸从领主手中接受的采邑既含有政治权利，也包括效忠和服务的义务。但布兰维利埃仅仅从政治层面理解这个概念，以赞美他经常所称的、由国王和贵族分享的"封建政府"，并反对绝对主义后来对贵族的政治权利的侵占。

孟德斯鸠在《论法的精神》的最后两章中没有使用"封建制度"一词，但他试图理解封建法与法国许多世纪以来确立的那种君主制政府类型的关系。在他看来，封建法是法兰克入侵带来的远方的儿子，当采邑的世袭取代临时性的土地赠与时，它就逐渐发展成型，并且成为各民族的君主制的摇篮，这些制度是古代所没有的。孟德斯鸠认为，封建法继罗马法和教会法之后，成为欧洲文明的第三个重大法律系统，但它对法国君主制的起源来说最为重要。的确，封建法一开始摧毁了"政治政府"（gouvernement politique），因为它使得公共机构的权利沿着整个附庸关系的金字塔不断碎化；它以"封建君主制"取代了"政治君主制"。随着罗马法的复兴，风俗的演变和农奴的解放，"政治政府"在逐渐扩大权威，找回它的权利，但人们并不知道这一切发生在什么时候：尽管对孟德斯鸠来说，法国的君主制是世上所曾出现的最优良的政府之一，但这种光荣部分来说应该归于它的祖先，即封建君主制。

实际上，正是这种连续性奠定了《论法的精神》中君主制与贵族不可分离的特征，正因为如此，法国式的"君主制政府"指的是一种平衡状态的政治体，享有主权的君主的权威受到传统、风俗和占支配地位的激情，以及"每个人与每个阶层的成见"的约束。或者说，在这种君主制与封建政府中，国王的命运与贵族的命运是联系在一起的："最自然的中间权力就是贵族的权力。"国王并不分享主权，但如果说他的权威会与其他权威汇聚在一起，那正是封建制度留下的有益的遗产。

因此，在孟德斯鸠那里，对封建制度的历史分析，并通过这种分析去论证近代法国君主制的合理性，二者是相互区别但又交织在一起的。分析的部分极为细致繁琐，但它革新了这个课题。孟德斯鸠是第一个将封建社会的特征定义为政治主权与民事财产相混合的作者，他从中看到了一种前所未有的社会－政治制度，它是从10世纪开始通过时间的偶然或不幸而逐步构建起来的。这样一来，他就把文艺复兴以来出现的对封建法的严格意义上的法学研究，与纯粹的政治概念"封建政府"结合到了一起，后者是布兰维利埃发明出来的，他认为这是法兰克国王为忠实于某种选举君主制而有意识地创造出来的。从这方面看，孟德斯鸠为历史而不是为论战和政治开辟了一条道路；有趣的是，《论法的精神》最后两章的主要评论者是在海峡对岸；苏格兰哲人借助这两章对"封建体制"（système féodal）进行了思考，并把这个概念扩展到了经济社会领域，以便与现代"商业社会"形成对比。正是经由苏格兰人为中介（罗伯逊（Robertson）、休谟（Hume）、弗格森（Fugerson）、斯密（Smith）、米勒（Millar）），这个观念回到了法国（巴纳夫死后的手稿就是个例证①）。

在18世纪的法国，对于孟德斯鸠关于封建制度的论述，公共舆论主要是关注他的政治结论，以及君主制与贵族的不可分割的联系，学界同样如此。在这个问题上，参考著作仍然是布兰维利埃1727年出版的那本书，它更为简单，甚至过于简单，但正因为如此，它的冲击力更大——事情总是这样的。对于这种贵族自由派的君主制观念，那些反对基于征服权利的出身特权的作者，在回应时将封建制度定义为对国王权利的篡夺：迪博（Dubos）修士认为，国王权利是罗马帝权（imperium）的不受时效约束的遗产，这份遗产已经通过一种联盟，以良好而合宜的形式交给了法兰克国王。这场争论在18世纪上半叶曾十分激烈，其中最为重要的方面是"贵族论"的支持者与"王权论"的支持者从相同的前提中得出了相反的结论。两个阵营都主张，"封建政府"是民族历史中的核心范畴；双方都认为这是一种与国王主权相矛盾的体制；双方都在谈论篡夺（usurpation），双方都一样执着于合法性问题：如果说封建制度是征服的延续，那它就忠实于民族的源头，篡夺者就是绝对君主制。相反，如

---

① 这里指的应该是巴纳夫的遗著《法国革命引论》（Introduction à la Révolution française），可参阅王令愉、王养冲中译本。

果处于起点的是王权，那么就是封建制度在中世纪篡夺了它的职衔和权能，近代君主制就是回归宪法。孟德斯鸠笔下的封建制度只是历史的产物，但布兰维利埃和迪博的封建制度凝聚着民族的激情，因为在有关贵族和君主权威的问题上，这两种封建制度已经提出了起源与合法性的双重问题。

我们可以考察一下马布利的情况，在18世纪的另一端，他的《法国历史评论》（Observations sur l'histoire de France）①以布兰维利埃的方式对布兰维利埃的《法国古代政府史》（Histoire de l'ancien gouvernement de la France）做出了应答。马布利放弃了罗马源头论，因为这个论点太有利于王权专制主义了，他像那位贵族先驱一样，认为民族历史的源头在日耳曼。不过，如果说布兰维利埃是把不平等的话语嫁接在这个源头之上，马布利则从源头来论证平等：法兰克征服者带给高卢的，是对每个人的独立的强烈渴望，是一种原初状态的准公民身份，是一种政治世界：每年的"五月校场大会"（champs de mai）上，人民聚集在一起表决法律。查理曼（Charlemagne）是两位作者共同的英雄，但在马布利笔下，查理曼是原始民主的最顶点，此后的法国历史就步入了漫长的衰退期，其特征是两种无休止的篡夺：封建制度的篡夺和专制主义的篡夺。所以《评论》的目标是要让历史回归本源，即恢复其合法性，为此就要以国王为中心重建聚集一堂的人民的权利与和谐。布兰维利埃曾将封建制度与绝对主义对立起来，马布利则将二者拴在一起加以拒绝；他像布兰维利埃一样，完全从

---

① 马布利的这部著作于1789年出版。

政治角度进行思考，但在论证中将两个历史事实视为同样地不合法，因而同样地可憎：这在18世纪末是个强有力的观点，仅从1787、1788和1789年三年之中层出不穷的小册子就可以看出其影响力。在这些小册子中，封建制度与绝对君主制经常是先后篡夺了民族权利的两种形象。

但是，当两种形象不是一起遭受谴责时，封建制度就成为法国历史中唯一的恶：这种解释我们可以在强大而开明的君主权威的拥护者那里看到，他们认为这是理性的王国政府形式。例如，在重农学派的勒特罗内（Le Trosne）于1779年出版的《论封建制度》（Dissertation sur la féodalité）中，转折点发生在采邑变成世袭之时：从此领主就独立了，国王的主权被肢解。国王不久将在人民的支持下重新夺回权力，但封建制度在社会中留下了令人憎恶的"残留物"。在兰盖这位绝对君主制的辩护者那里，对"封建混乱"的批判更为激烈：这种无政府状态不过是唯有强力才有权利的体制，是领主和男爵们专断权力的天下，直到依靠人民的国王获胜才告结束。在这种为王权辩护的法国史中，封建制度不再是一种社会原则，即使是非法的原则也不存在：因为这是一种无-社会（non-société）。孟德斯鸠已经远去了！

18世纪，在封建制度一词闯入历史和政治领域的同时，它的特殊的法律意义也在继续演变之中。它最初所表示的是经由采邑形成的附庸关系契约的义务网络。相关的内容也随着时间在变化：最底层的附庸通过附庸关系序列而与最高封君，即国王，产生联系，但这种序列随着绝对主义的到来而消失了。路易十四最后一次征召附庸和次级附庸（ban et l'arrière-ban）是在1694年。从16世纪以来，以封建法为名而在各种总论和习惯法中逐渐被法典化的，其实是领地法（droit de seigneurie）；领地法主要目的是为了确定领主辖区内每个土地持有者向他缴纳的各种形式的捐税，这个辖区是他的"优先持有财产"（propriété éminente），它与"享有用益权的财产"（propriété utile）相对。领地的拥有者可能是贵族，也可能是平民——但在这种情况下，平民需要向国王缴纳采邑捐（franc-fief）——，也可能是教会的集体法人；但这些都不重要，重要的是叠加在普通所有权之上的"封建"所有权所具有的一系列的"权益"（droits①）。这些权益本身构成一种识别标准，它们经常被称为"封建的"，而且，在18世纪，随着时间的流逝，这个称呼逐渐扩展到那些完全不属于封建权益的捐税和制度之上。同样，附庸（vassal）一词的使用也出现了不恰当的扩展，严格来说，这个词指的是拥有采邑的贵族，但18世纪的人们经常用来指向领主负担年贡的农民（paysans censitaires）。因为封建制度所剩下的就是领主制，后者到头来就意味着整个封建制度，此时的领主制已经与绝对主义交织在一起。

这些"封建权益"的性质可能是各式各样的，在18世纪，它们还可以指领主行使的司法权。这种司法权不再涉及刑事问题，通常只牵涉民事案件：领主法庭数量众多，它们根据习惯法和地方习俗，裁决乡村生活中出现的数量惊人的纷争。也会有这样的情况：得到国王司法机构支持的农村社区，在与领主法庭的冲突

---

① 当然，这个词也可以理解为"捐税"。

中取得胜利。在旧制度后期，法国乡村经常上演这种三角冲突，而领主并不必然会占据上风。

在整个18世纪，封建权益还包括一些旧式农奴制的痕迹：例如在弗朗什－孔泰，受"永久管业权辖制"（mainmortables，或可理解为"受死手权控制"）的农民，依附在领主的土地上，如果离开就会失去财产和权利，甚至可以成为领主"追索权"（droit de suite）的对象，就是说，他逃脱不了领主的管辖权。不过，在旧制度的最后一个世纪，这类权益大多演化成为经济上的捐纳，或者采取金钱形式，或者采取实物形式，如年贡（cens）、租金（rentes）、岁捐（champarts）、三一捐（tierces）、财产转移税（lods et ventes）①，等等，都是如此。这类捐税使得领地制的土地不同于"自由地"（alleux），后者是免于这类负担的。领主征收的捐税的具体名称和数量，各地区之间有所不同：在朗格多克，封建权益从16世纪以后就几乎不存在；而在布列塔尼和勃艮第，它们直到18世纪仍很沉重。

在大革命之前的几十年中，封建捐税是否加重了？这个问题争论了一个世纪。这个问题是萨尼亚克（Sagnac）在其1898年发表的、仍以拉丁文撰写的博士论文《论路易十六在位时期领主权益的增长》（*Quomodo jura domini aucta fuerint regnante Ludovico sixto decimo*）中提出来的，尽管他的观点立刻受到批评，但讨论此后一直没有停止过：萨尼亚克并没有论证18世纪全国范围内封建权益的加重。的确，这种计算几乎是不可能的，因为封建权

---

① 这里列举的是几种封建捐税。

益和各地的状况都是极为纷繁的，任何全面的调查和估算的想法都难以执行。实际情况不仅在各省之间存在差异，就是各个领地也不一样，正如现有的专门研究所揭示的。

如果说"封建"（更准确地说是"领主"）反动可能是不言自明的，那是因为它是事后推导出来的，而根据在于人们认为它所能解释的现象，也就是1789年农民的反领主制情绪导致的暴力。它也从18世纪法学家们提供的图景中获得了支持，这些法学上的笛卡尔主义者不遗余力地对各种习惯法进行简化和理性化，尤其是在领主制法权方面。这些被称为"封建法学者"（feudistes）的人并非质疑封建法权的根本，相反他们的工作原则是强调其古老性和有效性，并试图将习惯法无限的多样性归纳为从罗马法中提取的一些普遍原则，剔除其中的矛盾以更为精确地定义这些原则，从各种封建要素中总结出一套可以理解的、具有条理性的制度。1773年，当16世纪末迪穆兰（Dumoulin）著名的《采邑论》（Traité des fiefs）再版时，启蒙时代的法学家们——以当时最博学的封建法学者纪尧（Guyot）为首——纷纷向这位伟大的前辈致敬。在18世纪后半期，多个世纪来对习惯法进行合理化处理的意愿，终于产生出一系列探讨如何对"地籍册"（terriers，即盘点封建权益的登记簿）进行更新和现代化的著作。

由此可以理解，经过如此更新和现代化之后的封建制度概念只能显得更加可怕。以法学思想对其进行加工——毋宁说再加工——就会清晰地显示出这个术语的含义发生的变动，与其说它指的是严格意义上的"封建"，不如说它指的是更精确意义上的"领主制"。在封建制度的问题上，18世纪的那些大部头论著很少关心与布兰维利埃或孟德斯鸠所称的"封建政府"相关的面相;它们研究的主要不是政治制度,而是一种民事制度,一种有利于领主的、单方面的定期捐税和义务体系,这些捐税和义务由古老的契约确定,主要由农民来负担,也顺带落在资产阶级肩上。政治方面的内容基本消失了,因为王权已经逐步取代封建贵族制;当封建贵族制被取代时——如在领主司法中——它就成为无用的了,时间留给它的只有其压迫性的特征。在所有情况下,以法学和行政思想展开的工作,主要的结果都会导致这份封建遗产越发成为眼中钉,因为它对民事社会中的大众构成负担,也就是乡村领主制的负担,但得到好处的那个阶级,却不再提供政治服务作为回报。从这个角度来看,封建权益在18世纪末不得人心,与其造成的实际负担并没有关系;而且,正如托克维尔提到的,当这些权益成为多余物时,它们有可能会更加令人憎恶:"封建制度已不再是一种政治制度,但它仍旧是所有民事制度中最庞大的一种。范围缩小了,它激起的仇恨反倒更大;人们说得有道理:摧毁一部分中世纪制度,就使剩下的部分令人厌恶百倍。"

实际上,封建制度的残留物更令人憎恶的论点,在成为农民反抗的旗帜之前就已是启蒙时代的老生常谈了。在卷帙浩繁的文字中,最著名的篇章是18世纪70年代伏尔泰对圣克劳德(Saint-Claude)教会的抨击,其目的是要解放法国教会的最后一批农奴:从他的小册子引发的反响可以看出,此事在舆论中引发的震惊和愤怒;从此,在18世纪末对封建暴政的揭发中,"汝拉山的农奴"(serfs du Mont-Jura)成为一个从不缺席的主题。另一个重要事件是1776年重农主义者邦塞夫(Boncerf)发表《论封建权益的弊端》（*Les Inconvénients des droits féodaux*）一书，该书的思想指向与伏尔泰是一致的。不过邦塞夫的批评不是以违反人性为名，而是立足于经济效率：良好的农业生产率须以现代私有产权的落实为前提，这种产权必须摆脱荒诞的"封建"强制。虽然这部作品是以温和的学术性的口吻撰写的，但巴黎高等法院对它同样是怒火中烧，并郑重其事地下令焚毁。但由杜尔哥所体现的时代精神保护了这位作者；稍后（1779年），甚至国王也被潮流所推动，废除了王室领地内的农奴制残留。

在后来被称为旧制度时代的最后二十年，"封建制度"一词可以说是各个时代所包含的所有负面事物的化身：与平等对立的贵族制，与自由对立的压迫，与一致性对立的特权，与理性对立的"哥特"传统，与文明对立的野蛮，与秩序对立的混乱。它之所以会遭受如此众多的诅咒，是因为它处于上文提到的两种演变的交汇点，因为它凝聚着不断累积起来的双重的不幸。关于"封建政府"的所有辩论和文字，最终的结果是对它的根本谴责，对绝对主义的拥护者和民主的史学家而言都是如此，如兰盖和马布利。另一方面，从民事层面上更新封建法的企图，在公众舆论中培养出的是认为其不可接受的情绪。阅读1789年之前的众多文献之后就会明白，在大革命之前，观念世界的革命就已经发生，人们已经觉得，民族的过去根本不能与改良后的公法和民法接续起来，想都不要想：对于这种不可能，最好的表达就是对"封建制度"的彻底拒绝，它被理解为一种建立在纯粹暴力之上的、没有公共权威和法律的社会制度。1785年，已经成为出色的共鸣箱的马拉发表了饶有趣味的《孟德斯鸠颂》（*Eloge de*

Montesquieu），他在文中这样描述封建法："这些噬血的法律是从日耳曼的森林中被带到整个欧洲的，它们长期让人类在一大堆小暴君的压迫之下呻吟。"

在大革命之前的几年中，"封建制度"已然凝聚了"对旧制度的各种诅咒"，只要看一下西耶斯的两篇小册子就足以认同这种看法：一篇是1788年11月发表的《论特权》，一篇是1789年1月发表的《第三等级是什么？》。封建制度一词在经历漫长的政治和语义衍变之后，这两篇檄文激起的反响是它和它的所指对象在公共舆论中的面目的绝佳写照。

在两篇文字中，封建制度的观念与特权观念密不可分；正因为如此，它与法律概念无法兼容，因为法律意味着普遍性，因而意味着个人在共同法律面前地位平等。特权起源于野蛮的中世纪，它是武士社会赖以立基的真正原则，因此它就导致压迫性的贵族的出现，这些人篡夺了民族的权利，而这些权利就是现在要恢复的权利："在野蛮与封建制的黑夜中，真正的人与人之间的关系可以被摧毁，所有民族都陷入动荡，整个司法都被败坏；但是，随着光明的到来，这些哥特式的荒谬必将逃遁，古老的凶残制度的残留物必将倒塌和消亡。"既然是要恢复人的根本性权利，西耶斯就要将特权者排除在真正的民族代表制即第三等级的代表之外，因为他们本质而言外在于社会秩序："我特别要求大家关注封建制度的众多代理人……如果封建制度的受托人篡夺公共秩序的代理权，就会失去一切。"在这位沙特尔的代理教区神甫看来，封建制度几乎就是贵族制的同义词，是民族的反义词；之所以要在理性和平等的基础之上重建社会秩序，针对的正是这份遗产。

几个月之后，西耶斯的学说成了大革命的信条。

5月初，当议员们在凡尔赛聚会时，他们在大包的陈情书中就可以看到，众多选民以这样或那样的形式，纷纷要求废除封建权益。但最初几个月，议员们忙于各等级之间的辩论和确立新的主权，毕竟权力问题是一切回应措施的前提。另外，他们也不一定希望采取简便迅速的方式清理"封建制度"。7月底8月初，当农村的暴乱不断叩击议会的大门时，议员们正在辩论《人权宣言》，这是另一个前提，即实现古老王国的再生的哲学前提。但在8月4日夜里，他们在权衡镇压的风险时，诺阿耶子爵和艾吉永公爵提出了废除封建权益的想法。下布列塔尼的议员，朗迪维休（Landivisiau）地方的商人勒刚·德·科伦加尔（Le Guen de Kerengal）给辩论定了调子，这是18世纪的哲学加冕礼："人民急于获得正义，厌倦了压迫，他们急切地要废除这些头衔，这是标志我们祖先的野蛮的丰碑。先生们，我们要公正：此时此刻，这些辱没人类的头衔就在我们眼前……先生们，在这启蒙的世纪，我们中间有谁不能为这些可耻的羊皮卷垒起涤荡罪孽的柴堆呢？有谁不愿在公共福祉的祭坛上点燃献祭的火炬呢？"稍后他还说："先生们，不必追根溯源地讨论导致法兰西民族逐步走向奴役的因由，也不必去论证致使我们沦落在封建体制之下的仅仅是大人物的暴力。让我们效仿英属美洲的榜样，它完全由不承认任何封建制度遗物的有产者构成。"

于是封建制度变成了一种"体制"（régime），它包含着民族过去遭受的所有奴役。正如6月的辩论已经把主权从国王移交给议会，8月4日至11日的文件则要对民事社会的法律性质进行一番革命。实际上，在这值得铭记的一周中，各种发言和决议中最有趣的一点，是导致所有议员断然与过去一刀两断的集体激情，是将"封建体制"视为受诅咒的过去的公分母的普遍意识。很多已经废除的封建权益被宣布为可以赎买，但这一点在此刻已经不重要了。重要的是单调乏味的利益如今披上了可憎的过去与再生的社会的旗帜，即使情况仅仅是封建产权转化为资产阶级产权。8月11日最终的法令中称，"国民议会完全废除封建体制"；但这个文本表明，对封建体制的定义是多么富有弹性，因为它不仅包括死手权或个人奴役的残留、领主司法以及各种封建权益，还包括什一税，严格来说这种教会捐税即使追溯到很远也与封建法毫无关系。在整个法令中，还有取缔官职买卖和特权的规定，不仅是税收特权，而是各种性质的特权，以促进法律面前人人平等的实现。

因此，8月11日"废除封建体制"一说具有十分广泛的含义，它涉及的是旧社会的整个结构。除了农村领主制的残留，还包括什一税这样的征收，什一税之所以被视为封建的，是因为它是有利于教会这一特权等级的个别性的捐税。另外，这个说法还涉及封建时代之后的制度，如起源于16世纪的官职买卖性。更全面地说，它谴责的是一个比封建制度更年轻的社会，因为这个社会是绝对君主制塑造出来的。实际上，为了构建中央集权国家，为了给这一事业支付费用，法国国王不断地向其臣民借钱，但这是以保障他们的特权为交换条件的。特权不是授予个人，而是赋予等级、团体和社区的，它们构成这个社会

194

的组织经络。因此，当绝对君主制逐渐增加豁免权、地位差别（无论是实际的还是荣誉性的）等个别性好处时，它也就是在逐渐给社会分层，无论是在事实上还是在观念中：在这个社会中，身份地位与公共服务毫无关系，它完全依赖于社会差异的观念，1789年革命者就用"封建制度"一词来指所有这类差别。

这个术语在当时十分流行，人们在使用它时（以名词或形容词形式）不加分别，这些现象可以让人理解革命者对自己行动的看法中的一个关键面相。像贵族制和贵族一样，封建制度和"封建的"是跟平等和平等的个人相对立的，正如旧制度与正在诞生的社会的对立；它们指的是一个以等级制度和出身特权为特征的社会，那个社会中的不同团体有多少个别性的利益，就对人民主权构成多少屏障。1789年8月11日的法令彻底废除了旧社会的"封建"结构，这就赋予法国大革命激进的个人主义色彩，这种个人主义被认为是民主制的平等的不可或缺的条件。从此，"封建制度"就像贵族制一样，成为这个新世界的否定词。在这种情境下，封建制度的清理比它的废除来得稍微慢一点已经无足轻重了：1790年和1791年的几个补充法令完善了1789年8月的文件，而被宣布可赎买的封建权益，直到1793年7月才被无偿废除；1789年8月被取缔的官职的价值，也是在随后几年中才得到陆续的补偿。但实际上，8月初"废除封建体制"的宣言已经确定了整个事态的走向。因为，这个法令终结了旧社会的组织原则，即使大革命后来对当初大胆举动的受害者偿付了金钱，它仍然是写在大革命旗帜上的一次胜利，其激进程度不亚于6—7月完成的主权转移。尽管同样激进，但这次胜利来得更为轻松，更为迅速，也更为持久：因为法国人在确立人民主权之后，将要历经一段时常遭遇偏航和倒退的旅程，但随着封建制度的覆灭，他们为未来几个世纪奠定了现代的个人社会的基础。

弗朗索瓦·孚雷

延伸阅读

AULARD, Alphonse. *La Révolution française et le régime féodal*, Paris, F. Alcan, 1919.

BOULAINVILLIERS, comte Henri DE. *Histoire de l'ancien gouvernement de la France*, La Haye et Amsterdam, 1727.

BOUTRUCHE, Robert. *Seigneurie et féodalité*, 2 vol., Paris, Aubier, 1968-1970.

BURKE, P. « Scottish Historians and the Feudal System: The Conceptualization of Social Change », *Studies on Voltaire and the Eighteenth Century*, vol. 191, 1980.

DOYLE, William. «Was There an Aristocratic Reaction in Pre-revolutionary France?», *Past and Present*, n° 57, 1972.

FORSTER, Robert. *The House of Saulx-Tavannes: Versailles and Burgundy, 1700-1830*, Baltimore et Londres, Johns Hopkins University Press, 1971.

LE TROSNE, Guillaume-François. *De l'administration provinciale et de la réforme de l'impôt*, Bâle, 1779; contient la « Dissertation sur la féodalité ».

MABLY, Gabriel BONNOT, abbé DE. *Observations sur l'histoire de France*, Genève, 1765.

MACKRELL, J. Q. C. *The Attack on « Feudalism » in Eighteenth-Century France*, Londres, Routledge & Kegan Paul; Toronto, University of Toronto Press, 1973.

MONTESQUIEU, Charles-Louis DE. *L'Esprit des lois*, 2 vol., Genève, 1748, liv. XXX et XXXI.

参见条目

旧制度（Ancien Régime）

贵族（Aristocratie）

巴纳夫（Barnave）

马拉（Marat）

孟德斯鸠（Montesquieu）

八月四日之夜（Nuit du 4-Août）

重农学派（Physiocrates）

西耶斯（Sieyès）

伏尔泰（Voltaire）

博 爱
Fraternité

在构成皮埃尔·勒鲁（Pierre Leroux）所谓"我们父辈的神圣格言"的三个抽象概念中，博爱位居最末，也是最不起眼的一个。如果考虑到很少有历史学家对其进行思考的话，博爱还是用得最少的一个。奥拉尔曾经区分过使用这些概念的三次浪潮：1792年8月10日之前是自由占主导；接着轮到平等；到山岳派专政时，便是博爱的时刻了。按照他的说法，博爱来得最迟。此外，博爱在启蒙思想中的根基也最浅：我们可以写出一部18世纪的自由或平等观念的历史，但博爱的历史就没那么容易了。18世纪的辞典收录情况表明，博爱有时涉及不同人民之间的关系，有时涉及团体之内的关系，这时它有双重的意蕴：基督教的，因为"信徒皆为兄弟"；共济会的，因为共济会习惯于让其精英会员们践行"兄弟友爱"的联合。对于这两种指涉，无论是共济会还是基督教的，其象征色彩多于实际意义，因为"共济会会员之间的完美友爱并没有推翻神在不同的人类状况之中确立的秩序，但友爱应将所有基督徒像兄弟一样团结在耶稣-基督之中"。因此博爱蕴含的平等力量还是弱小的，人们在提出"善行"和"同情"的美德时，其自愿的色彩要浓厚得多。

　　陈情书对博爱也同样保持沉默：人们的诉求主要涉及自由或平等，而不是博爱。实际上，三个术语中的两位长者总能与属格连用，如出版自由、权利平等，属格明确了含义，并使得其本来的用法更加丰富。但博爱总是孑然一身。博爱意味着一种强大的情感投入，鸟儿、心形、幼童、亲吻、宴饮等画面形象，都在强调这一点，但除此之外它就不能有更多的明确内涵了，这就使它无法与某项具体诉求联系起来，也无法对违反博爱的行为预设某种法律处罚。

　　因此，若以自由和平等为一方，博爱为另一方，那么双方的地位是不平等的。前两者是权利，而第三者是一种道德义务。所以《人权宣言》甚至连"博爱"一词都不提是合情合理的。这个词在官方文件中的出现，是在1791年宪法的一个附加条款中，而且是若隐若现，这似乎预示着博爱是未来全民节日培育的远期产品。人们设立这些节日是为了"维持"博爱：博爱是长期性的公民教育的目标，根本不是即刻的诉求。1793年的宪法再次忽略了博爱。1830年的宪章同样如此。直到1848年，我们才看到自由、平等、博爱的三词箴言被正式写入宪法之中。在这一格言的制度化姗姗来迟之前，还有其他三词格言有可能顶替它的位置，如最初的公民宣誓中的民族、法律和国王；在瓦伦逃亡事件之后，人们提出了另一句格言，即民族、自由和平等。但还是见不到博爱。在官方文件之外，同样是自由和平等一统天下，它们总是比博爱更为经常地出现在旗帜上，出现在地名、人名的命名和植树活动中：各个村庄的主要地点都植上了自由树,而博爱之树仅仅出现在次要地点,或者边缘地带。这种界于边缘的博爱在当时有另一番意味。

这种相对的沉寂因由何在？有些人,如热拉尔·安托万(Gérald Antoine),认为这其中的原因在于博爱的特征很模糊,它所孕育的抱负太宏大,它浓厚的基督教根基妨碍它在革命氛围中的传播。也有人,例如奥拉尔,认为这个词诞生于哥得利埃俱乐部,对它倍加珍视的"博爱"协会是无套裤汉的摇篮,因此有过重的"左翼"意蕴。J.M.罗伯茨(J. M. Roberts)重拾并发展了奥拉尔的看法,区分了大革命中的两大主要情境(occasions),即1790年和1793年,在当时,博爱扮演了驱散分裂和社会爆炸之阴影的角色。不过,博爱与两度动荡局面的关系,使其带有某种极端主义情调,妨碍它像自由与平等一样大放光彩。

1789年,各等级的联合已然具有了"博爱联盟"的色彩。联盟节的时刻让这个满怀情感的标语熠熠生辉,这体现在相互宣誓仪式上——如拉法耶特在战神广场的宣誓包含这样的诺言:"以永不松弛的博爱的纽带"保持与全体法国人的团结；体现在交换食物与武器的仪式中；也体现在关于博爱的一长串的比喻中,如链条(chaîne)、扭结(nœuds)之类的说法。革命中的行动者和宣誓者都觉得彼此是战友,团结一致防范盗匪的威胁。因此联盟节的博爱中有种防御性特征,巴黎圣奥诺雷区的营长就强调了这一点:"在你们的同类人当中,你们已经看到了平等人,你们因为情势所迫而必须联合在一起,在这些平等人中你们已经看到自己的兄弟。"在这里,我们可以意识到,对平等的理解是抽象的，但博爱则在危急局势中付诸实践。

但这种防御特征根本不妨碍博爱具有扩展的可能：最粗糙但可能最能说明问题的画面，是曾经世代为敌的村庄的年轻人开始相互"友爱"。最引人注目的画面，是作为各地联盟节活动之延伸的巴黎联盟节，这种全民联盟节本身又包含着向全世界扩展的远大前景。卡米尔·德穆兰写道："7月14日的节日让我们看到，就算卡佩先生与我们不是平等人，至少所有个人和所有人民都是兄弟。"当博爱最早开始使用时，法国大革命的地平线看来可以无限延展。

所以，博爱没有出现在立法文件中其实是无关轻重的。在官方的宣言之外，到处都可见到它，尤其是在爱国神甫们的宣誓中。还有什么能比基督教更好地证明"大自然让尘世居民之间血脉相连"，从而证明博爱呢？基督教已经确认，人与神的同体（consubstantialité）造就了人，因此，正如福歇和拉穆莱特（Lamourette）宣扬的，基督教也能唤起每个人"等同于其他人这一最热烈和最高贵的情感"。从这个意义上说，大革命给了法国人一个人人皆为兄弟的祖国和社会——1789年9月，多努就给出了这样的定义——，其基础就是《福音书》中的博爱箴言。关于基督教信仰与大革命之间的亲缘关系的意识，在联盟节仪式和废除差异的戏剧性场面中得到了完满的体现：欢庆这些壮举的教士提醒说，要缔造一个完美的社会，就需要效法基督发明的"温柔的兄弟之爱"（douce fraternité）的榜样，消除所有个别利益。这种情感是温柔的，但也是动人的、富有感染力的，甚至是撩人的：《福音书》本身就是要——正如福歇在联盟节宣誓上强调的——"将普世博爱的神圣之火燃烧到整个世界"。

因此，仅仅对联盟节进行一番考察就能确定一个基本事实：很早之前人们就已经提到博爱了，而且比通常认为的要频繁得多；它正是发生在一个伸张权利的背景之下：负责编订巴黎省法院陪审员名录的罗德勒说，他已经任命了天主教徒、新教徒和犹太人，以彰显"不论宗教信仰的博爱"，并且终于找到一个他认识的有色人，以"表明各色人种之间的博爱"；最后，显示博爱的特选地点是爱国派的教堂及随后的宪政派教堂；因此，将博爱观念在大革命期间传播的困难归结为其基督教源头，同样是有道理的。相反，大革命与基督教之间的亲缘关系也解释了博爱何以出现在自由和平等之旁，以形成另一种三位一体。

过去有种看法，博爱的退隐——当然，我们刚才看到，这完全是相对的——原因在于它与极端局面有牵连，也就是与真实的暴力或基本上是想象的暴力（联盟节的情况）有牵连；那么，今天该如何评论这种看法呢？受官方的平等与自由感召的各协会——雅各宾俱乐部的协会称作"自由与平等之友社"——很快就被称为"博爱"社团。按照奥拉尔的说法，相互之间称呼"兄弟和朋友"的习惯开始于1791年4月，而信末写上"致以博爱和敬礼"（Salut et fraternité）很早就进入了个社团的书信仪式，就像以"你"相称一样，后者也被视为培养"博爱习性"的措施。这里没有任何攻击性的意图。博爱的实践总是被理解为可以无限扩展的行为。在立法议会解散之前，最后一个鼓舞人心的行动是授予配得上人类称号的个人以"法国公民"的头衔，此举很好地揭示了这一《普世化》许诺所具有的鲜活力量。雅各宾时期仍然能看到这种活力。在各地区之间、各乡镇或村庄之间的交界地带，人们自愿种植博爱之树。1793年，罗伯斯庇尔指控宪法委员会考虑的"只是蜷缩在地球一角的一群人"，而没有给所有国家的人民都是兄弟这一观念以任何位置：接连不断的援引赋予博爱一种强大的力量，可以让阿纳卡西斯·克鲁茨（Anacharsis Cloots）所称的"转瞬即逝的名字"甚或"哥特式的标签"灰飞烟灭——如法国人，英国人，德国人之类的名称。在博爱的地平线上，始终有一个"无限广大的菲拉德尔菲亚（Philadelphie）①城邦"的乌托邦。

但随着大革命的深入，这个梦想越来越难以维持下去了，博爱四周的被排斥者，无论是自愿还是非自愿的，集聚得越来越多了。在提到博爱时，出现了三个越来越强势的新主题。首先，人们承认，博爱不可能针对所有人，这一点在联盟节期间就被接受，不过为时短暂："今天，任何法国人都是你们的兄弟，除非他公开背叛祖国"；"除非"一词明显是个威胁，它意味着，正如后来巴雷尔说的，"没有祖国的贵族"被排除在博爱之外。其次，人们必须承认，博爱不是为今天服务的：巴雷尔又说，博爱应该"在革命期间集中于因共同利益团结在一起的爱国者之间"，这种博爱是封闭和局部的，但它在更有利的日子里自然会扩展。当然，所有法国人都将组成"一个单一的家庭"的那一天终将到来，但眼下应该提防那种徒有其表的虚假聚会行为，如"冒牌兄弟们"

---

① 菲拉德尔菲亚在古希腊语中的意思是兄弟之间的友爱，当时有个以此为名的城市。北美殖民地也有同名城市，即费城。

蜂拥而至的公民宴会。最后，这些障碍足以表明，博爱远不是从革命的源泉中自动流出的，它应该通过强有力的意志来培养。所以要"使人博爱"（fraterniser）。

塞巴斯蒂安·梅西耶已经在他的《新词》（*Néologie*）一书中说，使人博爱（fraternisation）是一个无须定义的词。任何法国人，"如果他是爱国者"，就能充分理解它。不过在各街区之间，fraternisation 指的是一系列非常明确的措施，是在与温和派进行斗争时的武器，这场斗争在吉伦特派被清洗之前的 1793 年春天尤为激烈。当某个区的激进分子想清理队伍中的温和派时，他们就求助于另一个更为狂暴的街区的激进分子。后者在一片喧嚣声中结队到来，起草文件，决定对邀请他们的街区进行清洗，表决罢免提议，如有必要的话还协助驱逐被清洗者。对这些明显的攻击性行动，有些街区发生了反抗：它们通过决议，禁止邻近街区派出四人以上的代表团，并规定这些人不能携带武器。但这只是一种拖延策略。而那些撤换别人的捣蛋分子，还惦记如何展示博爱，如和平之吻，拥抱，团结宣誓，以及热情洋溢的演说：人们在演讲中祝贺战胜"温吞做派的蛇妖"（hydre du modérantisme），这个说法成了笼罩在清洗的真正受害者之上的鬼魅幻影。马舍区提出，"在自由的人民之中，不是兄弟就是仇敌"。使人博爱是让人学会共享的手段，而博爱则是这种强制的果实：使人博爱已经有了详尽的规划，以致可以确定"每周博爱一次，每个区轮流进行"。

到此时，博爱这一漂亮词汇来了一个完全反讽式的转向，人们甚至能在"博爱抑或死亡"这一流行说法中找到其阐释方式。

不过，与自由或平等相比，博爱并不经常地与死亡联系在一起。这种组合状况的主要原因在于，博爱在共和国箴言中位居第三。而且，这一组合的意义是模糊的：为谁而死？为那些热爱这个三词格言，但无法获得其许诺的好处，因而宁愿去死的人而死吗？还是为既不希望自由和平等也不希望博爱的敌人，因而完全该死的人而死？在这两种意思中，人们之所以会更倾向于第一种意思，原因在于誓言的措辞本身。1792年8月，所有国家公务员都被要求宣誓（被称为自由－平等宣誓），誓词是维护自由和平等，如果必要的话，将为法律之执行"去死"。在这种情况下，"或者死"（ou la mort）的意思是不如死（plutôt la mort）。这就很接近"不自由毋宁死"（Vivre libres ou mourir）一说了。

但"博爱抑或死亡"并没有因此失去所有进攻性意蕴。为捍卫博爱而死，就是在与潜在的敌人对垒时而死。这里我们看到了战斗性博爱内在的排斥特征。对所有革命团体而言，萨特（Sartre）已经出色地证明，封闭性对博爱情感而言必不可少，暴力与集体行动不可分割。暴力既针对外部敌人，也针对内部敌人：怀疑，厌倦，绝望，或者仅仅是一时想退出的想法，对这个团体的成员而言都是离开团体，恢复个人自由的一个机会。对人的离心本能的意识可以解释法国大革命期间的宣誓执念。每个兄弟都要事先授予其他人在他背弃集体事业时惩罚他的权利，都要与已成为主权者的团体绑定在一起：这是博爱－恐怖。之所以说是恐怖，是因为团体已经掌握了清理事实上或潜在的叛徒的权力。之所以说是博爱，是因为每个人向别人问候时都是问候自己，在认识别人的潜力时也是在认识自己。在这种封闭的博爱情境中，所有使人博爱的举动都可以得到解释：它们源自这样一种信念，即使在大革命中，也根本不能指望人的善良天性，决不应放松对人的规训，否则就意味着死亡。高度内聚之所得，就是向外扩展之所失：人们已经走到了联盟节上欣悦的博爱的对立面。

对大革命时代一些做法的回顾，可以看出博爱之中两个相互矛盾的构成要素。20世纪的历史学家们，由于被博爱的制度性反映和这一箴言的表象所迷惑，因而并不总是能看清这两个要素。另一方面，它们之间的对抗是19世纪思考的中心问题。当时人们远不是在思考1790年和1793年这两个具有相似性的时刻，它们都促进了同一种博爱；也远不是要将博爱视为共和国箴言中不受待见的跑龙套角色。博爱经常性站上了前台：仿佛是它掌握了法国大革命的内涵。

关于大革命震撼的记忆彻底改变了19世纪的思想氛围。历史学家和哲学家们此后都对反思性智识充满疑虑，都对高悬于这种智识之上的神秘的现实性抱有同样的信念；都深信人生来就是社会存在，无法相互孤立；都有一种无法否认具有基督教源头的人类统一意识，因而也都有一种共同的新信任感，这种信任即使不是植根于基督教本身，至少也是在脱离了教阶制度的基督教精神之中。最后还有对内含于事件进程之中的历史应许的信念。所有这些要素都启发了各种至为不同的哲学，但这些哲学在憎恶个人主义这一点上是一致的，它们都害怕个人主义带来的苦果，如自私、竞争和阶级分裂。它们都不再认为，对正确理解的利益的算计，或者来自良知的自发冲动，可以导致个人之间的"和谐",或他们的"组织性",抑或他们的"联合":这些术语既是圣西门的,也是傅里叶和孔德的,尽管他们的学说存在各种分歧,但这些学说全都想证明,从1789年的原则,即强调个人及个人特殊利益领域的原则出发来重建社会是困难的。所有这类学说都怀疑民主制度,尤其怀疑表现出危机与解体后果的大革命的制度,正如孔德说的,这是头脑对心脏的反叛。

因此,所有这些学说所强调的是,在法国大革命中有些因素可以被视为对个人主义的驱魔运动,而且预示着维克多·孔西戴朗(Victor Considérant)所谓的"人类家庭的大联合"。这些学说都不愿意承认每个人对他人负有源自契约的义务。它们都试图将法国大革命植根于一种比契约更高的原则之中,即某种伦理秩序的超验性中。博爱就给它们提供了这一新原则:博爱一开始就是对分裂为阶级或种族的人类观念的抗议,一种对个人主义的强烈否认。

对于这一点,米什莱的表述比任何人都出色。当时对社会分裂有种普遍的恐惧,这启发了米什莱将博爱提升为法国大革命的核心原则:对他而言,大革命是"全体一致的神圣时代,那时整个民族都在博爱的旗帜下前进,还不曾经历,或者很少经历阶级对立"。米什莱的创新在于将博爱表述为法国大革命的创造。在1789年之前,世界上曾有两种博爱:古代的博爱,只为公民专有,奴隶被排除在外;再有就是接纳所有人的基督教的博爱,而法国大革命既是其延续又是其对立面。之所以是延续,是因为大革命的博爱不排斥任何人。之所以是对立面,则有三重含义:基督教将人类的博爱植根于原罪,即"罪的世袭性"之中,而大革命的意义恰恰在于斩断这一世袭性原则；基督教将博爱推延至来世，而大革命意在教导人们博爱平等是"此世的法则"；最后，基督教将博爱留给恩典的裁决者，而大革命的意义是要彻底抛弃所有的神恩。这些就足以避免让人从基督教传统中寻找1789年原则的源头。

米什莱的分析决定了他对历史的分期。在他看来，博爱的伟大时刻是联盟节：这一方面是因为联盟节是一种新宗教，另一方面是它废除了各种社会形态区分。"一切分割都已告停，不再有贵族，资产阶级和人民"。在启发米什莱的联盟节的欣悦兴奋之中，还有一种梦想的推动力：在这欢庆的日子里，各种社会藩篱都已削平，并最终沉入地下。联盟节肯定是个无法再现的时刻，因为"还没有今日的城市无产者这个巨大的障碍物"。新的宗教崭露头角，社会对抗消逝：在将联盟节的博爱选为法国大革命的核心时，米什莱也指向了他眼帘中的两个敌对范畴：天主教徒和社会主义者。

首先是天主教徒，尤其是那些希望同时挽救作为已然死亡的体系的基督教和作为鲜活观念的大革命的天主教徒，他们认为在《福音书》中找到了自由，但这是"顺从和服从强者的著作"（米什莱这里想到的是卢梭）。然后是社会主义者，他们认为启蒙的个人主义是一种自私的权利。这种对主体权利的不信任是米什莱所不能接受，甚至不能理解的社会主义传统，他在《日记》中写道，"博爱是一种权利之上的权利。"要知道，个人主义的权利远不是对博爱的限制，而是其前提。尽管这种权利是主观的，但它是博爱的滥觞，因为"要众人成为兄弟，就要有兄弟存在"。米什莱最憎恶的，显然是将两个相反的学说汇聚成一体，即路易·勃朗和比谢（Buchez）的"教宗社会主义"，这些人认为博爱起始于罗伯斯庇尔——如果不是马布利的话——并且毫不犹豫地认为博爱是强制的产物；然而，"如果博爱被写入法律，变成一种律令，那它就不再是博爱了"。按米什莱的说法，一旦法国大革命中出现强迫，复兴了奴隶之间的兄弟友爱，那么博爱也就熄灭了。

但是，对路易·勃朗——尽管他和米什莱一样赞赏联盟节，视其为新宗教的摇篮——和比谢而言，正是因为山岳派专政，人们才对博爱有了集中体验。吉伦特派更倾向于表现对个人的保障和自我主权；在路易·勃朗看来，吉伦特派的宪法草案中所极力强调的是这样一种观念：每个人在自己的私人领域都应对自己的命运负责而无需任何宗教支柱。山岳派将人类团结放在首位，并将其立足于最高主宰（Etre suprême）之上，或者说为之祝圣：他们深信，社会应该照料"不幸的公民"的生计，应给他们提供工作，保证生活所需；他们懂得，"当弱者需要保护，穷人需要供养，不幸者需要救助时，就需要一个积极而公正的权威的介入"。对米什莱而言，博爱完善了启蒙运动伸张的法权，但在路易·勃朗看来，博爱质疑的是启蒙的形式主义。对瘫痪者来说，迁徙权有何意义呢？只有通过博爱，更确切地说通过使人博爱，自由和平等才能取得积极成效。

不过，路易·勃朗在恐怖时期的"使人博爱"面前戛然而止。比谢则轻松地越过了这一障碍。因为，如果说法国大革命的意义在于通过忠诚和牺牲迈向博爱，那它就应该"将横在实现民族目标道路上的障碍一一扫除"。这意味着应该赞同"法国为拯救自己而被迫采取的那些可悲的极端措施"吗？当然不是，但责任落在了制宪议会、立法议会成员和吉伦特派头上,所有这些人都将社会形态变成"个人欲望的工具",从而也就否认了作为原则和目标的博爱。但反过来说,如果博爱是一个任何条件下都有效的理想,为何在实现这一理想的征途中看不到一次人类的胜利呢?——不管这胜利代价有多大。为什么不赞同为未来人的幸福而牺牲当代呢?如果人们放弃个人并将共同体作为核心的道德参考,恐怖自身的意义也就改变了。

同样关心摒弃个人主义,同样热衷于博爱,但他们却以如此不同的分期方式来描绘大革命:这一景象是很引人注目的。同样令人费解的是,那位并不认为博爱是基督教遗产的作者,却把它视作革命时代各种学说杂糅的成果;而那些把博爱看作基督教遗产的人,却认为它是在大革命与基督教断裂的时刻产生的。这种恰成对照的分期,根源于关于博爱的两种表达。在米什莱那里,博爱是自由和平等的实现和超越(accomplissement-dépassement)。对于路易·勃朗和比谢来说,博爱是对自由和平等的抗辩。路易·勃朗认为,共和国箴言的正确次序应该是:事先不存在自由和平等,就没有博爱。米什莱在这个问题上得到蒲鲁东(Proudhon)的支持,他积极评价历次宣言都将个人作为正义原则的根本,尽管真正的正义的确在于团结的实现。对于路易·勃朗和比谢来说,博爱才是根本的原则,它不是来自人,而是来自神。博爱,自由,平等才是正确的次序。要不就像皮埃尔·勒鲁主张的那样,将博爱放在中间,作为一个情感性的术语连接自由和平等。

通过大革命史家对博爱的专门研究,我们会更好地理解19世纪对法国大革命的共和派解释和社会主义解释之间的关系。这种关系可能是对立的，也可能很接近。二者之所以对立，是因为有些人以严格的民主视角看待法国大革命，如艾蒂安·瓦歇罗（Etienne Vacherot），这些人厌恶将共和国箴言与含义含混的博爱绑在一起，因为后者没有对民主的定义增加任何东西，相反还对民主构成某种宗教社会主义的威胁；而另一些人则对法国大革命持社会主义的解释，他们赞赏博爱，在他们眼里，博爱是对个人主义和形式主义的抗议和否定。二者之所以会接近，是因为可以把博爱视为个人主义权利之中孕育另一种权利的酵母，这就是保障所有人都享有的革命权利，以及大革命对于无限改进的许诺。看到两种解释之对立的人肯定相信，法国大革命包含两场对立的革命，用路易·勃朗的话来说，"两幕戏剧"，而"第二幕只是激烈、可怖但崇高的抗议"。而看到二者之间相互接近的人，则会认为博爱是一条将曲折的革命历程串联为一个整体的纽带。

依据这些认为法国大革命推崇博爱的文字，我们可以对上述解释做一个裁决吗？与瓦歇罗的看法相反，博爱根本不是一个肤浅的附加品。与自由和平等相比，它肯定属于另一个层次，正如维尼奥在一份文件中提到的，它属于超自然而非自然的领域。但它仍然占有核心地位。1792年9月，罗兰在欢迎新当选的国民公会议员时说，他们将要宣布成立共和国，而共和国"与博爱是同一回事且只能是博爱"；甚至在这之前，我们还能想到1789年夏天的米拉波，他把博爱视为大革命的主要创造，并以此区分了之前和之后的世界史："历史经常只是过分地讲述凶猛的野兽的行动，但人们已经将后者与英雄越来越远地区分开；我们可以指望开始人的历史，手足兄弟的历史。"

大革命的博爱同样不同于比谢的描述，它不能被视为对形式上的自由的否认。当然，巴贝夫曾说，当人们"向我们穷困饥饿的兄弟宣扬平等"时，平等只是个圈套，他坚持认为博爱的前提是根除个人贪婪。但是，令人惊讶的是，那些涉及社会权利的革命措施，如设立赈济工场，编订公共福利大典，以及提出为失去生计的公民征收税款的罗伯斯庇尔计划，所考虑的并不是博爱，而是平等。山岳派宪法附加的《人权宣言》第21条，规定公共救助是一项神圣责任，并视之为个人权利的延伸而不是对它的批判。即便是恐怖时期从很特别的意义上、以暴力手段来强化"要么博爱要么排斥"的共同体意识，这一阶段也丝毫无意于界定与政治权利相对立的社会权利。是19世纪的社会主义者想赋予大革命的博爱某种抗辩性意义的。

不过，在19世纪，的确有一种从权利平等之中分离出事实上的不平等，并带来匡正这种不平等的期望原则。且听福歇的说法：凭着让所有人博爱的上帝的学说的逻辑，不能允许任何一个人对他人行使统治权。福歇明确道，他说的甚至不是"暴君"，而是"在人民构成的社会和兄弟组成的家庭中有非分之想的狂妄之徒"。即使是积极公民与消极公民之分这样标志性的资产阶级的、形式主义的法权，在饶勒斯的笔下也有成为"普世"权利的前景。1790年，《巴黎纪事》（*Chronique de Paris*）刊发奥里·德·摩佩图伊（Orry de Mauperthuy）的一封信，作者称，由于"我们社会组织的非正式特征"，他只能排除"部分人，我们的兄弟组成的阶级"的选举权。"兄弟"一词像颗芝麻，它会打开那条排斥他人的地平线，因为排斥"不是永久的，而是暂时的"。这位律师总结道，"要不了几年，他们就会坐在我们中间"。从这个意义上说，博爱并没有质疑民主原则。相反它完善了民主原则，因为博爱拒绝将个人永远禁锢在其具体的生存条件之中。它设想人类的理想内在于个人理想之中，社会权利是个人权利的补充，社会革命与政治革命的逻辑是一致的。大革命的博爱就是将民主运用于整个社会生活，它更多是能证明社会主义与民主的亲近关系，而非证明二者的对抗。

莫娜·奥祖夫

延伸阅读

ANTOINE, Gérald. *Liberté, égalité, fraternité ou les Fluctuations d'une devise*, Paris, Editions de l'Unesco, 1981.

AULARD, Alphonse. «La devise "Liberté, Egalité, Fraternité"», *Etudes et leçons sur la Révolution française*, t.6, Paris, 1910.

BUCHEZ, Philippe et Prosper-Charles ROUX. *Histoire parlementaire de la Révolution française*, préfaces des t.1, 25 et 26, Paris, 1834-1836.

BLANC, Louis. *Histoire de la Révolution française*, 12 vol., Paris, 1847-1862.

DAVID, Marcel. *Fraternité et Révolution française*, Paris, Aubier, 1987.

LEROUX, Pierre. *De l'égalité*, Boussac, 1858.

MICHELET, Jules. *Journal*, éd. établie par Paul Viallaneix, 2 vol., Paris, Gallimard, 1959-1962.

MICHELET, Jules. *Le Peuple*, Paris, 1846.

ROBERTS, John Morris. «Liberté, égalité, fraternité: Sources and Development of a Slogan», *Klasse en ideologie in de vrijmetselarij. Tijschrift voor de studie van de verlichting*, n°s 3-4, Bruxelles, 1976.

VACHEROT, Etienne. *La Démocratie*, Paris, 1860.

参见条目

巴贝夫（Babeuf）

平等（Égalité）

联盟节（Fédération）

自由（Liberté）

米拉波（Mirabeau）

恐怖（Terreur）

自然疆界
Frontières naturelles

对20世纪的人来说,边界是精确的概念,是一条设置海关、配备警察、检查护照的分界线,总之,是两个主权国家之间的边界。但我们知道,对弗朗索瓦一世或路易十五时代的人而言,情况不是这样。边界是个相当模糊的区域(zone),以致一些村庄可以逃避边境两边政府的课税;而且,这个区域具有相当大的开放性,人员和商品能够相对自由地流通;关于归属问题没完没了的谈判也难有定论,无法达成最终的结果。对于法国,东部和东北部的边境就是如此。原因有三,但没有一个原因跟"自然"有关:这些原因是历史形成的,是封建权益和**事实上**的主权叠加在一起的结果,同时也是君主的战略导致的,无论是成功的还是失败的战略。843年查理曼帝国的一分为三(《凡尔登条约》)在法国和后来的德意志神圣罗马帝国之间插入了一个罗塔林根(Lthoringie,或罗退尔王国),它位于默兹河与莱茵河之间以及罗讷河的东部,这里汇聚了一些人口众多的富庶地区,它们的前景看来十分美好。人们可以想到好人菲利普

(Philippe le Bon)和大胆查理(Charles le Téméraire)①在西方世界的伟大公国,他们差一点就将它变成真正的国家。人们还可想到作为今天欧洲共同市场总部的斯特拉斯堡和布鲁塞尔。但法国和德国构建民族国家的同时,也使得它们之间的这个地带充满各种不确定性,并导致争端和战争,而和平条约也只是暂时的休战。

我们打开辞典看看。弗勒蒂埃(Furetière,1690年)和里什莱(Richelet,1630年)辞典都是这样说的:边界(frontière)是"某个王国或某个地区(Province)的最边缘,当敌人想要进入时,这里就是前线。皮卡迪是个边境省。国王通过征服扩展了王国的边境,将其推向远方"。这里没有自然疆界的问题,《法兰西学术院辞典》的历次版本(从1694年到1798年)中也没有提到。君主国家可以通过征服和"兼并"(réunions)将边界(limes)向前推(reculer)。这不是"体系意志"的结果,而是防御或进攻策略的成就。历史学家们曾责怪——我想这种事后判断并不恰当——查理八世、路易十二和弗朗索瓦一世沉迷于"意大利的幻影",在半个世纪的时间内没有去改善北部和东北部的边境,而是在那不勒斯和米兰进行徒劳的征服。但这表明,在国王的政策中,并没有任何基于自然疆界之上的统一的意识形态。毕竟波拿巴也只是追随——当然他做得更好——16世纪初诸位国王曾走过

---

① 好人菲利普(1396—1467)和大胆查理(1433—1477)都是勃艮第公爵。勃艮第是中世纪法兰西王国境内重要的诸侯国,位于王国东部,好人菲利普后来还成为尼德兰的统治者,勃艮第的辽阔领地和它处于德法之间的地理位置让人想起当初的罗塔林根。

的足迹。

在论及法国大革命时,法国和德国的史学界经常以十分情绪化的措辞提出"自然"疆界问题。在法国,阿尔贝·索雷尔(Albert Sorel)的巨著(第一卷出版于1885年)确立了君主政策与大革命政策存在连续性的论点。"法国的政策已经由地理学描绘了出来;在国家建议采取这种政策时,民族从本能上已经提示这样做了。它有这样一个事实依据:查理曼的帝国。所有法国史都会提到的这桩诉讼案的起点,就是有关这位皇帝的遗产继承的无尽争吵。"这里涉及的是地理,但历史学也很重要。在另一卷著作中,索雷尔指出了问题的初始条件:"这一政策来源于事物的本质(nature)。法兰西王国被大西洋、比利牛斯山、地中海和阿尔卑斯山限制,它只能向东和向北扩展,即向佛兰德尔和卡佩王朝建立时出现的洛林和勃艮第等地扩展。"因此,1793—1795年,法国大革命只是在继续一场延续已久的事业。索雷尔在政治上是个保守派,但新雅各宾派的史学也持同样的观点。1924年,马迪厄(Mathiez)在评论布里索的一次演讲时写道:"布里索给自然疆界这一君主制的旧政策戴上了一顶红帽子。"

政治家并非最后一个利用这个话题的。1919年9月15日,克雷蒙梭(Clemenceau)在一次著名的议会演讲中引述了索雷尔的话:"阿尔贝·索雷尔先生已经明确宣告,而我们所有人都本能地相信,向莱茵河推进是我们祖先的传统。这种传统是为了创建一条边界……一条划定法国疆域的真正的边界。"

但索雷尔的贡献仅仅在于,他对19世纪法国史学中的一大流行观念做了出色的总结。1834年,奥古斯坦·梯叶里就在《墨洛温时代概述》(*Récits des temps mérovingiens*,1840年成书出版)中写道:"我们民族只是想牢固和持久地维持我们的自然疆界(frontières naturelles)……恢复自然疆界的想法从未丧失过:这个想法有深厚的民族性和深厚的历史性。它的依据不是法兰克人,他们只是我们民族性之中某种浮光掠影般的匆匆过客;根据在于这种民族性的鲜活的原始根基,这就是独立的、罗马特性的高卢。"梯叶里追踪了从路易十一到大革命之间对莱茵河的诉求:对于前者,"这位第三等级的国王看来已经预示着大革命的精神",而后者"不幸走得太远"。我们同样不应该忘记,19世纪法国名气最大的历史学家名叫亨利·马丁(Henri Martin),他在1838—1856年出版了很多著作。不过,像维克多·狄吕义(Victor Duruy)一样,马丁也在为自然疆界辩护。只有那些最明智的历史学家——如基佐和米什莱——才拒绝追随这一信条。但是,埃内斯特·拉维斯(Ernest Lavisse)在《现代法国史》(*Histoire de France contemporaine*)中再次采用了索雷尔的说法。

在德国,从1813年开始,"法国向莱茵河的推进"的论点就引起了广泛的回响,其根据在于黎塞留的政策、威斯特伐利亚条约和大革命的兼并。阿恩特(Arndt)写过一个小册子,标题就意味深长:《莱茵河,德意志的河流》(*Le Rhin fleuve allemand*),而不是德意志的边界。后来,扬森(Janssen)出版《法国垂涎莱茵河》(*Frankreichs Rheingelüste*),轰动一时。论战在第二次世界大战期间还在继续。在一部于1941年译成法语的著作中(由勃里农[F. de Brinon]①作序),记者弗里德里希·格里姆(Friedrich Grimm)写道:"黎塞留就实行过自然疆界政策……比利牛斯山作为与西班牙的边界,阿尔卑斯山作为与意大利的边界,莱茵河作为与德国的边界……总之,自然疆界政策就是'向莱茵河推进'的另一种说法,几个世纪以来,这是法国传统政策的一个基本方面。"自然疆界的历史这么简单吗?对此应该做一点深入探讨。

我们应该将那种思想氛围中的政治策略和中学对青年人的教育区分开来。加斯东·泽勒(Gaston Zeller)的两篇文章(1933年和1936年)反驳了阿尔贝·索雷尔的观点。被认为是黎塞留在《政治遗嘱》中说的那段话是后人添加的,与上下文完全不合。这段拉丁文可以这样翻译:"将大自然赋予法国的边界交还法国,将高卢与法兰西合一,古代的高卢将完整地重建。"正是基于这段伪造的文字,德国历史学才将国民公会的政策归因于黎塞留。亨利二世兼并梅茨、图勒和凡尔登(1552年)是出于防御和进攻战略的需要,与边境理念并无关系。甚至兼并阿尔萨斯(《威斯特伐利亚条约》)及随后兼并斯特拉斯堡也是如此。实际上,正如泽勒指出的,法国人眼睛盯着的不是莱茵河,而是北方的低地地区和佛兰德尔,这一带是所有入侵行动的通道。泽勒不无道理地总结说:"自然疆界理念从来就不存在于旧制度政治家们的计划中。"

---

① 勃里农是法国政客,"二战"期间著名的通敌合作者之一。

但这是"一段莫须有观念的历史"吗？从15世纪以来，很多政论家就在为莱茵河边界的观念辩护，其中包括与王权很接近的人士。有两个时代特别有利于这一观念的阐发：1444年左右，当查理七世和太子远征洛林和阿尔萨斯（试图粉碎勃艮第公爵重建过去的罗塔林根的图谋），以及1559年《卡托－康布雷齐条约》之后，人们开始回想古代高卢的边界。1568年，一个名叫让·勒庞（Jean Le Bon）的洛林人发表题为《国王的莱茵河》（*Le Rhin au Roy*）的小册子，与意大利政策相比，作者更倾向于莱茵河政策：莱茵河远比波河更为必要。"当巴黎啜饮莱茵河之水时，整个高卢都将抵达其最终的目标。"但这是一种孤立的声音，并没有引发回响。在黎塞留的时代和路易十四个人统治时期，政论家们没有涉及这个问题，直到18世纪它才随着P. 卜让（P. Bougeant）关于《威斯特伐利亚条约》的论著而重新活跃起来。

"相关"文献的稀少不应该造成幻觉。自然疆界理念通过三种渠道进入了公共舆论。否则怎么理解1792年底到雾月18日之间的这代掌权者能如此清晰地表述自己的看法呢？

第一种渠道是基于对古代文本的批判性阅读的历史学术著作，它们的传播固然有限，但在精英阶层当中拥有相当广泛的精神信众。从艾蒂安·帕基耶（Etienne Pasquier）的《法国研究》（*Recherches de la France*）到J. A. 德都（J. A. de Thou）的《世界史》（*Histoire universelle*，其中谈到了高卢的"自然边界"），自然疆界的理念都不曾缺席，尽管这并不因此具有重大的意义。

当然，更重要的是历史普及作品。国王的史官梅泽莱（Mézeray）大概可以算是17—18世纪的亨利·马丁了。他的《法国历史纪年简编》(Abrégé chronologique de l'histoire de France, 1668）不断再版，成为有文化的公众的历史圣经。书中有这样的话："关于高卢的边界，我们很清楚地知道，是两边的海洋，莱茵河，比利牛斯山和阿尔卑斯山。"毫无疑问，这种"重述"留下了深刻的印记。

但中学教育的遗产相比而言影响更为深刻。从10岁开始，孩子们就已经接触恺撒的《高卢战记》。随后他们还要读斯特拉波（Strabon）：比利牛斯山、阿尔卑斯山和莱茵河划定了高卢的疆域。在教育计划当中，这种观念或许并不占核心位置，正如对《高卢战记》的评注所揭示的。但是，它进入了很多年轻人的文化储备当中。无论是布里索还是西耶斯，他们都不会"发明"这个观念，如果他们在自己的记忆当中找不到当初刻下的印记的话。

认为国民公会的政策与旧君主制的政策一脉相承的看法是错误的。但是，认为自然疆界作为一种潜在的观念存在于人们意识中，这个看法是正确的。

制宪议会的大多数议员都不想触动边界。从根本上说，他们希望继续韦尔热讷①的政策："按法国现在的状态，它应该更加害怕扩张，而不是抱有扩张的野心。"1790年5月22日，路易十六的大臣孟默兰（Montmorin）在议会宣称："国民议会宣布，法兰西民族放弃以征服为目的而发动任何战争，它将绝不会动用

---

① 韦尔热讷（Vergennes，1719—1787）是路易十六时期的外交大臣，被阿尔贝·索雷尔称为法国多年来罕见的睿智政治家。

武力反对任何人民的自由。"不过，大革命从其诞生之日就酝酿着一种新的国际法概念。两个事件将这个问题提了出来。8月4日的法令宣布废除封建权益，但这导致在阿尔萨斯"有领主权"（possessionés）的德意志诸侯们的抗议，他们依据的是威斯特伐利亚条约中的条款。制宪议会同意对他们进行赔偿，但宣称，阿尔萨斯之所以属于法国，不是因为征服带来的权利，而是因为它自愿加入：这是一种新发明，它引入了人民的自决权。更为严重的是，1790年6月，阿维农掀起了反教宗的叛乱，随后也提出了与法国合并的要求。制宪议会对此犹豫不决。它一开始拒绝，但在1791年9月宣布兼并。这就违反了此前通行的原则。

　　1792年4月20日，立法议会"向波希米亚和匈牙利国王"宣战，但随之而来的是痛苦的军事失败。于是人们明白，这个时代并不容忍征服性的诉求。

　　瓦尔密（Valmy）战役之后，法国的领土已经被解放，革命军队于1792年秋转入攻势。9月，革命军队占领萨伏伊和尼斯，没有遇到任何抵抗。10月，屈斯丁（Custine）占领施佩耶尔，随后再克美因茨。11月初，征服比利时的战役开始了。这就给国民公会提出了一个非常棘手的问题：既然战争已经越出了1789年的国界，如何处理被征服地区呢？实际上，这全都取决于三个要素。当时的主要领导者的看法，无论是在演说中还是在文字中表达出来的，看来要比人们通常认为的更富变动性。以自然疆界的名义进行兼并，在周边地带建立"姐妹共和国"，为自由而发起十字军行动：所有这类主张其实是同一类人提出的。11月26日，布里索在给塞尔旺的信中说："除非欧洲，整个欧洲，都陷入火海，否则我们将不得安宁。"在这一点上，这位吉伦特派与山岳派左翼的肖美特（Chaumette）看法一致："巴黎与彼得堡和莫斯科之间的土地不久就会法国化，雅各宾化，并建立市政机构。"但是，27日，布里索在给迪穆里埃（Dumouriez）的信中重新提到了自然疆界的主张："法兰西共和国不能不以莱茵河为界限。"但同时他又说自己倾向于建立"一些姐妹共和国"。实际上，当大革命一时得胜时，它的领导者显得犹豫不决。民众的反应，将领们的策略，紧迫的财政需要，都会使得他们走得比当初预想的更远。在萨伏伊，蒙特斯丘（Montesquiou）同意成立了一个"阿罗布洛基国民公会"①，后者从10月底就要求同法国合并。尼斯本来是个意大利人占多数而且意大利色彩很深的城市，但安塞姆（Anselme）支持的一小批马赛移民提出了合并的要求。在莱茵河方向，屈斯丁鼓励从法国归来的革命者加入他的军队。但在比利时，还没有任何一个现存的派别希望合并，于是迪穆里埃看到了领导一个独立国家的希望。谁来支付战争费用？仅仅是法国人？冈本支持国民公会在占领地区推行指券。从此国民公会就义无反顾地走上了兼并之路。1月31日兼并尼斯。当天丹东提议兼并比利时："有人试图制造共和国过分扩大带来的恐慌，我认为这是徒劳的。共和国的边界已经被大自然划定了。"卡诺（Carnot）以地理和历史为依据，以论证兼并的合理性："法国过去的自然边界是莱茵河、阿尔卑斯山和比利牛斯山；从中分割

---

① 阿罗布洛基来自古希腊语，指生活在罗讷河到日内瓦湖之间的居民，其地域在今法国东南一带。

出去的那些部分完全是被窃夺走的。"11月27日之后，格雷古瓦也以立法和外交友谊的名义要求自然疆界了。不过，无论是丹东、卡诺还是格雷古瓦，以及后来的罗伯斯庇尔，内心里并不认为这些宣言有真正的现实价值，他们后来的行为就证明了这一点。他们当时既受狂热气氛的感染（热马普战役的胜利是个转折点），也因为征服本身导致的现实矛盾而苦恼：自由的十字军代价高昂。

到1793年春天，"自然疆界"不得不在几个星期之内就被放弃。3月底，革命军队完全撤出了比利时，4月初又撤离了莱茵河左岸：法军仅占领了美因茨，但这座城市当时已被敌军包围。聚集起来的人民"不再满怀热情"：被劫掠和指券就是他们为自由支付的沉重代价。无论是比利时还是莱茵河左岸，人们都不愿意成为法国人，直到1794年春天，救国委员会领导的战争才取得成果。

当罗伯斯庇尔于热月9日倒台时，安特卫普和列日已经被重新占领。法军于秋天转入攻势。10月末，普鲁士人撤离莱茵河左岸。荷兰也在冬天落入法军之手。这就再次提出两个问题：共和国是否想要真正的和平？以什么为条件？两个问题彼此相关，但1794年的表现形态与1792年末是不一样的。反法同盟已经呈现崩盘的迹象：托斯坎纳大公（哈布斯堡家族的成员）想与共和国进行和谈，普鲁士国王已从10月开始着手谈判；好几个德意志小邦国（如符腾堡和黑森）则想从帝国的博弈中抽身。一切都取决于热月党人可以接受的和平议价，取决于他们想要承认的法国领土范围。虽说法国舆论几乎一致希望和平，但对于和平的条件则有深刻的分歧。

救国委员会表现得很谨慎。1794年7月16日（穑月28日），卡诺表达了"关于从当前战场的胜利中……应该获取的成果的观点"，与其先前的表白相比，这些观点明显后退了："如果我们愿意的话，我们可以将自由树栽在莱茵河边，可以将过去的高卢完全与法国合并；不过，这个体系虽然很有诱惑力，但我们发现放弃它会更明智；如果通过这种形式扩张，法国只会被削弱，并且要面临一场无休止的战争。"实际上，卡诺和法国的主要外交代表巴特雷米（Barthélemy）一样，都主张应以默兹河而不是以莱茵河为界。随后，杜布瓦-克朗塞（Dubois-Crancé，1794年12月5日到1795年4月4日为救国委员会成员）提出的"行动方针"也受同一论点的指引："至于莱茵地区，委员会对时局考量之后，认为将法国的边界定在默兹河较为合宜，其余被征服地区可组成两个共和国，它们将与荷兰共和国一起被置于法国权威的庇护之下。"西耶斯经常被认为是自然疆界的拥护者，但共和三年，他在致海牙的法国谈判者的信中有这样一段意味深长的话："我也希望，整个西欧的和平会随着德国和法国之间的莱茵边界体系而自然到来……但我发现，我的同事们的想法有了多么大的变化。如有必要的话，我会服从大多数，当然，看到默兹河与莱茵河之间这片美丽的土地不再是法国的或巴达维亚共和国的，而且仍有可能是周期性的战争和破坏的温床，我不免有所哀伤。"在当时的政治领导人中，唯有阿尔萨斯人吕贝尔（Reubell）固执地把眼光盯在莱茵河一线。

在国民公会内部，大部分人已经将莱茵边界视为法国大革命的应有之义了。对于这些人，对"旧边界"的诉求是新政权的敌人，即公开或掩藏的王党分子、反革命分子的口号。1794年9月，救国委员会的一名秘书这样写道："有种看法已成为难违的民意，它在国民公会中的支持者的人数每天都在上升：这就是莱茵河水道应该保留给共和国的要求。"他还担忧军队的反应：让新雅各宾主义者垄断"爱国主义"是个危险的赌注。从此，尽管热月党人头脑清晰，但还是陷入了两难的境地：拒绝将共和国推进到莱茵河就是向反革命让步。这就能更好地理解他们在公开场合下的说法与正式的指令、在国民公会的演讲与隐秘想法之间的矛盾。他们同时在巴塞尔同普鲁士、在海牙同荷兰进行谈判。同普鲁士的谈判只取得了一半的成功。根据1795年4月5日（共和三年芽月16日）在巴塞尔签订的条约，普鲁士承认法国占领莱茵河左岸，但"该地区的前途留待全面和平的时代解决"；这是一种拖延策略。在海牙，荷兰则不得不于5月16日（花月27日）接受法国兼并荷语佛兰德尔地区、马斯特里赫特和瓦尔卢，还被迫承认自己真正的被保护国地位。但9月30日（共和四年葡月8日），墨兰·德·杜埃（Merlin de Douai）在国民公会的讲坛上庄严宣告，救国委员会信奉自然疆界体系。这个体系不是由投票来确认的：墨兰只要求兼并比利时和列日地区——10月1日（葡月9日）决定此事——同时以巴塞尔和海牙条约作为推迟"合并"莱茵地区的理由。他补充说："因此这根本不是通过立法行为，而只是由于我们的胜利产生的外交行动，由于我们为征服而必须付出的代价，我们才应该保证自己的这条事关根本的边界。"但外交界的做派不合所有这类议员的口味。一个叫艾莎塞辽（Eschassériaux）

的籍籍无名的议员在发言中以"狡猾的马扎然"和"嗜血的黎塞留"为比喻说道:"毕竟是外交主宰世界。这门可怕的学问,这个专制暴政的女儿,它窃取了自然权利的位置。"在现实与激情之间行走注定是艰难的。

督政府的政策是直接延续热月党人的策略吗?已有很多相关著作出版。对于1795年的王党分子,这一点是毫无疑问的。1795年11月8日,即督政官选举十天之后,马莱·迪潘写道:"所有督政官都属于弑君派,他们致力于让欧洲走向解体,试图维护他们的征服成果并进行新的征服。"的确,四名救国委员会的成员——西耶斯、吕贝尔、勒图内尔和拉勒维里埃——的当选看来似乎意味着征服政策拥护者的胜利。但军事态势已经改变了。甚至就在国民公会让位于督政府时,局面的反转就已经开始和加剧。皮什格吕不得不后退到兰道,儒尔当(Jourdan)也被迫从巴拉丁撤退。已经不是做边境梦,而是要投入战争的时候了。

卡诺再次负责指挥战争。但他已经不是从前那个卡诺。共和四年芽月他还宣称:"胜利的军队将前线后撤到大自然赋予我们的边界上。"首先是军事失败,接着是五百人议会的温和路线,再接着是共和五年芽月(1797年3月)新的"三分之一"王党主义者的当选,最终导致了向放弃"自然"疆界政策的转变。在此期间卡诺还制订了1796年的作战计划。但是,正如人们都已经了解的,虽然意大利仍然被定为次要的军事舞台,但波拿巴把这里变成了一系列重大胜利的战场。德国的情况相反,桑布尔-默兹河及莱茵-摩泽尔河军团在春天没有采取行动,夏季发动攻势,但整个秋天都在退却。这就使得意大利军团的指挥官在1797年4月16日与奥地利外交官签署了预备和约及莱奥本条约。在"公开"条款中，奥地利放弃比利时和米兰地区，但莱茵河左岸地区留待帝国议会解决，后者正在赖斯塔德 "在保持帝国完整的基础上"跟法国特使商讨此事：这等于放弃大革命的一个基本目标。对于波拿巴，这个条约来得恰是时候，因为德意志的军队即将重新投入战斗。踌躇不决的督政府感觉到了危机的来临，它放手让波拿巴自由行动。果月18日政变（1797年9月4日）后，卡诺和巴特雷米被排挤，波拿巴可以同奥地利签署康波弗米奥条约了（10月17日）。波拿巴把威尼斯放弃给了奥地利，但并没有得到莱茵河左岸，它的转让有待帝国议会来决定。督政官们对是否批准波拿巴的条约犹豫不决，但正如拉勒维里埃在他的《回忆录》中承认的："如果督政府拒绝批准条约，它就将失去民意支持。"

1798年的扩张主义是混乱的、犹疑的，而且在欧洲各国人民当中引起普遍的反感，此时赖斯塔德的和谈也陷入僵局，组建新的反法同盟的条件成熟了。波拿巴在阿布基尔的失败（1798年8月）加速了这一进程。奥地利加入到俄国和英国一边，并于1799年3月正式与法国重启战争。军事行动不是我们的主题，这里只是想说，当波拿巴在一片胜利的欢呼声中回到法国时，法军已经在各条战线上扭转了春夏两季的被动，并转入了攻势。因此，与雾月传说相反，波拿巴回来时，法国并不是一个被击败的国家，而是"伟大的民族"。

但很多雾月党人首先关心的是稳定与和平，这是个很大的矛盾。乔治·勒费弗尔曾引述一篇据说出自多努所写的、题为

《十年》(La Décade)的文章(1799年10月),文章在宣布共和国的边界不可撼动时,回过头来对国民公会进行了谴责,认为是它下令"进行永不停歇的战争并要消灭所有法国人"。但是,当1797年10月10日拿破仑从赖斯塔德回来时,他们的这位英雄说:"你们已经成功地组建了一个伟大的民族,它的辽阔疆域仅仅以大自然赋予的边界为界限。"难道这些人忘了这番话吗?他们怎能认为,这个牺牲莱茵河左岸以便在意大利建立一些被保护国的人,是个和平人士?在执政府和帝国时期,一个新的体制将会确立。它不再指向莱茵河,而是指向整个欧洲,拿破仑·波拿巴试图将革命法国的军队引向欧洲各地。

自然疆界不是一种政策传统,而是一种激情,人们当然能在旧法国发现它的一些源头,但只有大革命才赋予它爆炸性的力量。

德尼·里歇(Denis Richet)

延伸阅读

GRIMM, Friedrich. *Le Testament politique de Richelieu*, trad. fr., préface de Fernand de Brinon, Paris, Flammarion, 1941; éd. originale: *Das Testament Richelieus*, Berlin, F. Eher Nachf., 1940.

GUYOT, Raymond. *Le Directoire et la paix de l'Europe, des traités de Bâle à la deuxième coalition (1795-1799)*, Paris, 1911.

SOREL, Albert. *L'Europe et la Révolution française*, t.1, Paris, 1885.

ZELLER, Gaston. «La monarchie d'Ancien Régime et les frontières naturelles», *Revue d'histoire moderne*, t.7, 1953.

Zeller, Gaston. «Histoire d'une idée fausse», *Revue de synthèse*, t.11, févr.-déc. 1936.

参见条目

军队（Armée）

指券（Assignats）

波拿巴（拿破仑）（Bonaparte）

布里索（Brissot）

意大利战争（Campagne d'Italie）

卡诺（Carnot）

救国委员会（Comité de salut public）

丹东（Danton）

民族（Nation）

八月四日之夜（Nuit du 4-Août）

大革命与欧洲（Révolution et l'Europe (la)）

罗伯斯庇尔（Robespierre）

西耶斯（Sieyès）

热月党（Thermidoriens）

巴塞尔条约与海牙条约（1795 年）（Traités de Bâle et de La Haye (1795)）

雅各宾主义
Jacobinisme

雅各宾主义（Jacobinisme）一词在成为一个政治概念，一种政治传统，或一种政治精神之前，让人想起的是一个俱乐部的历史，这家俱乐部的行动在大革命开始之时就已经很重要，在1792—1794年则占据了支配地位，以致形容词雅各宾（jacobin）后来的意思是这个时代或后来的救国委员会专政的支持者。米什莱以人物为标志，将这段历史划分为三个阶段："有原始的、议会的和贵族的雅各宾主义，即迪波尔、巴纳夫和拉梅特的雅各宾主义，它消灭了米拉波。有混合雅各宾主义，即共和派报人、奥尔良派的雅各宾主义，它是布里索、拉克罗（Laclos）等人的雅各宾主义，罗伯斯庇尔在这里逐渐占了上风。最后，第二类人于1792年淡出，担任各种职务，进入政府部门，承担各种责任，1793年就出现了库东（Couthon）、圣茹斯特、迪马（Dumas）等人的雅各宾主义，这种雅各宾主义要利用罗伯斯庇尔，并且随他一起衰竭。"（《法国革命史》，第9卷，第4章）实际上，雅各宾俱乐部在热月之后就凋零了，成为舆论和当局怀疑的对象，并于1794年11月被封闭。

雅各宾主义最初缘起于1789年5—6月一些第三等级议员的私人聚会,起初是布列塔尼的议员,后来又有其他"爱国者"加入,从地理来源上说他们并无特别之处;当时他们决定在议会会议之前协调行动:这种盎格鲁-撒克逊式的做法有助于维持团结,有助于在各社区取得对两个特权等级的胜利。10月6日之后,这家"布列塔尼俱乐部"随国王和议会从凡尔赛迁往巴黎,并在离圣奥诺雷街不远的圣雅各宾修道院(couvent des Jacobins)图书馆落足。雅各宾派的名字由此而来并在历史中传了下来。但一开始,这家俱乐部名叫"宪法之友社",并且整个立宪君主制时期都保留着这个名称。

这家协会的会费相对较高,成员一开始几乎都是议员,协会的目的是准备和捍卫构成1791年宪法的全部立法条款:这些特征决定了协会是个自行选举新成员的团体,它由资产阶级爱国者和自由派贵族构成;它反对贵族派,但也反对过高的革命诉求。协会汇聚了爱国党人的全部名流,从米拉波到罗伯斯庇尔,从拉法耶特到佩蒂翁,还有三巨头迪波尔、巴纳夫和亚历山大·德·拉梅特。尽管有越来越多的非议员成员——如布里索等人(但他们后来也是议员)——加入,协会的活动首先是议会活动,如对将要在制宪议会进行辩论的文本进行预辩论。不过,圣奥诺雷街的这家俱乐部很快就成为一个独特的共鸣箱,以自己的独特方式反映革命政治,它在外省设立了分支协会,这是它的规章确定的:"唯有一家设立在国民议会近旁,囊括来自各省的众多议员的协会,才能成为将在全国各地设立的协会的共同中心;它将接受来自各地协会的信息,在综合见解和各种关切之后提出观点并向各地协

235 会传播；它尤其要向各地协会传播国民议会法令的精神，所有协会都特别应该遵照执行这些法令。"

因此巴黎的这家俱乐部有成为母体协会的志向。它有时对同一城市发出好几个俱乐部的任命令，如在波尔多和马赛，结果造成了争端。这一特权赋予它一种合法权威，使其一开始就有了某种监控权；不过，在这个时期，圣奥诺雷街还不能对外省协会行使政治主导权，因为当时巴黎的命令传播不开。要等到1793年5月31日吉伦特派溃败之时，它才获得这种权力。

但它始终有可能较早就获得这种权力：1790年底，它建立了将近150个分支机构，尽管它们在各地分布并不均衡，但其数量足以构建一个全国性网络；同时，肖德罗·德·拉克罗（Choderlos de Laclos）还出版了一份《宪法之友报》（*Journal des amis de la constitution*），该报负责巴黎与外省之间的信件往来。此外还有一个负责中央协会与各分支机构关系的联络委员会，这是俱乐部最重要的机构，巴纳夫及其朋友在那里掌权。后来所有人都知道，权力的争夺是在巴黎上演的，但巴黎也必须与外省协调意见。制宪议会中爱国党人的任何领袖都不曾忽视与俱乐部的交往，无论是米拉波、拉法耶特、巴纳夫，还是罗伯斯庇尔。1791年3月2日，正是在雅各宾俱乐部，亚历山大·德·拉梅特放任针对米拉波的串通"贵族"的指控，从而摧毁了后者的影响力。在1791年上半年，"三巨头"拉梅特、巴纳夫和迪波尔正是通过雅各宾俱乐部才在巴黎对大革命获得了临时的主导权。

但国王的逃跑让局面发生了改变。瓦伦事件造成了既有体制的危机，并引发雅各宾派的分裂。还没有人想要成立共和国，罗伯斯庇尔也没有；但在哥德利埃这一竞争性俱乐部的推动下，巴黎出现了一场废黜国王的运动，但7月17日遭到国民自卫队的严厉镇压。在镇压的前两天，制宪议会正式恢复了路易十六的职权，并编造国王被人拐走的谎言来掩饰其逃亡。由于1789年以来设想的整个宪制结构若无国王的认可就要前功尽弃，巴纳夫这次采用了他曾竭力反对的米拉波的策略。但这样一来他就要与雅各宾的左翼发生正面冲突，后者在制宪议会有罗伯斯庇尔和佩蒂翁这样的左翼议员；在通过上述决议的次日，即7月16日，也就是发生战神广场枪杀事件的前一天，在俱乐部否认议会权威的威胁面前，巴纳夫与大多数议员会员离开了雅各宾俱乐部的聚会。这是一次分裂。离开的人不久成立斐扬俱乐部的宪法之友社，斐扬是另一所修道院，如今这里奉行另一种更具资产阶级色彩、更为温和的政策：就是要以法律终结革命。留下的人以罗伯斯庇尔为首，他们可以放手让这家减员的俱乐部转向与巴黎民众运动联合，而且他们仍然保持着与外省的联络网。

在夏天和秋天，他们利用这家核心机构的资历，巧妙地玩弄联合统一的话题，并重拾普选——此前还不是他们的口号——的主张来反对纳税选举制，从而实现了上述目标；不过，这段历史人们所知甚少，但它是个关键阶段，从此雅各宾的整套机器就从三巨头之手转入左派的控制，后者之中包括议员和一些活跃分子，如罗伯斯庇尔、佩蒂翁、孔多塞和布里索等人。在分裂之后的头几周，大部分外省雅各宾社团在思想上追随斐扬派，不久之后巴纳夫在笔记中悲叹说，这个新的社团未能巩固这一成就，因为在他所称的"斐扬派的联络"中缺少统一与连续性、公开性和积极主动。相反,"雅各宾派之中仍然很多头脑狂热之人,他们大部分是报刊界人士或小册子作者,他们以全部的个人荣誉乃至身家性命来维护俱乐部的影响力,确保它的胜利"。他们是反议会的斗士:这就可以解释,整个夏天的力量对比会发生向老协会的逆转,因为它成功地赢回了听众;500家外省俱乐部重回它的轨道,而追随斐扬派的不到100家。这一反转是法国大革命中最重要的转折之一,而一年后的8月10日只是对这一转折的正式确认。

不过雅各宾派还没有大权在握。他们对制宪议会没有任何影响力,后者还在保守主义的意义上对自己的成就做了最后一次修改。雅各宾派只是在1791年9月的立法选举中获得了一点并不显赫的成功;他们在巴黎的候选人全盘失利,尽管外省的情况好一些,但他们在新议会中的代表仍不到150人(斐扬派的议员要多一倍)。巴黎的俱乐部更换了领导人,甚至改变了俱乐部的角色。它从一家协商俱乐部变成了为第二次革命服务的政治机器:从1791年8月开始,随着有关国民公约(Conventions nationales)辩论的展开,它就不再参考宪法了。

这开启了雅各宾派的新阶段,这个阶段的特征在于获得并行使权力。俱乐部的会费仍然比较高(24利弗尔),新招募的成员尽管仍然是资产阶级知识分子,但此后俱乐部的会议公开举行,因而也像议会一样任由巴黎的政治活跃分子在讲坛上长篇大论或斥责詈骂;俱乐部还高举普选的大旗以巩固全国联络网,同时试图将自己在舆论方面的权威扩展到遍地开花的民众协会;另外,它还在现有各委员会之外新设了"报告委员会"和"监督委员会",从而强化了内部组织;但这些委员会中最主要的仍然是通信联络

（correspondance）委员会，这是雅各宾的核心机构，它的成员中包括罗伯斯庇尔、布里索、卡拉、德穆兰、克拉维埃（Clavière）、科洛·戴布瓦、比约-瓦伦，他们是未来的山岳派和未来的吉伦特派，未来的夸大派（Exagérés）和未来的宽大派（Indulgents），更不用说还有罗伯斯庇尔派。总之，大革命的全部未来一时都统一在雅各宾俱乐部中。俱乐部现在主要不是准备议会辩论了，它有一项全面的抱负：成为一个议会，但这个议会也可能是反议会的。革命的逻辑将使得宪法之友们的议会逐步消失……

从此，雅各宾俱乐部就成为新议会和大革命的议席，这里完全都是一些新面孔。在他们的这所老修道院中，正如在议员们开会的骑术大厅，上演着一幕幕重大的政治辩论。首先是关于战争与和平的辩论。布里索在辩论中以解放十字军观念为核心，组织动员起即将成为吉伦特派的团队，罗伯斯庇尔则在他最孤独的时刻公开反对战争，反对他的竞争对手，他于1791年12月到1792年1月发表了三篇重要演讲。灾难性的战争开局使得大革命进一步激进化，这次仍然是雅各宾派团结和协调巴黎各区的群众运动与外省的联邦派以废黜国王。7月，合法路线终于被抛弃，以选举新的立宪议会，即国民公会，这是第二次大革命。

现在没有关于雅各宾俱乐部参与8月10日起义的文字记录，尽管它很可能以暗中协调指挥的角色参加了：那一年雅各宾积极分子的表现太醒目了，事先不可能没有协商过。在杜伊勒里宫陷落后，雅各宾派又重新掌握了各个要津。不过，这个俱乐部的主要贡献是它此前就已成为塑造8月10日精神的熔炉，这种精神混合着对法律的蔑视和共和理想主义，是普遍的猜疑和平等乌托邦的糅杂：乌托邦中带有独特的罗伯斯庇尔主义信条。在立法议会消亡时，雅各宾派之所以成为一种支配力量，是因为他们发现了一个声音，在他们看来就是民族的声音，这就是那位阿拉斯的律师①的声音，与其说它是反叛的，不如说它是说教的，但这是关于反叛的说教。第二次革命的思想来自他们。入选国民公会的巴黎代表是他们指定的。当负责制定宪法的新议会于9月选举产生时，法国大革命的雅各宾阶段就此开始。

在1793年5月31日之前，这家俱乐部是吉伦特派和山岳派冲突的战场，而在后来联邦主义者反叛的区域，大部分的外省分支机构都还在布里索的朋友们手中。但从1792年9—10月之后，圣奥诺雷街就完全被罗伯斯庇尔控制，这将预示着共和二年雅各宾派的作为：不仅仅是个政治社团，而且是一支有首领的武装，它通过革命来服务于革命。雅各宾派将社团的名称改为"自由与平等之友社"，并控制了由数以千计的外省俱乐部构成的网络，他们的战斗队伍多达10—20万人，这是革命权威的核心集权力量，他们从1791年底起就对这支队伍进行了制度化。共和二年的法国没有宪法，没有明确的法律，这倒让人看清了真正的力量在哪里，既成事实取代了法律：真正的力量就是1789年的全民冲动中所能被组织起来的、几乎能编成部队的力量。

关于1793年，米什莱在1793年清楚地看到，民众革命早已死亡：人民，正如他写的，"已经回家了"，无论在城市还是在乡村。这尤其是狂热主义的小寡头群体的时刻，他们是巨浪的末

---

① 指罗伯斯庇尔。

梢，靠着人们对断头台的恐惧、对混乱的厌倦和对新兴利益的保守心态而招摇横行。在这些小寡头群体中，雅各宾派是最具资产阶级色彩的，最为民族、最有组织和纪律的——比所有在此刻或彼时，以提高平等或反宗教调门而在左翼发展出的所有小寡头群体不知道强大多少。很大程度上说，正是通过他们以及他们的行动，从1793年春对吉伦特派的清洗，直到1794年对埃贝尔派和丹东派的清洗，革命专政的领导团队一直在进行筛选。雅各宾派的"清洗投票"事先就指定了谁是失败者，因为他们在舆论中被检举：吉伦特派从1792年春天就被人揭发，当他们进入政府后，就因为罗伯斯庇尔的攻击而处于危险的境地。这种"准备"从秋天就开始了，这比吉伦特派从国民公会被驱逐（1793年5月31日到6月2日）早了六个多月，因为在1792年10月，布里索就被庄严地驱逐出了雅各宾俱乐部，当时的投票还配合着一份发往所有分支协会的通知；而针对相关人员的整个行动都是从编造密谋者和人民之敌的角色开始的。关于这个案件，米什莱写道："这种团体精神的狂热，这种修道院的偏执，这种宗教兄弟会的兴奋，都在秘密审判中不断升温，都毫不费力地将诽谤发展到无以复加的荒谬境地，从而造成前所未有的事态。"

在众多的实例中，排斥布里索很好地说明了这个阶段的雅各宾俱乐部的诉讼程序特征，关于这一点，奥古斯坦·科尚[①]在米什莱之后的分析可能是最为深刻的。实际上，在大革命的这个阶段，人民失去了宪法权利，俱乐部作为代理者占据了人民意志

[①] 科尚（Augustin Cochin，1876—1916），法国君主派历史学家。

的整个空间,从而变成了一台塑造全体一致性的机器。它的正统权威时而表现为选举投票——正常状态下这是主权人民的一种表达——的替代品,时而表现为对民主选举的加持。雅各宾派时而还煽动并颂扬"人民"奋起反对其代表机构,如 1792 年 8 月 10 日和 1793 年 5 月 31 日;他们自认为是直接民主制和不可让渡的人民意志的卫兵。但有的时候,他们又是国民公会中罗伯斯庇尔多数派的坚定捍卫者,并坚决维护国民代表机构的不可分割的主权,如从吉伦特派倒台到热月 9 日这段时间。在这两种情形下,俱乐部的清洗功能都是关键:"人民丧失了按法定形式定期选举官员的权利;各社团则夺取了无规则地不断清洗官员的权利"(A. 科尚:《革命政府的行动》(*Actes du gouvernement révolutionnaire*),前言)。这就创立了一种闻所未闻的直接民主制,雅各宾派在这种制度中构想出一种有内在活力(in vivo)的革命人民,即全体一致的人民,因而也是可以不断进行自我清洗的人民,因为排斥的目的在于清理主权者内部隐藏的敌人,恢复受到威胁的统一性。本质而言,投票应采取举手形式,秘密性只能给阴谋提供方便。所以,决策应该在俱乐部聚会前就由头领们的讨论确定下来了,随后只需由狂热盲从的会众批准认可。外省则只要追随巴黎的上级俱乐部。

从这个意义上说,作为一个团体,雅各宾派不知比山岳派强大多少。的确,山岳派指的是国民公会中的左翼,但其轮廓稍微有点模糊,其范围也比雅各宾派大一些,因为一些山岳派议员并不是圣奥诺雷街俱乐部的成员;山岳派像雅各宾派一样,非常关心公共安全(salut public),也很注意资产阶级与人民的联盟,但他们经常对党同伐异的狂热保持距离。雅各宾俱乐部则不仅仅是大革命的民间武装和帮手。它还是大革命的法庭，是其正统性的卫兵，它发出绝罚或排斥令（excommunication），这就为恐怖奠定了基础。从所有方面来看，俱乐部与罗伯斯庇尔不谋而合：这位阿拉斯的律师生性多疑而爱抽象，讲意识形态又有策略；他并不喜欢直接行动，但在操纵这个机构和引领观念方面无人能敌。因此在雅各宾派当中，他犹如水中之鱼。1793年，他开始收获在这一机构长期投入、自1791年夏天以来耐心地重组它而得来的回报；他毫不费力地将自己完全投入俱乐部，因为雅各宾派和他之间已经存在一体关系。

从国民公会开端到热月9日的雅各宾历史，可以从两个相互区别但又相互联系的方面去书写。第一个方面是俱乐部及其积极分子在救国委员会的民事和军事政策中扮演的角色，这种角色同时体现在巴黎、外省和军队中：这一角色至关重要，通过巴黎对整个国家的专政，它使得作为绝对主义特征并在共和二年由大革命刷新的中央集权制度重获生机。第二个方面是对雅各宾俱乐部对国民公会以及整个革命舆论施加的信条权威的研究：正是由于雅各宾派，才有了一系列的审判，先是针对国王，随后是吉伦特派、忿激派、埃贝尔派，最后是丹东派；"革命政府"的制度直到几个月后才通过死刑判决反映出俱乐部的清洗排斥政策。人民主权曾长期在国民公会、巴黎各街区、巴黎公社、雅各宾俱乐部之间摇摆，最后它终于在雅各宾派那里找到了最可靠的庇护所，从丹东派于1794年4月被处决到7月的几个月之间，人民主权就体现在雅各宾派首要人物的个人专政中。

罗伯斯庇尔于热月9日的倒台并没有立刻导致这个社团的终结。胜利的"热月党"尽管事后憎恶罗伯斯庇尔，但他们大部分人曾与后者一起共事，经常还像罗伯斯庇尔一样是坚定的共和派，反对任何过分的"温和宽大"。但针对恐怖及其责任者的民意压力还是使得国民公会于1794年11月12日决定关闭巴黎的雅各宾俱乐部。1795年的法令规定，将"圣奥诺雷街雅各宾修道院的房产"改造成公共市场，并命名为"热月九日市场"。

　　雅各宾派的历史之后是雅各宾主义的历史。它一开始就是一种具有能动性的伟大记忆的历史，有人歌颂它，有人憎恶它，它本身就是大革命的最杰出或者最恶劣的化身。1796年，巴贝夫在他那次兼具共产主义和新雅各宾色彩的密谋中试图调动人们对共和二年的思念之情；同一年，约瑟夫·德·迈斯特（Joseph de Maistre）出版了他的《论法国》（Considérations sur la France），在他看来，法国大革命本身就已经是一段异乎寻常的邪恶历史了，而在这段历史中，雅各宾派尤其是上帝派来的惩罚工具，本质而言它是一种禀性邪恶的救主，是经历它的劫难之后准备再生的法兰西的救主。由于雅各宾主义是法国大革命中最激进的一面的化身，因而也是大革命本身的化身，它在身后的两个世纪中既是传奇，也是历史，是传统，是遗产，是理论和实践。

　　在20世纪末的法国政治中，这个术语在语义上的弹性见证着时间带来的变化。在不同的情形下，雅各宾主义或雅各宾可以指非常不同的倾向：国民主权的不可分割，国家改造社会的使命，政府和行政方面的中央集权，通过立法的统一性保障的公民平等，通过共和学校实现人的再生，或者仅仅是傲慢的民族独立倾向。但在众说纷纭的含义中，有一个始终占有核心地位的形象，这就是凌驾于公民社会之上的、不可分割的公共主权权威；不过，如果雅各宾俱乐部的历史是对国民公会不断侵夺的历史的话，这里就有一个悖论，因为1792年9月选举已经按正常渠道将人民主权授予了国民公会。当然，可以从法国法治传统的薄弱、历史记忆隐约而强大的控制力等方面来对这一悖论作长篇解读，但它本身也可以解释两个世纪之后雅各宾主义的资产阶级化，它从一种革命遗产转变为民族财富。当这个概念抵达历史头衔的高级阶段时，它也就失去了全部的颠覆性特征，而且，正如我们看到的，也丧失了任何的确切含义；然而，当它让人想起一个强大国家的好处，想起进步的推进器，想起不受时效约束的民族形象时，它就可以与它之前和之后的传统连接起来，就能弥合大革命造成的撕裂：雅各宾传统是一条连接旧君主制和拿破仑国家的桥梁，它因而有了某种家族谱系中的身份。所以它也能在右派之中找到一席之地，也可以分裂左派；它可以同时让戴高乐主义者和共产主义者满意，也可以在社会党内部画出一条分界线。

但在变成这种模糊的参考物之前，19世纪的雅各宾主义曾位居十分激烈的政治和思想冲突的核心。从复辟王朝到第三共和国建立，雅各宾主义是共和派的武器库的一部分，当然名称和所占的比重多种多样；它是一份不可分割的遗产，人们可以同时从中发现不可分割的人民主权，普选产生的全权议会，法兰西民族引领各国人民走向解放的舵手形象，对天主教会的敌视，作为宗教的平等，最后还有革命政治中职业活动家们秘密或公开——视情

245 况而定——的结社传统。雅各宾主义也带来了恐怖,恐怖与第一共和国、与以美德为名行使的血腥专政不可分割。当雅各宾主义凝结为一种政治传统时,它也塑造了一个引发拒斥的极端,尤其是在资产阶级和农民中间:如果巴黎的共和国就是恐怖的共和国,那么自由就应该到别处寻找庇护所。这种意识很大程度上可以解释1830年7月的成果何以被奥尔良主义窃取,而在这之后的1848年则向有产阶级展示了一种更为危险的雅各宾主义的苗裔:社会主义。

当然,从文艺复兴以来,社会主义或共产主义的观念就不时地冒出来,但由于巴贝夫,这一观念从大革命之中获得了某种历史的确证:从公民再回到人,把平等观念扩展到经济和社会领域,将批判指向私有财产。雅各宾派没有继续走到底,因为他们的主张仅限于限制财富,巴贝夫认为这一怯懦正是他们失败的标志所在。但他仍然忠实于雅各宾派的核心理想,因为他构想的密谋就是以一个具有高度组织性的党派,在一场类似于军事政变的行动中夺取集权化的国家机器:雅各宾派对于政治全权的信念就发展为革命党派的理念。1796年的失败并没有妨碍巴贝夫主义的遗产传递给复辟时代的秘密社团,它们是孕育社会主义观念的温床。社会主义公开承认与雅各宾的血缘关系,并对法国大革命提出了一种新解释:这同时也是对1789年的激烈批判。圣西门派的异见分子、天主教社会主义者比谢,曾编纂了里程碑式的《法国大革命的议会史》(*Histoire parlementaire de la Révolution française*, 1834—1838),在米什莱之前,这部书是专业学者、业余爱好者和政治活跃分子的圣典;在这部著作中,雅各宾派预示着未来的社会主义共同体,而1789年和《人权宣言》只是奠定了资产阶级的个人主义,这只能确立一个市场,但还不足以确立一个社会。

此后,大革命本身的统一性被后来的雅各宾主义打破了,预示了未来的另一次解放:1789年已经成为过去,雅各宾派代表着未来。稍后,路易·勃朗写道,第一次法国大革命属于伏尔泰和资产阶级;第二次大革命属于卢梭和人民;在比谢的解说之后,后雅各宾的大革命版本与复辟时代自由派历史学家们的"八九年主义"针锋相对,而这些自由派,如基佐和梯也尔,还是七月王朝的政治人物。法国社会主义的这种威权主义和国家主义的传统并非一统天下,例如,蒲鲁东就站在了雅各宾主义的对立面,他将实现平等与摧毁国家和自治结合起来;但这种传统占支配地位,而且,首先并主要由于这种传统,1848年才带着对1793年的伟大回忆而在其左侧展现出可怕的幽灵,这一幽灵不仅威胁自由,而且危及财产权,因而就更形可憎了。6月的镇压终结了这一新雅各宾版本的社会主义,但没有终结它对城市大众阶级巨大的影响力,尤其是在巴黎;也没有终结它在有产阶级和农民中引发的严重恐慌。6月之后,恐慌的对象消失了,但恐慌依然如故,这在很大程度上解释了波拿巴的侄子何以在12月10日当选为总统,这是1851年12月2日政变的序曲。

在第二帝国时代,共和派阵营的部分成员在总结第二共和国失败的教训时,试图将平等主义专政共和国的幽灵从这个国家驱逐出去:这就是埃德加·基内(Edgar Quinet)关于大革命的著作的政治意义所在。流亡日内瓦湖畔的青年共和派律师茹尔·费里

（Jules Ferry）对这一看法的支持是确定无疑的：在这位未来的第三共和国之父看来，对雅各宾主义和恐怖的批判是以共和国为核心构建民族共识的条件。1871年，由战败而产生的民族屈辱通过巴黎公社最后一次唤起了社会主义的新雅各宾，当然这时还糅杂着其他各种思潮；也正是在巴黎公社的废墟上，茹尔·费里和"机会主义"共和派与奥尔良派合谋建立了共和国，但这个共和国是1789年而非1793年的继承者。

当然，这并不是说，雅各宾的遗产丝毫没有进入第三共和国。尽管共和派不得不接受一个上议院，即参议院，但他们保留了全权的人民主权观念，这一观念就体现在代表制度中。尽管他们向奥尔良派的利益哲学做了很多让步，但他们也保留了圣奥诺雷街的伟大先辈们的下列信念：公民优先于私人个体，国家有教化责任，因而学校有培养公民之责。总之，共和国这一次终于在对法国大革命的世界性解读之上牢固地确立下来了，在这种解读中，雅各宾的遗产与血腥和暴力脱钩了，但这笔遗产并没有被遗忘，更没有被羞辱。另外，最终被驯化的法国大革命进入了索邦：奥拉尔，第一位大革命讲座教授，弹响了这个休止音符。

如果离开19世纪的法国，离开这个现代政治戏剧的无与伦比的剧目库，把目光投向20世纪，就会看到表现为更具世界意义的雅各宾主义遗产对我们时代的巨大影响：这种影响就是革命政党，其母体就是圣奥诺雷街修道院的那家社团。这种亲缘关系一直萦绕在俄国布尔什维克党人的脑海中，自1903年社会民主工党发生分裂、该党产生以来就是如此；因此，布尔什维克的历史，他们政党的类型，就成为一个重要的中继，通过这个中继，雅各宾先行者们才成为全世界共产主义或共产主义色彩的革命的榜样——从很多方面看，它是一道色差非常大的彩虹，但是，从观念构想和政党作用的角度来说，这道彩虹又指向唯一的源头。

这个源头就在光辉时代的雅各宾俱乐部中，在救国委员会的时刻，在山岳派的胜利和罗伯斯庇尔的统治之中。要理解这一点，仍需要从米什莱出发：他是最法国的历史学家，有时甚至是最严格意义上的民族主义的大革命史家，但他对雅各宾民主之中最具世界意义的要素做了最深入的分析。米什莱并不喜欢他所称的雅各宾"宗派"（secte），不喜欢它的狂热，它的宗教裁判所精神，以及它对刻薄的罗伯斯庇尔的忠诚；但是，他同样不喜欢将它与大革命分割开来。在他看来，雅各宾是1789年的崇高人民的代理者，是革命的工具，所以它是必不可少的，尤其是在这样一个逐步解体、士气低落、危机四伏的国家："由于没有天然的联合来赋予大革命以有机的一致性，就需要一种人为的联合，一种同盟，一种合谋，以至少赋予大革命以某种机械的一致性。作为一个强有力的动能杠杆，一台具有强大行动力的政治机器，它是必需的。"雅各宾派就是这台机器，这种动能。

这台机器主宰着一切政治程序，尤其主宰着国民公会。雅各宾俱乐部不仅密切监督议员的选举，在巴黎，甚至在俱乐部聚会的地方促使议员当选；而且就议员的行动发表意见，并通过清洗事先做出决策：1793年6月2日，在国民公会清洗吉伦特派的行动中，昂里奥（Hanriot）的大炮只是俱乐部的打手而已。俱乐部说的就是真理，就是正确的，必须相信的，跟教会没有两样；在判处异端极刑将他们交付断头台之前，它还传唤这些人公开认错。

如果它改变主意或自相矛盾,那也仍然要相信它,因为它要求的是信仰,不是理性:"不管局势如何变化,不管时局要求如何改变信条,他们(雅各宾派)都坚持维护统一。"这一信仰高于任何具体局势,并被认为是克服时局困难所必需且足够的条件,它的基础在于雅各宾派与人民意志的合一,在于时刻保持政治警觉,以揭穿掩盖着贵族阴谋的不断翻新的伪装;俱乐部就是展示共和国明天的先锋队,一旦共和国将敌人清除干净,一旦通过教育和为祖国服务而获得再生的平等和美德公民出现,共和国的明天就会到来。

因此,米什莱提出了两个根本观念。在雅各宾派之中,他首先看到的是取代人民并以人民的名义发言的战斗性的寡头集团,另外他还提出了一条分析思路,半个世纪后,来自另一侧[①]的历史学家奥古斯坦·科尚系统地深化了这一分析。这个寡头集团的人员招募只需得到其成员的许可,它自身服从的是这台机器的要求,以及其领导(一位或多位)的要求,领导人是专业的政治人物,是行家里手,善于对组织进行幕后操纵:在科尚的时代,奥斯特罗戈尔斯基(Ostrogorski)和 R. 米歇尔斯(R. Michels)[②]也曾研究过这种操控政党的辩证法,即少数成员在民主的外表下控制政

[①] 科尚是君主派的保守主义学者,而米什莱是共和派。
[②] 奥斯特罗戈尔斯基(Moisey Iakovlevitch Ostrogorski,1854—1921),俄国政治理论家和历史学家,著有《民主与政党组织》,曾提出著名的论点:"一个政党,即使它创立是为了最高尚的目标,只要它存在下去就有堕落的倾向";米歇尔斯(Robert Michels,1876—1936),生于德国的意大利社会学家,著有《政党》一书,其著名的论点是:"组织就是让被选举者统治选举者……谈论组织,就是谈论寡头集团。"

党。不过，光辉时代的雅各宾派是一种特殊类型的政党的开端，因为这家俱乐部不是辩论的场所，而是正统信条的殿堂；这就要求全体一致，并产生病态的怀疑和为清洗而举行的表决；也由此产生代表人民的执念，它总是要让其代表选举产生，以窃取民族主权。米什莱不喜欢6月2日国民公会的投降，这是公然对尚存的革命公共权利的打压，在他看来，僧侣狂热主义再度化身于圣奥诺雷街的俱乐部之上，这是法国大革命的一大悲剧。尽管悲剧是必要的，但毕竟是悲剧。

雅各宾俱乐部还将有很多模仿者。在19世纪，它不仅是大革命的传奇，还是大革命的经验教训：战斗的革命团体深信，它们行动的目标是人的改造和世界的改造，在19世纪，这些共享新雅各宾主义遗产的革命团体遍及整个欧洲大陆。1815年，法国大革命的失败开启的新时代已经在两点上改造了这一遗产的特征：此后这些社团就成了地下会社，不得不在深夜里秘密活动；尤为重要的是，它们的必要性乃基于另一个层次的考量，这有别于18世纪末的理由。大革命已经逐渐将雅各宾的实践改造成一个狂热的、统治性的党派的实践，但这个过程走向了革命原则的反面，因为革命原则排斥作为个人利益聚合体的党派的观念，这会将公民意志和公共主权隔离开。雅各宾派是大革命进程中的一个意外的产物，它只是由于事态的必需而发展成革命的先锋队。相反，19世纪的欧洲在对大革命的观念和意志方面的教导进行回溯性考察时发现，雅各宾派只是个后来的执行者，于是欧洲人倾向于认为革命政党是革命的先决条件。欧洲人将对政治行动的创造性力量的信念，与不可避免的历史进程——政治行动被认为是为了实现这一进程——观念结合在了一起，但这一做法充满矛盾，因为上述两种观念存在龃龉。意志不久就与科学认识结合在一起：与法国大革命颇为不同的思想和政治世界，也能通过雅各宾俱乐部从大革命中汲取资源，雅各宾是灵感和楷模。

这条路途依然在痛苦的探索之中，首先是马克思，随后是马克思主义的主观主义版本的创造者列宁，他们构成这条路途的主要阶段。通过布尔什维克主义这个中介，雅各宾派有了一个精彩的 20 世纪。

弗朗索瓦·孚雷

延伸阅读

A<small>ULARD</small>, Alphonse (éd. établie par). *La Société des Jacobins. Recueil de documents pour l'histoire du club des Jacobins de Paris*, 6 vol., Paris, 1889-1897.

B<small>RINTON</small>, Crane. *The Jacobins: An Essay in the New History*, New York, Macmillan, 1930.

C<small>OCHIN</small>, Augustin. *Les Sociétés de pensée et la démocratie moderne*, Paris, Plon, 1921; rééd. Paris, Copernic, 1978.

K<small>ENNEDY</small>, Michael L. *The Jacobin Clubs in the French Revolution: The First Years*, Princeton, Princeton University Press, 1982.

M<small>ICHELET</small>, Jules. *Histoire de la Révolution française*, liv. IX, chap. III et IV.

参见条目

革命议会（Assemblées révolutionnaires）

巴贝夫（Babeuf）

巴纳夫（Barnave）

布里索（Brissot）

中央集权（Centralisation）

俱乐部及民众社团（Clubs et sociétés populaires）

救国委员会（Comité de salut public）

孔多塞（Condorcet）

丹东（Danton）

民主（Démocratie）

斐扬派（Feuillants）

吉伦特派（Girondins）

革命政府（Gouvernement révolutionnaire）

革命日（Journées révolutionnaires）

拉法耶特（La Fayette）

马拉（Marat）

山岳派（Montagnards）

罗伯斯庇尔（Robespierre）

无套裤汉（Sans-culottes）

主权（Souveraineté）

选举制度（Suffrage）

恐怖（Terreur）

瓦伦（Varennes）

自由
Liberté

杜尔哥在1770年说,"自由"一词"自身就构成众多人的政治入门课"。的确,自从霍布斯提出如何判断何种形式的国家能最大限度地保障个人自由的问题以来,18世纪就习惯于将自由视为良好政体的试金石。政治哲学对这个问题的回答尽管可能多种多样,但都是以自由的名义给出的。任何合法的政治社会看来都不能没有其成员的认可;即使是霍布斯说的服从,也需要用这样的论据来证明:为了自由而牺牲一些自由更为有利。

法国大革命将自身定义为与以奴役编织而成的旧制度的决裂,并把自由视为事业的源头和终点。说是源头,是因为自由的存在归因于独立的个人的先在性,人因为按神的形象剪裁而具有自决和自愿创立社会的能力。说是终点,是因为大革命的终极目标不仅是保障个人自由免受专断的侵犯,而且还要让自由进一步绽放。

然而,在法国大革命时代,个人自由的命运多有悖谬,个人自由突然转向了专制主义。对这一点,埃德加·基内的表述比任何人都更确切:"在这些年中出现的那个奇迹是在其他地方不可能找到的……黄金时代被刻写在门槛上;但为了将之付诸实践,在门槛那一边,人们看到的是不可遏制的复仇。"关于法国大革命的各种历史都围绕一个谜展开:自由开启的是一种前所未有的专制主义。有些人把对自由的抛弃归因于对外部局势的考虑。外部局势固然很紧迫,但它是暂时性的,而且很快就可以发现,这是一种打发问题的方便借口。另一些人则揭示,革命者从一开始就有专制主义的意图,就有将自由转化成奴役的可怕盘算。还有一些人将大革命表述为两幕戏剧,它们以此阐释18世纪哲学孕育出的两种相互对抗的自由概念:一种概念认为自由高于道德目标,因而不能容忍对这一首要的善的任何否弃;另一个遵循亚里士多德的传统,认为人类生活服从于某种德性目标,因而事先就论证了对自由进行限制的合理性。革命者时而偏向个人的至上权利(这时他们认为自由比美德更可取),时而偏向社会幸福(这时他们又觉得美德比自由更可取)。此外他们还意识到这是在进行两场革命。且听冈本在辩论吉伦特派宪法时的发言:"我们并没有进行一场自由的革命,我们刚刚从事的是在王座的残骸中实现平等的革命。"

  法国大革命史学中的这种分期法之所以广受重视,原因在于其意图很单纯:由于革命者的思想武器库中包含两种自由观念,他们就为实现这两个观念而进行两场革命。但是人们也可以确定地说,情况根本不是这样:18世纪哲学箩筐中有关自由的表述并没有那么简单;大革命的戏剧也不是像在剧场那样,一幕戏剧随着榔头的敲击而落幕,另一场则跟着上演。

18世纪的政治斗争是以受到绝对主义威胁的各种自由的名义而进行的。**各种**自由（les libertés）：一个历史性的、复数的奇妙词汇，它在从布兰维利埃到孟德斯鸠的一系列杰出文献中被阐发。对于这种复数的"自由"，人们理解为旧制度时代各个社区、等级、大学、团体和社群享有的减免（franchises）、豁免（immunités）和特权（privilèges）。对这些个别性自由的保障，看来在于社会分割碎化为各种中间团体，在于层层相叠的等级体系，在于传统的强固——贵族就自认为是传统的天然屏障。当省议会设立时，罗梅尼·德·布里安（Loménie de Brienne）仍然在以复数自由的名义为等级分割辩护，在他看来，这种自由是与法国君主制合体共生的（当然，长时间的形成过程则有另一重含义）："没有区分的原则，省议会很久就会走向共和国的自由（也就是无政府状态）或者暴君的绝对权威。"在这两难之间，还有"恰当的"的空间：在这里，自由意味着拥有一种保障，以确保与其个人身份相连的独立，并可享有免于滥用权力的传统保护。这些"具体的"自由涉及的不是抽象身份，而是融入富有活力的共同体的个人，后革命或反革命思潮都强调这种"具体的"自由。

因此，培育这种贵族式自由的沃土在于多样性，孟德斯鸠在英国的制度和风俗中就发现了这种多样性。一方面，各种权威（国王、领主和公社）之间的长期冲突，各派力量与反制力量之间的持久平衡，都保护了个人免受专断权力的侵害。另一方面，在商业社会中充分发展的个人利益和激情的多元性，也遏制了个别人的至上权。权力、利益和激情相互纠缠在一起，正是这种不安的局面给了自由机会。在一种复杂的体制中，每个人都始终要面对

"各种脾性,各种言谈,要做各种妥协",这样一来,就算不能绝对保证自由的发展,至少可以确保自由不被扼杀。从权力与权力之间这种良性的中和效应来看,一个体制的简化反过来就会危及个人的安全。

尽管《论法的精神》获得了巨大成功,但孟德斯鸠设想的精妙的反制力机制势必要在法国的政治思想中碰到很多抵制。要接受这种机制,就需要接受一个对试图创建理性政治的人来说甚为反感的观念:由传统认可的特权是保证自由的工具。经济学家们(économistes)[①]憎恶反制力观念,他们在多样性中看到的是冲突或瘫痪;托克维尔认为这些人对自由只有一种并不可靠的偏好,在他看来,整个法国社会对自由的要求都是微弱的。马布利和卢梭汲取了霍布斯学说——它是基于内战的恐怖构建起来的——中的下述看法:寄于一人之上的主权是最佳的政府形式,因为它超脱了个人意见纷纭的危险状态,缔造了统一性。所有这些人都认为,公民的自由不在于纷繁杂乱的个人社会身份,也不在庞杂的习惯法之中,而在于统一的、同等的权利,在于普遍适用的行动规则。虽然他们彼此间有分歧,但他们都同意区分贵族式的自由和民主制的自由,前者是英国式的,本质上根本不需要平等,后者是"法国式"的,它基于这样一种信念:如果理性之人都能充分考虑到同一政治问题的各个方面,他们就应该有同样的意愿。于是,一种源自人类状况的极端差

---

① 这里的经济学家指的是18世纪以重农学派为代表的一批学者,他们尤其信奉"理性"。

异性的自由与一种源自极端相似性的自由就对立了起来。

还有一个重大的分歧贯穿18世纪关于自由的各种概念之间。人们认为，从这些概念中看到的主要是一种消极定义的胜利：自由，就是按自己选定的目标不受阻碍地行动，就是不受强制。因为，尽管哲人们对强制的范围存在不同看法（可以像霍布斯那样，把强制简化为对行动的外在阻碍，但也可把强制扩展至所有内在的强制，如习惯和习俗），但他们在一个关键问题上几乎都是一致的：人所追求的消极目标足以奠定社会契约。不管是为了避免死亡（霍布斯）或为了避免饥饿（洛克），正是在最无奈、或许也最乏味的人类事实——人类自保的本能——之上，政治哲学构建起了自己的体系。由于每个人的自由不在于追求某个积极目标的能力，而在于逃避他人强制性干涉的可能，因此法律唯一的功能就是保障个人的独立。好的政府根本不关心共同体的目标，它唯一的使命是看管好一片中立空间。它只要防止有人闯入这一每个人都可生活于其间的领域就够了。要为自由而战，只须解除强制性武器。

对这种消极自由，对死亡的恐惧缔结的社会纽带的批判，在大革命之后大为发展。当时的人们不厌其烦地谴责这种自由产生的后果：自私自利，软弱无力，对公共生活漠不关心。但在革命之前人们也能感受到，这种批评在哲人们中间已经明确存在并且相当活跃；对这些哲人而言，自由是实现人类才智的能力，它在于融入公共生活，在于持续、直接、高强度地参与城邦生活。古代自由的形象——人是政治的动物，只有通过公共活动才能实现这一本性——与自由-独立的形象形成竞争。我们可以在马布利那里看到这种古代形象,他认为,只有当人民放弃自己的个人事务时,自由才有保障;对于卢梭,自由则意味着始终如一地投入公意。两人都远没有把自由视为免于对意愿的阻碍。他们的自由服从于为集体幸福而工作的能力,为了这种幸福,应该完全牺牲个人的独立。他们还认为,这种积极自由会促使个人追求比个人利益更高尚的目标,就像古代的公民一样:这是战士的自由而不是那种有产者的自由,这是英雄主义的自由而不是那种保存自我的畏畏缩缩的自由。

复数的自由与单数的自由;植根于复杂性的自由和在统一性中展现的自由;作为仅仅免于强制的自由和作为积极行动的自由。这一系列的二分法都在提示大革命前夕自由的古旧概念与自由的现代概念之间的截然对立,对于前者,人类幸福有某种客观的体现,但后者不包括任何此类体现。但实际上问题根本没有那么简单。一方面,一些消极自由的信徒,如洛克也承认,既然我们都是上帝的受造物,我们的自由就不在于行动受限,而在于按神意规定的目标行动:就是说,行动的内容和形式一样重要,社会契约的根源并不是纯粹的消极性。另一方面,积极自由的信徒也没有轻易抛弃他们信奉的个人独立:卢梭仍然相信,个人的诉求是不可压制的。这样我们就能理解,何以人们可以从一种自由过渡到另一种自由,只要相信这一点就足够了:为了摆脱强制而团结起来采取集体行动是有益的;于是,消极自由就变成了积极意志针对的对象。

源自复杂性的自由与源自统一性的自由之间也有同样的往复关系。应该偏向于哪一个?正如休谟在给孟德斯鸠的信中说到的,复杂形态易于因为"各派的对立"而出现紊乱，因此多元性并不始终都是好的。至于简单形态，任何一种都不是人们认为的那样简单：甚至绝对君主制也因为习惯、情感和先例而有所缓和，且不说现代各国的交往到处都在产生相似性。因此，18世纪并没有对良好的政府形式这一问题做出决然的判定：孟德斯鸠并不相信法国式的奴役与英国式的自由是泾渭分明的，休谟就更不相信了；从另一方面来说，甚至卢梭也对英国政制有时也很宽大。如果排除一些极端的形态，尤其是孟德斯鸠的专制主义，每个政府本身都可以接纳部分的自由和部分的奴役。使得政治形式问题成为关键性难题的，是后来的革命者，而启蒙时代的讨论一直是开放的。

自然权利概念与历史权利（droit ancien）概念、复数自由与单数自由概念、抽象个人与社会存在概念之间的紧张，就是法国大革命所要面临的遗产。有时革命看来必须在它们之间进行无法修正的选择，有时革命又在探索各种相互矛盾的可能性中摇摆不定。

制宪议会上回响着对旧制度"弊政"（abus）的控诉声，这个词包含着所有让人想起对个人自由之侵犯的恐惧，看来议会已经毫无疑义地选择赞同个人独立。首先是因为公共自由服从于个人独立：《人权宣言》第二十一条规定，政治联合的目的在于保护人的不可让渡的自然权利。在这里，自由是首要的善，它先于法律，后者只是对自由的保障。西耶斯说："当公众要求一部法律授予或认可他们的出版自由时，那他们就不能很好地表达。公民之所以能思考、说话和写作，并不是因为这样一部法律，而是出于他们的自然权利。"其次，为了保护这种自由，制宪议会始终关心分权；《人权宣言》第十六条确认，任何没有分权保障的社会，也就"没有宪法"，这一条获得了全体一致的赞同票。在这种对分权的要求之中，尤其可以看到对行政权力的僭越的极端不安，正如巴雷尔说的，行政当局会对立法权威干出各种坏事。关于由国王设立法官的可行性的辩论足足开了两次会议，这比任何讨论都更能说明上述事实。莫里、米拉波和卡扎雷斯为这种可行性辩护，但议会大多数成员与之相反，他们以法官的独立和作为一种保护性概念的自由为名否决了他们的意见：罗德勒说，"只有当法律自身有可靠的庇护时，它才能成为人的庇护所"。

雷米萨（Rémusat）后来说，新制度"完全是为免于专断统治的消极需求而诞生的"。制宪议会的议员们全力以赴地系统清除一切可能妨碍个人行为之自由表达的障碍：宗教社团或行会，所有这类组织都将个人"以他们所谓的共同利益的名义"归入局部性的联合。在议员们看来，这是在个人利益与公共利益之间设置了一道可怕的屏障。他们拒绝接受这样的看法：在摧毁这类有助于"减轻专制主义"的中间团体之时，就为专断提供了机会，正如柏克清楚地看到的，或者只是威权者乐于看到的——如米拉波认为的那样。甚至将非有产者排除出政治体的纳税选举法，也很好地表现了他们对个人依附的反感：在他们看来，拥有一笔财产就是不依附于他人、可以获取公民之荣誉的条件。

对个人独立的保护足以组织起社会：正是出于这一强烈的信

念，那个历史性的复数的自由才在抽象的单数自由面前迅速败退。制宪议会的自由是一个单数的、普遍的原则，它总是在自行推定，而且不需要任何具体性的阐述。1789年9月27日，格雷古瓦在为有色人辩护时高声说道："他们是自由的吗？请证明他们不是自由的。"因为作为自由的对立面是需要明确的证明的。在西耶斯看来，根本不需要详细列举关于自由的法案。"没有这些法案，自由就只是存放一堆抽象概念的仓库，立法者掌握着仓库的钥匙，以便自由的小片段逐步从仓库中流出。"

应该特别注意到，如果与旧制度这一令人憎恶的过去相对照，对先于任何法律的自由－独立的肯定，主要表现为一种保障，即在面对仍然必须保留的君主制的专制倾向时的保障。如果同大革命的现状进行比照，情况则稍有变化。自然权利始终是不受时效约束的。但一方面，关于这一权利的行使及其范围的评估，现在已经归立法机构了；而且，由于没有任何的上位准则，这一权利就不够精确；这些情况都很容易产生歧义。另一方面，这一权利在集体需求面前必须消声："平等和自由的法律"，米拉波在1790年6月28日说，"禁止任何排斥性制度。除非重大的公共利益亟需做出相反的规定。"另外，从制宪议会成立伊始，米拉波就已经注意到，随着《人权宣言》草拟工作的深入，议会或许就走向了与其当初的梦想渐行渐远的道路。尽管公共自由与自然权利相比位居次席，但毕竟也要保障公共自由。但是，当人们不再说自然的自由人，而是说"与公民身份相连"的人时，人们就几乎总是要"以义务取代权利"。于是就产生了自由的条件、预防性前提，甚至是自由的对立面。

这种"自然的人"与"公民身份的人"的区分，可以在制宪议会的所有敏感时刻看得到。例如，在《教士公民组织法》的辩论中：没收教士的财产显然违反财产权，重农学派曾宣布财产权是先于社会状态的自然的、根本的权利。但巴纳夫提醒说，虽然每个人都享有完全的自由，但作为公民他也有义务："当社会需要每个人的力量和支持时，你们就应该在关键时刻为社会做出你们该做的一切。"如在关于出版自由的辩论中：有一派认为观点交流的自由是首要的自由，他们抗议以公共秩序为名对这一自由所进行的规范（因为他们担心的是，"规范和最可憎的审查"从来就不能进行明确的区分），但是，当问题涉及解除革命的敌人的武装时，他们也就放弃了这个原则。还有关于向外移民的自由的辩论，这比任何其他辩论都更能说明问题；辩论是在1791年2月国王的婶婶们离开法国之后出现的：还有什么比流动往来的权利、"选择自己的神和自己的朋友"（如巴雷尔所言）的权利更加不受时效约束吗？但是，即使巴雷尔在谈到特殊时期公民的自由问题时，也带着不容辩驳的明确性。"在这样一个时刻，谁能怀疑民族可以暂时悬置公民离开王国的天然自由呢？"当卡扎雷斯提出反对意见时，巴纳夫也郑重地提醒他，人的权利和公民的权利之间存在距离。

因此，当奥古斯特·孔德指责制宪议会将自由原则普泛到了无政府主义的地步时，我们不能同意他的看法。制宪议会的议员们很快就放弃了消极自由的概念。他们承认，如果不能表现自由可能的积极方面，就不会有自由，或者说，也应该承认旧制度时期的人也可以是自由的，"在暴君的铁幕的边缘，在修士的长袍之下"。他们认为不可能将自由定义为绝对的个人财产,而与"我们的近邻和我们的公民同胞"毫无关系,1791 年 5 月迪波尔就是这样说的。他们还将自由置于平等之下,如西耶斯说:"如果一个社会中的某个人多一点或少一点自由,那么这个社会肯定是无序的,它也将不再是自由的,应该进行重构。"他们不仅因为法律面前的平等而将自由悬置,而且在制定法律的平等之中将自由搁置,以便在《人权宣言》中突出公民在立法工作中的合作。所以,他们让个人走出了自由－平等的小堡垒,将其融入公共生活之中。他们将一种新的自由作为礼物给了个人,这就是确证服从祖国利益的自由。这种"公共利益"(unilité publique)是一种至高的善,不过它还没有系统化为"公众永福"(salut public),后者将兑现制宪议会对个人主义原则的全部抵触性措施,并让其正当化:正如巴雷尔所说的:"祖国在苏醒,人民的永福已成为最高的法律。在它面前,个人权利须恭敬地低头。"在这里,制宪议会不只是预告了雅各宾的自由:它所铸就的这段对原则大打折扣的历史,足以质疑将大革命分为两大对抗性阶段的僵硬分期法。

但还是不能说个人主义原则在国家主义原则面前溃败了。因为二者在一起成长,正如米拉波清楚地看出的:取缔中间团体只是让国家和个人直接面对面。制宪议会议员们对法律的理解,也使得这种双重的善成为可能:让所有个别利益消声,从而使国家不受公民之间争执的干扰;让国家没有对私人事务进行武断干涉的可能,从而让公民免受国家的侵犯。因此,为了证明国家权力与自由可以兼容,制宪议会大费周章地将公民的诉求和国家的干预同时置于不容置辩的原则之上。不过他们还是很清楚地意识到困难所在，一直在思考以困难的时局为理由进行论证的正当性。冉索内（Gensonné）在有关移民国外的自由的辩论中就质问道，可以"以人民的安全（salut du peuple）和时局的困厄为名"进行推理论证吗？要知道，圣巴托罗缪大屠杀也一直是以此来正名的。一旦偏离"自由的状态"，人们就会迷失方向。据此，达诺达（Darnaudat）进一步指出，"有人提出一部应对时局的法律……但这样就会立刻进入时局的领域，这就会需要独裁，而且是一种被请求的独裁"。

对于在这些辩论中出现的全部难题，还有一种镇痛膏，这就是援引卢梭。制宪议会的代表们总是在强调，向充分的社会状态过渡时，个人已经牺牲了他的权利（与其放弃的东西相比，回报将是百倍的）。这些个人权利在进入社会契约时不可能与后者的意义没有冲突，社会契约认为，公共利益与一切个别性的利益都是矛盾的。因此任何对法律的个人性抵制都是不可想象的，法律从来不就个别对象立法，而是为全体人的利益立法，全体人的利益也是个人的愿望。这种愿望此后就在国家之中实现，对于国家，不再能以不可让渡的权利原则与之对抗。那么，公民这样做之后是否失去了所有自由呢？不完全如此，如果人们持下述立场的话：对于人而言，自由正在于去除自然本性、从人转变成公民的独特能力。

考虑到上述困难，雅各宾主义就不是完全不可预测的专制转向了。它突出——但并非发明——了《人权宣言》的各种矛盾，人权宣言本身就因为自然权利优先还是公意优先而左右为难。雅各宾主义也并非那些著名说法的创造者：这些说法似乎经常被总结为一句"不给自由的敌人任何自由"。这类说法已经在制宪议会的辩论中开始发酵了。但的确可以说，"时局"——此后作为一个统一的称呼指战争及国土遭受入侵威胁的强烈意识——的恶化使得公共安全（salut public）的逻辑涉面更广，也更有力量。涉面更广，是因为战争将新秩序的零星敌人变成了背叛祖国的通敌叛徒，对于前一类敌人，采取个别性的强制措施就可以了，这几乎不会对自由造成确定无疑的伤害，但后一类敌人随时随地都能死灰复燃；至于这种特殊的时局，人们本来认为它来得不合时宜，只是暂时打乱了大革命的进程，但此时则把它与大革命视为一体。之所以说更有力量，是因为以个人利益为名对抗被围困的民族的利益不可能不是背叛。因此，对原则的部分违背变成了常规。制宪议会时期给自由披上的透明面纱，如今变成了一块丧布——这是卡米尔·德穆兰的比喻。在一场业已完全成为例外的革命中，正常时期与特殊时期的极大差异，就成了以"国家理由"为名取缔人权的依据。这一点罗伯斯庇尔比任何人都说得更精彩："在宪制体制下，几乎只要保证个人免遭公共权威滥用之害就够了；在革命体制下，公共权威本身也要捍卫自己免受各种朋党的攻击。"这种辩词同时还证明了所有强制措施的正当性：对报刊和戏剧的审查，任意监禁，清洗国民公会，甚至拒绝向被逮捕的公民出示法庭记录，因为罗伯斯庇尔说，证据"众所周知，它在所有愤怒的公民的心中"：这违背了18世纪的全部共识，也是对将司法与政治权力分离的改革成就——制宪议会议员们的得意之作——的嘲弄。

就这样,雅各宾主义突破了制宪议会曾踌躇再三的那条分界线。雅各宾派并没有放弃援引个人主义原则:当他们在给合法政府下定义时,他们总是认为这种政府应该来自个人之间的自由联合,这一联合确定公意;根据山岳派宪法开篇宣言的第一条,政府的目标仍然是保障自然权利。但是,为了抗衡大革命的敌人新近铸就的统一性,雅各宾派创造出虚拟的单一人民,并设定这个人民与其政府是绝对一致的。这种神秘的一致性是对卢梭主义等而下之地理解后的结果,它对雅各宾体制而言至关重要,但对自由-独立则是致命的。在所谓的人民与政府的统一声音之中,下述事实被掩盖了:权力被与被统治的人民颇为不同的、居于统治地位的"人民"行使、攫取,甚至扭曲。在这种体制中,个人遭受了更为彻底的剥夺,因为对他们实施的强制权被认为正是来自他们的。由于人民是决策者这一神秘说法,任何反对都已变得不可理喻。罗伯斯庇尔说,像英国人那样拥有一个反对党,就是证明专制主义的得胜(因为"爱国主义成为反对派"),证明大多数人已经被腐化(因为"少数派是反对者")。承认"同样热衷于公共利益之人也可能分裂"是绝不可能的,这甚至提醒罗伯斯庇尔反过头来批驳莱昂纳尔·布尔东(Léonard Bourdon),因为此人很不谨慎地使用了"山岳"这一本该在理论上倍加珍视的词语:"在完全由人民统治的地方,不应该有山岳。"

因此,正如夏波(Chabot)所言,在全体一致的人民面前,只能有"一个党派,就是阴谋者的党派",任何公然的对立都是犯罪,这种对立既可以来自党派,也可以来自联谊会,因为朋友之间的磋商即将成为吉伦特派的一大罪责。但即使是暗中的疏离，思想上的保留，总之制宪议会认为任何人都不该被剥夺的这种自由－独立形态，也都被谴责为对公共生活高于私人生活的优先性的侵犯。因此不再有保留的空间，不再有法律默许的领域。投票也是公开的，为公共利益着想的人根本不需要掩藏什么。不再有星期天和节日，它们也都要服务于公民身份的实践。不再有向私密性的退隐，因为罗伯斯庇尔在他最后的戏剧性演讲中强调，一旦人民退回到家庭生活中，"阴谋者就会故态复萌，江湖骗子就要再度亮相"。

在这种悲观主义的观念中，私人利益的力量从来都没有被忘记，因为它会使得每个人重回利己主义，所以，重要的不仅是要让人民聚合在一起，而且要塑造人民，或者，根据比约－瓦伦动人的说法，"要把自由还给人民就要再造人民"。这样一来，一种意志主义的专注教育就同时侵入了公共领域和私人领域。公共场合下打招呼的方式，佩戴帽徽，着装，以"你"相称，选择朋友、公开或断绝关系的方式——这是圣茹斯特的想法——统统需要立法规定。自由远不是只需宣布的既有财富，它成了立法者的对象，立法者负责"将它认为人应该有的东西赋予人"——这仍然是圣茹斯特的看法。罗伯斯庇尔在将美德视为自由的条件的同时，习惯性地对基本观点做了一番完美表述：将与自然权利脱离的伦理规范重新放到首位。这样一来，雅各宾主义复活了关于"无关涉行为"（actions indifférentes）的古老的神学难题：但结论是根本没有这类行为。

因此，一种不将任何目标分派给人的消极自由，就在德性高尚的行为面前悬置了。已经不再是独立的、先于任何社会的个人的自由联合，取而代之的是到处蔓延并且日益强势的社会关系对个体的优先性。已经不再是现代人的自由，而是古代人的战斗性的、动员性的自由。一切有关人权的个人主义都被排挤了。应该认识到，雅各宾主义是有内在连贯性的。虽然他们总是以一些充满悖谬的激昂说法援引自由（所谓"自由的专制主义"），但他们从来不掩饰这是一种破例的统治。他们将宪法的自由与革命的自由对立起来，圣茹斯特说："宪法是赢得胜利与和平的自由的统治。大革命则是自由对其敌人的战争。"

在恐怖造成的噤若寒蝉的沉寂中，热月像是自由的一次爆发："僭主"的倒台被欢呼为自由的胜利，这个事件的日子每年都以自由节的名义来纪念。决堤洪水般的小册子和诽谤文字见证了自由的爆发，报刊摆脱了"海关检查"——如帕斯托雷（Pastoret）所言——的状态，街道和剧院又恢复了往日的喧嚣，煽动性歌谣再度走红，监狱打开了大门；官方声称，文学应该恢复它的王国，商业应该恢复它的自由，公民应该恢复他们的信任感。舞会，情欲，阴谋，轻佻，对幸福的追寻，对生活的珍视，这就是热月国民公会和督政府的底色，正如它们的历史学家确认的那样。大革命的新阶段告别了为追求政治体的统一而进行的反自然努力，抛弃了令人疲惫不堪的英雄主义生活方式，恢复了自由－独立的地位，个人和财产安全也因而有了保障，人们终于松了口气。

生存状态的松弛很快就让思考成为可能，它被思考的课题就是与革命遗产一系列的断裂与分离。首先是与无限的人民主权学说的断裂，西耶斯对这一断裂进行了理论化，其目标在于保护个人自由免受所谓公意的专制主义的侵犯，并声称公意不再由被代表者来阐释，而是由开明的代表来解释，这些人分散在不同的团体中，并受到特殊的仲裁机构的监督，这就确立了一种超越立法机构的权力，而这正是制宪议会所缺少的。其次是与目的论和幸福论统治的断裂，它导致了这样一种信念：对自由的任何牺牲都是不合理的，因为至善不可能在尘世实现。再就是与某种契约观念的断裂：在那种契约中，人应该将自己全部的权利交给共同体。还有与政治权威应负责自由之实现的理念的断裂，社会对于政治的优先地位重新恢复。

最后是两种自由的分离，这方面特别重要的是邦雅曼·贡斯当的思想。在督政府时期，贡斯当最先对大革命的专制转向提出了解释，他认为，这只是事态发展与舆论状态的失衡造成的。实际上，在他自己以及从内克和苏格兰哲学中学得的历史观中，公共舆论是解释现代制度的根本原则。这种舆论曾指望有个代表制政府，但1792—1793年它大大地超越了自己的意愿，以致被引向了共和国和民众政府：就这产生了以恐怖压制舆论的必要性。但是，一旦恐怖被克服，就会产生另一种危险，即某种"反动"将导致相反的运动，最后从1789年舆论的要求继续后退，直到回归"旧制度"。说实在的，这个解释没有内在连贯性，因为"舆论"既具有历史必然性的面孔，也是逃脱这种必然性的机会；不过它可以给共和国提供一种不偏不倚的中正面容，可以以恐怖是拯救国家不可或缺之措施而为恐怖开脱。稍后，在雾月18日之前的几个月，斯塔尔夫人首次提出了这样一种观念（见《论时局》[*Des circonstances actuelles...*]）：恐怖是因为革命者混淆了现代自由与古代自由；这一直觉意识将在1815年由贡斯当系统化，但在1799年，他肯定也同意这个看法，因为在斯塔尔夫人的手稿出版前，他进行了阅读和修改。

贡斯当对自由的两大形态的区分，就是将它们各自安排在自己的历史时代。古代的自由是小型共同体的自由，那里有奴隶劳动保障公民有充分的时间进行公民活动，但古代自由的时代已经过去了。随之而来的是现代人的自由，它适应的是生产和商业社会，是独立性的、退回私人享受之中的自由。这种分离有双重的优势：它可以解释革命者的失败（他们搞错了时代）；但同时也可以挽救1789年的成就（因为原则上并没有错误）。革命的自由之所以会失败，不是因为错误的观念，而是因为手段上的时代错乱。这种时代错乱一旦得以解析和消除，现代自由就会成为一种不可阻止的运动，与大革命本身一样不可逆转。

但是，我们不能认为热月毫无疑义地将人及其活动引回到前一个世纪的复数自由，即摆脱了美德的消极自由。无论是生活状态的解放，还是思想上的自由主义，都没有让热月党人与大革命的积极主义和一致主义的神话完全脱钩。他们并没有心甘情愿地恢复出版业的完全自由，尽管口头上他们谴责暴政的恐怖，要求毫不迟疑地实行自由。他们主张的是一种有限的自由，其理由是卢韦大力阐发和论证的观点：自由将有利于革命的敌人，而且，如果大自然中都没有完全的自由，为什么社会需要有这种自由呢？可以感觉到，这些人并没有认可政治空间的彻底自由化，他们脑子里总是盘桓着公共舆论分裂的不祥景象。他们期望自由，但他们无法舍弃某种理想立法者的愿景:这个立法者应有充分的权威来统一纷扰和倔强的现实。

众所周知,他们为解决这个矛盾而开出的方案就是教育。因为期待人们会自发地追求自由为时太早,但要实行强制的统治又为时太晚,只有对人民进行自由的教育。所以,热月时代对教育寄予了过高的期望。这表明,刚刚放弃了断头台暴力的人,现在只能把希望寄托在教育这一温和的暴力上。但这同时也表明,他们已经放弃了在卢梭和重农学派那里发现的方案。尽管有人提醒他们应该听任社会自行发展,但他们总是对个人利益的自由博弈缺乏信任,并且继续寄望于某种有德性的意志来组织和控制社会。他们并没有放弃寻找一种理性政治方程的努力——这也将是他们之后的法国政治和历史的特征。

莫娜·奥祖夫

延伸阅读

BELIN, Jean. *La Logique d'une idée-force. L'idée d'utilité sociale pendant la Révolution française, 1789-1792*, Paris, Hermann, 1939.

BELIN, Jean. *Les Démarches de la pensée sociale d'après des textes inédits de la période révolutionnaire*, Paris, Hermann, 1939.

BERLIN, Sir Isaish. *Two Concepts of Liberty,* Oxford, Clarendon Press, 1958.

CONSTANT, Benjamin. *Des réactions politiques*, s.l., an V (1797); rééd. in CONSTANT, *Ecrits et discours politiques*, publiés par Olivier Pozzo di Borgo, t.1, Paris, Jean-Jacques Pauvert, 1964.

DUCLOS, Pierre. *La Notion de Constitution dans l'œuvre de l'Assemblée constituante de 1789*, Paris, Dalloz, 1932.

MANENT, Pierre. *Histoire intellectuelle du libéralisme. Dix leçons*, Paris, Calmann-Lévy, 1987.

MARTIN, Kingsley. *The Rise of French Liberal Thought: A Study of Political Ideas from Bayle to Condorcet*, New York, New York University Press, 1954.

SAGNAC, Philippe. *La Législation civile de la Révolution française 1789-1804*, Paris, 1898.

SKINNER, Quentin. «English Liberty», conférences à l'Institut Raymond-Aron, Ecole des hautes études en sciences sociales, Paris, printemps 1987.

参见条目

革命议会（Assemblées révolutionnaires）

人权（Droits de l'homme）

雅各宾主义（Jacobinisme）

米拉波（Mirabeau）

孟德斯鸠（Montesquieu）

重农学派（Physiocrates）

罗伯斯庇尔（Robespierre）

圣茹斯特（Saint-Just）

西耶斯（Sieyès）

主权（Souveraineté）

恐怖（Terreur）

热月党（Thermidoriens）

启蒙
Lumières

1791年7月11日,伏尔泰的遗骨被隆重迁葬于先贤祠,即从前的圣热纳维耶芙教堂。当时的场面极其恢弘:硕大的古式马车载着棺椁,周围簇拥着各科学院的学生,他们都身着罗马式的衣装;随行的队伍拉得很长,队列中可以看到一副架子上抬着乌东(Houdon)创作的伏尔泰雕像,"手执长矛的圣安托万区公民"也加入了队伍:这次先贤祠下葬给人留下了深刻印象,它是革命节日历史中的高光时刻。这次仪式两天之后,就是另一个双重的纪念日:1789年攻占巴士底和1790年联盟节的纪念日;在瓦楞逃亡三周之后,庆典的气氛相当紧张,但它展现了两场争取自由的战斗之间的内在统一形象,这两场战斗就是"启蒙世纪"的战斗和民族再生的战斗。三年之后的共和三年葡月20日(1794年10月11日),先贤祠接纳了卢梭的遗骨。这场活动为一段充满曲折的历史画上了句号:这个计划在恐怖期间就被提出来了,但直到热月9日之后才实现;20天之前,人们还将马拉移入了先贤祠(在同一场活动中,米拉波的遗骨则被移出先贤祠,尽管他是第一个进入先贤祠的大革命人物)。于是,这场致敬卢梭的活动某种意义上就成了反马拉示威：与对这位曾要求"十万颗头颅"的人的纪念相对立的，是自然之友、感性的灵魂、召唤自由与公正之邦的明智立法者让-雅克的形象。

这两场仪式，除了所处的具体时局以及具体情境下政治目的的差异，它们都有一个共同的象征意义：通过它们，大革命向其先行者和启迪者致敬并给予公正的评价。两场仪式中使用的话语、仪式以及象征符号都着力强调大革命与以伏尔泰和卢梭为化身的"启蒙世纪"的联系：再生的民族与这些"伟大人物"相互体认，他们的声望、荣耀和功绩在于他们的才华和为人类的服务，而不在于出身、世袭头衔或战功。

两场仪式都凝结和表现了一种双重的表象，即大革命和启蒙的表象，它们之间有一种互相映射的关系。大革命在宣称受到"启蒙世纪"的荫庇时，也就赋予了自己源头并增强了其合法性：它终结了许多世纪以来的漫长的黑暗、暴政和偏见；它为自己争得一种传统，即张扬文化和追求自由的传统，这段历史虽然很近也较短，但它预示的未来前程远大。这样一来，大革命就给了自己一种身份，一种连续性：在它自身变幻莫测的历史之外，它总能以自己的源头作为终极性的合理依据；于是，回归源头就使其获得一种恒久的自我更新和彰显伟大的源泉。

这是关于大革命的想象，但也是关于启蒙（Lumières）的想象（毋宁说是关于开明世纪（siècle éclairé）、哲学世纪（siècle philosophique）、理性世纪（siècle de la raison）的想象；Lumières 这个词相当于德语中的 Aufklärung，英语中的 Enlightenment，但这个用法较晚才出现；在为了方便起见，后文将使用这一术语,当然有时这要冒一点时代错置的风险)。将卢梭永久地放在伏尔泰身边,这就是在促进和解,超越他们在生时的各种分歧、争吵和冲突。与启蒙的根本统一性、共同的观念价值体系和榜样性相比,分歧之类的东西被放在了次要位置。这也赋予启蒙一种理想的形象,好像它是一场连续性的运动,其最终的目的就在于"为大革命做准备",这就保证了人和代的连续性。在致敬启蒙时,可以说大革命召唤伏尔泰和卢梭作为见证者,以使他们在大革命的业绩中看到自己,并发现自己的思想和教导。

伏尔泰和卢梭进入先贤祠只是传播关于大革命和启蒙的双元想象的高光时刻;由于在众多的话语、仪式、寓意作品中不断被重复和转述,这种想象已经成为一种老生常谈,一种修辞形象,它甚至可以暂时协调革命者与反革命。的确,罗伯斯庇尔和迈斯特都承认,是启蒙孕育了大革命;前者歌颂二者之间的母子关系,后者则对二者全都严厉谴责。大革命时代将这一想象留给了革命史家们,而整个大革命史学都在复述和放大这一想象。

不过,一旦从笼统的想象走向更为具体的问题,比喻就会转变成问题,从而导致经常在史学中讨论的三组问题:能够说启蒙宣告了大革命的来临,**哲人们**(philosophes)是革命的先驱吗?能够说启蒙的思想和价值观在1789年激发了革命者的热情,从而将政治危机推向了极端吗?能够说"哲人们"学说上的分歧,影响了革命期间政治方向上的对立,尤其是激进派与温和派的对立吗?问题需要重新定义,因为它们的指涉本身就反映了一种问题预设,即确定启蒙和大革命这两个定局之间的关联性。我们不能同意这种问题预设:我们关心的关键问题是,革命时代的政治文化和政治心态是否与启蒙存在继承关系；我们只是在这种视角下探讨法国大革命的文化起源问题，以及启蒙观念在大革命的爆发及其政治冲突中的功能问题。但重新考察一下上述问题是很值得的，哪怕仅仅是因为长期以来它们在史学研究中具有重要地位。

"哲人们"号召了大革命，成为它的先驱，因而也是革命的责任者吗？这样的问题在大革命期间就已出现，而且人们经常给以肯定的回答。这种回答有"先知性"文本为依据，如卢梭那些著名的句子："我们正在接近危机的状态和革命的时代。我认为，各大君主国不可能长期延续下去；它们全都辉煌过，而任何正在辉煌的国家都将走向衰落。"L. S. 梅西耶（L. S. Mercier）在他的著作《论 J.-J. 卢梭作为大革命的首要缔造者之一》（*De J.-J. Rousseau considéré comme l'un des premiers auteurs de la Révolution*, 1791）中，以长达数百页的篇幅不厌其烦地证明，卢梭的著作预告了大革命的到来，并且提出了革命的纲领。另外，梅西耶还毫不犹豫地提及自己的乌托邦小说《2440 年》（1770 年），以证明——尽管相当审慎——他甚至已经预见了大革命事态的进程，其开端就是攻占巴士底狱。在反革命阵营，巴吕埃尔（Barruel）修士，一个耶稣会士，则阐发了关于哲人的责任的论点。在他三大卷的《关于雅各宾主义历史的报告》（*Mémoires pour servir à l'histoire du jacobinisme*）中，巴吕埃尔提出了大革命起源于哲人或共济会密谋的论点。他引述伏尔泰、卢梭、狄德罗和《百科全书》的话为依据，证明自 18 世纪中叶以来就出现了一场旨在推翻社会秩序的密谋，而且密谋还在不断发酵："哲人们"是密谋的领导者，共济会各支部（尤其是巴伐利亚的"光照派"）则是真正的颠覆性网络。批判宗教和教会，家庭和道德，贵族和王权，这就是这场密谋从事的暗中破坏，长此以往，就为1789年最终发动的正面攻击做了准备。

这两份追寻大革命的始作俑者的研究，尽管在意识形态上相互对立，但它们都说明，大革命对于当时人而言仍然是个出人意料的事，从根本上说它是无法理解的。将它表述为启蒙观念和预言的兑现，就是以某种方式对革命现象进行理性化处理（宗教神秘派别当时大量涌现，它们根本不需要这类世俗先知；它们只要有《启示录》就足够了）。巴吕埃尔修士所做的并无二致；作为一场阴谋的结果，大革命成了黑暗中完成的作品，这样它就变得可以理解了，同时又可以保持着它那无法窥视的神秘特征。哲人或共济会阴谋的观念还会在未来大放光彩。但在革命阵营，人们也在不懈地寻找贵族和教士"阴谋"的蛛丝马迹，以解释大革命的起伏曲折。

为"哲人们"卸责的人则要少得多。王政派的首领 J.-J. 穆尼耶（J.-J. Mounier）曾在流亡魏玛期间与巴吕埃尔修士论战（《论哲人、共济会和光照派对法国大革命的影响》（*De l'influence attribuée aux philosophes, franc-maçons et illuminés, sur la Révolution de France*），1801）。他证明，阴谋论观念满足的是那些"懒惰而肤浅的"头脑；"哲人们"从来没有号召过革命；他们的目标并不是推翻社会秩序，相反是要通过对其进行**现代化**、通过**改革**来防止大洪水的出现。

穆尼耶肯定是对的。"哲人们"的"预言"一般是些修辞性的喻象，而且很多是在呼吁人们防止动乱的出现。诚然，启蒙的政治观念确实也在探讨取代现存秩序的乌托邦方案。但如果可以为所有此类计划找一个公分母的话，那这个公分母绝对不是号召革命，而是在敦促改革。在1789年的危机之前，启蒙的期待视阈中呈现的是关于改革型政府和改革政策的理想，而杜尔哥的改革，甚至奥地利约瑟夫二世的改革最接近这一理想。

所以，"哲人们"并非大革命的"先驱"；总的来说，"先驱"这一概念的解释价值微乎其微。先驱难道不能说出他已经想到的东西吗？然而，绝不可低估改革观念对新政治心态的形成的意义。这种心态若要成熟，就需要一套共享的观念和希望、价值观和期待值，这比启蒙时代不断涌现的具体的改革方案本身更为重要。

实际上，这些改革被认为是对启蒙关心的问题的具体应答：如何重新定义社会秩序并使其合理化？如何改变人及人的观念和心灵？兑现这些改革计划的责任落在了开明权威（pouvoir éclairé）肩上；将希望寄托在改革之中，这就等于不言自明地承认，在任何社会变革中，**政治（politique）都是决定性的**。尽管这些改革方案为数众多且意见纷纭，但它们都表达出两种相互交融的信念：制度和人都具有无限的可变性（transformables）；变革只能通过**政治**来实现，政治具有的改造能力也几乎是无限的。哲人们对政治进行理论化，并将希望寄托于政治，从而塑造出一种关于权力的表象，这种权力可以通过自己的行动而为所有社会问题，乃至道德问题找到既可靠又合乎理性的答案——而这正是政治，尤其是国家应该操心的事情。不过，究竟是何种国家并不重要，重要的是国家要成为扩展启蒙精神的优选工具。所以，人们设想的是一种能够将**哲人**的观念变成自己的理念并将之付诸实践来改革社会的权威。这样一种权威的政治方针不会经常越出某种开明绝对主义的范围；不过，这种政治上的中庸——如果不是怯懦的话——还是跟有关另类社会的乌托邦梦想完美地结合在了一起：在这个另类社会中，社会的幸福是重新定义社会秩序的基础。改革的意愿将政治和道德综合为一个整体；甚至权威的合法性也因此而取决于它为之服务的**事业**。某种意义上说，这种改革性权威是社会自己掌握主权的体现；它在质疑等级制，后者如今只能通过传统和仅仅基于偏见的权威机构来寻找合法性。这是一种承载着所有希望、被提升到理性化革新的关键发动器的政治权威，它在为理性批判的展开而开辟社会空间时，其目的就只能是服务于个人的解放，只能是承认人的不可让渡的权利是自身合法性的条件。

282　　在1789年的危机中，"哲人们"孕育的观念及表象所起的作用是多样的、复杂的。1789年的实践者不是我们所理解的**革命者**。对于**大革命**，他们既没有主观愿望也没有设想过；他们滑入了大革命，自己对此却浑然不知。要理解这种滑入（glissement），启蒙留下的观念和价值是极端重要的，既因为其显现的一面，也因为其掩盖的一面。我们知道，1789年的体制性危机呈现双重的面相：财政的（赤字及迫在眉睫的国家破产的危机），制度的（召集三级会议，这个机构的任务、权限和工作方式需要重新界定）。"爱国党"及其影响公共舆论的"政论家"探讨和辩论的问题，都是基于孟德斯鸠、卢梭和马布利深耕过的土壤，当然这片土地因为美国宪法的成就而又一次被翻耕。的确，翻阅因召集三级会议而发表的大量小册子，尤其是国民议会的会议记录，我们会为新的政治精英们对启蒙的政治文献的惊人了解而震惊。他们的发言人和理论家（idéologues）意识到了危机，并试图确定危机的关键和出路所在，也在通过启蒙提出的价值观和概念来辨认自己的角色和对手的角色。正是在继承自启蒙的言语和表象中，他们赋予了危机某种**全面意义**：危机是权利与专断的对立，自由与专制主义的对立，公正和特权的对立。正是由于危机牵涉的价值观具有普世特征，因此这种意义也就忽略了冲突的核心难题的具体解决途径，并使得各派立场激进化，所有辩论中的问题都被引向一个问题，这就是改造政治权威的问题：它要成为重整社会秩序的关键发动器。对危机的关键做这样的界定，就是想与人为法（droit positif）告别，回到先于人为法的原初价值观，唯有后者可以赋予权威合法性。

另外，爱国党的政论家们在使用"哲人们"的意识形态和思想遗产时相当自由。他们从各种不同的作家那里汲取观念，兼收并蓄，没有任何排斥性的偏好，并且会根据当下的论战需要而对论据进行组合。借助日益繁多的小册子，启蒙的整个思想库广为传播；此外，三级会议的初级选举会议使得"开明爱国者"之间有了直接的、经常还是第一次的接触：这既产生了越来越密集的思想交流，也是对未来行动的一次协商机会。这一思想库之多样和丰富在理论家之中孕育了一种为新的公共舆论分享的信念，即他们已经掌握足可以理解局势的思想工具，这些工具足以理解当前的危机，也足以把握危机的结局。然而，这在很大程度上只是个思想上的幻觉。因为1789年的人们与他们参考的"哲人们"面临的不是同样的问题。哲人们对政治进行理论化和理性化，但革命者面对的是一个前所未有的政治与社会现象，它具有自身的独特动力，会产生其特有的冲突和激情。由于革命者的看法，也由于他们的推波助澜，这一现象将变得越来越复杂，越来越难以把握，甚至完全是**不可控**了。正是由于革命现象的独特性——也是其根本特征——"哲人们"留下的概念远不是使人明朗，而是使其更加混沌了。

为了赋予已经发动并且呈现剧烈的加速趋势的事件以某种意义，人们日益经常地以革命（Révolution）一词来统称这些事件。**大革命**（la Révolution）不知不觉地开始获得某种特有的目的性。对这种目的性的简述，就是**民族的再生**（régénération de la Nation），这个说法的意思是重回源头，对自由的模糊期许，与不幸的过去一刀两断并开辟幸福的未来。对1789年的理论家来说，制宪权威将把社会契约、国民主权、公意等概念转化为事实，先是重新定义了社会秩序，进而把理性、自由和公正统一在政治中。对政治及其几乎无限的行动能力的信任，和革命初期的经验所激发出的希望，就这样结合在了一起，并且混合了诸多坚定信念，如大革命始终有充足的思想和政治手段去理解和解决革命中出现的问题；革命的目标一旦被合理地确定，革命就会坚守这个目标，并且会为实现目标而孕育出充足的能量；加速革命的进程，粉碎其征途中遇到的抵抗，就是在接近它最终的目标。1789年的夏天和秋天，在各种小册子、报刊和集会中，诉求和威胁、斥责和许诺等各种语言暴力不断加码，这不仅仅是因为激情的迸发和权力斗争加剧。有些讽刺的是，这种加码也是受某种坚定信念的激励：当时很多人以为，由于革命的根本原则——因而也是它的目的——根本而言是理性的，所以它是可控的。换言之，进一步激化危机，使其走向最终的结局，这只是迅速抵达其美好终点的最有效的手段。这些坚定的信念是何等的虚幻：现在我们知道，大革命一旦开始，将其引向港湾、实现其已然唤醒的希望的想法，就变成了一个驱动革命的要素，从而也使革命变得越来越难以掌控了。

当然，与这一受某种"理性狂热主义"激发的激进化意愿对立的，是更为温和的取向，它们同样以整个启蒙的遗产为依据：这就是改良主义，经验主义，讲实际的意识。实际上，1789年8—9月制宪辩论的初期对事态发展的意义不容低估，当时的王政派主张的代表制度是基于两院制议会与强大的王权的共存，他们既引用英国的自由体制为榜样，也考虑了法国政治传统的连续性，并借用了洛克、伏尔泰和孟德斯鸠等人的权威观念。但这些论据很快就随着辩论的进行而靠边站了，这场辩论见证了爱国党的分裂，以及议会自身分化为"右派"和"左派"：有待完成的转变不能是过去传统的**复辟**（restauration），转变恰恰是要表现为一场革命（révolution），一场彻底的断裂；传统之中没有任何东西担保民族的自由，根本不能限制民族的主权；法国当然是个古老的民族，但再生的法国人构成的民族已经找回最初的青春活力。所以，他们根本不需要模仿任何典范；他们自己就开辟了一个新时代，并给世界树立了一个具有普遍意义的榜样，正如《公民权利》和《人权宣言》所揭示和宣告的那样。

"哲人们"的政治和道德学说之间的分歧是否影响了革命期间激进派和温和派的对立？刚才提到的辩论将我们引入这一问题

的核心，而且这个问题的答案看来是肯定的。事实上，史学研究经常——简直有些老生常谈——提及革命观念中两种倾向之间的对立：一种是受伏尔泰和孟德斯鸠启发的自由的、经验主义的、改良的倾向；另一种是受卢梭启发的独断的、激进的、将人民主权和革命专政结合在一起的倾向。有时人们也说大革命两个不同的阶段：一个是受《论法的精神》影响的阶段，它终结于1791年；另一个以专政为标志，受到卢梭的影响。

显然，启蒙时代是政治哲学的繁荣时代：没有孟德斯鸠和亚当·斯密的作品就没有现代自由主义；没有《社会契约论》就没有现代民主思想。但要指出的是，大革命的政治思考和政治实践，与某种理论的运用是相当不同的两回事。正如我们看到的，1789年的人们在使用启蒙的遗产时相当自由。他们需要面对前所未有的难题，他们越是意识到这一点，其想法就越是有独创之处。要理解《人权宣言》，不仅要根据它对洛克和孟德斯鸠、卢梭和美国宪法的借用，更要考虑它所要回应的**需求**（besoin），即以自由和权利的术语重新定义政治领域的需求。我们再举一个例子，这个例子也经常出现在历史著作中：罗伯斯庇尔对于卢梭有种特别的崇敬，在恐怖的鼎盛期，他以卢梭的著作为依据来对抗伏尔泰和百科全书派的著作，这是事实。只需再向前一步，就可以得出这样的结论：《社会契约论》包含着雅各宾主义和恐怖的胚芽；但这一步就不能再向前迈出了。罗伯斯庇尔不是唯一一个援引卢梭的；而且，可以轻易地指出，《社会契约论》以某种弥散的方式存在于所有革命思想之中：如在西耶斯那里，在制宪议会的成果中（柏克的评论相当恰切），在只以卢梭的名义宣誓的布里索身上，在斯塔尔夫人的作品中。最后一个例子：革命后的自由思想肯定是在孟德斯鸠和孔多塞的熏陶下培育出来的。它在反思恐怖时表现出了真正的独创性，因为它尝试从1789年的原则出发来解释大革命何以走向了共和二年的做法，尤其是因为它对某种独特的民主政治空间的构想：这个空间将通过某种制度设置而杜绝任何重返恐怖的可能。正是从这一经验出发，贡斯当和西耶斯才致力于对无限的人民主权观念的批判，因而也是对《社会契约论》的批判。换言之，大革命将其撕裂和冲突的阴影投射到了启蒙之上；到1799年，继续以十年前的方式去解读孟德斯鸠和卢梭是困难的，甚至是不可能的。

因此启蒙留给大革命的遗产，既少于又多于某种或几种有待转写成事实的政治学说体系。启蒙的遗产尤其表现为某种思维风格，以及某种将政治和道德结合在一起的表象与期待的特殊聚合体。大革命的教育话语为这笔持久的遗产提供了一个杰出的范例，作为一种共享的思想库，这种话语超越了整个大革命期间的历次波折。大革命从一开始就被赋予某种教育使命——使民族再生、塑造新人民的使命，这一使命对历届革命权威都有不可抗拒的诱惑力。启蒙的遗产也很容易辨识：这主要不在于借用某某著作的观点，而是对贯穿整个启蒙的教育冲动，对其培养摆脱偏见、随着时间而不断完善的"新人"之梦的传承。启蒙和革命时代的教育者都怀有同样的信念：教育的功效几乎是无限的，革命具有改造人的能量。所以，教育和政治是享有主权的民族自我修养的两种方式；于是民族-国家也就被定义为教化者国家（État éducateur）。启蒙开始了大革命，它也应该终结大革命，这个认识经常出现在革命者的言论中,就像格言一样。教育辩论几乎不曾中断,对如何创立服务于主权民族,因而也是服务于民主制的开明教育,对比革命者提出的方案不胜枚举。教育的意图不仅主宰着共和国在教育方面真正的重大创造,尤其是旨在为民族-国家培养新精英的机构(综合工科学校,师范学校,等等);而且还计划将一种有意识的教育手段引入日常生活的核心,因此人们设立了革命日历和公制度量衡,还有各种旨在使人的头脑理性化、确立启蒙的"普世"主义的制度。

由于不断重申大革命和启蒙之间的必然关联,这一革命的话语就表现为一种双重的神话。首先是启蒙的神话:"开明时代"孕育了大革命,尽管这个时代的旗手们既没有预见到也不曾期待大革命。其次是大革命的神话:作为启蒙的信使,大革命标志着历史的新起点,它抛弃了过去,只将当代最先进的观念引入事实中。在勒努瓦(Lenoir)创建的法国历史遗迹博物馆中,大革命之前的因而也是预示大革命的时代,其展厅中都以驱散黑暗的灯光来揭示这一点……

大革命是自己时代的孩子,这是自明之理。但与革命神话传递的表象相反,启蒙并没有简化为几个象征性的重要人物,正如18世纪的文化不能仅限于启蒙。大革命肯定继承了伏尔泰和卢梭的遗产;但它也继承了有时被称为"底层启蒙"(basses Lumières)的遗产,如针对路易十五的情妇们、针对教士的放荡的诽谤文字和轰动性小册子,这些著作趣味恶劣,竞相展现言语暴力,它们在启蒙时代的最后25年中充斥着地下图书市场,并侵蚀了整个体制的基础。这些小册子作者,不得志的——如果不是一事无成的话——作家，构成了一个备受挫折的边缘化知识分子群体，他们是大革命潜在的干部储备库。对于这些多余的知识分子，如法布尔·戴格朗丁（Fabre d'Eglantine）、科洛·戴布瓦，布里索和埃贝尔，大革命将提供进入政治、走出边缘状态的机会。当然，孔多塞的形象象征着启蒙爆发期与革命时代的连续性。不过，与之对应的是，马拉的形象则让人想起一场文化革命，这一革命同样继承了启蒙在智识方面解体的后果，它源自混杂着神秘主义和准科学（如梅斯梅尔的催眠术）的混乱观念，这类观念在大革命之前的几十年风行一时。作为自己时代的产儿，大革命所接受的并不仅仅是这个时代的精英文化的遗产。而且，革命时代的政治文化也是自我复制的，其方式取决于政治文化自身的形态，以及旧制度心态的深层结构。大革命所呈现的显著特殊性正在于，**它是在一个基本上因循传统的文化环境中确立起一个现代政治空间**。新共和国的福音经常是通过传统的口述文化网络进行传播的；革命政治的历次转向唤起了旧时的集体恐慌，以及谣言和狂热心态。历届革命政府都深信，它们的现代化计划都是以人民的名义、为了人民最大的利益而设想的，但这样它们就更加难以理解为何这些计划会遇到抵制。为了解释这些计划，它们只能是反复激起作为开化者的权威与待开化的民众之间的对立。

任何神话都带有其独特的真实性。大革命是启蒙的继承者？当然，不过它是以自己的方式支配这笔遗产的。

在革命时代的政治和思想冲突中，启蒙的观念和价值体系始终是参照系。大革命在对启蒙进行利用转化时，采取的是何等蜿蜒曲折的路径呢？世界主义转变成了征服性的民族主义，和平主义变成了军国主义,宽容变成了狂热盲信,自由变成了恐怖。对于作为启蒙遗产的观念,大革命让它们服从自己的强制性,将它们与自己的神话混杂,并以自己的模式去铸造它们。

布罗尼斯瓦夫·巴奇科(Bronislaw Baczko)

延伸阅读

BACZKO, Bronislaw (éd. Établie par). *Une éducation pour la démocratie. Textes et projets de l'époque révolutionnaire*, Paris, Garnier, 1982.

BAKER, Keith M. (ed.). *The French Revolution and the Creation of Modern Political Culture*, t.1: *The Political Culture of the Old Regime*, Oxford, Pergamon Press, 1987.

CASSIRER, Ernst. *La Philosophie des Lumières*, trad. de l'allemand et présenté par Pierre Quillet, Paris, Fayard, 1966; titre original: *Die philosophie der Aufklärung.*

CHARTIER, Roger. *Les Origines culturelles de la Révolution française*, Paris, Seuil, 1990.

DARNTON, Robert. *Mesmerism and the End of the Enlightenment in France*, New York, Schocken Books, 1970; trad. française *La Fin des Lumières: le mesmérisme et la Révolution*, Paris, Perrin, 1984.

DÉRATHÉ, Robert. *Jean-Jacques Rousseau et la science politique de son temps*, Paris, Presses universitaires de France, 1950.

EGRET, Jean. *La Pré-Révolution française (1787-1789)*, Paris, Presses universitaires de France, 1962.

GROETHUYSEN, Bernard. *Philosophie de la Révolution française*, Paris, Gallimard, 1956.

MORNET, Daniel. *Les Origines intellectuelles de la Révolution française*, Paris,

Armand Colin, 1933.

Starobinski, Jean. 1789. *Les Emblèmes de la raise*, Flammarion, 1973; rééd. coll. «Champs», 1988.

参见条目

布里索（Brissot）

孔多塞（Condorcet）

人权（Droits de l'homme）

三级会议（États généraux）

马拉（Marat）

米拉波（Mirabeau）

孟德斯鸠（Montesquieu）

再生（Régénération）

革命（Révolution）

罗伯斯庇尔（Robespierre）

卢梭（Rousseau）

西耶斯（Sieyès）

伏尔泰（Voltaire）

绝对君主制
Monarchie absolue

众所周知，法国大革命发明了旧制度。后来它还发明了绝对主义（absolutisme）这一抽象概念；不过，如果认为绝对君主制（monarchie absolue）的理论及现实理所当然地有着十分漫长的历史，那将是错误的。相反，这个概念给我们提供的是一个简化的、僵硬的、难以理解的形象。重要的不是去理解它，而是要拒斥它。当然，绝对君主制是站在邪恶的一边：它处于大革命企图在时间秩序中奠定的伟大决裂的前端。它也是1789年的人们在前进道路上碰到的第一个障碍，他们必须首先拆除这个更为具体、更为明确的障碍，这是第一个重大的政治博弈。这个障碍很早就被克服了；当1789年6月国王主权向民族主权的重大转变完成时，绝对君主制就丧失了其根基，丧失了存在的理由和手段。不过，它还将在政治和道德想象中继续强势存在；作为一个聚合体，它的组成和意义已经很难让人理解，但其中的构成元素始终是坏的。

特权，不公，专断，巴士底，密札，弊政，道德堕落，对国民的抢劫和国家破产，这些就是一种本质邪恶的政治的表现。正是在对绝对君主制的否定中，米什莱以一句开场白总结了这一全体一致的看法——他对大革命做了一番简明扼要的定义:"法律的降临,权利的复活,正义的反抗。"

这种逐条的对立意味着对旧制度的政治审判和谴责几乎已经完全得胜,从这一对立也可以推论出,革命的时刻并不必然是最佳的选择结果,也不必然是对其进行反思的最可靠的时刻。因为绝对君主制这一说法的突出之处是,它暗示有种不可避免的演进过程,并会引诱人们进行回溯性的预言。因为新秩序建立在对旧秩序的否定之上,所以它倾向于对关键问题进行简化、同时也是笼统化的处理。与此对称的是,绝对君主制的辩护者也有意识地将它作为一个整体来捍卫。政治对抗的逻辑不仅会长久地延续下去,而且会混淆视野,给分析带来障碍。从贡斯当到基佐再到米什莱,人们会以非常不同的方式想当然地认为,绝对主义的不合理是不言自明的:首先是因为它是建立在专断,特别是建立在缺乏原则之上的;其次是因为,由于失去了制度上的平衡,它本身就包含着自我解体的种子;最后是因为,它歪曲了基督教的许诺,背叛了人民的期待和热爱。而在有关大革命事件的重要阐释者中,托克维尔再次显得卓尔不群。因为他的思想方针是建构旧制度与大革命之间的连续性,他将二者放在一起思考,而不是将二者对立,这种论点也就经常导致他认为,旧制度包含一些预言、揭示和决定大革命的特征。

但历史学界的研究很少遵循托克维尔开辟的路径,虽然它们大体来说拒绝了大加挞伐的诱惑和方便。有好几种理由促成了这种状况的出现。有一种信念仍然很强:大革命造成的断裂导致了两个世界的分离,它们从此背道而驰,所以不能对它们做整体的思考。大学机构引入的这种划分——尤其是在法国——仍然在强调这种分离:"近代史研究者"(modernistes)与大革命史专家是两个并立的称呼,但没有引发二者前提之间的对峙(当然近年来情况有所有较大的改变)。尽管在两代人的时间里,对旧制度的研究已经非常多,我们对它的认识也有了深刻的改变,但最近对政治形态的历史分析并不能让我们忘记,旧制度主要是社会的旧制度,而不是政治上的旧制度。普遍性的状况也给绝对君主制的当代研究打上了烙印:这首先是专业学者对较早时期(16—17世纪)的研究;因此它更多是强调这一体制的内在动力和连贯性——"绝对主义的上升"——而不是它的矛盾,它的失调,甚至它自我摧毁的倾向;这一研究很大程度上并不是起源于法国(主要是起源于英语学界,较小程度上还有德国和意大利的来源),所以它经常不像法国的著作那样,因为大革命的必然而变得模糊不清。

君主制绝对主义的法学－政治根基是十分古老的。中世纪和近代的法学家们为了将它立足于古代参照物之上,曾在罗马法中——如在查士丁尼(Justinien)《法学汇纂》(*Digeste*)和《法学总论》(*Institutes*)中援引的乌尔比安(Ulpien)那里——找到了后来被不断引用和发挥的原理:"君主赞成的即有法律之效力"(quod principi placuit legis habet vigorem),尤其是"君主不受法律约束"(princeps legibus solutus est),这就是"绝对权力"(potestas absoluta)概念的来源,也就是不受法律约束的权力。中世纪的教会法学者和民法学者的思考,肯定根据已经发生深刻变化的政治、文化和社会条件而对这些公法原则进行了重新阐释和重新表述。从13世纪开始,教宗绝对主义成为世俗绝对主义的原型和楷模,尽管后者与教宗权威经常发生冲突。这是一种泛欧现象,但从13—14世纪开始,绝对主义在法国找到了特选的土壤,这既是因为王国与教宗以及皇帝之间持续的竞争,也是因为这里的君主制国家构建所采取的特殊形态。从这个意义上说,让·博丹(Jean Bodin)在《国家论六卷》(*Six Livres de la République*,1576)第一卷著名的第八章中提出的君主主权的经典表述,就应为被视为一个漫长的思考过程的终点,博丹的表述在强化过去的论点的同时,也重申、完善了它们并形成了体系。博丹的重要性可能在于其计划的广度,他是从法学及政治哲学的角度思考的;但他的价值也在于这一事实——至少和其思想的内在独创性一样重要——他是在紧迫的局势下、在宗教战争最痛苦的时刻提出这套具有内在逻辑性的论说的,而这正是陷入绝境的君主制最需要的。

博丹分析的出发点是将主权(souveraineté)定义为"一个国家的绝对而永恒的权威":法国存在的"纯粹君主制"与16世纪欧洲见证的其他政治形态不同,它的基础在于赋予君主的"绝对而永恒的权威"。因为"主权者决不能服从任何其他人的命令,他必能为臣民制定法律,终止和废除无用的法律以另行其他法律:这是服从于法律、服从于他人指挥权之人所不能做的。这就是为什么法律上说君主不受法律效力约束;在拉丁语中,法律一词就包含来自享有主权者的命令"。在整个旧制度时代,这种主权学说被反复重申。两个世纪后的1759年,面对各高等法院的诤谏书和其掀起的骚动,司法大臣拉穆瓦尼翁(Lamoignon)再次提出并尽可能地强化这一学说:"在王国之内,国王的权威应被视为君主制度的首要根本原则。要去着力论证这一点就是对此有怀疑。"

这些言简意赅的生硬定义将国王的主权置于"国家神话"的核心位置。总的来说,它们表达的是两条根本论断。第一,君主的权威是无可争议的,因为这是神的创设:所有权力都来自神,神愿意通过这种方式来管理人。正因为如此,王权甚至高于国王本人,后者是受托人,不能任意改变王权;相反,国王的首要责任是像当初他接受这一权威时那样,将权威交给自己的继承人,路易十五在1768年还提到这一点。第二,主权寄寓于立法权。对于博丹,"制定法律包含了主权的所有其他位格"。最近,罗贝尔·德西蒙(Robert Descimon)和阿兰·盖里(Alain Guéry)提出了一些很有意义的看法,他们强调,在16世纪,作为立法者的国王形象取代了中世纪作为司法者的国王形象(当然没有抹去这一形象);而这一转变是通过高扬法律的人为性而完成的,人为性的基础是人文主义者对罗马法的复兴和适宜的评注:法律仅仅基于君主的意愿,"国王所需就是法律所需"(Si veut le roi, si veut la loi)[①]。

这两个论断又可导出三点结论。首先,统一和不可分割的绝对主义主权概念提出了这样一个原则:君主之外没有任何权威,君主与其臣民之间也不可能有任何间隔。其次,主权概念与分权

[①] 法学家安托万·卢瓦塞尔(Antoine Loysel, 1536—1617)的名言。

甚或权力平衡的观念是不相容的，与权力分享的概念就更加不相容了，更糟糕的则是来自"民族"——如18世纪的人们所说的——的某种替代性权威的监督概念。最后，国王的绝对权威还意味着，国王的法律可以取代任何其他法律，并可提出统一王国法律的计划。当然，现实与这一宏大愿望并不匹配。在这个领域，国王必须妥协、磋商、调适；尤其是要与各种缺乏协调性的司法习俗对接。尽管如此，我们还是不能质疑君主制的急切的抱负，它为改进这一领域的工作而做了大量的努力，16—17世纪的各种大敕令和18世纪汗牛充栋的立法文献就是见证。

但对主权的高扬并不意味着它完全不承认规则。有个经典的说法首先提醒人们，主权应该同时遵守神法和自然法。对于这一点，不应该理解为真正的限制，因为绝对君主制总是被理解为上帝意欲的、为了所有人的福祉的制度。当然，君权神授（droit divin）理论是一把双面刃：它赋予国王一种无与伦比的合法性，但它同样也可以暗示，国王的失败和他遭遇的严重困难表明他已经被神恩抛弃，正如人们在天主教同盟（La Ligue）期间看到的。不过，在17—18世纪，怀疑的时代基本上已成过去。但对君主主权进行神圣化的趋势仍很明显，其中博须埃给我们留下了最强有力的表述。至于自然法，它主要的要求是"国王应该尊重自己的权威，只为公共利益使用这一权威"，但完成某项任务的目的和手段，则是君主可以自由裁量的。父权堪称王权的楷模（博须埃还说，"人与人之间出现的最早的权威观念是父权的观念；人们以父亲为榜样塑造了国王"），在（大革命前夕的）陈情书中还经常能看到其回声；当然父权也意味着责任；但父权观念尤其将君主主权奠基于精神和准生物学的理论层面。

16世纪末以来人们所称的基本法则具有另一种性质。在相关的文献中，经常被提到的是高等法院首席庭长阿尔莱（Harlay）特意提醒亨利三世的一种根本性的区分："我们有两类法律，一类是国王的法律和敕令，另一类是不可更改、不可违反的王国的敕令，正是因为这些敕令，您才得以登上王位。愿您遵守王国的法律，若这些法律被违反，您自己的权力和主权也恐怕会被收回。"（1586年）这些法律的性质（和悠久程度）差异很大：如加冕礼上的宣誓，不准让渡王权（Couronne）产业的限制，而最重要的是以《萨利克法典》为中心而确定的王国继承规则。这些法律大部分是为了解决具体情境中出现的难题，然后才在大为不同的法学-政治语境中被重新解释的。但这本身并不重要：在旧制度的最后几个世纪，它们都被认为是不言自明的法律，都参与了绝对主义本身的建构。

它们构成某种宪法的元素吗？两个世纪以来，这个问题经常被提出来，但在政治论战的语境之外，我们很难确定它到底有多少意义，因为这个问题引入的概念和问题的指向与旧君主制的精神相距甚远。旧君主制并非不知道这个说法。博须埃就曾说："在法国，继承是由'萨利克法典'的准则规定的，法国可以为自己的国家宪法（constitution）而感到自豪，这可能是最好的、最与神确定的宪法相符的宪法。整个宪法所展现的，是我们祖先的睿智，是神对这个王国的护佑。"人们还提到"国家的诸宪法"（constitutions de l'Etat）。但米歇尔·安托万（Michel Antoine）正确地指出，宪法一词的使用尽管在17—18世纪日益频繁，但它并不意味着"国家的法律根基，而是指国家先天的、不可改变的体质（complexion），它分泌出政府的原则、行为方式和特殊的机构"。法国从其本质上说是个君主制国家，其整个历史都是对这个神所意欲的本质的确认。这些古老的奠基性话语是君主制生产并自我维持的，它带有明显的有机论和天命论色彩，今天的历史学家当然不必继续使用那些语言。近代的评论家们很乐意从克洛维以来先后统治法国的三个王朝世系①（races royales）去解读这一个体发生的形成过程，但在这个世系序列中，我们可以意识到各种步骤和解决方案中的经验主义。不过，在我们看来经常只是妥协的后果的现象，那些评论家则认为这归因于某种全面的计划，正是通过这一计划，身为国王者的意愿才得以贯彻。对于我们认为是事后对既成局面进行合理化的解释，他们则理解为一种体系，这个体系的方案一开始就规定好了，它的完成是通过一系列对绝对君主制而言不可或缺的步骤而逐步显现出来的；所以，关键是要为这些步骤找到先驱者，为此就要让历史发言了。

可以看到，我们与18世纪的政治哲学和大革命的参加者对宪法的理解距离有多远（如果愿意的话，我们也可以借用德尼·里歇[Denis Richet]的说法，革命者离旧制度的"制度精神"到底有多远）。对基本法的回顾首先服务于这样一种论说：法国的君主制经历各种历史变迁之后，成为一种超越人的历史而被置于

---

① 指墨洛温、加洛林和卡佩三个王朝世系，瓦卢瓦和波旁王朝均系卡佩的后裔。

301 超验性之中的体制。这种关于宪法的论点，最近又被一些美国学者以另一种完全不同的方式重新阐发，这些人是恩斯特·康托洛维茨（Ernst Kantorowicz）的巨著《国王的两个身体》（1957年）的继承者。对于四大君主仪式，即葬礼（R. Giesey）、加冕（R. Jackson）、司法床（lit de justice, S. Hanley）和入城仪式（L. Bryant）的详尽研究，① 关于其漫长的起源，它们之间的各种相互作用，它们各自的命运，都在提示我们应从国王仪式程序和象征意义中解读公法原则的转写形态（尤其是法国式的转写）。这些论证都是令人信服的，但这并不意味着可以对这类仪式做宪法式的解读。这些重大仪式是有弹性的，必要时会进行调整，它们让人看见的是法国君主制的根本性原理（观看者是少数在大多数情况下都会赞同这些原理的人，以及为数更少的能够解读仪式之含义的人）：君主权力的延续性，不可分割性，其神授的制度，以及它对与自己不可分割的公共利益的关怀。它们想要表达的是，君主制度既是独特的，也是有规则的，它具有规范的形态（而按

---

① 这里指的应该是康托洛维茨的弟子和再传弟子们关于中世纪和近代早期法国王权的研究：《文艺复兴时期法国王室的葬礼仪式》（Ralph Giesey, *The Royal Funeral Ceremony in Renaissance France*, Genève: Librairie Droz, 1960）；《国王万岁！法国王权的加冕礼：从查理五世到查理十世》（Richard A.Jackson, *Vive le Roi! A History of the French Coronation From Charles V to Charles X*, Chapel Hill: North Carolina University Press, 1984）；《法国国王的"司法床"：传说、仪式和话语中的宪制观念》（Sarah Hanley, *The "Lit de Justice" of the Kings of France: Constitutional Ideology in Legend, Ritual, and Discourse*, Princeton: Princeton University Press, 1983）；《国王和国王入城仪式中的巴黎城：文艺复兴时代的政治、仪式和艺术》（Lawrence M. Bryant, *The King and the City in the Parisian Royal Entry Ceremony: Politics, Ritual, and Art in the Renaissance*, Genève: Librairie Droz, 1986）。

照近代一些理论家们所强调的区分，它在这一点上有别于专制政体的无规则性）。因此，两个世纪以来，这些仪式丝毫不能让人想到世俗化的意志论，使其能与我们眼中的宪法概念联系起来。而且，从路易十四的个人统治以来，有些仪式有逐渐淹没的趋势；它们的寓意也随着政治条件的转变而发生改变；随着绝对君主制自认为达到了君主制度的本质状态，一切看起来已经不需要这类复杂的象征性摆设了，而且它们也将找不到自己的位置。

君主制的学说主要是在历史中寻找先例：对于那些能读懂理论的人来说，就是证明一切都已然发生过，即使情况发生了改变，权力概念依然首先忠实于它自身。显然，这并不是历史学家的信念和方法。相反，当代史学研究关心的是做好编年史，以及理解绝对主义成长的原因。史学研究显示了绝对主义发展的几个关键时刻：宗教战争的漫长危机时期，在此期间，王权在政治上被削弱，但这反而导致绝对君主制的理论阐发；1620—1630年；路易十四在位时期；最后是1760—1770年面对高等法院的反叛而进行最后重振的努力。史学研究还勾勒出绝对君主制适用的领域和相关的形态：财政的、行政的和进行战争的国家的建构，领土的巩固（但也涉及边界谈判）。这里可以总结一下最近30年来深入而新颖的研究成果，但可能更为合理的做法是仅仅提出这一转变的几个方面，同时还应强调这些方面内涵的矛盾性，这些矛盾有助于理解德尼·里歇着力强调的那种悖论："绝对主义越是自我巩固就越是自我削弱。"

马克·布洛赫说："绝对主义是某种宗教。"如果国王的人格和权力没有在相当漫长的时间里维持与神圣性的紧密关系，这一最后的演变形态就不会采取这种形式。这种紧密关系的性质是今天探讨的一个重大课题。当然，每次新国王登基时的加冕礼（sacre）都在提醒人们，君主是由神选择以完成君主所庄严承诺的神秘使命的；这样的意识表明，君主与其他人有本质上的不同，而当他运用这一神奇权威的时候，这一点就立刻表现出来。可以赞同雅克·勒高夫（Jacques Le Goff）的看法，区分一些由于太接近而经常被混淆的概念：神圣（le sacré）、宗教（le religieux）、教会（l'eccésiastique）、祭司（le sacerdotal）、神奇性（le thaumaturgique）；但"所有这些面相构成了一个相互连接的体系"。当然，尽管卡佩王朝进行了多次的尝试，但它始终未能成功地获得圣徒性质：唯有圣路易因为自己的业绩而被视为圣徒。最后，教会无疑急于独掌神圣事务的管辖权，所以，它尽管在礼仪上有些让步，但从不认为，作为俗人的国王像教士一样（甚至更加）不同于其他俗人。当然，这一保留不会否定王权神圣性的存在，但这种神圣性的源头来自不同的地方，可能是为了促成对立各方的妥协而形成的。到了博须埃那里，则是粗暴地将国王与上帝相提并论，认为二者同源。不过，斯宾诺莎（Spinoza）提出了另一种颇为不同的版本，他说："民众因为神的力量而理解神的自由意志，理解神对万物的权利；因此，万物都同等地自认为偶然……他们经常把神的这种权力与国王的权力相比。"尽管教士们很想这样坚定地宣告，但是，从两个方向上说，边界仍然是不确定的、有缝隙的。这种模糊状态有利于国王和君主制；它助长了关于它们的各种表象、信念和期待，这一点在陈情书中还能多次看到。

不过，与国王个人相连的这种弥散的神圣性，并不是在所有地方都带有模糊性。在法国和英国（法国是通过仪式性的表达，在英国采取的是法学-政治的表述），中世纪思想经过缓慢的酝酿发展，到16世纪中叶臻于完善，这种思想都致力于以"国王的两个身体"来思考，一个是"自然的"、脆弱的、人的身体，另一个是"政治的"、长久的、作为不可更易的连续性之源头的身体。拉尔夫·吉西（Ralph Giesey）关于国王葬礼的出色研究就阐明了这个学说：在这一非常复杂和漫长的仪式中，两个身体都有呈现，但它们是分开的，一个放置在棺椁中，另一个以模仿活人的人像来表现，仿佛他是个活人。绝对主义深刻地改变了问题的条件。"国王威严"（majesté royale）——majesté是博丹对法语中"主权"（souveraineté）一词的翻译——的过渡膨胀导致两个身体彼此叠加，以致结合成一个了。"当陛下（Sa Majesté）成为法国国王的正式头衔时，这个说法就成为吹鼓手、法学家、艺术家和仪式主持者想象中产生的各种有关伟大的狂想和敬畏的方便的收纳器"（吉西）。这种变革伴随着一场对国王人格的英雄化的强大运动。亨利二世和亨利三世被比喻成希腊神话中的大力神赫拉克勒斯，路易十四让人以为是新阿波罗。君主制的法学家和理论家们也不甘落后。君主个人从此就化身为国家的政治身体。对国王的美德（军事、创造性、爱情等）和光荣的歌颂不仅仅是廷臣们的阿谀奉承，尽管这种谄媚之人从不缺少；这种歌颂之所以有意义，是因为它出现在对君主和君主制（从此二者永不分割）的某种相伴而行、几乎神明化的氛围中。宫廷成为新的集权中心，这里是以国王为中心组织起来的唯一的权力场所,唯有这里能分发职位,尤其是分发国王的恩典,这是国王和王国的神明化的最佳表现,尤其是在1682年国王安顿在凡尔赛之后。在那里,国王每天都要向所有人展示,他是一切荣耀和恩宠的缔造者,是作家和画家的灵感来源,是让大自然服从他的命令和他的秩序的造物主,他的意志每时每刻都要呈现在这个以他为创物主的世界上,这个世界就是按他的意思塑造出来的。"朕即国家"这句著名的话从来就没人说过,但这句"伪经"的命运很有启示意义,这并不是说国家在其绝对主义版本中消失了——远没有——而是完成了某种合一,路易十四就真正表现了这种合一:"如果有人眼里有国家,那他就是为我工作。前者的福祉造就后者的光荣。"

但这种转变的结果是模糊的。一方面,绝对主义应该被理解为对国家、对国家理由、对国家的手段、对其整合社会肌体的能力、对其用单一和不容置疑的权威来消解导致国家分裂的紧张关系的能力的弘扬。它成为一个国家实现运行自动化的关键时刻,在这一点上,正如托克维尔强有力地指出的,国家成为未来演变的模子,也是酝酿将来把它打倒在地的革命的母体。但另一方面,它也将抽象的国家简化为具体的个人,法兰西的政治身体就内化于这个人的肉体之上。路易十四在其漫长的统治期间成功地履行了自己的角色,而且这个角色还按照他对国家和自己的理解而被放大了。此外,绝对君主制理论所包含的新要求也是沉重和可怕的。这种对国王个人和环境的要求,准确来说在18世纪逐渐消逝了。邦雅曼·贡斯当措辞严厉地指出:"这种唯一而强大的权能,这种无限的权威究竟导致何种结果呢？一段耀眼的统治之后是个可耻的国王，再后面是一个软弱的人执政，接着就是革命。"在旧制度的最后两个国王在位期间，人们所看到的很可能主要不是君主制的"去神圣化"，尽管这一点被过于频繁地提到；更重要的是一个不幸而痛苦的发现：君主无法履行留给他的那个过分繁重的职责。路易十五和路易十六当然不是最早必须面对这种批评的国王。但从18世纪30年代开始迅速流行的"恶评"（mauvais discours），已经在谴责他们与自己的形象和使命不相匹配。意识到这一点是痛苦的。达尔让松（d'Argenson）侯爵在1750年巴黎反叛之后不久总结道："人民不再像以前那样热爱自己的国王了。"

评价不佳，正如最后两位性格上十分接近的国王（路易十五自私冷漠，路易十六笨拙软弱）表现不佳。这里涉及其他的问题，但应该思考的是，当王国被化约为国王个人时，绝对君主制是否在更深的层次上动摇了绝对君主制的政治大厦，尽管它声称自己不会受任何偶然性的威胁。这就是被"国王的肖像"掩盖的秘密裂缝（L. 马兰（L. Marin））。

第二个矛盾与张力的结点关乎政治表象的问题。这个术语容易产生错觉，在企图从大革命的价值观和实践出发来理解旧君主制的运作时尤其如此。旧君主制从其中世纪的经验中继承了咨议（conseil）这一非常具有弹性的概念。在王权被认为是绝对主义之前，人们就已经认为国王可以单独裁决任何涉及王国利益之事。不过，正像每个封建主以及大部分的特别机构理论上所要求做的那样，国王应乐于向到场者解释自己决策的理由，然后通过他所挑选的人组成的**议政会**（consilium）①而使决策社会化，这些建议者还是国王臣民的"天然"代表。当然，代表一词并不意味着选举，毋宁是一种集体性的认可，正是依据这种认可才指定向君主表达臣民之利益和诉求的人，这些人的地位、经验和财富是他们担当这种责任的保障。这种本质上属于有机论的概念启发了关于君主制的政治想象，但除了国王与其人民的"代表"之间完整无缺的团结，它禁止任何其他的想法存在；用居伊·科基耶（Guy Coquille）那句名副其实的套话来形容："国王是头颅，三个等级是肢体，它们一起构成神秘的政治身体。"

现实肯定没有那么和谐。国王首先是在感受到更大的困难压力时才需要咨议：当然有政治困难，但尤其是财政困难，因为随着君主制确立自己的支配权，它对税收的依赖就更加紧密了。税收抽取力度的明显增强既是绝对主义变革的原因，也是这一变革的结果，它是各种问题的关键。但是，当出现特殊情况时，如王位继承遇到问题，摄政时期，对外战争尤其是内战期间，都需要建议以应对王国命运面对的威胁。不过，在16—18世纪，表达建议的制度性渠道丧失了有效性。全国性三级会议就是一个典型例证。它在1560年到1614—1615年共召集过五次，然后直到1789年都没有召开过。

这样的历史简述可能意味着对演进过程过分简单的解读。强调动荡时期（宗教战争及随后的路易十三幼年即位）与随后绝

---

① 拉丁语的 consilium 相当于法语中的 conseil，原为"建议"的意思，在政治制度语境下，本文译为"议政会"。

对主义的长期统治的对立，可能会忽视下述情形：在更长的一段时间内，法兰西君主国的三级会议的运转都未实现常态化，有关它的理论也未能在旧制度的政治思想中稳定下来。16世纪后半期一些模棱两可的说法可能一度带来过这样一种信念：君主与作为王国代表的三级会议有某种几乎地位平等的合作关系（霍特芒（Hotman），图尔盖·德·马耶内（Turquet de Mayerne））。但这类说法不符合当时暗淡的现实。理查德·博尼[①]指出："三级会议看来从未抓住时代的关键问题；正如黎塞留在他的《回忆录》中提到的，认识到制度的弊端是不够的，还要有匡正弊端的意志。"因此，1614—1615年三级会议的失败就能让人理解，为何在近两个世纪的时期内几乎无人愿意重提这一经验。

代表机构的衰落可以部分地从内部原因来解释。但这只是一方面。君主制走向绝对化的全部政治实践在某种意义上也是在根除这类机构：在17世纪以显贵会议取代三级会议；原来负责税收商议的省三级会议被降低为与国王行政机构不对等的合作者；17世纪后期限制城市自治的传统表达，以致改变了最重要的古老市政官职的性质，它们被路易十四变成了可以售卖的职位。

所以，一方面，各团体和各利益方没有能力进行自我组织和自我表达（只有教士是个显著的例外）。另一方面，绝对主义的逻辑又将一切都归于君主的意志。议政概念本身的转变就很好地揭示了这一双重性的演变，其后果是累积性的。随着君主制的自我增强和自我组织化，由国王挑选而聚集在他周围构成议政会

[①] 理查德·博尼（Richard Bonney，1947—2017），英国历史学家。

（conseil）——实际上是多个议政会——的人，已经被强大的官僚体制替代了。这与主权统一和不可分割的论断在逻辑上极为自洽，除此之外就没有别的东西了。路易十五强有力地表达了这一点："我的议政会不是一个实体（corps），也不是独立于我的法庭，我是借用它采取行动。"这就更为直白地表明，议政会经常就是确认在国王面前做出的裁定和决策的地方。

这就导致权力的集中，也造成交流和社会化的缺乏，这在路易十四时期已经非常明显。18世纪初曾有过建立新旧混杂的各部会议制（polysynodie）的计划，它可以被理解为实践旧的代表制概念的一次尝试。到18世纪末，1789年春召集的三级会议引发了令人难以置信的期待，这就表明，在君主制深陷危机的时刻，求助于王国的意见和建议的传统出路并没有被忘记。旧制度最后几十年中各高等法院的要求正是出现在这一真空之中。至少在对危机的解释中，这一要求可以视为一个征兆。

法官们宣扬回归某种因议政传统而变得温和的君主制，在他们看来，他们十分合法的诤谏权就是这种制度的突出表现。这是一种对君主制秩序的反动解读，很大程度上也是对君主制历史的虚假解读，两种解读都在寻找一种不大可能存在的过去。但政治冲突带来的能量动摇了18世纪后期辩论的条件。一个业已虚弱的权威却固执地要将自己的方案贯彻到底，这就引发了强烈的反弹：各高等法院动员并团结起来，它们适时地重新发现了各个级别（classes）联合统一的论点，并声称此后要作为一个单独的团体统一行动。它们虽然受到斥责、威胁并被流放，但很长时间以来它们就经历了詹森主义抗辩的洗礼，学会了利用各种不满情绪进行自我呈现：关于谷物流通或废除行会的辩论就是诸多例证中的典型。公共舆论——既是精英阶层的，也是最近阿莱特·法尔热（Arlette Farge）研究过的城市"民众"的舆论——这一新主角使得这些辩论产生了前所未有的反响。这一切都有助于形势的激进化，法官们只是局势缔造者中的部分人，但他们肯定是其中的主角。R. 德西蒙评论说，"旧的建议观念（已然）逃匿到'中间团体'之中，而孟德斯鸠已把中间团体变成公共自由的堡垒"。这种巧合具有决定意义，但它很可能是由事态的演变导致的，并非出自有意识的推动。对于绝对君主制而言，现在剩下的只有一条路，就是重申其反对明确进行变革的信念。著名的鞭笞（Flagellation）演说（1766年）就绝妙地宣告了这一体制的关键性原则，但也正是这些原则导致其陷入困境："立法权只属于我一人，"路易十五重申，"它不依赖于旁人，也不容分享。正是由于我个人的权威，我的法庭的法官们才能登记、发布和执行法律，但不是制定法律；他们之所以能向我提出对忠诚而优秀的顾问而言实乃其职责的建议，同样只是因为我的权威。整个公共秩序都源自我一人。我是其最高的守护者。我的人民只与我连接成一体；民族（la nation）的权利和利益必定要与我的权利和利益联合，必定只能掌握在我的手中，而如今竟然有人要将民族变成一个与其君主相分离的身体。"君主制随这种合体论信念的表述而生，也在对这种信念的宣誓中而死。

"我的人民只与我连接成一体。"这是来自最高层的论断，但它也在底层被复述。这个体制在18世纪遭受的不满和批评，以及它最后的崩溃，都不能让我们忽视一种强大而持久的忠诚主义话语的存在，直到大革命初期，这种话语仍在期待慈父般的国王的公正和善意。不过，这种深层的眷恋是与一些同样深刻但意义相反的倾向并存的。社会逻辑在绝对主义依然追随的合体论相反的方向上运行。

311　　两个世纪以来，君主制的辩护者一直鼓吹"组织经验主义"（empirisme organisateur），在他们眼里，这是一种不可超越的、既和谐且有效的管理模式。但这种管理模式与社会体存在不可逾越的距离，而君主权威本该更好地认识到并尊重社会的不规则性和差异性。特权是这种有机组织概念（conception organiciste）的核心，这种概念只承认这样一些社团：它们在性质和重要性方面可能有差异，但它们都以各自的责任和权利而构成整体组织良性运动的要素。但这种关于权力的社会管理的观念如今已受到质疑。其中的原因首先要归因于绝对主义自身的动力。M. 安托万指出，"政府"（gouvernement）和"行政"（administration）这两个术语在18世纪日益在更为纯粹的意义上使用，他认为，随着职权和机构的自治，开始出现"国家的非人格化"——这个看法至少与托克维尔的解读是一致的。君主制国家官僚机构的成长，它所带动的司法-行政统一，至少在倾向上与团体组织（organisation corporative）发生了正面冲突。1776年，杜尔哥提出废除行会的计划导致的戏剧化冲突，比任何实例都更能反映这一点。塞吉耶（Séguier）以高等法院的名义重申各团体之间、它们与绝对君主制之间根本性的统一关系："陛下，您的所有臣民，都区分不同的团体，王国有多少不同的身份状态，就有多少团体，教士、贵族、高级法庭、低级法庭、附属于这些法庭的官员、各大学、各科学院、各财政机构、各商业公司，都是这种团体；在国家的所有部分，现存的团体都可以被视为一个巨大链条上的各个环节，而链条的第一环就握在陛下您的手中，作为首领和最高管理者，您掌管着民族这一大团体的所有构成者。"触动这一天定秩序，就是伤害君主制的本质。当然，这是个坚定地维护传统的认识。但现代派对此有何回应呢？杜尔哥通过路易十六之口发表的强行登记废除行会法令的演说，的确有种奇特的现代回声——也就是时代错置的声音：国王看来只把自己的臣民视为生产与交换过程中摊派到的经济角色！当然，旧制度的社会真相既不在传统派一边，也不在现代派一边，而是在两种对抗形态的某种"不稳定的妥协"（F. 孚雷）之中。绝对君主制最后几十年给人的偏移印象，正是来源于此。当时大白于天下的各种矛盾并不是新近出现的，远不是。真正的新颖之处在于，是这些矛盾同时表现了出来，是它们相互传染，以致彼此之间胡乱地借用话语，以致本该相互分离的力量竟然走到了一起，在抗议之中形成了联合。这就产生了一场混乱，有时阵线完全被颠倒，由此形成了一场君主制国家无法掌控的全面冲突。

在各种紧张之中，17世纪以来形成的财政国家处于绝对主义体制的核心位置。君主制从此就被开支完全束缚了手脚，税收专制以某种方式同时施加于它和它的臣民头上。对金钱的需求既解释了行政机构的发展，也解释了平等化的趋向，但不是身份地位（statuts）的平等化，而是面对国家权威时状况（conditions）的平等化。这一需求也在相反的方向上发挥作用：它诱使人们变卖特权来获取钱财，这就进一步强化了社会等级制。16世纪以来官职（office）的历史就是最频繁地被提到的例子；但它绝不是唯一的。还有更多这样的例证。如果说特权曾经是国家构建过程中一个不可或缺的工具，如果说君主掌握了一种重要的社会仲裁工具（正如 N. 埃利亚斯（N. Elias）提到的），那么特权同时也改变了性质和功能；特权越来越为捍卫既得地位服务，越来越导致旧的社会鸿沟的固化。在18世纪，没有什么比贵族（noblesse）的矛盾性经历更能说明问题的了：这个显赫、富裕和有权势的阶层在教会上层和国家机器中所占的分量比此前任何时候都更高，但是，借用弗朗索瓦·孚雷的话来说，它"从未调整好与国家的关系"，也没有能够对自己的政治命运做出恰当的选择。对于法国的所有精英阶层来说，随着它们在旧法国的社会等级中不断攀爬，它们对贵族的不满难道不是日甚一日吗？

因此，绝对君主制的最后时刻给人一种普遍混乱的印象，人们都在谈论一套古旧的话语，但人们也都在讲必须进行现代化：无论是国王的代理人还是他们的对手，情况都是如此。1771年司法大臣莫普（Maupeou）进行的尝试，即最后一次真正试图重振君主制的努力，最能展现这种矛盾情景。改革，革命，还是政变？术语选择的犹疑不仅仅是由于派别立场的差异；它尤其反映了这一为重振国王的绝对主权而反击团体社会的激进政策不可思议的模糊性。但另一方面，政治辩论已不再局限于国王权利与高级法庭的奢望之间了。莫普试图瓦解高等法院的反抗，意在重建君主权威与臣民团体之间的直接联系，马勒泽尔布则在税务法院的诤谏书中呼唤民族的权利与意见。在两个阵营之中，人们都在质疑一种历时悠久的政治空间，绝对君主制就是在这个空间中成长、稳定，然后走向解体的。它有可能进行自我改良吗？这个问题导致了永无止境的争辩，不过它本身没有多大意义，因为是绝对主义自己在质疑长期作为其力量根基的那种历史平衡。

雅克·雷韦尔（Jacques Revel）

延伸阅读

ANTOINE, Michel. *Le dur métier de roi. Études sur la civilisation politique de la France d'Ancien Régime*, Paris, PUF, 1986.

BAKER, Keith (ed.). *The Political Culture of the Old Regime*, vol.1 de *The French Revolution and the Creation of the Modern Political Culture*, Oxford-New York, Pergamon Press, 1987.

DESCIMON, Robert et GUÉRY, Alain. «Un État des temps modernes?», in Le Goff, Jacques (éd.), *L'État et les pouvoirs*, vol.2 de l'*Histoire de la France*, sous la direction de A. Burguière et J. Revel, Paris, Seuil, 1989, p.281-356.

ELIAS, Norbert. *La Société de cour*, trad. fr. Paris, Calmann-Lévy, 1974.

GIESEY, Ralph E. *Cérémonial et puissance souveraine. France, XVe-XVIIe siècle*, Paris, A. Colin, 1987.

Le Roi ne meurt jamais, Paris, Flammarion, 1987.

MARIN, Louis. *Le Portrait du roi*, Paris, Éd. de Minuit, 1981.

MOUSNIER, Roland. *Les institutions de la France sous la monarchie absolue*, 1598-1789, Paris, PUF, 2 vol., 1974 et 1980.

RICHET, Denis. *La France moderne: l'esprit des institutions*, Paris, Flammarion, 1973.

参见条目

旧制度（**Ancien Régime**）

贵族（**Aristocratie**）

宪法（Constitution）

三级会议（États généraux）

主权（Souveraineté）

孟德斯鸠
Montesquieu

人们有时把法国大革命说成是孟德斯鸠的信徒与卢梭的信徒之间的对抗；一般的结论是卢梭的影响超过了孟德斯鸠。《论法的精神》阐明了一些"必然的关系"，即一个人民的法律与其生存的自然条件和历史之间的关系，孟德斯鸠建议"立法者"让自己的制度适应具体环境。相反，大革命的意志主义及其唯独根据应然原则建立制度的决心，则使大革命置于卢梭的思想遗产之中。孟德斯鸠歌颂商业，因为商业"能治愈毁灭性的偏见"，能使民风温和并有利于和平。而大革命，尤其在1792—1794年，选择了卢梭鼓吹的朴素严厉、讲究美德的共和国。最后，在这种图式中，人们还将孟德斯鸠的自由主义（他坚定地支持分权），与卢梭主张的主权不可分割和立法权至上对立起来。在大革命中得到充分显现并在历次革命宪法中被正式确认的立法机构优先于执行机构的原则，也被认为是卢梭影响的结果。

这种图式为人们提供了一个令人满意的简单化认识。它在某些方面是有效的，但也会掩盖某些关键问题，或使它们变得难以理解。由于人们只是像在一场战斗中那样比较两位旗手的力量，这就难免忽视他们之间的亲缘和派生关系。孟德斯鸠在大革命中的位置当然比卢梭要低，但他的影响并非不存在，我们应该准确地衡量这一影响。

的确，大革命伊始，孟德斯鸠的声誉受到了很大的贬损，他被看作是证明一切皆为合理的作家，他思考的是实然而非应然。我们在米拉波、多努（《法国人的社会契约》（*Contrat social des Français*））那里都能看到对孟德斯鸠的指控，穆尼耶则在1789年9月写道："孟德斯鸠的《论法的精神》对此刻的自由事业构成最大的障碍——人们根本没有充分考虑到，这位作者在寻找制度的精神时，总是在努力证明一切既存的东西都是有道理的，他既向自由的人民提供了如何免受奴役的教训，也给暴君提供了如何扩大权力的建议。"

由于上面的话来自一个王政派，一个孟德斯鸠曾经颂扬过的英国制度的拥护者，这就更加能说明这一判断在1789年流行观念中所具有的分量了。由此也能理解，与某些王政派朋友（拉里-托伦达尔和克莱蒙-托内尔）不同，穆尼耶在1789年秋的演讲中根本不提及孟德斯鸠。但是，正如巴纳夫说的，议会中的每个人都知道，孟德斯鸠是国王否决权和两院制的拥护者们"钟爱的权威"。

对孟德斯鸠的这种批评首先来自一种政治理性主义，在后者看来，善是可以辨认并且到处都是一样的。因此，"立法者"的任务就是发现并实现这种善，而不是根据自身所处的环境构想各种制度。1780年，在评论《论法的精神》中孟德斯鸠对追求一致性的立法思想的批判时，孔多塞这样写道："既然真理，理性，正义，人权，以及财产、自由和安全等利益到处都是一样的，我们就无法理解一个国家中的各个省，甚至各个国家之间为何要有不同的刑法、民法，甚至商法，等等。一部好的法律应该对所有人都是好的，就像一个真实的命题对所有人都是真的。"孟德斯鸠建议立法者要宽和，但孔多塞反驳说："关于这种宽和精神，孟德斯鸠的意思难道不就是不确定性吗？不就是要以上百个小理由去篡改有关正义的各种永恒原则吗？"对宽和的拒绝是1789年精神的特点。这在西耶斯那里有各种各样的说法。西耶斯虽然没有指名孟德斯鸠，但实际上他采取了与孔多塞类似的看法：政治上的真理是同一的。"我到处都碰到，"西耶斯在《第三等级是什么？》中写道，"一些只想一步一步地接近真理的温和人士……有点过分地认为，真理可以分割为各个部分，这样可以通过细节形式而更易于进入人的思想中。不对，最常见的情形是，真理需要良好的冲击力的辅助；真理的全部光辉并没有强大到可以产生强烈的印象，而若要产生对被视为真、善和有益的事物发生热烈的兴趣，就需要这种强烈的印象。"

不过，孟德斯鸠认为的宽和并不意味着纯粹的相对主义和对普遍性的遗忘。《论法的精神》通篇浸透着对专制主义的敌意，这是基于理性的敌意，尽管孟德斯鸠认为，专制主义也是可以解释的。另外，从历史角度看，在大革命的整个过程中，孟德斯鸠始终被视为专制主义的对手。马拉在1789年写道，孟德斯鸠第一个"解除了迷信的武装"，"提出对人权的要求并对暴政发起攻击"的人。这看起来有点让人意外，但马拉在1785年就写过一篇《孟德斯鸠颂》，看来他对《论法的精神》的作者的赞赏绝非虚词。另一些作者，如梅西耶、布里索和圣茹斯特，也都以赞颂的口吻引述孟德斯鸠。这些引述表明，大革命期间的孟德斯鸠不仅是证明一切合理的思想家，也被认为是专制主义的反对者。

以理性来认识一切制度，包括专制主义，但也以理性为依据来拒绝专制主义：这是孟德斯鸠理论中的两个方面，但革命者们并没有成功地将二者融汇为一个融贯性的认知。他们有时意识到某一方面，有时又想到另一方面。但从更为深层的意义上说，他们并不理解，或者他们拒绝接受《论法的精神》中的主导观念，也就是作为宽和的"立法者"理论之基础的观念。在孟德斯鸠那里，理性可以证明，世上有一种恶的政治（专制主义），但也有好几种善的政治（温和的君主制、共和制，尤其是商业性质的共和制，譬如英国的制度）。善的政治既不是完全不确定的（因为存在恶的政治），也不是完全确定的（因为存在好几种善的政治），而只是相对而言不太确定。从这种相对的不确定性出发，孟德斯鸠既向"立法者"建议让制度适应具体环境（即有好几种善可供选择），同时也追求一个普遍的目标（排除专制主义）。从根本上说，孟德斯鸠的宽和论相当接近于亚里士多德的审慎（prudence，或译"明智"），就是说，接近于在以相对不确定性为特征的世界中实现普遍目标的那种德性。在孟德斯鸠那里，这种相对不确定性有一个不同于亚里士多德的理论基石：它取决于人的自由，而不是外在世界的偶然性。不过，它对行动造成的后果，在两位作者那里都是一样的：在一个不确定的世界里，仍然可以根据普遍目标而采取理性的行动，因为世界的不确定只是相对的。这是宽和（modération）理论的现代版，它反映的是一种审慎类型的理性。不过，以孔多塞为典型代表的法国革命者拒绝这种理性。在这种拒绝之中，大革命并不标志着理性对相对主义的胜利，而是一种理性形式对另一种理性形式的胜利。

今天的观念史倾向于认为，美德和商业之间的对立是贯穿18世纪思想史的最重大的辩论主题之一。有些作者歌颂共和美德，认为这要求个人专注于公共事务而放弃自己的私人利益；另一些人则认为，商业和个人利益的自由博弈是社会自由与繁荣的根基。斯巴达和罗马的形象，与"光荣革命"后构建起来的商业英国形象形成对立。一般而言，孟德斯鸠被列入商业拥护者的阵营。不过，这种二分法模糊了法国大革命与孟德斯鸠的关系。《论法的精神》实际上是共和美德理论在法国的第一版表述。孟德斯鸠将美德定义为"对法律和祖国的热爱"，定义为要求"始终把公共利益置于个人利益之前"的品德。非常引人注目的是，罗伯斯庇尔在1793年的重要演说中逐字援引了孟德斯鸠关于美德的定义（"对祖国和法律的热爱"）。罗伯斯庇尔对这种引用是很自觉的。在1785年的一次演说中——这是他最早使用美德概念的几次演说之一——罗伯斯庇尔说道："在共和国之中，正如《论法的精神》的作者指出的，主要的力量源泉是美德，也就是对国家和国家法律的热爱这一政治美德。"从《罗马盛衰原因论》以来，孟德斯鸠就一直着迷于罗马。当然，他的著作中也含有对共和美德的批判，但这种批判被简练风趣的笔法掩盖了。此外，在孟德斯鸠认为善的政制中，没有哪一个他不在这里或那里指出其缺陷的。甚至英国的体制也不能逃脱这种规则。各种善的政治都是不完整的，但正是这种不完整解释了善的多元性：如果存在解决政治难题的完美方案，那么这种方案就因为其完美而成为唯一的。因此也可以把孟德斯鸠的著作解读为对共和美德的颂歌。如果从观念和形象传播的角度来考察，孟德斯鸠在革命者对罗马、对共和美德的崇拜方面无疑起了一定的作用。

人们曾长期把分权理论的发明归功于孟德斯鸠，1789年的人权宣言第16条正式确认了这一理论。一些宪法专家，如狄冀（Duguit）和加雷·德·马尔贝格（Carré de Malberg），也认为1791年与共和三年宪法兑现了孟德斯鸠提出的理论。根据当代一些法学家，尤其是 M. 特罗佩尔（M. Troper）的研究，人们甚至应该更进一步，认为1793年宪法和吉伦特派的计划也认可了某种形式的分权，这些文件并不像人们曾经认为的那样，与1791年以及共和三年的宪法存在那样大的不同。似乎可以说，除了救国委员会的专政统治，法国大革命在其制宪工作中完全遵循了孟德斯鸠。但实际情况并非如此。不过说来有些费解的是，这并不是因为大革命没有实行分权，或者只在某些情况下（1791年与共和三年，但1793年不是）实行了分权；而是因为分权的理论在孟德斯鸠那里并不存在。因为，如果分权意味着国家机构（organes）在履行孟德斯鸠所抽象出的三种功能（fonctions）（即立法、行政和司法）时有专门化的分工——正如法学理论中经常认为的那样——，那么我们也可以根据 C. 艾森曼（C. Eisenmann）的看法，认为孟德斯鸠对英国政制的分析并不符合分权原则。国王作为行政机构也通过其否决权而参与了立法工作。上议院作为立法功能的一部分，同样也在某些情况下行使司法职能。基本由两院组成的立法机构没有权力"中断行政权威"，但它"有权且应该有能力审查其制定的法律的执行情况"。最后，司法职能不为任何国家机构行使。孟德斯鸠写道："审判权力不能被授予某个常设的上议院，而是由来自人民群体中的个人行使。"他补充道："这样一来，对人民而言如此令人敬畏的审判权，既不与某种身份挂钩，也与某种职业无关，可以说它是无形的，不存在任何一处。"所以孟德斯鸠提出的不是一套国家机构的功能专门化理论，而是一种性质完全不同的理论，即立法职能在三个机构之间分配：国王（他的否决权），上议院和下议院（每个议院都有权否决另一个议院通过的决议）。另外，孟德斯鸠还认为，两院代表两种不同的社会力量是绝对必要的。在孟德斯鸠那里，英国政制中的政治自由和以权力制衡权力的特征，并非来自国家机构的专门化，而是来自立法权的双重分割，以及其内部代表着不同的社会力量。

那么，是否可以说，拥护两院制和国王无限否决权的王政派，是孟德斯鸠在大革命期间的唯一继承人？诚然，在革命者之中，他们是受孟德斯鸠的思想影响最大的一批人。不过，我们同样可以认为，在两个问题上，所有大革命的领导群体都深受孟德斯鸠理论的影响。

《论法的精神》第11章第6节是段高度复杂的文字，它实际上提出了好几个内容和地位不同的命题。很多评论者和历史学家都没有区分这个著名章节的不同命题，这就使得它们在大革命时期的不同命运变得难以理解。人们以为从这段文字中读出了分权理论，但实际上应该尝试对这一理论的不同含义进行仔细辨析。

这段文字中首先包含着一个描述性质的命题，它对所有国家都有效，但论述的对象是各种国家职能的性质。孟德斯鸠写道："每个国家都有三种权力：立法权，与万民法（droit des gens）相关事务的执行权，与民法（droit civil）相关事务的执行权。"权力（pouvoirs）在这里指的是职能（fonctions），而不是机构（organes）。在专制主义中，三种职能集中于一个机构，但三种职能在概念上依然是可以区分的。因此这个命题"在每个国家"都是真的。这一节开头提到的第二种职能，指的是领导对外事务的权力，但随后其意思发生了转变，变成了执行"政治决议"（résolutions politiques）或执行"法律"（lois）（孟德斯鸠认为这两个术语是一样的），即行政权。"与民法相关事务的执行权"随后被定义为惩罚犯罪、裁决个人纷争的权力，也就是司法权。**大革命关于三种国家职能的定义完全借自孟德斯鸠。**

当然，人们可以指出，孟德斯鸠的看法并非没有理论先驱。关于三种权力的区分在洛克那里就可以见到。但洛克给了国王特权很重要的地位，而孟德斯鸠没有授予某种权力以任何特殊地位，以便在没有法律的情况下处置不可预见的事务，法国大革命中的所有革命者都毫无例外地接受了他的看法。关于行政机构是否应该参与立法，曾经有过辩论（1789年秋天关于国王否决权的整个辩论），但王政派从来没有采纳英国式的特权理论。没有人提出，在某些缺少法律依据的情况下授予行政机构以行动权。当然，这样的提议首先是因为大部分议员都对国王表现出政治上的不信任。这种不容置疑的怀疑还是没有阻止王政派提议授予国王否决权。但这种特权（prérogative）观念完全外在于革命者的思想世界，不管他们是不是王政派。显然，不能简单地认为，缺少法律依据时可采取行动的权力观念与牢牢确立的原则相悖，也不能简单地认为，法国革命者随后对这一观念的拒绝只是个简单粗暴的做法。但这里牢牢确立的原则，正是来源于孟德斯鸠提出的国家职能定义带来的持久而强大的影响力。今天我们仍然在孟德斯鸠奠定的框架中思考。将国家职能简化为法律的发布与执行（执行分为行政和司法两种职能）就构成了一种并非不言自明的理论选择。洛克的例子已经强有力地证明了这一点。卢梭也将国家职能归结为法律的发布与执行。他甚至比孟德斯鸠走得更远，在他那里，司法并不构成一种专门的职能。但他在关键一点上继承了孟德斯鸠：任何对象从本质上说都不应逃脱法律的领域。如果人们仅仅局限于对卢梭和孟德斯鸠对于大革命的影响进行对立和比较，就会忽视他们在某些问题上的影响是一致的，也看不到孟德斯鸠与大革命之间的连续性。

显然，大革命总是将行政机构置于立法机构之下。这种服从关系构成法国大革命的关键特征之一，也是众多难题的诱因。行政（或者说执行）从性质上说就是一种服从性职能，执行者将某种意志付诸实施。在法律语言上，行政在事实上（matériellement）是服从于立法的。因此，如果被委以行政职能的机构除了行政之外没有别的职能，它就必然处于服从地位，加雷·德·马尔贝格已经证明了这一点。行政机构若要避免其服从地位，就必须被赋予除执行法律之外的其他职能。革命者从孟德斯鸠那里借用的国家职能的定义和清单，尤其排除了某种机构可在缺少法律的情况下采取行动的观念。孟德斯鸠的影响力至少部分揭示了革命者为何没有设立强大的行政机构。当特权的通道封闭时，剩下的可能性就只是让行政机构分享部分立法权。这就是王政派的尝试：通过否决权授予国王部分立法职能。

在 1790 年 4—5 月关于司法组织的辩论中，孟德斯鸠关于司法职能的定义也起了关键作用。正是从这个时候起，对孟德斯鸠的名字和言论的援引最为频繁。这里的关键问题是，法官是由行政当局提名还是由人民选举。议会中的右派以孟德斯鸠的文本为依据，强调司法权只是行政权力的一个分支，法官应该由国王挑选，必要时可以从人民提出的名单中挑选。此刻仍由巴纳夫领导的左派同样援引孟德斯鸠，但他们主张三种权力是不同的，法官不能由行政机构任命，而应由人民选举。议会最后以微弱多数通过了仅由人民选举的原则（"国王无权拒绝人民同意任命的法官"，"选举者只向国王提供一个备选人"）。

不过，这一辩论的意义和影响主要不在于法官选举的问题，而在于这个时刻所表达的有关司法职能的概念。右派和左派在一点上是一致的：司法权仅仅是"实施"法律。左派的罗德勒和右派的克莱蒙－托内尔都急于援引孟德斯鸠。法官需要决定的只是提交给他的案件是否在法律适用范围之内；一旦决定之后，他要做的就是实施法律了。审判被认为是个逻辑三段论，法律是大前提，事实的性质界定是小前提，判决就是结论。在 1790 年 5 月的辩论中，第一次出现了关于司法职能的革命性概念。这个概念将不会受到质疑。大体而言，这一概念应该是处理司法事实的理性主义进路的产物。孔多塞明确提出了审判–逻辑三段论的理论。在这一点上，孟德斯鸠的思想与理性主义视角并无龃龉。孟德斯鸠曾这样描述英国的政制："虽然法庭不必是确定的，但在一点上，判决应该是确定的，因为判决只能以明确的法律文本存在。"实际上，对于孟德斯鸠，"根据明确的法律文本"进行审判是共和制政府的特征；在君主制中，情况会不一样。在他看来，英国的政制接近于共和制，共和制就是这样进行审判工作的。

《论法的精神》不只是包含着三种国家职能的定义。第11章中还提出了第二个命题，即规范性特征的问题。如果要避免专制主义，三种职能就不可委托给同一个机构。避免了这种职能集中的政体就不是专制主义。英国的政体是这样，但君主制也是如此。君主掌握立法和行政职能，但如果他将司法职能"留给自己的臣民"，就不存在专制主义。对于孟德斯鸠，一些君主制的例子表明，即使两种职能集中于一个机构，也不会出现专制主义。这种不集中原则的目的是为了保证法律及以法律为依据的具体决定"不合一"（extériorité）。采取具体措施者（不管是行政机构还是法官）不可有将自己制订的规则付诸实施的权力。发布规则的也不可有为了给某个具体决策找依据而特地立法的权力。规则和具体决定的不合一对专断行为构成一定的限制。在立法与行政职能集中于同一机构的君主制中，规则及其具体实施的不合一，其唯一的保障就在于司法权。但这种权利对所有人而言都是最可怕的，因为它直接涉及个人的日常生活。因此，即使规则的不合一只适用于司法权,也仍然是防止专制主义的一个必要因素。

不管怎样,对革命而言,"分权"原则首先意味着职能的非集中化,尤其是立法与行政职能的集中。"权力集中"导致专断的观念,一直萦绕在议会的言论之中。我们可以指出,所有的革命宪法,包括1793年宪法(以及吉伦特派的宪法草案),都遵守了同一机构不集中多项职能,尤其是立法和行政职能的原则。在1793年宪法通过之前的辩论中,几乎没有任何一位发言者提议将所有权力授予一个选举产生的议会。罗伯斯庇尔在1792年7月,甚至在1793年5月,都强调立法和行政应该严格分离。分权的原则已成为所有革命者全体一致的共识,虽然这一原则只是简单地被理解为立法与行政职能不能集中于一个机构。

但这个时候出现了第一个重大分歧。的确,对于某些人,尤其是对于1793年的宪法制定者来说,职能非集中化的逻辑应该贯彻到底。不仅任何机构都不能**完整地**行使两种职能,就是一个机构也不能部分地行使优先为另一个机构掌握的职能。行政机构丝毫不能分享立法权,立法机构也丝毫不能分享行政权。于是就有了各个机构的职能**专门化**体制。1793年宪法和吉伦特派的草案就是如此。然而,由于立法和行政职能从性质上说是等级化的,这种职能专门化的制度最后实际上确立的是立法机构的至上权和行政机构的严格服从。1789年王政派提出的宪法草案采取的显然是一种全然不同的视角。王政派提出,应通过否决权的形式授予行政机构**部分**立法职能。穆尼耶说,"国王应该是立法机构的组成部分"。在王政派的方案中,非集中原则同样被遵守,因为行政机构没有将**全部**立法职能与行政职能集中在一起。穆尼耶的解释十分明确:"不能说将赞同或拒绝新法律的权利留给国王就是将立法权和行政权集中于一人之手。这样的权利不等于立法权,而只是这一权利的一部分,因为国王没有以个人意志制定法律的能力。"所以否决权与非集中原则是相容的,但它不是从这一原则演绎而来。实际上,它来自穆尼耶陈述的另一个观念。他说:"任何团体,不管以何种方式去组织它,它都试图增加自己的权威;如果权威都想要自我生长,如果不筑起堤坝阻挡其野心的话……如果人民代表们的决议没有任何阻碍,他们就会成为王国的绝对主人。"

王政派建议在立法和行政机构之间确立某种权力安排,使王能够抵制议员们。他们的这个想法也是受孟德斯鸠提出的另一原则的启发,这就是以权力限制权力的原则。除了国家职能定义和非集中原则,这是孟德斯鸠的第三项教导,也是其思想的真正核心。当然,孟德斯鸠自己并没有对这些不同的内容进行清晰区分,但这种区分对于理解他在大革命中的地位同样很必要。正如人们经常提到的,王政派是唯一全盘接受孟德斯鸠提出的方案的派别,包括以权力限制权力的原则。在被《论法的精神》视为典范的英国政制中,这个原则具体表现为立法职能分割在三个机构中:下院,上院和国王(通过其否决权)。1789年夏末,支配宪法委员会的王政派提出了一个受英国典范启发的方案。此刻孟德斯鸠的思想发挥了重大作用。王政派的失败标志着孟德斯鸠的学说整体而言失势了。但重要的是要理解,1789—1791年制宪议会议员的想法与孟德斯鸠思想之间的分歧究竟在哪里。

有人曾认为，法国大革命期间，限制权力的想法是不存在的。这种看法认为，革命者深信源自人民的权力不可能是不公正和邪恶的，所以他们并不关心如何限制议员们的权力。但这种说法是不确切的。代表制议会也可能是专制的，因此也要限制其权力：这种观念在革命辩论中曾被反复表达过。与孟德斯鸠的分歧在于限制权力的方式，而不是原则本身。这一点特别清楚地表现在1789年秋天的制宪辩论中。西耶斯反对任何否决权，甚至包括搁置权，他激烈批评王政派的计划，但同时他也指出："我同意，不管是何种权力，都不会永远满足于局限在宪法给它规定的范围之内，那样，不论公共团体还是私人，可能就不再对彼此公正相待。"因此西耶斯已经意识到，一种权力，哪怕它是选举产生的议员的权力，总是存在践踏别的权力的危险。不过他拒绝否决权的观念，转而提出他关于制宪权力（pouvoir constituant）与宪法规定的权力（pouvoir constitué）的区分。不同的国家机构只是宪法规定的不同权力，它们本身并不能确定自己在制度体系中的位置。让它们各安其位，这是制宪权力的事情（就是负责制定宪法的议会的权力）。在通常的立法过程中，如果一部宪法规定的权力侵犯了宪法授予另一个机构的权力范围，那就应该重新召集制宪权力，以审查这种侵犯是否发生并予以纠正。所以，宪法规定的各种权力受到另一个权力的存在及行动的制约，这就是位于更高逻辑层次（niveau logique supérieur）的能够确定和划分各种权力的制宪权力。

要准确界定西耶斯和王政派的关键争端，应该将这种以制宪权力限制各种权力的理论，与穆尼耶在同一辩论中的说法进行对照。穆尼耶说:"请不要认为,可以轻易取代国王的认可权(否决权),并在宪法中为议员的权威划几条界限,而且他们不可能逾越这些界限;如果这类规则牵涉的是负责对它们进行解释的人,它们都将是徒劳的……如果没有任何让人遵守法律的手段,法律就只是一纸空文。"不难看出,这段话说出了辩论中的关键问题。穆尼耶拒绝用更高逻辑层次的权威(即西耶斯的制宪权力)来限制各种权力,因为这样的高级权威不可能是置身于冲突各方之上的仲裁者。如果人民的代表和国王之间发生争执,就应该向人民上诉,但后者将在某种程度上既是裁决者又是相关方(规则牵涉的是负责对它们进行解释的人)。王政派的整个计划实际上就是要避免这种困境。他们的想法是,在设计不同的机构时,要使它们能够**自行**防卫来自其他机构的可能的侵犯。对宪法的遵守不必需要某种上层权威对建制性机构的可疑干涉,它可以来自基于同一种逻辑层次的机构之间的关系。

实际上,这就是孟德斯鸠第三项原则的意义所在,他是这样表述这一原则的:"为了让人不滥用权力,根据事物的本性,就应该以权力约束权力。"他的意思是,每种权力都应由同一逻辑层次的权力(但这并不意味着不同的权力是相等的)来限制。在英国,三个关键机构(国王、上院和下院)属于同一层次的权力。它们之间的平衡不是来自某个上层机构的作用,而仅仅来自宪法赋予它们彼此间相互防卫的手段。权力的限制是内生的,而不是外生的,即内在于不同的机构之间的关系构成的体系。这是大部分法国革命者所拒绝的方案,但他们拒绝的不是限制权力或分权的必要性。

如果目标是以某种方式让各建制机构之间相互限制,宪法就给它们分配职能(更准确地说分配各种职能的各个部分),尤其重要的是,宪法在分配职能时应使不同机构之间的对立和各自的自我防卫成为可能和有效的。职能的分配(这个外在程序来自"立法者"或制宪者的行动)就只是一个让各种自我维持的力量达成均衡的手段。如果没有来自国家机构之上的"宪法监护者"的保障,权力的均衡就必须由权力分配,由处于各种政治机构之外的社会自发提供的权力分立来维系。孟德斯鸠认为,必须有两个议院来代表各种社会力量和不同的利益。

　　从这个角度来看,1791年宪法恰恰标志着孟德斯鸠各项原则的失败。首先是王政派的两院制计划失败了。真正在议会中占上风的,并不像有些人认为的那样,是人民主权观念:因为主权本质而言不可分割,所以它不能由两个议院分享;当时的主导观念是,上议院与等级制的存在,意味着与"贵族制"关系紧密,或者至少有复活等级制的危险。王政派预料到了这种反对意见,他们明确说,参议院将不由贵族组成,并且援引美国为榜样。但宪法委员会没有能就参议员的任命方式达成一致意见,因而没有对这项议题提出明确的条款。在具体条款空缺之时,所有反对上议院计划的人,都将两院制的想法与"贵族制"联系在了一起。他们坚称,英国的"上院是明目昭彰的封建制的残留"(拉博·圣-艾蒂安),应该"恢复一院制以匡正贵族等级制的弊端"(图赖),如果议会设立参议院,"就会在贵族的废墟——这是贵族现在能够和应该剩下的面目——之上……树立起可能是最可怕的贵族制的大厦"(朗基奈(Lanjuinais)),还有人说,参议院"此刻会唤起等级制的傲慢这一毁灭的种子"（西耶里［Sillery］）。

可以感觉到，这场辩论基本是以想象和修辞展开的。王政派的弱点在于，他们没有能够在其听众的脑海中将参议院的概念与"贵族制"的意象脱钩。而他们对手的全部的修辞努力就旨在强化这种联系。在1789年的法国，关于各种社会力量对比的认识，首先唤起的是贵族与第三等级的差异。

表面看来，王政派在国王否决权问题上不那么失败。西耶斯拒绝任何形式的否决权，但他的意见没有被接受，国王还是被赋予了对两届立法的搁置权。因此国王将行使部分的立法职能。这再次证明，辩论的关键并不是立法职能的分割或统一问题。立法职能因为否决权而被分割了，尽管只是临时的否决权。王政派觉得搁置否决权的通过是他们的失败，其他议员也是这么认为的。但就这一否决权本身来说，它还是赋予了国王一项重要权利。如果从国王的整体处境来说，可以认为这种否决权是一项孤立的权利。它并不处于某种可使国王防范立法机构的整体性制度中，而只是国王唯一的自治性权力。从严格意义上的行政职能的履行来说，国王几乎完全服从于立法机构。他既不能任命法官，也不能任命行政官员，而只能任命大使和军官。此外，他还因为缺少英国的"职位制度"而失去了对议会施加压力的重要工具：在英国，这种制度可使国王任命支持他的议员担任重要职务，从而确保自己在议会的多数；孟德斯鸠意识到了其中的弊端，但他很谨慎地没有加以谴责。根据1791年宪法，国王在与立法机构发生冲突时只有否决权可资利用，他没有可能采取循序渐进的反击，没有进行议价和协商的手段。然而，在关键性的局面下，某种立场所具有的力量取决于其行动的可能性范围有多大。我们知道，英国国王在 18 世纪很少动用其否决权；他提名的内阁实际上是依靠其在下议院的影响力执政。

所以，1791 年宪法虽然设立了否决权，但它仍然标志着孟德斯鸠提出的模式遭受了失败。制宪议会的议员们授予国王某种立法职能，但他们并未确立一种可使国王有效抵制立法机构的总体权力对比关系。制宪议员们没有接受西耶斯全盘拒绝否决权的意见，但他们的想法和西耶斯类似，都认为没有必要在各国家机构之间建立某种权力对比关系，以便任何一方都能抵制其他各方的僭越企图。

对这一认识的拒绝立场，在共和三年的宪法中表现得更清楚。这部宪法也对立法机构进行了分割。但元老院和五百人院并不被认为是应该彼此对立的力量。它们不是不同社会力量的代表：两个议院的选举人团是一样的。它们的选举同时举行（宪法第 36 条）；民众意愿呈现前后两种不同状态的可能性也被排除了。共和三年宪法的目标，正如通过宪法之前的辩论所指出的，是要避免单一立法机构的权力过分强大。立法职能的分割被认为是必需的，但制宪者认为这只是两院之间工作上的分工，而不是一种旨在以权力"约束"权力——用孟德斯鸠的话来说——的制度。五百人院只能提出法案，元老院可以通过或反对法案。西耶斯最为清晰地表述了这一设想的要旨。在热月 2 日的演说中，他强有力地批评了他所称的"平衡"或"制衡"机制，并以"协作"（concours）或"有机统一"（unité organisée）的制度作为回应。在平衡机制中，人们不是对议员们承担的不同职能进行区分（在这里是提出法律和批准法律），而是将同样的职能授予两个代议机构。西耶斯说，平衡机制只能导致阻遏，或者导致一个机构对其他机构事实上的优势地位。西耶斯因而提议区分立法行为的不同部分，并让每个部分都有一个专门的机构。在一个完整地阐明他的想法的画面中，西耶斯将立法比作建造一座房屋，不同工种的工人都要协同努力。在这种情形下，"不存在**单一的行动，而只有行动的统一**。作为制衡机制的反对者，我们将为争取行动的统一而努力。制衡者将**行动的统一**与**单一行动**混为一谈，他们首先想到的只是以单一工种来完成所有类型的工作；但当他们发现这种信任的集中、**各种权力**的集中可能会产生弊端时，又能怎么做呢？当房子完工后，他们会建议房主召来第二拨泥瓦匠，这些人也是什么活儿都包干，将从前的工作再从头到尾做一遍。"

　　西耶斯的这段文字，正如宪法本身一样，很好地揭示了大革命与孟德斯鸠思想的分歧点究竟在哪里。分歧并不涉及分权原则，共和三年的革命者大多认可这一原则；分歧在于这种分权的形式和性质。西耶斯提出的分权就像劳动分工。劳动分工的目的不是在不同的机构之间确立力量对比关系，而是赋予各机构不同的、互补性质的工作，使它们相互协调。为了制裁某一机构对另一机构承担的责任的僭越，西耶斯提议设立一个"宪法陪审团"（jurie constitutionnaire）。在这种国家机构工作分工的视野下，对宪法的尊重就不是来自各机构本身的行动，而是因为它们共同服从于另一个高级机构。这就回到了 1789 年王政派意识到的关键难题：当各方发生冲突时，如何能真正产生一个公正的高级权威呢？

　　对平衡机制的拒绝是整个大革命的特征。在这种拒绝立场中，理性主义发挥的作用要比权力的统一信念更大。实际上，从大革命的第一刻开始，人们就认为，授予每个机构以明确的职能就比确立不同机构的抵制关系更为合理。"平衡"机制显得"很荒谬"。拒绝平衡机制的理性主义根基，在1789年之前就已明确地出现在孔多塞的笔下。孔多塞的论证很简单，看起来不容置辩："要反驳这种荒谬的制度，我们只需想一想：如果一个奴隶有两个主人，而主人之间经常有分歧，那奴隶就不再是奴隶了吗？"大革命拒绝了孟德斯鸠思想中的一个重要观念，这一观念本来可能诞生出对有组织的力量与利益制衡关系的普遍理性规则的尊重。在孟德斯鸠那里，利益和力量不能自发产生理性和普遍性，它们应该以某种方式被组织起来。从这个意义上说，"立法者"有意识的理性行动是不可或缺的。但在他那里，有效的理性主义并不是要一切都必须理性化，而是在非理性、非普遍性面前占据自己的位置。

所以，说到底，大革命的确疏远了孟德斯鸠的教导。但这并不妨碍大革命在某些方面也归功于孟德斯鸠（对国家职能的定义，司法职能的概念）。在这些方面，对孟德斯鸠和卢梭的影响力进行简单的估量是不恰当的。更为严重的是，这种估量掩盖了一个重大事实：这两位思想家扮演的并不是同一性质的角色。关于孟德斯鸠的辩论是涉及宪制和司法的技术性辩论，而卢梭带给大革命的首先是表达关于人与社会的某种整体性观念的意象和口号。

贝尔纳·马南（Bernard Manin）

延伸阅读

Œuvres de Montesquieu:
Œuvres complètes, 3 vol., Paris, Nagel, 1950-1955.
CONDORCET, Marie-Jean-Antoine-Nicolas DE CARITAT, marquis DE. *Observations sur le vingt-neuvième livre de l'Esprit des lois* (1780) (1); *Lettres d'un bourgeois de New Haven* (1787) (9); *Idées sur le despotisme à l'usage de ceux qui prononcent ce mot sans l'entendre* (1789) (9); *Exposition des principes et des motifs du plan de constitution* (1793) (12), in Œuvres, éd. établie par François Arago et Elisa Condorcet-O'Connor, 12 vol., Paris, 1847-1849 (tomaison entre parenthèses).
[Débat sur le projet du Comité de constitution, août-sept. 1789], *Archives parlementaires*, 1re série, t.8 (1875), p.504-608.
[Débat sur l'ordre judiciaire, avril-mai 1790], *Archives parlementaires*, 1re série, t.15 (1883), p.317-420.
MOUNIER, Jean-Joseph. *Nouvelles Observations sur les Etats généraux de France*, s.l., 1789.
MOUNIER, Jean-Joseph. *Considérations sur les gouvernements, et principalement sur celui qui convient à la France*, Paris, 1789, et *Archives parlementaires*, 1re série, t.8 (1875), p.407-422.
SIEYÈS, Emmanuel. «Opinion du 2 thermidor III», in Paul BASTID, *Les Discours de Sieyès dans les débats constitutionnels de l'an III*, éd. critique, Paris, Hachette, 1938.
TROPER, Michel. *La Séparation des pouvoirs et l'histoire constitutionnelle française*, Paris, Librairie générale de droit et de jurisprudence, 1973.
VILE, M. J. C. *Constitutionalism and the Separation of Powers*, Oxford, Clarendon Press, 1967.

参见条目

孔多塞(Condorcet)

宪法(Constitution)

马拉(Marat)

王政派(Monarchiens)

卢梭(Rousseau)

西耶斯(Sieyès)

民 族
Nation[①]

对于大革命带给民族一词的团结效应和能动力，恐怕是所有人都会承认的。大革命使这个词凝聚了三种含义。社会含义：一个由法律面前平等的公民构成的实体；法律含义：一种与宪法规定的权力相对应的制宪权力；历史意义：一种通过连续性、通过某种过去与未来而结合在一起的人的集体。大革命还将自身的动力赋予了从此再也难以区分的由数个名称组成的整体：王国，民族来自王国，但它是在与王国的对立中构建起来的；共和国，这长期是以制度形态为标志的；国家，它一直被君主制的重商主义污染；祖国，这个词的含义更富情感色彩；最后是法兰西，它的身份已经过长时间的历史、文化和意志的锻造。

在一场呈现为长时段的广泛运动中，"民族"（nation）看来是突然加速和政治化的结果，此刻的社会背景猝然颠倒，地域

---

① Nation 一词亦可译为国民、国家等。为了上下文的连贯，在本词条中基本上译为民族。

框架很快被神圣化；此刻的民族有两个不同的含义，二者都来自遥远的时代：更宽泛的词义是宗教和圣经性质的，这就是武加大（Vulgate）圣经和学术语言中所传达、带有使徒传统的含义（gentes 和 nationnes），它认为民族只是出自造物主之手的人类的几种重大自然分类之一。另一种是狭义的含义，这种含义将民族与其根源——nasci（出生）——结合起来，并将这个概念与某种小型社团，与家庭和地点联系在一起；这种有亲身经验的词义将民族和对故土（patrie）的情感明确联系在一起，世界是一个充满敌意的荒漠，而故土就是荒漠中的一片自由的绿洲。祖国（patrie）自然是在流亡和漂泊他乡时被想象出来的，迪贝莱（Du Bellay）之后的夏多布里昂（Chateaubriand）将生发出人所共知的故土的腔调。这带有双重意蕴的定义看来已经随着 13 世纪大学中"民族"（nationes）的聚合而清楚地显示出来，而且仍然是 17 世纪初让·尼可（Jean Nicot）的《法语宝典》（*Thrésor de la langue française*）中的词义："不同民族（nations）的人聚合在一个城市共同居住。"所以这是一个很含混的概念，它既很是宽泛的、学术性的，也是很狭隘的、带有民众色彩的，但都离我们赋予它的现代意义差距很远；不过，它已经具有的三个元素被大革命合并起来，因为这些元素突然之间具有了现实性和必要性：一个是地缘政治元素，它是中立的、复数的，因为这意味着与基督教世界其他民族的共存；另一个是福音元素，它具有"普世性"、宗教性的潜能；再就是 1694 年《法兰西学术院辞典》大力强调的有血有肉的同类邻人元素："同一个国家，同一个地区，生活在同一种法律之下，使用同一种语言的居民。"这个定义非常接近于弗勒蒂埃（Furetière）1690年的定义："众多居住在同一片有确定边界的土地之内，甚或处于某一种统治权之下的人民，称为民族。"1771年的《特雷武辞典》完整地复述了这一定义。

但到这个时候，在思想上已经大力向前推进的18世纪，民族，更突出的是祖国，已经成为一个争论的话题；尤其要指出的是，18世纪50年代伏尔泰和卢梭之间的争论对整个思想的发展起了很大的推动作用。祖国与自由、幸福和美德的观念联系在一起，而这类观念或来自对古典世界的追忆，或来自来对博林布鲁克（Bolingbroke）的英国（《一个爱国国王的理想》，1738年）与联省共和国的想象。但是，作为世界主义者的伏尔泰对祖国却很不信任，认为它承载的是民族的狭隘和专制主义之下纯粹的幻觉。"好国王之下有个祖国；坏国王之下根本没有"，他在《哲学辞典》中这样说。而且，他和孟德斯鸠一样，只在描述性的意义上使用"民族"一词："欧洲北方各民族"，"英格兰，这个机智而大胆的民族"（《路易十四时代》，七星文库版，第629、617页）。卢梭的做法则相反，他总是捍卫这个观念：每个人民都有各自的"民族特征"，而且应该维持和尊重这种特征。他甚至提出进行公民宣誓的必要性，如在他的《科西嘉宪法方案》中，卢梭提议这个岛的所有公民都应进行如下宣誓："我的人身、财产、意志，以及我的全部力量，都与科西嘉民族结合在一起，我和属于我的一切，全都归它所有。我发誓为它而活，为它而死。"科瓦耶修士在《论祖国这一老词语和人民的性质》（*Dissertations sur le vieux mot de patrie et sur la nature du peuple*，1755）与卢梭遥相呼应，格里姆（Grimm）则与伏尔泰站在了一起；而在1765

年的《百科全书》（第 11—12 卷）的条目中，若古采取了一种折中综合的立场。民族是一个"集体名词，用来指生活在有某种边界的特定地域范围之内、服从同一个政府的大量人民"，若古补充到，民族以其"独特的特征"而区分于别人。这个定义总的来说相当中性，而且没有"民族的"（National）这一并列条目，相比之下，"祖国"（Patrie）条目写得很长，而且若古还写了它的伴生词"爱国者"（patriote）和爱国主义（patriotisme）。实际上，在 18 世纪的思想进程中，民族观念的维持与发展，与其说是源于哲人们的辩论，还不如说是得益于高等法院的传统和政府改革派。各高等法院反对王权的专断和关于路易十四绝对主义的记忆，认为"民族在法兰西没有成为实体"，而"完全寄托于国王个人"，但祖先的古老契约曾将君主制与"民族"的某种隐秘权力结合在一起；与此同时，重农学派和"经济学家们"传播一种"民族消费"、"民族商业"、"民族流通"、"民族利益"，甚至"民族教育"的理念。

要让民族接续"祖国"一词所包含的政治和论证内容，并将其革命冲击力放大十倍，还需要使其在三级会议召开前夕的论战中凝聚和升华，并需要论战中如洪水般涌现的小册子来造势。一些语义学的研究已经清晰地反映出这一点，如艾伯哈特·施密特（Eberhardt Schmitt）对 1788 年 9 月到 1789 年 5 月的 93 份小册子的盘点，如贝亚特丽斯·希斯洛普（Beatrice Hyslop）对教区陈情书的研究，以及雷吉娜·罗宾（Régine Robin）对欧塞尔的瑟缪尔（Semur-en-Auxois）司法区陈情书的研究。到处都可以看到民族观念的爆发。人们要把各种重要权力，如确定预算，拟定法律，修改宗教立法，甚至制定宪法的权力，都授予"聚会的民族"（nation assemblée）。但没有谁比西耶斯在《第三等级是什么？》（1789年1月）中的表达更具轰动效果，没有任何人像他那样进行如此直截了当的攻击，他为革命的民族概念的建立奠定了基础，在他看来，"如果剥夺特权等级，民族不会失去什么，相反它会获得更多"。有个大胆的观念可以衡量出一种历史怨恨的深度："第三等级就是整个民族"。边界转到了民族共同体内部。这个观念将取得惊人的成功，但民族的本源本身就包含着排斥的种子，它事先就证明了内战的合理性，大革命在创立民族（Nation）的同时，也创造了民族的病理。

因此，"民族"（Nation）正式的降生可以说恰好与大革命的开启同时发生，也就是在三级会议召集之时。当三级会议拒绝几个世纪以来延续的称呼，并越出当初促使它召开的有限理由时，与当年夏天人们所称的"旧制度"的决裂就已经完成了，民族也就诞生了。传统的三个等级的代表最初的使命只是挽救财政危机，设法寻找补充性的资源。当涉及权力审查的程序问题被提出时，代表们就着手以一个由民众选举产生的同质性的代表大会，去取代基于等级区分和地位不平等的旧君主制的三级会议，就在此刻，民族清楚地表明它获得了自我意识。米拉波在关于议会任命的演讲中已经展示了自我设置的原则："我们应该自行组织"，他在1789年6月15日说，"我们都赞成这样；但如何组织？采取何种形式？以什么名义？组成三级会议？这个说法不合适……"他以"作为整个宪法之基础的民族代表原则"为依据，向同事们建议宣布自己是"法国人民的代表",而不是"法兰西民族熟识和认可的代表"。我们知道,在6月17日的辩论之后,根据西耶斯的提议,三级会议放弃最初的名称,自己设立为"国民议会"(Assemblée nationale)。乔治·古斯多夫(Georges Gusdorf)正确地指出,共和国历届议会的所有立宪、立法和规章制定工作,都是在这次术语转变之后进行的。

最初的几个星期至关重要。在这之前,民族的观念并不意味着有机团结,也不涉及集体意识和政治形塑。但新的政体一下子就建立了新的合法性框架。向国民议会的转变**事实上**将主权委托给了民族(国民)代表,这就认可了政治价值层次的倒转。"教士不是民族,"拉博·圣-艾蒂安与西耶斯相互呼应,"它只是20万专职为祭坛和宗教服务的贵族和平民的集合……贵族也不是民族……"在民族降生之时,甚至"第三等级"也不见了,这也是正式认可过去旧语汇的消失;这一切在8月4日夜里都得到了进一步的确认,封建权利和所有形式的特权都被废除了。《公民权利》与《人权宣言》第三条简明扼要地认可了这一从否定向肯定的转变过程:"整个主权的本源根本上说都在于民族。"不过,除了这些经典的文本,如果我们想要衡量一下民族一词已经是何等深入人心并让人激动不已,只要看看雅克·戈德肖[①]发掘出来的一封信件,这封信是攻占巴士底之后两天贡比涅一个籍籍无名的市民写给杜埃城的一位律师的。他在信中描绘了刚刚在巴黎发生的事情。他强调,一支"民族军队"已经建立,并说这支军队"以

[①] 雅克·戈德肖(Jacques Godechot,1907—1989),法国大革命史专家。

民族的名义接受权利","所有部队都是为了民族"……

就这样,主权从享受神授全权的国王转向了被授予全权的代表制议会,随着这次根本性转变的完成,民族的根本性架构已经就绪,并且一劳永逸地确定了下来。议会将有任职期限,政体和宪法也将不断被替换,权力部门之间的关系乃至民族的形象也将变幻不定,民族本身作为一种参照框架的存在、作为一种可以想象的整体性生存形态,却不会再受到质疑。但"诉诸集体权利"(Alphonse Dupront)并不是大革命历程中因为情感冲动而出现的意外枝节。演出的帷幕拉开时剧本就已经写好了,但历史给剧本配上了音乐。革命的十年没有哪一天不给这曲民族交响乐增添音符和音调。这里我们只指出其中的一些主题。

第一个主题肯定是围绕"异己"(étranger)的沉重情结,它的源头可以称为西耶斯定理。这个定理废除了抽象而神圣的、太过明显而不需要强调的边界,即国王与其臣民之间自古以来的边界,转而确立更为具体也更可感知的多种边界。首先,地域边界清楚地规定主权的空间范围。它也支持了整个19世纪历史学甚至20世纪相当一部分历史学所传播的观念,即旧制度时代法国的边界本质上是模糊的、不确定的,这样的边界孕育了自然疆界的神话。直到最近的研究问世(例如贝尔纳·盖内(Bernard Guenée)和丹尼尔·诺德曼(Daniel Nordman)在《记忆的场所》第二卷"民族"第二部分中的阐释),人们才对这个作为民族认同组成因素的主题有了公正的评价。其次,法律上的边界可以清楚地界定一个权利和义务上平等的个人组成的族群(population),对他们实施的权威不再是习惯或习俗,而是法律。第三,心理上的边界则要微妙得多,其变动性也强得多,它把民族视为一种价值观的庇护所,视为共同体的扩展,甚至是一个场所,一个归属感和团结的象征,一种植根于土地和地域的工具,对此丹东有一番著名的表述:"人不能将祖国随自己的鞋底一起带走。"不过这一因素不可高估,因为它可以激化和加深民族可能隐藏的进攻性的潜能。路易十六要"背叛"他对宪法和使其服从于民族契约的宣誓时,这种进攻性就会转而针对国王,对王后就更是如此了。民族也会以"人民的自决权"的名义反对外部的敌人,将1790年5月22日议会通过的"世界和平宣言"做一个不那么大胆的外推,就可使其成为反对外敌的根据:"法兰西民族放弃为征服而采取任何战争行动,它将拒绝用自己的力量反对任何人民的自由。"最后,这种进攻性还尤其针对内部敌人,从定义上说,这类敌人一开始限定为与"爱国者"和"民族的人"相对立的贵族和特权者,但随着革命进程的加速、挥之不去的阴谋论以及革命自身机制不断激进化的逻辑,敌人的范围趋向于不限定的扩大化。

民族很长时间内就被融汇到这一具有敌对-博爱双重意义的运动中,大革命在史诗与悲剧中、在其现实与想象中,将与这种互补又矛盾的辩证法紧密地结合在一起的每个片段都推向了高潮。每个日期回过头去看都有象征意义;例如,一开始就有10月5—6日——就算不提7月14日和8月4日这样的伟大时刻——将国王从凡尔赛带回巴黎的日子,这就赋予了民族心脏和炉床。"出逃"瓦伦只有与"遣返"联系在一起才能揭示出其完整意义。但是，如果一定要指出一个阿尔方斯·迪普龙（Alphonse Dupront）所称的"民族惊恐"爆发的日子，那显然应该是1792年8—9月的危机：从最终剥夺了国王尚存的权力的8月10日起义，到巴黎公社创设的公共永福政治（la politique de salut public①，再到9月的屠杀和瓦尔密的胜利，正是在这场胜利中，克莱曼（Kellermann）的军队喊出了"民族万岁"的口号；不久之后，君主制被废除，共和国宣布成立，这就在具体事项和想象中弘扬了这场战斗的意义。四个月后，国王的审判和处死被罗伯斯庇尔欢呼为"民族天意的行为"，这就最终打破了国王与民族这一暂时和痛苦的结合，让民族单独面对自己命运的严峻考验和维持自身统一的挑战。

统一：这是民族认同的第二个基本主题。这当然是最重要的磁力线，因为正是借助统一，新民族才与老民族合而为一。但即使在这个问题上，强调统一也会在相互矛盾的方向上起作用，它所承担的功能是多种多样的，所有这些功能都很重要，而且经常是符咒式的功能。

首先是与君主制长期统一努力的衔接，这在爱国主义的迸发中不言而喻，却是非常有力量的。这种衔接体现在1791年宪法第二条第一款中："王国是统一和不可分割的"，这也是后来的共和国重申的条款。在旧制度被清算之后，人们总是担心来自这笔被否定的遗产的所得品会被挥霍掉，于是就赶忙安放了作为这份遗产替代品的基座："民族，法律，国王。"民族的神秘性很

---

① 救国委员会中的"救国"即为salut public。

快就附着于作为由议会、宪法、三色徽及随后的国旗、格言、国歌和节日所构成的统一象征之上。新的民族意识的集中表达,其关键时刻可以认定是战神广场上的联盟节的盛大典礼,这一点大概是没有疑问的;对于这次典礼,米什莱做了长篇的铺陈,认为这是法兰西历史上第一次严格意义上的民族节日。正如古斯多夫正确指出的,"联盟节"(fédération)这一观念与法国所有构成部分的均质性和统一性的确定形成呼应,而在此之前,这些构成部分都有非常不同的政治和行政地位,这些差异是历史的偶然变故留下的遗产。这个观念还与民族空间的占有,与被解放的"飞地"的相互接近,与阿尔萨斯、萨伏伊和科西嘉这些民族领土的合并相呼应。这次庆典反映了内部边界的消失,地区差异的废除,并弘扬了一种彼此间的共识,正是这种共识使得统一的法国服从一个自由选择的权威。第一个(即1789年)7月14日只是确认了那座君主制堡垒所象征的旧秩序被摧毁。作为民族节日的联盟节,则在那位立宪新国王的见证下,在教士的积极支持下,在某种临时性的全体一致中,为彼此和解了的法国人缔结了一个新联盟和一个脆弱的和谐。

　　随后是大革命本身强有力的统一效能,它激发了全欧洲和全世界开明人士的热情和赞美:旧制度所展现的极端多样性、各种性质和各个年代的历史积淀,都因为大革命的彻底否弃而形成一个整体,在统一化和集中化理性的标尺之下,几个月之内就完成了这一转变。这种几何精神既来自现实主义,也源于乌托邦思想,既包含着常识,也有某种被推演到狂热境界的逻辑;M.-V. 奥祖夫-马里涅(M.-V. Ozouf-Marignier)曾分析过的关于划分省（départementalisation）的辩论，大概是对这种几何精神的最佳诠释。但两年后的一对改革却命运悬殊：度量衡的改革最终被民众接受，共和历改革却碰到了人所共知的阻碍。一方面是节日的氛围，革命日子里全体一致的热情；另一方面是集中化的严格要求，冰冷的制度构建和立法者对纯粹的追求；两种现象之间存在的隔阂可能让人感到吃惊，它们之间唯一的公分母就是对统一的迷恋。

统一的更重要之处在于，它是一场伟大的运动：在战争、国土被入侵、旺代叛乱、政权不稳固、普遍的生计困顿等各种考验之中，哲人、律师、法学家和体系建构者的民族，终于与乡土的、农民的底层民族汇聚在一起，后者也因为对"祖国在危急中"的动物性反射而突然之间被动员了起来。在1793年悲剧性的夏天，对全体法国人的持续征调是核心内容，就是在这个时刻，在8月20日"总动员令"（levée en masse）到9月5日"恐怖被提上日程"之间的日子里，大革命与民族完成了婚礼，婚礼是在战士和嫌疑犯的鲜血之中、在英雄气概和断头台的阴影下举行的，这是革命民族与历史上重大时刻的"永恒"民族之间的盛大重逢。此时的民族在狂热之中升华为超验的存在，对统一的反复召唤掩盖的是对持续的解体威胁、革命之中极端个人主义的膨胀、社会撕裂的现实的回击，这些混乱即使在历史上留下痕迹，也要在记忆中被抹去。

大革命所编织的民族情结中的最后一个元素是"普世性"：这里仍然要强调，"普世主义"运动也有其特别的双重意蕴，它一方面具有特别的内生化趋向，另一方面也有在模仿和重复中传播的可能。这不是法兰西第一次获得特选意识，而且，每个民族都会认为自己独一无二，这是很自然的事。而在这个意义上，大革命的经历重复并凝聚了此前历史中的所有关键时刻，它将自己追求自由与自身生存的特质与反抗外来压迫的殊死搏斗联系了起来：这是十字军与启蒙的联合。但大革命的新颖之处在于，在民族的旗号之下，区分、限定、分隔、独特的身份认同、群体独特主义等的原则，同时也可以成为普遍化的诉求。法国并不像米什莱认为的那样，是给别的民族带来严重困扰的"普世"民族。但它是一个将"普世性"寓于独特性之中的民族。它之所以是独特的，是因为它是在此时、此地、以此种词汇、用这种语言、由特定的人、通过特别的形式，并仅仅依据某些原则而建立起来的民族。不过，由于这些原则具有的抽象性，它们已经赋予其载体以新的面目。"自由的国度从这里开始。"法兰西民族在同一场运动中储备了可供出口的抽象能量。

尽管存在各种可能的历史解释，这里仍然有一种不易解读的神秘性，它涉及民族的动员力和人格化之中更加难以捉摸的元素。对民族进行公理性表述的革命文本、原则和法典，只是在政治层面严格实施启蒙的意识形态。但民族赖以扎根、民族观念和意识形态赖以发展的层面，却远远超出了政治和理性的范畴。可以描绘但难以界定的各种比喻意象，是植物的、生物的、直觉的和宗教的。否则，人们就不能理解制宪议会奠定的、以人权和人民自决权为基础的民族，为何能支撑那些启发了各种民族运动的浪漫变形（远不止唯心主义和德意志的民族观念）。大革命的民族是个将抽象"普世性"转换为具象"普世性"的模具。民族主义

（nationalisme）一词是巴吕埃尔于1798年正式创造出来的，而在这之前它曾受到了伏尔泰的严厉抨击，尽管那时还没有民族主义一词。但总体而言，民族主义与"普世"扩张主义之间这种错综复杂的纠结，可以很好地解释大革命对外政策的历次转向：对世界宣布和平的姿态，可以逐步掩盖打着解放性扩张旗号的土地占领策略，以及法国与姐妹共和国的联盟为何能转向让欧洲流血二十年的公开战争。"伟大民族"（grande nation）的面目在不断变换之中。

还应该提纲挈领地权衡一下这样一个说法：大革命给法兰西民族模式带来了负担。问题的难点在于，从君主主权向民族主权过渡十分突然，十分激进，并带来了一系列的后果。

掌握主权的民族很快就将"旧制度"树立为过去的幽灵，旧制度的消失倒是成了降生的首要条件；但这样一来，民族一开始就从原则上失去了八个世纪的时间延续性，这本来构成它真正的合法性。将整个权力的源泉委诸"民族"，就意味着民族已经存在。这一奠基性的断裂是理解法兰西民族观念的关键。人们可以把民族降生的日子定在某个象征性的日期——我们已经看到，各种日期都可能有其理由——，就这样，大革命就将某种民族延续性和统一性的动力建立在对民族统一性和连续性的否定之上。这一做法产生了深远的影响。对于民族，法国有前后两个不同的版本，二者都是完整的，每一个都可以认为自己在民族之林中绝对是别具一格的；一个是君主制的民族，它经历了特别漫长的朝代，从987年于格·卡佩（Hugues Capet）登基，一直到路易十四所充分展现出的绝对主义形态；另一个是革命类型的民族，它因为其原则中彻底的激进性，因为其扩张性而不同于此前所有的民族，如英格兰、荷兰和美利坚民族。

这种民族的双重性是别的地方所看不到的，它困扰着法国的历史、它的认同和它的延续性。双重性特征甚至赋予Nation一词丰富的内容，以及法国特有的独特含义；法国之所以同它的过去、它的记忆、它的独特之处和它的集权性保持联系，民族的双重性是原因之一；在法国，历史学和政治总是要负责缝合民族的过去这件被撕裂的长袍，将两个法国重塑成一个法国，把两个民族融汇成一个民族，将两种历史合并为一种。大革命的创造，或者说再创造，就是让永恒的"已然存在"变成一场永无终局的博弈，因为这种"已然"总是在法律意义上的最小存在与历史意义上的最大实体之间摇摆，它的性质总是不确定的。德意志的民族难题是地理多元性造成的，意大利也是如此；西班牙的难题是辉煌与衰落的转换；英国的难题是宗教冲突；而法国的民族难题是民族定义的内在双重性造成的。

第二个民族（指革命后民族）对第一个民族（指革命前民族）的无力否定，一下子就把法兰西民族、历史和政治的实际置于一种无法回避的冲突空间中。这是旧法国与新法国、宗教的法国与世俗的法国、左派的法国与右派的法国之间的根本冲突，它们呈现的面貌要比政治选择或政治概念丰富得多：如民族认同的多重形态，如对古旧物品的象征性的再利用。它们不是某种共识内部的各种竞争性形式，而是事关民族本身的各种排斥性和对抗性的形态。民族的各个部分都自认为唯有自己才是民族整体的合法持有者，它们都是踩着别人的尸骨，时刻活在祖国的崇高利益会遭人背叛的忧惧之中，战争时期尤其如此。这是法国公民建设中真正的缺陷所在：1914年的"神圣同盟"驱散了这种恐惧，但1940年"神赐的惊喜"[①]暴露了真实的情况。

大革命对民族模式的第二个影响是，它倾向于垄断民族观念，并将民族的大部分参照物集中于革命这段时期。首先是象征性参照物，因为全部的民族象征——人权宣言，国旗，七月十四日，《马赛曲》，自由、平等、博爱的座右铭——都出现在一个空前的时代，它们戴上了创始者的光环，然后很快就被送到大革命的戏剧中去锤炼。大革命提供的参照系还有言语风格，参考性事件，成套的姿态动作，制度化的神圣性，首先是负责民族防御（国防）和公民教育的重要制度，如军队和所谓的国民教育，前者是众多实践做法的大混合，并且很快就具有了民族特征，后者很快就比"公共教育"更受欢迎了。民族的革命化认同有时走得太远了：它触及财产问题，教士财产和流亡者的部分财产的国有化（natioalisation）完成了财富的再分配；档案遗产和纪念物尽管蒙受封建主义的恶名，但如今已免于"汪达尔主义"（野蛮的破坏）而被置于民族的看护下，于是君主制的整个可视化的过去都被整合了进来；这种认同还动员了国土，不仅完成了新的行政区划，"自由的敌人"的入侵还使得国土神圣化了。这类改造非常深刻，其重要性可能并不小于想象和表征方面的建设。随着小学教育的

[①] "神赐的惊喜"（divine surprise），是夏尔·莫拉斯（Charles Maurras）对贝当上台和维希政府的赞美。

普及和第三共和国的稳定,整个民族历史都反过来又依据大革命的术语、概念和理想进行了重塑,这种历史成了这段民族历险的意义的摇篮和终点。

大革命对民族构建模式的第三个也是更具决定意义的影响,是死去的与鲜活的要素之间形影不离的辩证法,是两类主权,即君主主权与民主主权的纽合。马塞尔·高歇阐明了其条件和后果。

法国大革命以猝然和不经过渡的方式以民族主权取代了君主主权,即一种自下而上的权力取代了自上而下的权威,前者是一种抽象的、不可见的、必然采取代表制的权威,后者则以可见的具象方式将权威集中于国王个人,国王是国家和民族的各种非个人职能的化身;但是,大革命在完成这一转变的同时,并不服从某种简单的反向对称关系。这场震动消除了君主制权威内在的各种矛盾;但个人性权威和非个人性的权威行使之间的权力辩证关系——君主制曾体验过这种关系,但最终也因此而走向灭亡——也自然而然地成为国民代表制的难题。民族"主权"这一抽象原则意味着权力的非个人化,它的突然确立造成了民族代表制的一长串的各色表现形态,对于这些形态,法国人从来没有适应过,也不知道如何在它们中间挑选,而只是在两个可能的极端之间来回摇摆。一个极端是权力的非个人化的诱惑,由于不实行有效的监督,受委托的主权就自行其是了,以致发展到议会篡权的地步,不管这种对民族主权的篡夺是以人民的名义,还是以启蒙或理性的名义进行的。另一个极端是权力的再个人化的诱惑,被委托的主权交到了带有天命色彩的受托者手上,这个人被认为是人民意愿与内心向往的化身。两个极端导致的局面,要么是无能,要么是专政。从制宪议会的纳税人精英政府,到拿破仑的君主制,大革命尝试过民族代表制可能具有的全部形式,也让人见识了民族的全部临时性面目。

民族本身具有内在的缺陷,这与其降生的具体环境有关;由此不仅可以解释政府的长期不稳定,大革命的帝国主义也能在此找到根源。高歇对此也有过评述;革命民族的扩张主义找不到内部平衡物,也不能得到充分的实现,它本身推动着"民族原则的外溢。这是在个别中实现'普世性'的原则,在这种情形下,由于'普世性'的旧工具的回归,它走入了歧途"(高歇,第292页)。征服战争是内在于革命民族的纲领的,正如对外殖民内在于共和民族的纲领。之所以有了一个"伟大民族",是因为这个革命民族本来不是一个纯粹意义上的民族(nation tout court)。

弗朗索瓦·孚雷颇有见地地指出,大革命对民族的痴迷,决定了19世纪法国的整个政治想象。还应该补充一句:也决定了19世纪欧洲的整个政治想象。但真的如孚雷在《革命》(*Hachette*,1988)一书的最后一句所说的那样,大革命随着第三共和国的奠基而"驶入了港湾"吗?事实上,如果向革命的左侧和右侧看看,就能发现双重的竞价加码,即社会主义和莫拉斯的保王主义,而在俄国革命之后和三十年代的危机中,二者又有了新的接力者:左侧是共产主义,右侧是法西斯主义在崛起。革命民族最初的舞台在20世纪不断受到新浪潮的哺育。

实际上,大革命孕育的民族模式若要淡化,"西耶斯的公理"如果不再为真,新的民族几何学若要产生,还需要20世纪后半期各种事态缓慢汇聚成某种新局面。还需要第二次世界大战,以及苏联和美国两个大国的崛起,它们各自具有一种民族与革命的共生形态。还需要戴高乐主义的综合,需要它的两大意义暧昧的关键阶段的到来。在第一个阶段,戴高乐主义保证了共和制度的重建,但也再次带来了"神赐的惊喜",即让法国置身战胜国阵营。在第二个阶段,它一方面保证了非殖民化的完成,并使得法国首次有了一套大多数人几乎一致赞同的制度,但另一方面又因为对传统类型的民族主权的执着而对欧洲共同体的建设踩刹车。那时法国正试图以进入核大国俱乐部来掩饰其实力的衰退,以关于伟大的陈旧话语来填补革命模式消逝后留下的虚空。不过这种陈旧的话语还是相当"普世"的,因为它既是路易十四和丹东的话语,也是博须埃和米什莱的。最后的事态是,法国的经济增长和危机,共产党的衰落,右派发生现代转型并愿意接受大革命的遗产,而左派则在第五共和国的框架内行使权力,至此,大革命对民族的烙印才开始风化——但还没有完全消失。至此,一个新的民族模式今天正展现在我们眼前,而革命民族也最终驶入了港湾。

在民族这一现象引爆的历史火山面前,在它点燃的各种力量、它所造成的巨大伤亡以及人们为它付出的牺牲面前,历史学家应该低下头颅,这是在一座现代大悲剧纪念碑前低头。此刻的公民与历史学家一起注视着这一大悲剧被安放在民族的古物博物馆中,尽管意识到自己应对什么心存感激,但此刻他们心中并无惋惜。

皮埃尔·诺拉(Pierre Nora)

延伸阅读

AULARD, Alphonse. *Le Patriotisme français de la Renaissance à la Révolution*, Paris, E. Chiron, 1921.

DUPRONT, Alphonse. «Du sentiment national», in Michel FRANÇOIS (sous la dir. de), *La France et les Français*, Paris, Gallimard, «Encyclopédie de la Pléiade», 1972.

FURET, François. *La Révolution*, t.4 de l'*Histoire de France Hachette*, Paris, Hachette, 1988.

GAUCHET, Marcel. «Les "Lettres sur l'histoire de France" d'Augustin Thierry», in Pierre NORA (sous la dir. de), *Les Lieux de mémoire*, t.2, *La Nation*, 1er vol., Paris, Gallimard, 1986.

GODECHOT, Jacques. «Nation, patrie, nationalisme, patriotisme en France au XVIIIe siècle», *Annales historiques de la Révolution française*, n° 206, 1971.

GUSDORF, Georges. «Le cri de Valmy», *Communications*, n° 45, *Eléments pour une histoire de la nation*, Paris, Le Seuil, 1987.

HYSLOP, Beatrice. *French Nationalism in 1789 according to the General Cahiers*, New York, Columbia University Press, 1934; 2e éd. New York, Octagon Books, 1968.

OZOUF-MARIGNIER, Marie-Vic. *La Formation des départements. La représentation du territoire français à la fin du XVIIIe siècle*, Paris, Editions de l'Ecole des hautes études en sciences sociales, 1989.

ROBIN, Régine. *La Société française en 1789, Semur-en-Auxois*, Paris, Plon, 1970.

SIEYÈS, Emmanuel. *Qu'est-ce que le Tiers État?*, éd. établie par Roberto Zapperi, Genève, Droz, 1970, rééd. avec une préface de Jean-Denis Bredin, Paris, Flammarion, coll. «Champs», 1988.

参见条目

旧制度（**Ancien Régime**）

军队（Armée）

革命议会（Assemblées révolutionnaires）

历法（Calendrier）

省（Département）

人权（Droits de l'homme）

三级会议（États généraux）

联盟节（Fédération）

自然疆界（Frontières naturelles）

米拉波（Mirabeau）

重农学派（Physiocrates）

审判国王（Procès du roi）

共和国（République）

大革命与欧洲（Révolution et l'Europe (la)）

卢梭（Rousseau）

西耶斯（Sieyès）

伏尔泰（Voltaire）

重农学派
Physiocrates

　　重农主义的观点在多大程度上影响了1789年的人们？这个问题没有简单而全面的答案。虽然有些人，首当其冲的是杜邦·德·内穆尔（Dupont de Nemours），可以先验地暗示这个"学派"和制宪议会之间存在某种联系，但实际上，有大量的证据表明：制宪议会的议员们不断地表达对重农学派的敌意。杜邦·德·内穆尔在给让－巴普蒂斯特·萨伊（Jean-Baptiste Say）的信中这样追忆这个时期："一旦国民议会出现关于商业和财政问题的讨论，人们就开始激烈抨击经济学家们。"这种敌意的原因何在？首先是社会学或文化方面的。重农学派被视为一个封闭的、教条主义的、几乎带有神秘性质的集团，其成员只是没完没了地复述那些不容置辩的抽象公式。伏尔泰在《有四十埃居的人》中对这些人射出的辛辣的嘲讽之箭，已经为整整一代人塑造出了某种共识。到1789年，人们在谈论魁奈（Quesnay）及其门徒时，只是带着比18世纪60年代更为鄙夷的口吻称之为"宗派"和"经济学党"。

　　但是，尽管制宪议会议员们对重农主义者嗤之以鼻，他们是否受到重农主义观念的影响呢？拉博·圣－艾蒂安在他的《法国大革命简史》中提到过这一点。他写道:"人们指责经济学家们使用一种神秘的语言,这与清晰而简练的真理神谕很不相符……但是,他们曾不屈不挠地引导法国人思考政府(gouvernement)科学,我们应该感激他们的这一高尚行动。我们应该感谢他们持之以恒地长期让我们关注那些问题,而这些问题如今已经成为大众常识的通行观念:唯有实业的自由可以传诸久远;才智不应被戴上任何枷锁;谷物出口自由是其丰盛的源泉;不能对农民的生产准备金征税,只可对农民偿付预备金之后的剩余财富课税。"

首先,他们的影响在税收领域是不容否认的。当制宪议会表决通过直接税的统一原则并拒绝对征收任何税款消费品时,这似乎表明重农学派学说已经深入人心。重农学派从他们的净产值(produit net)经济理论出发,一直在推动以这个理论为基础的税制现代化。他们将地产所有者确立为经济和政治领域内的核心角色,这两种身份是不可分割的,而且,他们还是唯一应该纳税的人。18世纪80年代的所有改革方案都清楚地遵循着他们已经勾勒出的路线。1782年的一项法令草案的前言中这样说:"税收的基础是土地,唯有土地再生的价值可以繁殖出税收。不管税收形态如何,都只是由土地承担和维持。"1787年显贵会议的重大危机时刻,卡隆同样复述着普遍土地税的原则。不过,这种通过设立由全体地产所有者支付的土地税,以实现简单化、公平和经济上不偏不倚的税制的理想,真的是重农学派学说的遗产吗?没有比这种说法更不可靠的了。实际上,在1789年,这种特别具有重农主义色彩的主张,即单一、普遍的土地税,很难与18世纪批判消费税的自由主义的重要思潮分离开,布阿吉尔贝尔

（Boisguilbert）和沃邦（Vauban）就已经开始指控这种税收阻碍贸易，从而妨碍了经济发展。尽管制宪议会很青睐土地税，但它从未真正想过设立单一税：在当时近5亿的总预算中，议会只计划从土地税中获得2.4亿的收入。虽说间接税被一致否决，但从制宪议会到督政府时期的所有财政辩论都表明，税收问题上的学说具有很大的不确定性。此外，事态的发展也使得这个问题没有最终的定论。在25年的时间里，国家将靠各种临时性的便宜举措维系：爱国捐，指券，出售国有财产，对被占领地区征收贡赋。这种实用主义离魁奈学说原理的严格性距离太远了。重农主义的论点实际上并没有真正深入革命时期的社会，除非从其普遍意义上的自由内涵而言。一旦进入经济和财政问题中那些更具技术性的细节，就会发现重农主义的论点几乎全都没有被遵循过。魁奈对1789年革命者的影响力，主要体现在他与亚当·斯密或与加利亚尼（Galiani）修士相接近的观点而非不同于他们的观点之上。所以，对这个"宗派"的反复攻击，与拉博·圣－艾蒂安对重农学派积极作用的评价没有任何龃龉。

但最重要的并非这一点。重农学派的影响力恰恰是在政治观念领域，因为它勾勒出了制宪议会构想公民权的思想框架。

重农学派的经济学说是他们定义民族的出发点。传统的归属标准建立在**团体化**（incorporation）的基础之上（即作为团体的成员），他们则针锋相对地提出了由经济因素决定的社会**牵连**（implication）理念。在他们看来，民族的成员就是能以自己的生产活动参与社会财富增殖的人。鉴于农业是唯一能创造财富的活动，故地产所有者构成的社会阶级就是构建社会利益的轴心。

但能因此就认为仅仅这些人才是公民吗？公民一词对他们来说颇为疏远。米拉波[①]曾在其《税收原理》（*Théorie de l'impôt*）的附录中说，地产所有者是"唯一真正的王国之民（régnicole）或国民（nationaux），我不想说公民（citoyens），因为这个词来自城邦和共和国"。既然法国是个农业国，既然土地经营是现代经济的核心，那么，非农职业就在某种意义上**外在于**民族。勒·特罗内（Le Trosne）在《社会利益》中对这个问题的考察方式显得特别雄辩。他将理想的经济形态定义为具有自给自足倾向的形态，进而从关于财富的地产分析出发，试图对民族的内外关系进行全面的重新定义。如何看待商人？"对外贸易的从业者，不管他们是何人，"他写道，"都构成一个散布在各民族之中的特别的阶级，从其职业的本性和其财富的用途来说，这个阶级是世界主义的；他们希望在哪里获利，就把自己的算计带到哪里，从来不会特别依附于某个民族。"如何看待工人？他们大部分是"外国人在我们这里维持的年金领取人，外国人不会放弃任何机会，让这些人变成我们的一笔沉重负担"。工匠？"从其工作的性质和资金的使用而言，他们构成的阶级并不眷恋着他们居住的土地，他们的家产只有工资，尽管这工资绝大部分还是民族支付的"。工场主？"他们在民族之中，但**不属于**民族。他们可以把自己的产业和资本迁往别处；他们不是真正的纳税人……他们在任何情况下都想让自己的财富逃避税收，他们想到的从来都只是放贷"。对于重农学派，社会牵连是由与土地的关系确定的。与土地的切实联系、

[①] 这个米拉波是老米拉波（Victor Riquetti de Mirabeau, 1715—1789）。

住所必然具有的恒定性才是真正融入民族的保障。孔多塞在其《关于小麦贸易的思考》中总结说："农民比别人更关心这个国家受良好法律的治理，因为他们不能离开；所以政治法律应有利于他们，将他们视为比其他人更纯正的公民……不同阶级对社会的整体幸福的重要性，与他们更换祖国的轻易程度成反向关系。"另一方面，这也导致了对重农学派所称的"城市精神"的批判。城市被指控从从内部摧毁社会，因为它毁灭经济，滋生各种腐败，并鼓励游手好闲。18世纪60年代之后，有关这一主题的论著数以十计。

外省议会改革运动从18世纪70年代末开始加速，这场运动所处的思想背景就是受重农主义观念支配的，根据这些观念，税制改革与公民身份新的确认方式的创立是并行的。1779年，勒·特罗内发表《论外省行政与税收改革》，这是在税务法院提出召集全国三级会议四年之后的事了。这之前的几个月，内克已经向这种弥漫在舆论中的压力让步，决定在贝里省设立一个省议会，以作实验。至少有一半的议员要求具有有产者身份：旧的等级制逻辑第一次受到质疑。勒·特罗内的改革计划首先旨在确立重农学派梦想的单一土地税。但在他的方案中，最有意思的是，为了进行税制改革，为了让更多的人参与公共工程的宏大计划的制订，他提出一种代表制度。他设想了一个金字塔式的选举制度，包括乡镇议会、区议会和省议会，最高一级是国民大议事会。只有地产所有者才有选举资格，不管其地产面积有多大。"而其他公民阶层，"他指出，"所能指望的就是其财富和劳动有完全的豁免权。"这已经预示着西耶斯十年后提出的积极公民与消极公民之分。杜邦·德·内穆尔为杜尔哥撰写的著作《论外省行政，关于在法国设立市政机构的备忘录》，也是基于相似的视角。唯有地产所有者才被视为合法的选举人。杜邦·德·内穆尔写道："只有在教区和村庄拥有地产的人，才是真正的教区和乡村居民；其他人只是在那里临时安家的短工（journalier）。"

因此，如果忽视重农学派的著作二十年来在人们脑海中的全部印记，我们就不能评估在1791年宪法拟订过程中有关投票权的辩论的意义。制宪议会的议员们只是接续着魁奈、米拉波和勒·特罗内的经济和政治思考。在他们关于政治社会的表象中，有（地）产者公民的形象始终扮演着关键角色。不过，议员们在摒弃魁奈学派"有产主义"（proprietarism）的狭隘的同时，也发展了这个学派的思想。

孔多塞清楚地见证了这种演变的方向。1788年，他在《论省议会的组成》一文中仍然坚持"纯粹的"重农学派观点："既然一个国家是由边界划定的一片土地，"他写道，"我们就应该把（地产）主人视为唯一真正的公民。"稍后不久，他就在《一位纽黑文市民的来信》中承认："一所房屋的所有者把资金与土地联系在一起，无论从利益还是社会身份来说，他都可以被等同于更大块土地的所有者。"西耶斯也饱读从亚当·斯密到魁奈等经济学家的著作。1775年，他写了一篇没有发表的手稿，题为"致经济学家们的信，关于他们的政治和道德体系"。西耶斯批评重农学派提出的财富理论，他赞同的是亚当·斯密，认为劳动创造了财富，但劳动有不同的表现形式。这种经济学观点使他将有产者公民概念扩展为**股东公民**（citoyen actionnaire）概念。享有投票权的积极公民，对于他就是"这家社会大企业真正的股东"。他通过劳动而成为股东，但尤其因为支付捐税以维持西耶斯所称的"公共机构"（établissement public）之运转而成为股东。西耶斯的股东公民论所依赖的社会牵连哲学，仍然是当初重农学派界定有产者公民的哲学。双方的差异仅仅在于各自依据的经济学概念的不同。但双方的分析都在于做这样一种区分：谁是社会的构成者，谁仅仅是生活在社会中。不过，西耶斯和制宪议会的议员们在处理这一问题时，是在区分民事权利和政治权利，而不是像魁奈或勒·特罗内那样对民族归属的标准做严格的限定。

对1789年的人们来说，有产公民的概念处于核心地位，这一点也反映出他们总是十分看重个人与土地的关系。对于他们，社会牵连始终有一种地域稳定维度。在选民资格的认定中，住所状况所具有的重要性就是一个表现。凡是个人利益无法进行社会定位的人，都与选举权无缘。人们将居无定所、游离于土地之外的人群视为危险的阶级。反过来说，有产者的私人利益与社会的整体利益紧密交织，他只要从这一处境出发就有能力判断什么是有利于社会的。有产者的身份不仅决定了经济地位，还将一切整合为某种道德与社会保障的体系。巴纳夫的观点就很好地反映了这种有关财产权的"整体论"思路，财产权必然意味着经济、道德、社会和政治上的能力。在1791年8月11日关于行使积极公民权的重要辩论中，巴纳夫发表了一篇演讲，出色地概括了革命者关于有产者公民的理念。他说，选民群体应具有三个优势："这里谈及的不是个人，而是一群人，一定的财富和一定数量的纳税。

第一是知识（lumières）。不可否认的是，某种程度上说，这是指较为得体的教育和较为广博的知识。第二，从被社会委以决策责任的人来说，应保证对**公共事务的关心**，显然，谁有更大的私人利益需要保卫，谁就会更加关心公共事务。最后一种保障是**财产上的独立**，只有这样，个人才会超脱于生活之困窘，不同程度地摆脱可能用来引诱他的各种腐败手腕。"这三种保障从何而来？巴纳夫认为，首先不应该在旧的上层阶级中寻找，因为这个阶级经常表现出"与公共利益相分离的个人野心"，但也不能在下列阶层中寻找：这些人"一文不名，总是时刻为生计而劳作，所以不能获得任何有关决策选择的必要知识，他们对维护现存社会秩序没有足够强大的利害关系"。因此他转向了中等阶层，认为它们应该成为法国代表制政府的政治重心。

在巴纳夫那里，我们可以看到有产者公民观念的演进。在他看来，占有一笔财产就是保证选举人专注于社会利益并不易被腐化的保障，但这种财产权的含义已经大为扩展了。它已经变成一种社会身份，并与其法律基础有潜在的可分离关系。有产者一词最后几乎可以指任何爱好社会秩序的诚实劳动者。巴纳夫说道："一旦每个人的权利通过明确的宪法得到规定和保障，对依靠自己财产或依靠自己的诚实劳动生活的人来说，就只有一种共同的利益；这时社会之中就只有两种对立的利益，一种是想保留现存状态的人的利益，另一种是想改变现存状况的人的利益；前一种人认为财产就是幸福，劳动就是生存之道，而后一种人唯一的出路就是选择革命，他们可以说是在混乱之中得以自肥的人，就像寄居于腐烂之中的昆虫。"巴纳夫的有产公民是以秩序社会学为基础的，预示了19世纪的资产阶级形象。不仅如此，他还表达了一种看来无法超越的社会牵连理念，在现代的政治视阈中，公民身份与财产权仿佛必须编织成一个共生关系的整体。还应该指出，法国大革命的有产者公民，不应与英国政治哲学中的有产者个人混淆起来。对于洛克，个人概念和财产概念几乎完美地重合在一起。在洛克看来，财产权不仅仅是个人的一种属性，一种外在于人格的占有，它还是个人的本质，是个人的一种延伸，可以说是人在世界的一种物质性嵌入，因为财产仅仅是劳动的积累。在洛克那里，财产就是行动中的人，是人的本质与人的存在之间的连字符。人对自己人格的所有权和人对财产的所有权是不可分割的。因此，有产者个人并不像有产者公民，他并不是某种独特的社会形象：他就是现代的个人。主体的自治因而用土地类比来加以思考：主体与其财产权构成一个不可分离的、享有主权的整体，就像一块被圈围起来的土地一样。但在法国，情况相反，有产者公民不是公民社会的个人的简单延伸。这种身份涉及政治领域的某种组织原则。有产者公民是公民社会与政治社会的中介，这是关于民族的整体化概念的必然要求，因为民族是法国公法的产物。从这个意义上说，社会牵连问题始终是开放的，牵连从来不是给定的，而总是需要去构建的。这就是制宪议会面临的有产者公民概念中的要害。

或许正因为如此，社会牵连问题也构成一种参照，一个几乎必然要从1789年的辩论过渡到1791年辩论的转折点。罗伯斯庇尔本人就很关注。在他看来，财产权是社会牵连的保证，是个人关注公共事务的利益前提。他从有产者公民概念的内部进行论述，批评的仅仅是成为选民或选举资格所要求的财产或财富的水准。"由于对词语的奇特的滥用,"他说,"富人已经把普遍的财产观念限定在某些物品之上,只有这些东西才被称作财产。"罗伯斯庇尔远非抛弃财产标准,而是令人困惑地试图恢复这一标准的纯粹性,以便将它与巴纳夫或迪波尔赋予的社会学意义脱钩。虽然他拒绝在分配政治权利时在富人和穷人之间划出鸿沟,但他并非真正在原则上拒绝财产权标准。他在1791年8月11日指出:"我说过,只有富人才热爱祖国的说法并不正确;我要说的是,对人来说,有一些神圣而触动人心的利益将他与自己的同类和社会联系在一起……这些利益是人的原初利益;这是个人自由,是灵魂的欢愉,是人们对最微薄的财产权的关切,因为对自己财物的维护的关心程度,是与其财富的微薄成比例的。"纳税人身份在政治和社会生活中所具有的直接的要害意义,与积极公民身份的认定是联系在一起的,这一点在1789—1791年表现得很清楚。不过,这个问题引发的辩论,它所导致的激烈对抗,无论是在议会还是在巴黎街头,都不能掩盖这一点:有产者身份——尽管这一身份本身也是可变的——是思考政治权利之行使的天然土壤。有产者公民是过去与未来之间的转折,因为它教人如何成为公民。它重拾重农学派的观念遗产并对其进行了改造,而且,这种遗产本身就是18世纪的经济概念与三级会议传统嫁接的产物——全国性的三级会议就曾将代表权与纳税联系在一起。不过,从另一方面说,有产者公民也暗含着一种理想,即财产权的扩展将是建立一个稳定社会的条件,在这样的社会中,所有个人都将以恰当的方式牵连进来。国有财产的出售有助于在集体记忆中给这个理想一个强有力的确证。泰纳的说法没有错:"同样,不管大革命用来自我装点的词语,如自由、平等、博爱,听起来多么伟大,但本质上它是**财产权的一次转移**:它隐秘的支持者,它的持久形态,它的首要动力和它的历史意义,都在于这一点。"但需要强调的是,这种转移既是某种政治理念的基础,也反映了某种经济事实。很可能是在这种视角之下,我们才应该重新审视重农学派给法国大革命的政治文化带去的最持久的影响力。重农学派将自由主义的经济原理与土地结构结合在一起,从而在法国确立起一种充满矛盾、令人困惑的政治现代性框架。在他们之后,19世纪的人们将继续他们的这一看法:应该用农民扎根乡土的美德来矫正个人主义的社会。

皮埃尔·罗桑瓦隆(Pierre Rosanvallon)

延伸阅读

AIRIAU, Jean. *L'Opposition aux physiocrates à la fin de l'Ancien Régime. Aspects économiques et politiques d'un libéralisme éclectique*, Paris, Librairie générale de droit et de jurisprudence, 1965.

CHEINISSE, Léon. *Les Idées politiques des physiocrates*, Paris, 1914.

ESMEIN, Adhémar. «L'Assemblée nationale proposée par les physiocrates», *Séances et travaux de l'Académie des sciences morales et politiques*, sept.-oct. 1904, p.397-420.

FOX-GENOVESE, Elizabeth. *The Origins of Physiocracy: Economic Revolution and Social Order in Eighteenth-Century France*, Ithaca et Londres, Cornell University Press, 1976.

LACROIX, Fernand. *Les Economistes dans les assemblées politiques au temps de la Révolution*, Paris, 1907.

SCHELLE, Gustave. *Dupont de Nemours et l'école physiocratique*, Paris, 1888.

VIGNES, J.-B.-Maurice. *Histoire des doctrines sur l'impôt en France. Les causes de la Révolution française considérées par rapport aux principes de l'imposition*, Paris, 1909; rééd. revue et corrigée par Emanuele Morselli, Padoue, A. Milani, 1961.

WEULERSSE, Georges. *Le Mouvement physiocratique en France (de 1756 à 1770)*, 2 vol., Paris, 1910; rééd. Paris et La Haye, Mouton; New York, Johnson Reprint; Wakefield, S.R. Publishers, 1968.

WEULERSSE, Georges. *La Physiocratie à la fin du règne de Louis XV, 1770-1774*, préface d'Ernest Labrousse, Paris, Presses universitaires de France, 1959.

WEULERSSE, Georges. *La Physiocratie sous les ministères de Turgot et de Necker, 1774-1781*, préface de Paul Mantoux, avant-propos de J. Conan, Paris, Presses universitaires de France, 1950.

WEULERSSE, Georges. *La Physiocratie à l'aube de la Révolution: 1781-1792*, introduction, bibliographie et révision des textes par Corinne Beutler, Paris, Editions de l'Ecole des hautes études en sciences sociales, 1984.

参见条目

革命议会（Assemblées révolutionnaires）
指券（Assignats）
巴纳夫（Barnave）
国有财产（Biens nationaux）
孔多塞（Condorcet）
税收（Impôt）
内克（Necker）
罗伯斯庇尔（Robespierre）
西耶斯（Sieyès）
选举制度（Suffrage）

再生
Régénération

再生（Régénération）：这是一个带有极端强大的冲击力的词汇，它出现于三级会议召开之际的小册子和讽刺文字的洪流之中，当时这些作品经常是匿名的；在诸如《第三等级致内克先生的信》和《第三等级的信条》等文字中，人们宣称自己深信"法兰西君主制的永生因为三级会议而获得再生"。在给三个等级的信中，国王本人不仅敦促它们完成各自权力的核准工作，而且也把再生视为自己的事业："我所召集的国民议会，将和我一起致力于王国的再生"——在此刻的公共舆论中，有"路易十六再生者"（Louis XVI régénérateur）一说，有人还提议为此竖立雕像。王国的再生：这个说法在革命初期非常典型，当时主要以名词形式出现，陈情书中就是如此；作为名词的再生带有属格关系，这增强了责任意识，但弱化了再生的含义。当时人们还谈到行政体制的、公共秩序的、国家的、法兰西的再生。但这类限定词很快就被当作累赘抛弃了，人们从此只谈论单数的、带定冠词的再生（*la* régénération），它意味着一种无限的纲领，这个纲领的抱负丝毫不亚于创造一种"新人类"。

374　　大革命爆发时,新人的观念远远不是什么新观念。整个18世纪都在围绕着第二次新生的意象做梦。踏入文明世界的休伦人①,从森林深处走出的原始人,登上幸运之岛的海难幸存者,重获光明的天生盲人:所有这类构想中的经验都被用来思考那寻找回来的纯真。但它们主要是一种假想,用摩莱里(Morelly)的话来说,其意图是要让人意识到"习以为常中的虚妄"。哲人们自己也深信,偏见这个有万千化身的敌人已然无孔不入,人们只能以欺骗来对抗它;但他们认为应该进行的是适时的修正,完全不是更新(renouveau),无论是伦理上的还是政治上的。唯有卢梭完全拒绝对这种做法进行可行性考量,这也是法国大革命一开始就完全倾心于他的原因之一。正是这场革命性的断裂——从其性质而言是剧烈和前所未有的——为再生观念开辟了远大前程,并赋予它不可遏制的驱动力。米拉波这样的现实主义者虽然在不断提醒人们,"聪明的农夫不会妄想自己会产出花朵和果实",但他们也被这股洪流裹挟了:尽管他们知道,革命者不能指望完成所有改革,但他们同样坚持,改革**一切**是最终的目标:仿佛人们可以讨论的只是再生的阶段化实施问题,而不能讨论其必要性。

　　关于再生应该完成的目标,文字中提供的回答涉面很广。最粗糙的回答是将再生与某种身体更新的意义联系在一起:强健的孩童,免受放荡情景污染的青少年,保持贞操的夫妇,没有病患的老人,总之,一种即将诞生的充满活力又能自我节制的新人类。最详尽的文字对这个本属于理论术语的词汇做了认真的思考,在

---

① 休伦人是北美五大湖地区的原始居民。

18世纪的辞典中，它有时候指的是洗礼带来的精神上的诞生，有时候指的是全面复活之后必然到来的新生。在未来的宪制派教会人士中，人们将大革命理解为耶路撒冷原初社会的重建，所以这是一个完美社会的降生，人们欢呼"耶稣-基督的再生"，这不同于"莱喀古的再生"。未来的里昂宪制派主教拉穆莱特解释说，莱喀古的再生是要从法律走向风俗，这对一个人类立法者的事业来说是合宜的。耶稣-基督的再生首先改变的是心灵，这种真正的再生正是法国大革命所要实现的。即使有些人不想在大革命与基督教之间建立拉穆莱特所提出的同体关系，也会接受大革命是一场皈依运动的观念：这是这一事业的宗教维度及其独特性的表征之一。

因此可以理解的是，再生一词很快就让"改革"（réforme）褪色。1789年7月25日，克莱蒙-托内尔在试图对一些人的观点给予公正评价时，也指斥那些人所期待的再生"仅仅是改革弊政，恢复14个世纪以来就已存在的宪法，并觉得只要修复时间造成的不公就可以复活了"。克莱蒙-托内尔的话表明，这点零敲碎打的工作对再生而言简直微不足道。他也解释了与法国人的古老宪法实现幸福重逢的观念——这在18世纪的思想中仍很活跃——何以如此早就被抛弃了。民族的过去没有任何好期待的东西，过去的财富被视为一种不幸，乃至一种诅咒：承载着厚重历史的过去被推定为腐败和堕落的过去；它让一些明显不同的习俗并存，这对理性而言是个耻辱；最后，民族的过去还带有专制主义、祭司制和封建制度的三重污点。法国大革命过早的激进化只需要一点就可以解释，这就是革命者对法国历史一开始就抱有悲观主义的认识：在他们看来，这段历史没有任何需要保留的，没有任何可以驻足的锚地，它对正在酝酿中的前所未有的尝试没有任何可以期待的助益，而这一尝试就是塑造新人民的尝试。

这是个梦想，但又不仅仅是梦想。为了这个梦想，大革命的十年中出现了上千种制度和创设：新划分的省所带来的新空间，共和历带来的新时间，重新命名的地名，新的学校和节日。这还不考虑众多不太引人注目的措施，它们乍看起来似乎与此关系不大，如以你相称和佩戴三色徽，这些措施有很强的象征色彩，并且引发了长期的辩论。正是再生的计划将这些制度凝聚成一个整体，并奠定大革命底色，这在热月之后尤其明显。而被大革命的风云变幻所割裂的人物，也因为再生而被联系在一起。他们全都接受甚至被要求依据再生计划来评判自己。正因为如此，他们表达了一个漫无限制的哲学宏愿，并确定了一个战场，从柏克开始，他们的对手也列阵以待；他们还确定了一个标准，此后人们将以这个标准来评判他们的尝试和他们的错误；最后，他们还在其内部开启了一场关于可能与不可能的永无休止的争论。

因为，当问题涉及再生的手段，尤其是确定再生的阶段时，先前关于再生的必要性而形成的全体共识就瓦解了。在大革命期间，再生观念有两种颇为不同的理解方式。有些人认为，再生是与大革命相伴而来的；有些人认为，大革命已然结束，但再生属于未来。

在第一类人看来，新人是随大革命的推动力而诞生的，所以有这种推动力差不多就够了。例如，孔多塞就曾说："一个幸运的事件,它一下子就为对新人类的希望敞开了无限前程;这一片刻的时间,就能在今天的人与明日的人之间拉开一个世纪的距离。"孔多塞谈论的是奇迹(prodige)。只要以解放了的眼神在旧体制上扫一眼,就能看到它们的坍塌。这种看法并非他独有,甚至在米拉波身上,我们也可能发现这一魔法运作的痕迹:"你们已经让看来毫无生机的残留物有了生气。宪法一下子就组织了起来,已展现出积极的活力。被自由触摸过的尸体就要站起来,获得新的生命。"

在这种既富神奇色彩又能量充沛的概念中,大革命被视为一个无法预见的事件,它孕育了闻所未闻、前所未有的现象(在这一点上人们十分接近于后来汉娜·阿伦特对大革命的解释),几乎不用操心实现再生的手段。此前的一切都与这一事件无法比拟,不可通约,经历它的人民一下子就变成了英雄的人民。一旦这些英雄感到疲惫——尽管这不可能——只要将他们与大革命起初的神圣日子重新联系起来,就能找回当初的动力和能量:所以在法国大革命设想的所有节日中,7月14日被视为破晓曙光,这一天的纪念节日就被认为是特别有益的。此外,人们不必担心再生的人民会堕落:经历过如此光辉的皈依的人,是绝不会忘记当初自己受到的启示的。托马斯·潘恩在《常识》中曾这样谈论美国革命:以明证(évidence)的形式呈现出来的东西绝不可能被忘记。因此,一旦新人产生,就不需要像操心他的塑造那样关心他的维持。

对于这些相信革命即再生(Révolution régénératrice)的人来说,几乎所有后续措施都是消极的。不必过多地颁布法令,因为大革命将通过自身的动力完成这些奇迹;也不必过分地压制:限制性的观念会让生活在已然完成再生的光辉中的人感到恐惧。对于焕然一新的法国人，人们所能建议的就是提升他们的抱负和思想，增强他们的愉悦。所以，如果实在需要设想一下如何给新人提供新的力量的话——当然这几乎是多余的——，那也应该在大革命之中去寻找。除了《人权宣言》中闪耀的那些道德原则，并不需要其他的宣教；在一家之父热爱大革命的地方，并不需要教士；在有街区组织、俱乐部和民众协会的地方，几乎不需要学校。正如在"耶稣－基督的再生"中一样，从民风到法律是个良性演变。民风一旦在大革命中并通过革命得以再生，就几乎不用立法了。这样我们就站在了大革命的自由侧面上，在这里，人们对卡米耶·德穆兰描绘的自由给予了莫大的期望：它让"那些向它呼唤的人立刻获得各种善功"。

还有另一个侧面，即非自由的侧面，再生观念的双重特征使我们可以理解这一特征与第一个侧面之间存在的强烈对比关系。也有一些人认为，大革命虽然与过去断绝了联系，但过去并没有被完全消灭。正如格雷古瓦说的，备受憎恨并已被推翻的旧制度，还剩下一些"破衣烂衫"需要抖落[①]。要实现再生，就意味着要考虑到外部的障碍，考虑到旧秩序的支持者，这些人在前面的描述中几乎被遗忘，但他们始终都在，而且很活跃，很坚定，很有心机。当然还要更加考虑到内部的障碍，这就是深藏在意识中、习惯和成见中的恶习，首先是塔列朗所称的"旧人民"的根本性

[①] 格雷古瓦修士的说法，让人想起 11 世纪初教会作家拉乌尔·格拉贝（Raoul Glaber）的一句名言："世界抖落它的破衣烂衫，披上教会的白袍。"

特征，即对革新的恐惧。外部障碍和内部障碍会推迟再生的进程。在已经改变了事物状态的今天与期望发生灵魂改造的未来之间，有一段米拉波所称的"时间距离"，人们必须考虑到这个令人气馁的中间期：新人远非从奇迹的光辉中闪现，而是应该通过艰苦的塑造而产生。

这样，当再生被视为一项任务后，就包含着一个全然否定性的开端，因为每个人都必须首先摆脱过去对他施加的影响。摆脱也可以说是摈弃（例如轻浮的演出），消灭（如赌博），抹去（如行话黑话），清洗（如图书馆）。这个任务也意味着要消除再生所指认的对手的影响力，这些对手包括教士、头脑迟钝的乡民，甚至年迈的妇女，因为她们有个观念让革命者无法接受：唯有延续已久的东西才是可信的。消除影响还可能意味着排斥和暴力：因为一个"再生后"的民众社会，不久就意味着是一个清除了可疑成员的社会，这是再生这个美好词汇的讽刺性的转义。一旦清洗完成，第二步的任务就来了，即每个人周围都要重新编织起以姿态、仪式和信仰构成的网络，使其能与旧的束缚抗争。正是因为需要对环境进行重构，我们才能更好地理解，对表面看来还有更为迫切任务的人来说，任何细节都并非微不足道。给街道和广场重新命名，为公共时间设想新的划分方式，在城市摆设新的雕塑，为人民的代表披上新式衣装，给最值得表彰的人的帽子上别上三色徽：对于那些认为再生还没有完成并随时可能功亏一篑的人来说，所有这类细节规范都是必不可少的。

这种小心翼翼的带有怀疑色彩的方式，显然与再生的第一种呈现方式是相反的：在第一种方式中，人们对未来的设想是没有疑虑的，并信赖个人具有即兴创造和自我提升的能力，自由本身就是最好的老师。而在第二种方式中，人们设想的是到处都有一个看不见的立法者的形象，或者有一只无形的导师之手，因为从法律到风俗的规范性程序被推定为唯一有效的做法，正如"莱喀古的再生"那样。最后，在这种方式中，革命者对时间很不信任，他们总是害怕意外事变会毁掉刚刚出现的新人，这类意外既包括意想不到的遭遇，也包括不得体的阅读，打乱进程的事件，以及过去接受的反向教育。

这是两种再生，两个二律背反的概念，可以说，是两场革命。这两种观念呈现出来的文字在读者看来显然相距甚远，不过，虽说第二种再生看来尤其是雅各宾时期的特征，但要在这两种再生与大革命的不同政治派别，甚至与其不同的时刻建立起某种对应关系，却是不可能的事，这不免让人惊奇。此外还有这样的情况：同一些人有时讲的是奇迹论，有时又强调应该通过人为的、系统的重置来造就新人。这就好比法国大革命提出的两类相互竞争的哲学，一种自由的哲学、一种强制的哲学，或者一种自律的哲学、一种他律的哲学。大革命从来没有在这二者之间做出成功的抉择。

可以以学校为例做一番考察，这是个核心问题，因为再生的话语与教育的话语密不可分，所有革命者都赋予教育问题以巨大的象征性意义。在他们看来，学校就是一个塑造更有益的公民的特选地点，而这些公民就是再生所期望孕育的更加幸福的人。要实现成年人的再生要困难得多，这些人已经因为旧制度的习惯而变得很僵硬了：对他们应该施以持之以恒的教育，应该设计出一整套的仪式和节日，准确来说就是人们所称的"成人学校"。在孩童的学校中，所谓"新生的一代"是一块软蜡，可以打上任何烙印，这让革命立法者觉得置身于乌托邦般的条件中，因为这里无需与邪恶的过去进行战斗。然而，即使在这样有利的条件下，革命者仍然摇摆于自由制度和威权制度之间，并且总是在改变自己的教育计划；更何况，大革命瞬息万变的局势也无法让教育政策付诸实践，我们将要考察的就是这些计划。

在大革命的头三年，议会辩论中见不到教育议题。不过，塔列朗倒是以制宪议会宪法委员会的名义，提出过一个关于公共教育的报告，指出了实行免费初等教育的必要性；但这个报告来得太晚，因为制宪议会自己也已时日无多，报告没有来得及讨论。立法议会设立了一个公共教育委员会，24名成员在孔多塞的领导下起草了一份报告，4月20—21日，孔多塞对报告进行了陈述。当时正值对奥地利宣战的日子。由于时局影响，相关的辩论再次被推迟，但孔多塞的计划很好地说明了他对教育目的的看法：当然是实现个人的再生，但这是通过发挥个人的天然才能和批评精神而实现的。在普遍的初等教育的层次上，孔多塞设想的是一种严格与宗教教育分离的教育，一种严格符合两性身份的教育。这种教育是免费的，但并非义务性的，他反对一切形式的强制，也因为他的乐观主义让他坚信，一所向所有人免费开放的学校将会被所有人利用。在他看来，教育是严格独立于政治权威的："无论是法国宪法，甚至是《人权宣言》，都不能像天上掉下的桌子一样出现在任何公民的课堂上，不能要人们去崇拜和信仰它们。"否则就是"给精神准备的枷锁"。孔多塞寄望于集体自发性和社会需求，但他认为，这种学校注定要衰亡，因为"总有一天，每个人都能在自己的知识中、在自己公正的思想中发现足以击退一切诡计和江湖骗术的武器"。但在这个美好的日子到来之前，学校还是必需的，"在致力于建立新制度的同时，我们还必须始终努力促进使这些制度归于无用的幸福时刻的到来"。对于再生而言，学校是必要的却不是足够的机构，再生的目标无限超出了学校的能力范围。

国民公会的教育辩论于1792年12月举行，讨论了朗特纳（Lanthenas）的计划和罗姆（Romme）的计划，后者与孔多塞的方案很接近，只是他强调的是国民的集体性，而不是把个人置于教育目标的中心地位；但是，这些辩论也无法摆脱时局的影响：审判国王，旺代叛乱，救国委员会的初期举措，派系斗争，等等，都导致辩论的拖延。吉伦特派倒台后，朗特纳的计划被排除，这时罗伯斯庇尔在1793年1月20日被刺杀的弑君者、议员勒·佩勒蒂埃·德·圣法尔若（Le Peletier de Saint-Fargeau）的文稿中发现了一份方案，并提交给了国民公会，这个方案在所有问题上都反映出典型的人为再生观念（conception laborieuse de la régénération）。与孔多塞的信心形成鲜明对比的是，它带有猜疑的眼光：对于勒·佩勒蒂埃，五岁的孩子就已经因为家庭的印象而被塑造过了，这样纯真的孩子身上也有必须根除的恶习。孔多塞的教育崇尚自由，但这个方案主张采取强制：再生的两个工具应该包括寄宿制和义务性，前者可以创造一种严格隔离外部影响的人造环境，后者则不允许任何一个孩子逃避这种教育。这还只是个序曲，还应该以事无巨细、塞得满满当当的时刻表加以完善，在这个规章中，任何活动，任何娱乐，任何闲暇，任何衣着，任何饮食，甚至任何睡眠，都不应当是随意的。勒·佩勒蒂埃对斯巴达模式的赞赏导致了这类吹毛求疵的规范，它们将规定学生们"每时每刻都要在严格的规则的重压下"进行活动。这是全面再生所应付出的代价，而这种再生只有在人走出"共和国的铸模"时才能完成。

由于勒·佩勒蒂埃曾入选国民公会并得到罗伯斯庇尔的支持，由于他被视为共和国的殉道者，由于他的教育方案是在具有特别强烈的戏剧性环境中被提出的——当日马拉遇刺，"祖国正在危急中"——，所以这个方案被视为具有雅各宾时期的典型特征；作为坚持不懈、步调分明的再生纲领，它与雅各宾的强制措施密不可分。当然，它是在罗伯斯庇尔的压力下，由国民公会议员们为建立"平等之家"而表决通过的。不过，从秋天开始，这一方案的两大基本特征就处于空转状态了，即寄宿制、义务制。共和二年雾月诸法令还保留着强制性色彩，这是非基督教化时期的特征，如禁止对旧贵族和教士进行教育；但是，即使这个特征，也在不足两个月后霜月的布基耶（Bouquier）方案中被排除了，新方案完全是自由主义的。它规定，家庭可以选择学校和教师，教学方案也是自由的，政府只是起监督作用，以免教学中出现任何对共和国法律的敌视，并防止对教士进行教育的禁令被人规避：可以看到，沼泽派议员——其中很多是教会人士——在国家这个前所未有的教师角色面前、在看来已经由它宣告的新祭司圣职面前退却了。

人们已经完全抛弃通过学校实现公民再生的观念了吗？人们

以家庭情感，以"自然的强大呼声"来反对勒·佩勒蒂埃的方案。但在取代该方案的布基耶方案中，有一种反智主义的意味，一种对那种不会让议会左翼感到不悦的学校的疑虑。左翼当时出现了这样一种观念：人民会在大革命之中找到足以塑造新人的教育方式。新人已经通过革命实践而确立起来，他将继续在民众协会这种公民学校中自由地自我历练成长。甚至在热月之前，自由主义就已开始复苏，尽管雅各宾独裁期间的有限尝试总是试图通过详尽的强制性规章来实现再生，如在巴黎开设"革命课程"以传授精炼火药的技艺；如战神学校将一批青年公民聚集在萨布隆兵营的帐篷下，为时四个月。因此雅各宾时期混杂着两种关于学校和再生的想法。

热月之后出现了一波新的立法浪潮，并导致1794年秋一大批教育立法的问世。人们进一步完善新制度并使之条理化：在初级学校（或小学）和专门学校（除了师范学校和综合工科学校，还包括卫生学校和工艺学校）之间，还计划在各省首府设立与初中（collèges）形成竞争关系的、名为中心学校的中等学校。在设立专门学校，尤其是师范学校和综合工科学校的法令中，有些条款还带有革命课程这一雅各宾实验的印记。但到次年秋天，随着多努的现实主义法律的出台，通过学校实现再生的梦想被抛弃了。多努的法律维持专门学校制度，它对中心学校颇为关注，因为名流们的子弟在那里接受教育，但初等学校则由各地方根据实际情况自行处置。共和三年宪法认可了对初等教育抱负的撤回：它不再规定最低限度的学校数量，并将相关计划缩减到严格的最低标准，而且相关事务完全寄望于各社区的善意，如学校由学生父母付费，公办教师将与数量增加、发展兴旺的私立学校的教师展开竞争。

人们已经完全断绝了把学校变成一个与社会隔绝的全体人民再生工具的观念吗？还远没有，因为，共和五年果月 18 日镇压重新抬头的王党主义的政变之后，从新生一代开始培育共和人民的抱负再次被提上日程：学校再次成为一个十分重大的政策的核心，在前几年里，这一反复出现的政策包含一系列的强制手段。一系列的配套措施的目的就在于增强因为多努的法律而被削弱的公共学校的活力，如规定公务员的孩子必须在国立学校就读，私立学校也应再次受市政当局的监管。当地方官员被询问当地学校的状况及共和精神状态时，他们的回答让人觉得他们深切了解任务艰巨：在漫长的革命年代中，他们看到的总是各社区对旧学校的依恋，看到的是农民的迟钝麻木，以及风俗对于共和国教育法规的抵制。不过他们仍然相信，大革命时代是一次断裂，而且，正如邦雅曼·贡斯当理解的那样，民众习惯中有些是恶意的果实，再生的缓慢应归因于邪恶的意志。虽然有各种幻灭感，但他们都显示出对于教育梦想的执着信念，直到雾月政变才终结了这一梦想。

这段变幻不定的历史中曾有数次意外。无论是在威权派阵营还是在自由派阵营，都能听到一些意想不到的声音。共和七年穑月，当共和制度显然已经走向可悲的失败时，雅各宾强制政策坚定的反对者，吉伦特派的迪罗尔（Dulaure）将失败的原因归结为缺少某种制度。山岳派的迪昂（Duhem）则以最严厉的措辞抨击了勒·佩勒蒂埃的拉栖代蒙式（斯巴达式）的乌托邦，他将斯巴达斥责为"一所修道院,一个僧侣群体"。另一位吉伦特派迪科(Ducos)在为普遍义务制教育辩护时,指出一个被腐化民族的风尚的再生,不可能通过"轻浮的柔和措施",而应"依靠迅猛且强有力的机制":这种期待奇迹的激烈言辞,就是赞同国家规范措施的。巴雷尔是从沼泽派转变而来的山岳派,他的例子最能说明何以人们可以从一种再生滑向另一种再生:他十分清楚"从大革命伊始到其终点之间这段微妙的间隔",所以确信人们不能再依靠最初的驱动力,而应采取"中间措施"。但他同时肯定地说,这些措施只有"在推动大革命的迅猛发展,并获得大革命所具有的激烈性"的时候,才有可能被改造使用。换言之,在这段失去光彩、令人气馁的中间期,人们还需发现某种开端时对奇迹的热情,总之,我们提到的第一种再生需要继续鼓舞第二种再生。

这里我们就触及法国大革命与极权主义关系中的核心问题,二者都企图创造新人。二者都对新人寄予宗教般的期许。但与宗教不同的是,二者都经受了历史试验的可怕考验。分析这两种类型的再生及二者之间的摇摆关系,可以理解大革命期间,何以自由原则和督导性教育尝试能够并行。也许这一分析还能揭示,两种再生观念内在的关联性何在,这一点可能至关重要,因为由此可以解释民主经验何以孕育出一个极权主义变种。

首先应该考察的是革命时代:在这异乎寻常的十年,革命者体验到的是一种气喘吁吁的节奏,它衍生出一种不祥的繁殖力,层出不穷的动荡事件始终在消耗人的能量,同时它还产生阻遏人类行动的力量。对试图走出这个时代的革命者来说,一个震撼人心的发现是,他们要认识到的不仅是时间已经让新这一观念发生扭曲并黯然失色,还要认识到革新本身可能也要变成一个令人生厌的话题。然而,尽管拉卡纳尔(Lakanal)曾说时间应该是共和国唯一和无所不在的教师,但与时间的遭遇**同时**打击了**两种**再生概念。对再生必然具有的缓慢性的认识,对奇迹论的支持者来说显然是个致命打击:因为时间对塑造心灵来说必不可少,而且思想不会像奇迹那样在瞬间产生。但这一遭遇同样打击了信奉依靠系统的重置、以人为的方式塑造新人的人,因为时间中的经历已经表明,不可能通过法令来完成一切。巴奇尔(Basire)曾希望通过法令来推行以你相称,图里奥(Thuriot)回答说,这样的新现象应该交给时间去缔造:"**如果理性已经有了充分的进展,届时我们再颁布此项法令**";这样的因果序列中包含着一种革命者最难以忍受的观念,整个传统派思想都将利用这个观念来反击他们:人不可能取代时间,不可能做时间所做的工作。

人们还可以以另一种方式窥视两种再生之间暗藏的关联:这就是很难设想利用旧世界加速新世界诞生。如果人们相信奇迹再生,那么旧世界在大革命爆发之初就消逝了。对于人为再生论的支持者来说,旧世界需要被抹去,需要被回避,绝不存在利用旧世界的问题。正因如此,当需要设想用以教化"木已成舟之人"的礼仪时,大革命总是诉诸瞬时性的措施。城堡坍塌了,"奴隶"的衣装从演员肩头滑落,可憎的寓意形象随着光明的到来而逃遁:这种黑白分明的简单戏剧也可表明大革命本身对演变观念的抵制。

把两种再生观联系在一起并使二者相互侧滑的，是一种哲学上的感觉论（sensualisme）。依据这种感觉论，人被视为一种可塑性的存在，很容易受印象变化的影响，这就使得他律压倒了自律。当然，感觉论在奇迹再生派那里不那么明显，他们信赖人的能量和个人上进的能力。不过，即使在这个前提下，使个人发生转变的也是不可抵挡的革命的**场面**，所以这里的个人并不像看起来的那么自律。至于人为再生论的信徒，他们设想个人十分容易受到外界的影响，所以一次逆向教育总有可能导致此前的教育前功尽弃。这种疑虑是哲学感觉论的核心，由此激发了各种管制主义的倾向，并维系着一种唯恐料想不周的恐惧；对于这种恐惧，米拉波给出了最扣人心弦的表述：只要有合适的办法，"人们就能激发起这些感性存在物对完全荒谬、不公乃至残暴的社会组织的激情"。

因此，再生作为大革命话语中的关键概念，可以让我们完全把握法国大革命的困境，这也是卢梭的困境。大革命在承认个人的全权之后，还需要确定集体性，需要将完全的自由与完全的服从结合起来。革命的历程越是起伏曲折，这一事业看来也就越令人绝望，这几乎是不可避免的。于是，期待一种足够强大的集体精神以完全驯服个人精神的执念就越是挥之不去。由于集体精神本身不够有力量，所以很有必要采取各种威权手段赋予其力量：这就导致强制性的再生观占据上风。

莫娜·奥祖夫

延伸阅读

BACZKO, Bronislaw (éd. établie par). *Une éducation pour la démocratie. Textes et projets de l'époque révolutionnaire*, Paris, Garnier, 1982.

CONDORCET, Marie-Jean-Antoine-Nicolas DE CARITAT, marquis DE. *Mémoires sur l'instruction publique*, in *Œuvres*, t.7, Paris, 1847.

DE BAÈCQUE, Antoine. « L'homme nouveau est arrivé. La régénération du Français en 1789 », *Dix-huitième Siècle*, n° 20, 1988.

JULIA, Dominique. *Les Trois Couleurs du tableau noir*, Paris, Belin, 1981.

Procès-verbaux du Comité d'instruction publique de la Convention nationale, publiés par James Guillaume, t.1 à 6, Paris, 1891-1907.

参见条目

孔多塞（Condorcet）

三级会议（États généraux）

公共教育（Instruction publique）

雅各宾主义（Jacobinisme）

自由（Liberté）

路易十六（Louis XVI）

米拉波（Mirabeau）

罗伯斯庇尔（Robespierre）

卢梭（Rousseau）

共和国
République

共和国（République）一词与大革命和它的两个高峰时刻不可分割：1789年以民族主权取代君主主权的时刻，以及1792年君主制垮台的时刻。正因为如此，这个词始终在法国的传统之中保留着某种强烈的情感效应和某种虚弱的制度内容。一方面，这个词指涉的是受威胁的祖国和自由的十字军，"召唤我们"的始终是共和国，"巴黎只有在掀起它的铺路石时才是巴黎"。另一方面，res publica 也是个中性术语，它指的是一种总在寻找其自身的体制，因为共和既可以与恐怖体制和政变相联，也可以同立宪君主制相关——如七月王朝的立宪君主制就被认为是"最好的共和制"——，甚至还能指恺撒主义；1804年之后的官方文件还一度带有一种奇怪的抬头："法兰西共和国，拿破仑皇帝"。在艺术中，既有鲁德①创作的强悍身影和《自由引导人民》中的英勇胸膛，也有法国各地市政厅的宁静走廊中玛丽娅娜的纯真面庞，

---

① 鲁德（François Rude，1784—1855），法国雕塑家。最著名的作品是巴黎凯旋门上的"1792年义勇军出发"。此处，作者用他的姓氏的本义（粗糙、强硬）来形容他的作品。——校者

后者是莫里斯·阿居隆（Maurice Agulhon）所珍爱的形象①。共和国既是耳熟能详的术语，也是最不会在我们中间引发分歧的体制。这个神奇的词汇从未失去其象征和动员的力量。

共和国有双重的源头，它根本性的矛盾正在于此：它是一种政治文化，但也是一种空洞的政治形式。当共和国最终稳定下来时，它发现自己继承的遗产，如民族主权、政治代表制以及人权、三色旗和三词格言，基本上在共和国之前，即在立宪君主体制时期就已经奠定了；甚至在1789年6月17日三级会议自称为国民议会时就已经开始了。法国迄今有五个共和国，但每一个共和国里，内部组织和宪法文本都有所改动，产生了各种形式的共和国。单就革命时代而言，就有吉伦特派共和国、山岳派共和国、热月党人共和国、督政府共和国、执政府共和国，乃至帝国共和国。共和八年霜月10日的全民公决旨在确立皇帝职务的世袭，公决过后，弗朗索瓦·德·内夫夏托（François de Neufchâteau）向拿破仑祝贺公决的结果，说它"让共和国的航船驶入了海港"。但当时的体制根本不足以定义为共和国。对共和国的深刻认同——这也是其政治弹性的表现——应归因于它的文化和传统。有一种得益于康德的理念论的共和哲学，在19世纪得到充分发展。也存在一种共和精神与共和宗教，它们的创始者是朗特纳（Lanthenas）（《共和道德新宣言》（Nouvelle Déclaration de la morale républicaine））和沃尔内（Volney）（《自然法》（La Loi naturelle）），并且不断催生各种教义问答之类的文献。还

---

① 阿居隆对这个象征形象有专门的研究，有《战斗的玛丽娅娜》等著作。

有共和经济学、共和法学，以及共和史学——拉维斯（Lavisse）为共和史学树立丰碑。还有共和科学。共和国的见习期大大超越了克劳德·尼可莱（Claude Nicolet）曾进行过批判性考察的共和理性的构建。第三共和国著名的"大综合"就表现在对空间、时间和精神的占有之中。它通过无所不在的自我庆祝而成为一种文化，而自我庆祝的第一个和最后一个参照正是对大革命遗产的弘扬。

所以这是一种双重的遗产。共和对于法国而言是一种纯洁的经验，一种基于抽象原则的从零开始，是民族主权取代君主主权，民族主权的突然降临受公民平等的强烈意愿的推动，尽管在一个大国无法实行直接民主；但是，共和原则不包含任何实际的运用规则，任何稳定的内在标准，任何植根于历史和社会的元素。虽然人们很愿意认为，共和国是法国能够通往现代政治民主的唯一通道，但人们也立刻意识到它与英国模式和美国模式的不同：在前者，民主的发展是在维系君主功能之中实现的；在后者，民主的经验是扎根于地方代表制而开始起步的。英国的民主以历史为基础，美国的民主基于某种原则。法国的共和民主的本质特征在于，它既是一种原则，也是一种历史。这就赋予共和国的革命心脏一种舒张和收缩交替的节奏，这种节奏从 1792 年 8 月 10 日君主制垮台就开始出现了。

表面上看，由制宪议会创立并得到立法议会尊重的立宪君主制完全缺乏共和国的因素。从思想上说，它依据的是 18 世纪的遗产。诚然，共和国一旦建立，会援引马布利或卢梭作为精神先驱。

但在实际上，当时有三个事实应当牢记。首先，共和国这一名词在学术讨论中也不太流行，它仍然主要与 res publica 这一古代概念，即城邦相关，与君主制相比，城邦的精神原动力在于公民美德。其次，共和意味着人民进行直接的统治，它只适用于较小的政治单位，如古代城邦或现代的日内瓦，意大利各城市，顶多再包括荷兰，但它在一个拥有 2500 万居民的大国是不合适的，在后者，享有神授权利的世袭君主制多个世纪以来就已牢牢确立，至今还富有生机。最后，美利坚合众国的条件适应于共和制，因为它没有君主制的传统——这就使它可以建立一种独立于立法权的行政权——，而且它是个联邦制国家。对于上述信条，只有少数直接民主的信徒表示质疑，如以马拉和《人民之友》为中心的一批人，以及以弗朗索瓦·罗贝尔（François Robert）为首的哥德利埃俱乐部成员，此人还是各民众协会中央委员会的首领，自 1790 年 12 月发表《适用于法国的共和主义》（*Républicanisme adapté à la France*）以来，他就被认为是共和派真正的领袖。他对国王个人神圣不可侵犯的特征感到愤慨，主张必须坚持指令委托权，并认为在"任何共和主义之外的制度中都有一种危害民族的犯罪"。

但在当时，这一潮流十分边缘。不管怎样，到 1791 年 6 月 21 日瓦伦危机之前，即使是后来成为山岳派共和国的纯粹而坚定的倡导者的人士，也充满敌意地抗议共和精神，如写了《革命之精神》（*Esprit de la Révolution*）的圣茹斯特；正如罗兰夫人在她的《回忆录》中提到的，当时"雅各宾派一听到共和国的名字就陷入惊厥"。费列尔（Ferrière）在议会谴责"法兰西共和国可笑的迷梦"，罗伯斯庇尔则愤然指出："有人要指责我有共和主义思想——我宣布，我憎恶任何由宗派分子掌控的政府形式。"制宪议会的议员们一方面竭尽全力阻止堕入公开的民主制度——尽管只是采取积极公民与消极公民的区分和纳税选举制等措施；另一方面，他们不惜一切代价维持君主制职能的幽灵，以致走到了幻想的地步。西耶斯的立场，如他在1789年9月17日发表的著名演讲中所表达的，就是这种中间立场的典型代表。对于西耶斯，共和国就是古代直接民主的同义词。解决方案在于"代表制政府"，在这种政府中，代表机构被授予人民主权。在代表制与人民主权的关系问题上，这位修士主张放弃强制委托权，强调议员的独立性，每位议员都代表整个民族，而不是他们的委托人。但他同样坚定地宣称反对任何形式的国王否决权，不管是绝对否决权还是悬置否决权，在他看来，这一权力"完全是针对公意发出的逮捕密札……我耐心地在那些认为这种否决权有益处的人的论据中寻找合理性，起码是那种似是而非的合理性，但我应当承认我没有任何发现。"我们知道，宪法在这个问题上没有遵循他的看法，还是给了国王悬置否决权，但为了约束国王，宪法又规定任何法令都应由某位大臣副署，国王还应宣誓效忠宪法，而且，王权的世袭性也仿佛是一种赠予，这就更加突出了其装饰性特征。

在排除直接民主制的幽灵的同时，1791年宪法为粉碎绝对主义也是煞费苦心；宪法还是认可了这样一种原则：在这种原则之中，看不到共和主义的苗头和已经具有共和色彩的制度的本质是不可能的。对此奥古斯特·孔德有深刻的理解。他在一篇题为《大革命片论》（*Fragment d'article sur la Révolution*）的文章中指出:"如果我们只考虑1791年宪法的精神和整体,如果它在性质上不是一篇走向共和国的导言,那它还能是什么呢?当人们一开始没有采用英国宪法作为一种临时制度,在这种制度的庇护下筹划一个新社会制度的构建时,人们迟早都会走向共和国的观念,这是无法避免的;而且,这种政治观念传播得最为广泛,在人们的思想中扎根最深。"(《青年时代的著作,1816—1828年》[*Ecrits de jeunesse,1816-1828*])实际上,我们可以发现两种主导观点,它们通过粉碎绝对君主制的意志而正式认可了拉布莱(Laboulaye)在其《宪法问题》(*Questions constitutionnelles*,1872)"导论"中所称的革命学派的信条,这一信条与英式民主——当然也是荷兰、比利时的民主,更不用说美国的民主——构成对立关系。就是说,议会因为主权人民的委托而成为主权者;这样一来,人民就只有一个意志,它只能有个单一的议会,而且,由于议会享有无限的权力,它在必要时可以行使司法权,正如后来的国民公会审判国王。这同样意味着,行政权必定是个次级权威,它只是议会意志的简单执行者,尽管授予它的表面权力似乎保证了这个职能的尊严。

所以,这套理论上完美的平衡制度的全部可行性,归根结底在于路易十六接受其新角色的实际意愿,这个角色如今只剩下君主的名号,而且,从根本上说,这一角色不仅仅是被削弱了,而是完全被颠覆了。大家都知道这一点。几个星期以来,公众的观念经历了十分剧烈的变化;制宪议会的议员们执着于维护国王的角色,但他们的这种幻觉与凡尔赛和杜伊勒里宫廷中的政治和心理实际形成尖锐的反差。自从违心地批准1789年8月5—11日的法令以来，路易十六就一直想逃走，只是因为内克的劝阻才没有行动。他甚至还批准了《教士公民组织法》。但是，强令教士进行公民宣誓的法令，教会分裂，以及随后教宗对《教士公民组织法》的谴责（1791年3—4月），终于耗尽了他的善意，并最终导致他改弦更张：这就是瓦伦逃亡。

只是到此刻，此前一直局限于哥德利埃俱乐部的极端派圈子内的共和观念，才真正成形并迅速发展。孔多塞的突然转变也起了促进作用。他于7月12日在社交联谊会（Cercle social）宣读了一份轰动一时的文件：《论共和国，或国王真的是保卫自由所必需的吗？》（De la République, ou un roi est-il necessaire à la conversation de la liberté？），他在文中逐条驳斥了"王权之友们"的经典论证。这标志着启蒙运动转向支持共和；但是，290名议员指责说，暂停国王职权是一种危险的"临时共和"（intérim républicain）；这些议员受到一个据说是以拉法耶特为首的党派的操纵。拉法耶特在公开场合宣称自己受人污蔑，但在其《回忆录》中，他承认自己没有多少共和主义的意愿。在他的密友拉罗什福柯（La Rochefoucauld）家中，杜邦·德·内穆尔当时已经提议建立共和国；拉法耶特还承认，局势的发展已经使得十来个制宪议会议员"共和化"了，他把这些人列为"权术派"（politiques）和"反秩序者"（anarchistes）。7月15日，议会提出了一个国王被人诱拐的说法，并且拒绝将路易十六作为罪犯来对待并交由法庭审判。这些官样文章让共和观念暂时归于平静，但这激发了7月17日的战神广场民众骚动和镇压行动。分裂由此开始了。

瓦伦危机开启了为时一年的滑稽剧和双重游戏。1791年9月

14日，路易十六来到议会骑术大厅，庄严宣誓他将"运用委托给他的全部权力实施和维护宪法"。但从11月开始，第一批吉伦特派法令又延续着混沌局面：国王同意向他的兄弟，尤其是普罗旺斯伯爵，下达返回法国的命令，并答应去"请求"特里尔选侯遣散"聚众"的流亡者队伍；但是，国王拒绝批准针对抗拒派教士的最后通牒，这份文件规定他们必须在八天之内宣誓，违者以嫌疑犯论处并剥夺其薪金。从这一刻起，两种逻辑就决定性地断开了；它们的交集只是因为一种误会，即主张战争：雅各宾派（罗伯斯庇尔除外）企图推动战争以将革命引向深入，而"杜伊勒里委员会"推动战争则是为了终结革命。路易十六接受了一个吉伦特派内阁（迪穆里埃（Dumouriez），罗兰（Roland）），也就选择了一种终将毁灭他的政策。战争（1792年4月20日）及战争导致的一系列新的法令将加速有利于民众动员的进程，并进一步增强各俱乐部和议会外的各种权力。路易十六再次同意辞退其宪法卫队（5月29日），但并没有决定流放抗拒派教士（5月27日），也没有决定在巴黎征召两万国民联盟派和志愿者。他的拒绝引发了6月20日的民众起义，因为这一拒绝态度象征着两种原则从此不可调和：王权的尊严已在实际中受到嘲弄，只是因为这种冒犯它才重新获得一些人气，而民主共和国则在屠户勒让德尔①身上找到了人格化身。7月11日，议会直接向人民发出"祖国在危急中"的庄严号召，这看来就是在揭发国王的不可信，于

---

① 勒让德尔（Lois Legendre，1752—1797），巴黎肉店小老板，大革命中的政治活动家。

是，反王权思潮随着各社区、各省的爱国浪潮一起高涨，这场运动得到各个民众社团、巴黎公社以及东部和南方各市政机构的支持。8月3日，巴黎得知布伦瑞克声明，运动走向了最终的结局。8月10日的起义到来时，甚至妥协的样子都不需要装了。1792年9月21日，国民公会第一次公开会议决定废除君主制，但这竟没有导致宣布新的政体。国民公会仅限于认可既成事实：次日，它决定法律文件的日期签为"共和国元年"；为了填补空缺和避免混乱，它又于9月22日下令以"统一和不可分割的法兰西共和国"一说来取代"统一和不可分割的王权"（1791年宪法第二条第一款）。

由于降生时存在缺陷，革命共和国——热月9日将其分为两个阶段——随后的命运都受到了影响并被打上了烙印。共和国在直接民主与受委托的代表制主权之间撕扯，共和国是以前者的名义而建立的，而后者则须服从选举制；这种撕裂使得共和国从未获得它可以去遵守的法律。它从"革命政府"转变成了一种受周期性政变困扰的体制。

在审判和处死国王之后，共和国已经与革命的命运合二为一，但此时的革命已经成为一种独特的法则和目标。共和国诞生于挽救民族危亡和民众生活困苦的双重压力之下，并在1793年的悲剧性夏天找到其名副其实的化身。9月5日，"恐怖被提上日程"；10月10日，发布了"和平到来之前法国的临时政府将是革命政府"的宣言；霜月14日，即12月4日的法令确定了革命政府最终的组织，它对一年来根据局势需要而设置的一系列机构进行了协调，使之系统化：这些机构包括1792年10月设立的公安委员会；1793年3月10日设立、但9月才最终定型的革命法庭；4月6日设立的救国委员会，罗伯斯庇尔于7月加入这个委员会后，其权力随后也进一步扩展。表面上看，这些都是临时性措施。12月25日，罗伯斯庇尔宣称，"合乎宪法的政府的目标是保卫共和国；革命政府的目标是建立共和国"。但在实际中，这一奠基工作注定要正式终结或消灭构成共和制度本质的三大原则：分权，尤其是立法与司法的分权；遵守以实施宪法为基础的法律；以选举产生的代表机构为中介的民族主权的完整性。关于立法与司法的混淆，曾经讨论很多的一个问题是，国民公会亲自操办的国王审判和处决，究竟是非法中断宪法契约（如康德的看法），还是确立与君主主权不相容的新的民族主权的创举（如米什莱的观点）。问题仍是开放的。不过，无论是在象征层面还是在实际层面，处决路易十六都在政治生活中引入了将对手置于死地的原则，而由议会进行审判而不诉诸任何专门机构的做法，则确立了一种机制：在直到芽月22日（1794年6月10日）法令的两年中，这一机制将立法和政府机构变成了一台庞大的司法机器，共和国唯一真正的法律已经变成无保留地执行革命正义及其特别措施。

　　像制宪议会一样，废黜国王之后选举的国民公会只是为了制定一部新宪法。孔多塞在春天提出的第一部宪法草案，随着1793年6月2日吉伦特派被清洗而告吹。6月24日表决通过的第二个宪法草案，以一篇新的人权宣言为序言；宪法的基础在于普选产生的议会的绝对优势地位，议会的法律须接受汇聚于初级大会的民众的直接监督；但这部宪法从未实施过。至于民族主权，随着议会在巴黎公社各街区面前投降，随着后者的首领昂里奥向议会下达最后通牒要求其清除29名吉伦特派议员，民族主权也彻底被违反。这是决定性的一步，它终将剥夺主权的民族合法性依据，以纯粹的民众合法性取而代之：各种监督委员会，民众协会和国民警探（agents nationaux）编织成一个网络，但这些人本身也要承受各俱乐部和分支机构（sections）的活跃分子的不断加码的压力，这种压力的增长一直持续到热月政变。在这三个主要问题上，共和国在认同捍卫革命的使命时，正是通过对共和原则的否定而建立起来的。

从这个意义上说，共和国从其诞生之初就是一种特殊体制，它与战争紧密相连，并且受到恐怖的拖累。但在这种特殊性中，还是能发现两个构成其持久性和本质的特征：共和国与保卫祖国混合在了一起，而且它将整个制度都建立在对美德的要求之上。在山岳派时期，共和国经历了第一次为捍卫危急中的民族而进行的总动员，因此共和国最初的形态是有民族和爱国根基的。从瓦尔密到凡尔登，甚至直到抵抗运动和自由法国，这一民众性资源总会在共和国最悲惨的阴暗时刻再次被启用。而且，尤其重要的一点是，雅各宾的极端主义把"崇高的情感"置于共和理念的核心，这种情感意味着公共利益对一切个别利益的优先地位。"何为民主制人民政府的根本原则？"罗伯斯庇尔在1794年2月5日的演讲中问道，"或者说，维持这一政府、使其自我运转的根本动力是什么？是美德。我说的是在希腊和罗马缔造了众多奇迹的公共美德，它应该在共和的法国创造出更加令人惊叹的业绩。"这是"公民社会唯一的基础"，1794年5月7日他还这样说；山岳派梦想社会是透明的,梦想着个人与社会达到完美的一致,如圣茹斯特在其《共和制度片论》中描绘的那样;山岳派还把自由理解为对公共生活的义务性的参与:在这种强制性中,山岳派就在那一刻找回了古代公民的幻觉,这一幻觉正是共和激进主义的基础。

另一方面,战争在推动内外敌人的混淆的同时,也给了法国式的共和主义另一个基本特征,这就是整体和部分的辩证法,这种张力可能对民族扩张主义和大革命的输出起了最大的推动作用。在《社会契约论》中,人民主权要么表现为统一的公意,要么不存在,但在盎格鲁-撒克逊的传统中,人民主权表现为个别利益之间的协调这一高级形式。例如,我们可以在饶勒斯的判断中发现法式人民主权的具体运用:"整个法国都在欢呼7月14日,几乎整个法国都认可8月10日,这并不是因为对既成事实的愚蠢顺从。这仅仅是因为,部分人民用自己的力量服务于被少数特权者、廷臣和逆贼背叛的公意。"在雅各宾和山岳派的共和国,"背叛"被置于共和认同的核心,这就意味着,共和国的根基在于"人民"为反对"自由之敌"而进行的梦幻般的联合,这里没有任何法律标准可以一劳永逸地确定共和国的捍卫者与其敌人之间的边界到底在哪里。决定这一边界的是权力。"一切向我们发动战争的联合,"罗伯斯庇尔在1794年5月7日的演说中总结说,"都是以犯罪为基础的。"某种意义上说,革命极端时期的这种排他性的表现,只是西耶斯还在大革命爆发之前在《第三等级是什么?》中所做的定义在革命狂乱中的最终结果:根据西耶斯,第三等级本身就"完全能够组成一个完整的民族。第三等级是个强健有力的人，只是一只手臂还被捆绑着"，它是"一切，但这一切都被压制和窒息了"。无疑，这是通过对特权者的排斥而定义民族的，在当时，它没有任何阶级斗争或物质利益的指涉。这个定义针对的是一种秩序，它试图成为一种合法的联合原则。1795年7—8月，在关于共和三年宪法的讨论中，西耶斯回过头来反思自己的原则造成的后果。不过，用贝尔纳·马南和阿兰·贝古尼乌（Alain Bergounioux）的话来说，这并不妨碍"第三等级模式"在很大程度上与共和国的山岳派认同是相容的；而且，西耶斯的主题在19世纪被不断充实民族主义、意识形态和阶级的内涵，使左翼在政治上能够保持共和主义共识，并且使人民成为共和国的核心和真正的祖国，这一进程一直延续到人民阵线（Front populaire），然后是抵抗运动、共和阵线（Front républicain），乃至共同纲领（Programme commun）①。共和国需要敌人来界定自我，并在战斗中巩固自己。它战胜了自己的对手而顽强生存下来。如果说攻占巴士底狱仍然位居共和国想象的中心，那不仅是为了纪念这一奠基性的行动，也是因为它仍然是一个永恒纲领的核心象征。

热月9日（1794年7月27日）罗伯斯庇尔倒台后，舆论对恐怖产生了强烈的反弹，国民公会回到了其当初的使命，即在宪法的基础上建立共和国。内外局势得以恢复正常，法军占领了整

---

① 人民阵线指20世纪30年代法国各左翼政党的联盟，曾在1936—1938年执政；共同纲领指1972年法共和左翼激进运动签署的一份联合文件。

个莱茵河左岸地区,从阿尔萨斯一直到荷兰。在1795年春季和夏季,国民公会起草了共和三年宪法,以取代从未实施过的1793年宪法。

辩论受多努和西耶斯,以及驱逐恐怖幽灵的意愿的主宰。恐怖与这种无法律的体制,与共和二年独裁导致的"无政府状态"——从 anarchie 一词的本义而言——密不可分。在热月2日(1795年7月20日)的演讲中,西耶斯批评山岳派授予人民的无限主权,认为这是以旧制度的国王主权为楷模的。他建议设立特别法官职务,即他所称的"宪法审查团"(jurie constitutionnaire),这个机构负责审查法律是否合乎宪法。但是,他的整体设想仍然遵循启蒙理性主义,而在孟德斯鸠的观念中,整个宪法体系基于权力的多元性,各种权力构成相互制衡的关系,而西耶斯敌视这一体系;在他看来,关键是要设立一整套像钟表一样嵌合严密的制度。这位从前的神职人员的好几项建议都没有被采纳,尤其是有关宪法审查团的建议,这让他对最终的文本大为不悦;而这最终文本的主要作者,是前奥拉托利会修士多努。大革命重回曾在1789年9月被抛弃的两院制,但人们小心翼翼地排除了任何有关贵族院的观念。议会制度设计着眼于从功能上对立法工作进行分割,五百人院负责起草法律,元老院(人员少一半,成员年满四十岁以上)负责表决法律,所有议员都由人民选举产生,条件是选举人必须是有产者,哪怕是财产很少的有产者。这一两院制立法机构还选举产生一个集体负责制的执行机构,这是相当合乎共和主义信条的:元老院根据五百人院的提议选举五名督政官,督政官们任命各部部长,行使其各自分派到的行政职责。另一个提议也很富有共和色彩,即权力要经常返回给主权人民，当政者要经常轮换：议会每年改选三分之一，督政每年改选一名。

然而，国民公会从一开始就害怕公众舆论的裁决，而公众意见在热月9日之后就突然向右转了。国民公会战胜了恐怖，但还记得自己曾是恐怖的工具，它同意处死国王，并且从1793年9月到1794年7月逐月延长"大救国委员会"的任期。新生或再生的共和国怎敢冒险让选民怀疑它越来越受到王党主义的渗透？在这种政治逻辑下，国民公会在自行退出之前还表决通过了这样一个法案：未来督政府议会中三分之二的议员将必须在国民公会内部选举产生。于是，共和国的新法律在实施之前就被嘲弄了：共和三年宪法的诞生是以葡月13日王党骚乱（1795年10月5日）为标志的，那一天，巴拉斯（Barras）手下年轻的将军波拿巴在巴黎一举扬名，共和派轻松地粉碎了高档街区的反动分子的叛乱。因此，在督政府时期，国民公会的议员们仍然统治着法国，督政也是在他们中间选举产生的。

于是，共和三年共和国的历史在其源头就已经被规定好了。对于这一僵局，邦雅曼·贡斯当和热尔曼·德·斯塔尔的评论比任何人都更到位，他们的看法见于其1796—1798年的各种著作。他们俩都是热月共和派，都服膺1789年的原则，都反对波旁王朝和贵族制的回归，但他们也都十分清楚地意识到这一事实：恐怖和断头台使得公众舆论疏远了共和国。另外，当他们于1796年在督政府体制下开始做政治评论时，巴贝夫密谋已经在共和二年的共和遗产（即著名的"1793年宪法"）中掺入了共产主义观念，这就使得人们在追忆恐怖时代的恐惧之外又平添了对财产权的担忧。而贡斯当和斯塔尔的意图是，将共和三年的共和体制立足于对多元利益的维护，立足于他们所称的1789年革命所产生的意见（opinion）、财产、风习和精神状态之上。他们的难题是如何让共和理念与共和国头两年的经历脱钩，并论证1793—1794年的独裁与1789年的原则相比带有人造的、不合时宜的特征；共和三年的体制不再以美德-恐怖的组合为基础，而是以法律确保的公民平等、以社会的各种利益都在政府中有代表、以公民教养为基础。

但是，即使是贡斯当和斯塔尔，在面对1797年春王党主义者在选举中获胜的局面时，也支持果月18日（9月14日）的共和派政变：五名督政中三人——以巴拉斯为首——支持动用军队清洗议会各委员会中的多数派并重建特别体制，随后发生了最后一波的革命恐怖。三分之二议员法令颁布之后不到两年，热月党人要维系其权力，就只能依靠奥什（Hoche）的部队了——当然还有意大利的部队，作为共和国支柱的波拿巴派遣了他的一名副官奥热罗（Augereau）。要保卫共和国免受反革命和抗拒派教会的侵害，指望学校里培养的第一代法国人和热月党人试图发扬的公民节日是不够的，他们还需要短期的联盟者：军队。

这是个关键性的转折点。无套裤汉于1794—1795年被镇压后，共和国失去了他们的支持，现在它始终依靠并越来越依靠军队的支持。从1792年以来，法国大革命就将再生的抱负与"伟大民族"解放全人类的弥赛亚信仰结合在一起。军事和领土政策与反对国王和贵族的战役密不可分。军事职业从前是贵族的专属领域，现在它成了平民提升其地位的特别渠道；罗伯斯庇尔倒台之后，大革命释放的可怕的社会动力就失去了在国内的出口，因为已经不能继续将革命推向激进化；但是，随着法兰西共和国在外部获得胜利，这种可怕的动力更是变本加厉了。胜利不可避免地带来光荣、个人的光辉前程和战利品，这就在共和观念与军事观念之间建立起了联盟关系，这是贡斯当和斯塔尔都没有预见到的，他们深信，征服精神与现代社会不相容。正是从这种联盟关系中，共和国的英雄波拿巴脱颖而出，最终成为共和国的终结者。

因为，在共和八年的雾月密谋中，西耶斯与波拿巴已经是完全不对等的关系；不对等来自这一事实：作为新督政官的西耶斯曾发出大革命的第一颗信号弹，但十年后他已不再是革命的化身了；而那位来自科西嘉的年轻将军，尽管1789年时还籍籍无名，到1799年却已成为共和国的华盛顿了。但法国并不是年轻的美利坚合众国：在雾月19日之后不久，波拿巴举行全民公决，大革命又给了自己一位国王——尽管当时人们并不知道这一点。

拿破仑倒台之后，还需等待六十年，法国才通过1875—1877年第三共和国的一系列安排，最终确立了持久的共和制度。正如很多评论者已经指出的，19世纪一直在重现法国大革命。1830年7月，巴黎的起义将共和国写在了自己的旗帜上，但这场运动中最保守的元素在最后的时刻被奥尔良王朝吸收了，后者从1789年以来就等待着自己的时刻："共和君主制"，但它太君主制了，太缺乏共和元素了，1848年2月，这个体制也在巴黎的街垒前坍塌。随后开始的第二共和国比第一共和国的时间还要短暂，但也像后者一样，被第二个波拿巴终结了。拿破仑三世于1870年垮台后，还需等待好几年才迎来第三共和国的诞生，这等待的几年中穿插着对巴黎公社的镇压，以及恢复波旁王朝的尝试；而为第三共和国举行洗礼的梯也尔和甘必大，则是最自由的奥尔良派，但也是最温和的共和派。

这段漫长的历史首先应通过大革命的遗产来解释，这笔遗产一直在重塑着各种政治传统。如果说共和国在19世纪中叶总是在众人的观念中引发恐惧，那仍然是由于贡斯当和斯塔尔在18世纪末诊断出的原因：共和国与独裁和恐怖的回忆联系在了一起。米什莱这样说，基内这样说，乔治·桑和雨果这样说，几乎所有人都这样说。作为一个口号，"1793年宪法"曾经常出现在复辟时代共和派左翼的阵营中，而且不时与社会主义思想掺杂在一起；但这一口号丝毫不能打消人们将共和国等同于恐怖的念头。

但在法国，复辟王朝和七月王朝时期发展起来的占主导地位的社会主义思潮，与共和主义观念是不同的，而且经常对后者有保留，甚至有敌意。最主要的区别在于对政治革命和社会革命的区分，前者如1789年甚至1793年的革命，后者则旨在终结贫困和剥削。这一点在19世纪30—40年代，在《国民报》的共和派与各社会主义派别之间表现得十分明显。前一类人仅仅提出了一些政治要求，首先是扩大选举权，但后一类人不相信以确定选举团为特征的抽象平等带来的幻觉。对"人权"的批判是社会主义著作中常见的话题，但1789年8月26日的宣言仍然是共和派的福音。在这个时期，与七月王朝对立的共和观念，其要点在于普选、学校承担的公民教育，而这种教育就意味着学校独立于天主教会。它还提倡一种与社会主义者的博爱迥然不同的公民博爱，以克服资产阶级的个人主义和社会的阶级分裂。共和国既不喜欢自由派的市场，也不喜欢社会主义者的兵营。例如，米什莱已经不再需要 1793 年了：对他来说，联盟节才是真正标志共和国诞生的日期。

1848 年 2 月的几天或几个星期之内，这种博爱似乎展现在了人们眼前。但法国人的历史、回忆和激情又在第二共和国再次浮现了出来，仿佛这个共和国是过去的一面镜子。资产阶级和农民大众又在担心巴黎的革命，这种革命孕育的是混乱，它会威胁财产权，而共和主义者则分裂成吉伦特派和山岳派。大部分社会主义派别都对普选没有任何积极的期待，它们等来的只是一次"政治"变动。1848 年 6 月的日子里，甚至还有一场因穷困和失业而导致的无套裤汉起义，它引发了内战和流血。这一次，大革命曾见识的"救国"委员会的场景，在重新开场的戏剧中已经找不到些微的踪迹了。当另一个波拿巴成为主角时，他已经不是民族和军事历史中的英雄，而是靠普选上台的一个平淡角色。就这样，共和国为期不到一年，从 2 月到 12 月，就从拉马丁（Lamartine）转入亲王－总统之手，仿佛是共和国宣告成立时伟大的友爱和解的倒转。革命传统中的所有家族都登上了舞台，但是，在共和制度凝聚起的临时共识的外表之下，各家族之间的分裂比以前更为严重了：波旁的支持者，奥尔良派，温和的共和主义者，激进共和派，各种流派的社会主义者，最后还有一个波拿巴，因为任何人都不敢忽略他。这种局面与 18 世纪末存在深刻差异，法国不再处于战争中，但传统和热情所面对的仍是同一个政治等式：君主制就是旧制度；共和国就是冒险。要走出这个两难处境，出路就是波拿巴的独裁，就像半个世纪前一样。

经历 1848 年的失败后，共和国若要找回生机，需要等到第二帝国时期新一代人的成长，他们更加务实，不太相信老一代人的修辞，认为共和国不仅是一种恢复自由的体制，也能担当维护社会利益的责任。大革命已经远去，更何况，第二帝国时代经济变革在加速，法国成了一个更为富有、更为现代的国家。中央集权国家及其省长的独裁固然压抑了自由，但它也将农民从地方显贵、正统主义者和奥尔良派的监护下逐渐解放出来。铁路和学校将已经习惯于普选的人民连接了起来。费里（Ferry）和甘必大这样的青年共和派，他们的教育学习是在帝国时代完成的，他们当然无保留地赞同自由，但他们也关注物质和精神的进步。他们是大革命的孩子，但也是实证主义者，是奥古斯特·孔德的门徒：历史是一门科学，他们在孔德的著作中发现了历史的秘密。他们将要创建的共和国要把两种不相容的观念结合在一起，这就是1789年的原则和实证主义时代的原则，即人权与"知识统治"的结合。

于是，在1877年5月16日之后，这批战胜了麦克马洪（Mac-Mahon）的人就在1875—1880年的共和主义大综合中糅杂了多种元素：个人自治，这是现代世界的根本；以历史理性培育开明公民的必要性，这是大革命的再生主题的遥远回声。学校的关键性地位就是由此而来的，这是公民教育的主要场所，条件是学校要摆脱教士的蒙昧主义，这个绊脚石是一个已经成为过去的时代的见证。世俗化就是这一新共和文明的脊柱，儒勒·费里的小学教员[①]就是这一文明的火炬手。普选制则最终终结了巴黎

[①] 共和派费里在1879—1885年先后担任政府部长和总理，推行一些改革。其中包括推行小学免费义务教育和加强师资教育。

的独裁，给共和国带来了大多数法国人的和平祝福。

共和国的建立历尽艰辛，它的稳定同样如此。诚然，共和国克服了历次危机，进而确保了对国家的控制；为了与民族合而为一，共和国付出了巨大的努力，通过一系列宏大工程——学校教育、兵役和组建党派——，将公民教育渗透到文化和社会之中，但需要强调的是，尽管有上述成就，第三共和国从来没有真正让全体法国人一致赞同它的原则。从德雷福斯（Dreyfus）案件，经1934年2月6日，再到维希政权，我们有一连串的日期可以佐证这一点。这些日期足以说明，对共和国有可能被篡夺的恐惧从未远去，即使这种反应事后被证明并不合理：如解放之初对法国共产党的疑虑，1958年对戴高乐的疑惧，以及1961年对阿尔及利亚兵变者的恐惧。共和国总是求诸自身，它在法国之所以能找到平衡和立足点，是因为将自己与一整套总是很脆弱的价值观绑定在一起，因为通过某种传统与一套参考体系的缓慢融合，并依靠人们最终逐渐解除对某种原则的排斥态度——这个原则总是妨碍自己最终被接受——，这一成就只是很晚才实现的。

从内部来说，共和国之所以总是受到威胁，是因为政府的不稳定，议会的无效力，以及曾两次导致共和制国家垮台的制度性瘫痪——一次是在面临外敌入侵之时，另一次是阿尔及利亚危机期间。19世纪末以来，共和国的外部挑战来自右翼民族主义和左翼的革命派，第二次世界大战和解放运动又续写了这两种力量，其形态分别是法国人民团结运动（RPF）的戴高乐主义和斯大林式的共产主义；后一种挑战具有强大的号召力和凝聚力，例如，在1947年的市政选举中，共和派阵线只赢得了三分之一的选票，这是共和制历史的最低点。共和国最终毁于自己的驱动力，甚至因为自己的成功而被耗尽，它在自己的激进原则中解体；但与此同时，法国历史上最强劲的经济增长缓慢但确定无疑地令它产生了奇特的变形。第五共和国的"光荣的三十年"（可称作第二次法国大革命），产生了充满悖论的双重效应；一方面，它让共和国政治－意识形态冲突中的传统战线归于无效，取而代之的各种分裂并不关涉共和认同，关涉的是经济、现代性和社会；另一方面，从政治上说，正是通过曾引领经济增长并收获其果实的戴高乐主义的效应，光荣的三十年才将共和国扎根于民族的腐殖土中。

说来有些奇怪的是，正是随着共和精神的耗尽，共和国才终于在最近完全稳定下来。这有待于共产党的衰落，右派的现代转型，即与大革命的成就和解。这还有待于所有政治构想都退回到共和国的价值观庇护所中，让捍卫人权成为普遍的事业。最后，尤其重要的是，这有待于1981年的政权更迭和宪法的彻底共和化，许多人曾经将这项工作寄托于某个人身上（指戴高乐）。这一演变过程的标志是宪法委员会权力的上升，这本来是1958年宪法所设计的行政当局的"看门狗"，但后来它成为共和国法律的有效守护者。第五共和国的两位重要总统的行动和风格对推动上述的扎根起了最大的推动作用，这看起来有点让人奇怪，但正是历史的反讽逻辑使然：由于戴高乐和弗朗索瓦·密特朗，君主的共和国与共和的君主制连接在了一起，在延续两个世纪的一系列革命之后，共和国终于回到了当初启航的地方。

皮埃尔·诺拉

延伸阅读

AULARD, Alphonse. *Histoire politique de la Révolution française. Origines et développement de la démocratie et de la république (1789-1804)*, Paris, 1901.

FURET, François. *La Gauche et la Révolution française au milieu du XIXe siècle. Edgar Quinet et la question du jacobinisme (1865-1870)*, textes présentés par Marina Valensise, Paris, Hachette, 1986. Contient des textes choisis de: Alphonse Peyrat, Jules Ferry, Emile Ollivier, Louis Blanc, Edgar Quinet, Jules Michelet.

FURET, François. *La Révolution*, t.4 de l'*Histoire de France Hachette*, Paris, Hachette, 1988.

KATES, Gary. *The Cercle Social, the Girondins and the French Revolution*, Princeton, Princeton University Press, 1985.

MANIN, Bernard et Alain BERGOUNIOUX. «L'exclu de la nation. La gauche française et son mythe de l'adversaire», *Le Débat*, oct. 1980.

MATHIEZ, Albert. *Le Club des Cordeliers pendant la crise de Varennes et le massacre du Champ-de-Mars*, Paris, 1910.

NICOLET, Claude. *L'Idée républicaine en France*, Paris, Gallimard, 1982.

NORA, Pierre (sous la dir. de). *Les Lieux de mémoire*, t.1, *La République*, Paris, Gallimard, 1984.

RUDELLE, Odile. *La République absolue 1870-1889. Aux origines de l'instabilité constitutionnelle de la France républicaine*, Paris, Publications de la Sorbonne, 1982.

WEILL, Georges. *Histoire du parti républicain en France 1814-1870*, Paris, F. Alcan, 1928.

参见条目

军队（Armée）

孔多塞（Condorcet）

宪法（Constitution）

政变（Coups d'État）

民主（Démocratie）

革命政府（Gouvernement révolutionnaire）

拉法耶特（La Fayette）

路易十六（Louis XVI）

马拉（Marat）

罗伯斯庇尔（Robespierre）

圣茹斯特（Saint-Just）

西耶斯（Sieyès）

主权（Souveraineté）

革命
Révolution

大革命时代的人们乐于向寻找他们正在经历的这一伟大事件的预兆。他们搜集了一些可以证明那些伟大作家的先见之明的文字。这种有些造作的研究经常脱离语境寻章摘句，而且还带有一点欺骗性，虽然少数文字看来的确能在某一点上得出期待中的证明结果。在这方面，1750年出版的《公民的权利和义务》（*Droits et devoirs du citoyen*）最有说服力。作者马布利在文中虚拟了一个法国人和一个英国人关于历史意义的谈话，并设想了一个预示着美好未来的场景。法国人认为在整个历史，尤其是在本国历史中看到的都是必然的厄运，但英国绅士以一种充满希望和意愿的历史反驳：出色的公民可以努力使革命变得"有益于祖国"。他还向法国人提供了各种实际建议，这几乎是一整套通往奇妙幸福的纲领：要撼动历史必然的厄运，所要做的仅仅是要求召集三级会议，争取三级会议成为常设机构；在三级会议聚会引发的"一致的赞同声"中，一切都将轻而易举：弊政将被根除，国王的权力将被削弱，民族的权利将被制度化。革命就是为此而发生的。

马布利的文本尽管看起来令人惊奇，但并没有后人在回溯时赋予它的那种清楚明白的示意。因为，即使马布利给革命者提供了（这在当时十分罕见）一个可以照见自我的镜子，即把大革命视为一个致力于收复自己权利的民族的意志，但这份文献同样传达了一大堆凌乱的含义，这让 18 世纪的思想家无从取舍。马布利参考的仍然是天文学中的革命①（他笔下的法国人相信他的祖国已经抵达英国人也将抵达的服从点（point d'obéissance）），仍然在谈论持续不断的复数的革命，甚至还有置身这些革命的动荡潮流中的人的被动特征，因为人从来无法控制这类事件。

实际上，在 18 世纪，révolution 首先是对先前形态的回归。《特雷武辞典》中的解释是，这个词是"周期的同义词"（synonyme à période）。各种辞典中给出的第一个意思是天文学上的含义：révolution 是将事物带回它的起始点的运动。如果运用到人类事务中，这种运动意味着某些被恰当地分类过的政治形式的永恒复归。以太阳的 révolution 为楷模思考人类的革命，这给此类革命带来一些我们今天认识起来有几分困难的特征：回归此前状态的必然性；不可抗拒性；秩序和规则性；人类在此类革命面前的被动性，他们注定只能记录这些革命，根本不能缔造革命；完全没有任何新颖性可言。

即使在当时最前卫的思想家那里，这种天文学含义也总是清晰可见的，马布利就是一个例子；不过，这一含义越来越受到一种习以为常的用法的竞争，这一点同样体现在当时的各种辞典中。复数的革命也意味着人类生存状态的沧桑变迁，意味着公共事务

---

① révolution 在西文里表示旋转、循环、革命等意思。

中出现的异乎寻常的转变,意味着各民族命运的倒转。这里并不涉及同一事物对同一事物的回归,而是新颖事物陡然而剧烈的爆发。在这种情境下,不可预见性压倒了可预见性,混乱压倒了秩序,非常规压倒了常规。

这两种词义是完全对立的,各种辞典在使用二者时并未对它们之间的矛盾做专门的思考,而仅仅考虑各种革命的形式、规模或原因;不过,有时人们也设法对二者做一些调和。博须埃认为,世界上出现的一切转变的原因都是完全可以找出来的,除了"在某些异乎寻常的打击中,上帝愿意让自己的手单独行动",这个说法等于找到了将超常性与某种不可见秩序联系起来的办法。马布利的著作中充塞着各种"革命",他在这些革命表层的混乱历史与某种深层的、规律性的历史之间建立了联系,在后者,没有任何东西真正是在意料之外的,因为"各种依次被激发和平复的激情在很长的时间内酝酿一场革命,最后革命在某个特别的时刻爆发出来"。伏尔泰则区分了王权的革命和人类精神或民族性格的革命,前者呈现为一些让人印象深刻的震荡,但仅仅如此,后者虽然缓慢,但它们深刻、不易觉察并且不可阻挡:这种区分即使不是在调和秩序与失序,至少是在区分真正的革命与其他革命。不过,18世纪的人们并没有真正区分可见的革命与不可见的革命。

一个引人注目的事实是,作为当时主要参照的两个事件,即英国革命和美国革命,并没有厘清革命一词的各种相互竞争的含义。在胡格诺派看来,1688年的"光荣"革命被视为一场回归性质的革命,是与因为历史的偶然而被颠覆的基本法的幸运重逢以修复基本法;在绝对主义拥护者看来,英国历史的典型特征是幸运统治与不幸统治的交替,而光荣革命只是又一次表明了这一点。英国历史学家提供了两种解释:光荣革命是走出暴风骤雨时代、重回秩序的复辟(restauration),或者说,光荣革命是时代的产物,由此开始了一系列新的混乱。

418

美国革命则远为明确地表现为一场"幸运的革命",它留给人类意志的角色也更为光彩夺目。但这个例子也只是更加说明革命一词含义的纠结,因为,尽管有上述特征,美国革命还是表明革命一词的诸多意涵始终交织在一起。即使是对"美洲的革命"最积极的评论者,仍然把这场革命解释为某种复辟:美国人民之所以敢于发起一场革命,是为了他们所享受的英国式的自由,也就是说,他们要恢复从前的权利。但是,这一对秩序的回归还是没有阻止美国免遭另一场革命的混乱之苦。"我担心,"马布利写道,"美国会被又一次推向一场艰苦的革命。"要么是以复归和安歇为目的的有序的幸运革命,要么是旨在改变事物性质和挑起骚动的失序的革命。所以总是存在两种革命。

在这两种含义的持续摇摆之间,人们究竟应该做何取舍? 18世纪的人们曾就各种革命撰写过大量文字,如英国的、瑞典的、西班牙的、罗马共和国的革命,他们的论述极其广泛,以致革命观念最后丧失了特别的含义,革命的历史变成了简而言之的历史,而且人们在谈论革命时用的总是复数。当他们选择研究某场革命时,会给它加上一个形容词,如伟大的,令人惊叹的,奇妙的,幸运的,等等;这种手法就是把革命归结为一个沧桑变迁的世界中的一场特殊变迁。在不同的文献中,他们时而阐发这样的观念:复数的革命给社会中人的生活状态带来了某些不可逆转的变化;

时而又在论证这样一种看法：这类变化是可以逆转的，并再生出某种循环演变的法则。不过，他们都一致认为革命是某种宿命，只有当革命切实发生时它们才可以被描述；换言之，革命是研究的对象，但不可人为制造。18世纪不曾赋予革命某种明确的道德内涵：革命既可以是好的，也可以是坏的，它们可以废黜国王，也可让国王恢复王位，既可带来进步，也可造成衰退。但人们总是很担心革命：不管革命究竟是什么，它们反映的都是政治不稳定，总是表明人对事态的把握是何等无能为力。所有民族都"经受过"（éprouvé）革命，这是18世纪最后的结论，尽管以伏尔泰为首的某些人开始认为，一场革命可以已经出现在期待的视阈中。但总的来说，18世纪的革命是复数的，带有怀疑色彩的，人们很难设想可以主动进行革命。

法国大革命首先是一场让当时人惊愕不已的宏大场景。它造成了不可思议的冲击，这一点有大批的见证者，如哲学家，报刊作者，以及像柯勒律治这样的英国诗人，他们觉得"怒火中烧的法国抬起了它巨大的四肢"，像克罗普施托克（Klopstock）这样比较平庸的德国作家也惊叹不已，他们微笑地注视着法国这片"蓝色的明丽，嵌在无限伸展的天穹"。甚至那些在最短的时间内醒悟过来的人，一开始也对大革命表达过前所未见的惊叹之情。"何等的场面！何等出色的角色！"柏克在给沙勒蒙（Charlemont）爵士的信中写道。所有人都欢呼它是一幕前所未有的戏剧，舞台的帷幕已被集体力量在瞬间掀开，为了摧毁暴政，站立起来的全体人民迸发出意想不到的力量。然而，一旦这场惊人的戏剧"上演"

之后，一切都不再像此前那样了，就像在剧院里经常发生的那样。大革命发生了，旧世界在它面前迅速而轻易地坍塌了，由此就很容易地导致对18世纪有点漫不经心地提出的各种词义进行强有力的重塑。

复辟抑或创设（restauration ou instauration）？这幕宏大戏剧的第一个效应是让人重新思考法国大革命可能是复辟从前社会秩序的观念。当然，我们可以找到一些使用复辟一词的暧昧文献，如将路易十六描绘成法国自由的恢复者的文字。但究竟是要恢复什么呢？根本不是要恢复历史演进中的某个特定的时期，因为，在18世纪的史学辩论中还相当热烈的古老宪法的观念，几乎在瞬间就被抛弃了，这一点让人印象深刻。当然，重建联系（renouer）的意识还有很大的影响力，但这已经不是要重建与先前的联系，而是要重建与根本（le fondamental）的联系。在这个强有力的观念中，法国大革命看到的只是起始点的奠基作用。如果说人们要恢复，那恢复的是人权，如果说人权一直在历史中受到嘲弄，那就应该将所有历史先例一揽子废除。人们远不是重新连接时间链条，而是要走出历史，以便集体启航，奔向一片新土地，一个全新的开端。汉娜·阿伦特认为，人们一开始进入革命时带着复辟的幻觉，也就是连续性的幻觉，只是到了革命的第二阶段，她认为革命者才有了一种对于历史经验的另一种更为强烈的幻觉，即决裂的幻觉。即使我们相信她的看法，认为法国大革命在最初的日子里看到了复辟的幻觉，这种幻觉持续的时间也只有几天。大革命从一开始就自认为是决定性地突破了一切历史范例。

没有什么比英国的范例被迅速废弃更能说明问题的了：1789

年 9 月 4—5 日，穆尼耶在关于国王否决权的演讲中震惊地指出，议会的所有成员都对"英国宪法抱有鄙夷的看法，然而我们没有哪一年不以羡慕的心情谈论英国人的自由"；而更令人震惊的是，连美国人的范例也都被抛弃了，虽然拉法耶特努力称颂它是大革命的父亲。8 月 23 日，拉博·圣-艾蒂安虽然做出了让步，说制宪议会如果真的要不惜代价去模仿别人，那么最好的例子应该是宾夕法尼亚的，但他随即做了自我纠正："法兰西民族，你们生来不是要接受榜样的，而是要做出榜样！"这两场革命不相容的论点还立刻得到孔多塞的附和，他在给一位致力于对二者的相似性进行学术比较的美国人的信中大力阐发了他的观点。美国革命的目标是摆脱一种外国贵族制，而法国大革命的目标是推翻本国的贵族制。美国人要拒绝的只是远在 1500 法里之外的统治者的课税，而法国人要拒绝的税收制度是他们中间的一部分人压迫另一些人的制度。美国革命要割断的只是一种十分松弛的联系，但它要保留的东西却很多，如刑法程序。而法国大革命要斩断的是一些十分牢固的桎梏，而且它没有任何东西要保留。因此，孔多塞解释说，法国大革命应该上溯到最纯粹、最精确、最深刻的原则。与美国人不同，法国人应该在拥有权利之前就要宣告这些权利。他们应该推翻美国人保留的那种社会。因此，法国大革命与美国革命不同，它不仅要重塑政治体，还要重塑社会体。

所以，法国大革命是绝没有范例可循的全新创举。法国的革命者在宣告是什么造就一场革命时，他们就让复数的革命失去了影响力，那些只是微不足道的、浮光掠影式的改变，他们要考量的是单数、大写的、带定冠词的革命（la Révolution）。

不过，在大革命的头几个月中，革命一词使用单数还是复数仍然存在一些不确定性。皮埃尔·雷塔（Pierre Rétat）指出，普吕多姆（Prudhomme）的《巴黎革命》（*Révolutions de Paris*）一开始并没有打算定期出版，而且它的标题还秉承革命一词的传统含义，旨在讲述1789年7月11日到18日巴黎发生的各种骚动。后来该报继续出版，读者们要求来个综合，普吕多姆于1790年1月出版了这份综合。这期报纸的标题是《大革命要旨》（*Clef de la Révolution*），文中将各种革命汇聚在一起，融汇成一个单数的、不与任何其他革命相似的革命，因为它是"灵魂与精神的革命"：这个新含义很快就获得了权威性。只有反革命才质疑这一宏大场景的榜样作用和其独特性，才会像比耶（Buée）辞典中解释的那样，把法国大革命视为"**一场**发生于1789年的骚乱"。但在所有其他场合下，这场发生在法国的事件都被视为 la Révolution，即单数的、大写的、带定冠词的革命，正如罗伯斯庇尔后来说的，这是第一场基于人权的革命。

这个独一无二的事件也是一个整体性的事件。如果一个民族不粉碎**所有的**锁链，那它谈论革命是没有意义的。这不再是限制专制、改良专制权力或与之妥协的革命，甚至也不是界定政治权威领域的革命。只有当人们试图通过革命同时解决所有问题，既包括社会问题也包括道德问题，并且人们也想让自己发生彻底转变时，这样才称得上革命。所以夏多布里昂（Chateaubriand）拒绝用革命一词来指王朝变更、内战，以及"短暂起义的民族发生的局部性运动"。只有当"人民的精神发生转变"，他才会使用这个词。

这种整体性革命一旦超出孤立的骚乱和政治灾变的范畴，它就一下子向全世界开放了。它涉及的不是个别性权利，如美国人起义时用来当作借口的英国人的权利；甚至也不是法国人的自由。在布瓦西·当格拉的分析中，大革命至少有两个特征超出了它的故土：它是全体人民而非某些人的事业；它要让人重回最初的目标。因此它是一种没有疆界的期许，向着无限的未来开放。

但这一奇妙的戏剧中包含一些难以从人们脑海中抹去的负面画卷。还在 1791 年，圣茹斯特就在其《革命精神》（*Esprit de la Révolution*）中表达了明确无误的敌意，因为拿人肉碎片当玩具的暴民狂欢场景使得他深感痛楚。对于这些混乱，大革命在它的自我定义尝试中将其排除了出去。大革命要成为某种秩序的奠基者：所以它与制宪的建设性事业有关，这就是汉娜·阿伦特所说的，这个事业与大革命是共生的关系。但应该区分制定宪法的活动和颁布出来的宪法，前者是大革命一开始授予自己的权力，它因为这一权力而摆脱了时间的束缚，而后者作为一种结果，要经历历史变迁。

这的确是问题的关键所在。法国大革命在肇始就自我理解并在实际行动中表现为走出历史，对此米什莱有深刻的理解："时间不再存在，时间已经死亡。"大革命发现本身就是一部历史，它是在时间中被拉长的一个进程，包括幸运的日子和不幸的日子，它的意外和它的曲折，对所有经历过革命的人而言都是一场剧烈的变动。大革命时代在他们看来有时过得太快，有时却过得太慢，似乎他们从未适应过大革命的节奏。之所以太慢，是因为随着革命的进展，人们的行为陷在错综复杂的关联线团中，使其裹足不前，以致不能完成最初设定的任务，并且偏离了自己的目标；此外，日子一天天地过去，对旧制度的回忆又浮现了出来，随之而来的还有无法根除的习俗，以及仍然置身革命之外甚或反对革命的男男女女的邪恶意愿，这些都是应该去说服或战胜的："七头蛇妖"（hydre）总是死而复活——这个极具表现力的形象就是革命者自己创造出来的。当然也有觉得时间过得太快的：大革命是一场让人头晕目眩的剧烈运动，它让人无法把握。在前一种情形下，革命的动力不能充分展开，它遇到了各种障碍。但在第二种情形下，它又因为酝酿出层出不穷、出乎意料的事件而让人害怕。两种情形都不可能终结大革命：第一种情形是完成革命，第二种情形是结束革命。

就这样，对大革命历史的发现也改变了关于革命的观念。我们这里只选取这个转型过程中的几个意味深长的片段。如1791年春夏的宪法辩论就被如何终结革命的急迫心情萦绕，迪波尔在5月，巴纳夫在9月先后表达出这种心情。迪波尔从"人们所称的革命已经完成"的直觉出发，很担心持续不断地推动革命可能在实际上是复归旧制度，因为"任何运动都是循环性质的，无论在精神世界还是在物质世界"：这是在重申陈旧的天文学意涵。至于巴纳夫，他比任何人都不乐意把革命与混乱联系在一起：他将大革命与完全可以辨明的理由所产生的持续的规则性作用联系了起来，并且认为，就算存在相当充分的"意外原因"，它们也不可以决定革命"时代"的特征。但是，大革命令人不安的激进化改变了他的分析，正因为如此，他不得不将这归结为偶然和意外：大革命给人的野心和虚荣提供了一个意想不到的舞台，这些人突然之间可以竞相追逐了。唯一的阻遏机制就是宪法。唯有宪法可以区分"哪些人希望建立稳定的政府，哪些人只想革命和改变，因为这类人能在混乱中自肥，就像腐坏物质中的爬虫一样"。在1789年，大革命与宪法的结合曾十分强大，因为旧制度没有宪法，这一结合将大革命和旧制度对立起来。但是这种结合此时瓦解了。同样瓦解的还有大革命是抵制专断权力之保障的信念。在巴纳夫看来，18世纪带有贬义色彩的革命又回来了，他十分害怕这种往复运动，既向前推进又向后撤退，既反抗又反动，二者相互孕育。

随着"8月10日革命"这一新的突发事件，将大革命与旧制度连接在一起的最后一节链条断裂了，这节链条就是君主制的保留，用巴纳夫的话来说，正是由于这一保留，"民族的习俗和意愿"看来成了革命者的桎梏。这场新的革命要求给出新的定义，这可是项艰苦的工作，孔多塞曾尝试过，他将两位立宪制度下的国王，即詹姆斯二世和路易十六的罢黜进行了比较，以证明后者不像前者那样不合常规；全体人民，至少是"人民中的相当大一部分"，他们不会像一个求助于外国君主的"个别的公民联盟"那样疏远法律下的公共秩序。孔多塞的全部努力都在于对这场革命的动乱加以限定。几个月后，革命一词及其形容词（révolutionnaire）——后者是特意为法国大革命这"唯一以自由为目标"的革命而创造出来的——又激发他进行了类似的思考。当一条法律意在维持这场革命时，它就是革命的，即它是要超脱平和的社会秩序的法律。的确，革命的法律不是为平和的社会而制定的，它的制定是为了终结王权支持者的抵制。所以革命的法律只能是"因局势而产生的法律"，这个限定词可能并不那么荒诞，孔多塞认为，它可以用限定词"革命的"来取代。孔多塞迂回曲折的证明反映出他在明显与特别状态相关的革命措施面前的尴尬。人们当然可以论证这些措施的合理性，它们是为了镇压那些试图"发动一场反向意义的革命"的人，但显而易见的是，它们包含不规则的因素，仍然具有一种可憎的惯例，这个惯例就是以必然性作为"暴君之口实"。孔多塞梦想的目标始终是结束（terminer）革命，但与迪波尔和巴纳夫不同，他认为完成（achèvement）革命是一种临时性的非法举措。

当革命政府建立时，为之论证的论据与孔多塞的论据并无根本不同，只是雅各宾派完全抛弃了孔多塞小心翼翼的语调。雅各宾派也将革命法律（这是奠基性的）与宪法法律（这是维持性的法律）对立起来。他们同样——因为之前的维尼奥也曾十分明确地表达过——表明了这样一种信念：民族的防御力量要求"仍然维持大革命的全部热度"，但这个"仍然"看来只是在大革命的各个派别中导致了对终结革命的有利时刻判断上的分歧。同样，雅各宾派反复地使用形容词"革命的"，以称呼一切与大革命相符的事物。

不过，在孔多塞和圣茹斯特之间，革命一词理解上的一种新偏差出现了。孔多塞带有一点悲怆情调，他在革命立法中看到的仅仅是对合法性的有限放弃，这种放弃延续到"我们不再需要这种法律之时"。但是，在罗伯斯庇尔和圣茹斯特那里，这最后一道锁扣也随着新宪法的拖延而弹开了，在他们看来，大革命不再

427 是那种产生奇迹的戏剧，只要静静地注视就能心醉神迷地皈依革命；革命是艰苦卓绝的，这一事业只有从大革命的敌人的存在中才能获得意义。但敌人是些很特别的人类。一方面，敌人无所不在，不仅在共和国的内部和外部，他们甚至就在每个革命者的意识中，因为对革命的敌视一开始就表现为对共同生活最微不足道的不情愿，或者最司空见惯的冷淡态度。另一方面，敌人总是能死灰复燃，正如圣茹斯特说的，敌人既存在于肉体层面，也存在于精神层面："恶习当然有可能消失，就像地面的水汽会蒸发一样，但它很快就会再出现，就像水汽又从云端落下来。"

对大革命而言，它的敌人既像絮团一样飘忽，其本性又顽固不化，这至少导致三个重要后果。第一个是大革命与非法性的共生关系，因为只能以暴力行动战胜敌人，暴力行动在任何情形下都可被宽恕，只要人们秉持这样的观念："对那些与大革命的方向一致的人而言，一切都应该被许可"——这是圣茹斯特的话。1792 年 11 月 5 日，罗伯斯庇尔在回答卢韦的指控时，那句著名的诘问也是这样一种意思："您想要的是一场没有革命的革命吗？"那天，罗伯斯庇尔提到了所有其他问题，但就是认为革命不可能凭"几何精神"（more geometrico）、不诉诸非法手段而自动完成。因为，在给大革命的所有措施打上必需的非法性，在宣告一切重大的反叛日子为非法，并最终将这些日子等同于大革命自身时，罗伯斯庇尔就同意了大革命的本质正在于非法性。对于革命派生出来的形容词，我们同样可以清楚地意识到这一点。很长时间以来，这个形容词就被用来修饰所有强有力的措施：如巴雷尔在 1793 年春请求国民公会宣布自己为"革命的团体"（corps révolutionnaire），并以这种身份展开行动。但当时这个词带有快捷专断的意思。"革命的工具"指的是断头台。如果说卢瓦尔河在法国的所有河流中是特别"革命的"，那是因为它服服帖帖地冲走了被卡里耶（Carrier）溺死的人。

第二个结果是向每个个体强加了一场内在的革命，因为大革命的敌人就住在每个人体内。革命政府远不只是个战争和征服的工具，它还是"从恶向善、从腐败向廉洁、从恶习向良好风尚过渡"的工具。圣茹斯特在他关于一般性管理工作的报告中就是这样定义革命政府的，这就将革命的完成推迟到了心灵和思想发生根本性改变的时刻。"每个公民自己都应该经历和进行与改变了法国面貌的革命一样的革命"：1793年11月，里昂监察委员会的这项任务表明，革命一词意味着怎样强烈的个人内心震荡，以及私人和公共的改造之间是何等的密不可分。

第三个结果是从头两个结果衍生而来的：如果不摧毁敌人，革命的事业就永远不能完成。革命究竟应该驻足于何处？圣茹斯特再次对这个重大问题进行了思考，而此前所有的革命者都在某个特定时刻谈到过这个问题，而且某些人，如巴纳夫，还给出了明确的答案。圣茹斯特将革命的完成推向了无限的未来，他认为大革命只能随着"幸福的完美实现"而结束。尤其重要的是，这为有关革命完成的解说留下了某种致命的怀疑："人们谈论大革命的高度，但谁来确定这一高度？"这种不确定性让人预见到大革命将始终在进行中，它不能中辍，否则就是"自掘坟墓"；而且，革命方针的纯洁性应该随时随刻完整地重建；

最后，没有人能成为大革命的裁决者，简言之，应该不断地"使大革命革命化"。

到这个时候，人们与大革命开始时深得人心的意象和观念的距离拉大到了极点。这个意象是大革命作为一场神奇的戏剧而赋予自己的不可抗拒的驱动力和信心。这个观念是大革命要以法律确立自由。不过，留下来的东西足以让人理解，为何人们总爱用有关雅各宾时代的阵发性回忆来充实大革命的传说。与过去决裂，持续不断地反复玩弄宣誓，具有美德的人民的神秘统一性，在对"宗派"的清洗中不断进行动员：这些构成了一部简单而强劲的剧本，成为未来历次革命的底本。

热月来了，"僭主"被打倒，这是7月14日、8月10日、5月31日的革命之后的又一次革命，把它写进这一序列中都有点让人疲劳了，但它还是被各种使用了好些年的美好形容词加以修饰：幸运的，伟大的，令人称奇的。有时甚至一些意想不到的证人也致力于给它提供某种奠基性的意义：共和二年果月18日，巴贝夫建议"不要将今天标注为革命第五年，只需记上革命第一个月零几天"。对这一事件的第一个合理化尝试，是将这场新革命看作5月31日的回摆（pendant de cheminée）：5月31日巴黎公社的武装起义让国民公会屈服了，而热月政变让国民公会对巴黎公社进行了报复。所以，正如巴雷尔在报告中提到的，这两个日子相互平衡了："5月31日，人民进行他们的革命；热月9日国民公会进行自己的革命。自由对二者都同样欢迎。"这种无关痛痒的说法是为了说明，热月9日是"大革命的最后一场风暴"。

它不会引起新的变故，因为它平衡了此前的变故。所以可以指望这段革命的历史快到尽头了，而这曾是每个掌权的派别都曾抱有的希望。

但事情很快就很清楚，一切都没有真正结束。热月之后的几年中，政变接连不断，行政当局与立法机构交替经历胜利和失败。历次的风云变幻都有革命一词的慷慨装点，连激烈的果月18日政变也要求给自己加上此前革命日子带有的阿谀奉承的修饰语。热月后的历次动荡伴随的言论，实际上总是试图抹杀这些新的突发事件令人不安的频发性，于是它们特别被表述为一种对平衡的回归和真正结束大革命的保障，这样的说法也可掩盖政变的非法性质。但这一切所无法阻止的是，政变令人不安的多发导致了一种有关革命时代的新意识：奇迹不再是瞬间发生的事；人们也不再为了自身的再造而忍受长期的艰苦努力。相反，革命与反动之间的切分交替正在逃脱人类意志的控制。热月之后不久，雅各宾俱乐部就宣布，在如此漫长的压抑过后，应该预料到"一种与我们所要抱怨的痛楚相匹配的强有力的反动"。随着革命时代被分割为革命与反动，随着新的角色，即"反动者"（réacteurs）进入政治舞台，革命一词的使用再次发生改变。形容词"革命的"与各种特别措施的长期结合现在变得可疑了：共和三年，公安委员会提议把这个形容词从政治话语中剔除。至于它的名词形式，则又恢复了18世纪的复数形态及混乱的内涵。于是，艾莎塞辽在五百人院的说法，此后就是人们对革命时代的感知了：这段历史充满"历次革命的短暂而狂热的激情，它是法治之间的间隔期"。所以大革命远不是个统一的事件，它回到了政治不稳定这一旧的常识见解。

在这场昏乱的转变中,少数人还在努力挽救革命精神。贡斯当全部的努力都在于拆解革命与反动这一恶毒的组合。要实现这一目标,必须区分两种类型的革命。当"制度与人民的精神之间的一致性已被摧毁时",革命就是不可避免的。这些革命是合法的、合理的,是与人类精神必然的进程相符合的:它们发生之后不会再来一次反动。只有当革命失去理智,超过其通常的终点时,反动才会发生:这时的革命就是坏的,它们将导致反动,专断之后还是专断,反而会引发新的革命。如果人们懂得区分好的革命与坏的革命,他们就会稳定制度,不至于"对自由灰心绝望"。法国大革命属于哪种类型呢?回答这个问题需要进一步区分要旨与进程。大革命的进程是灾难性的,因为革命者脑海中总是盘桓着古代的回忆,所以他们超出了自己的目标,是他们自己招致了反动。大革命的要旨是以选举制度取代世袭制,这是符合人类向前的进程的,而且任何人都不会忘记这一点。"虽然大革命有一些偏激,但我仍称之为幸运的革命,因为我关注的是它的结果。"

这个审慎的解释是为了将大革命从其灾难性的波折中挽救出来,并根除那种认为法国人"需要一个主人"的宿命论信念。但这个解释很快就因新的事变而被弃之一边:为了结束大革命,法国人还是保留了一个新专制者的形象。19、20世纪也不怎么赏识贡斯当的解释,而是更青睐雅各宾的解读。如果说革命一词经历了语义学上的奇妙历程,其用法扩展到了最不得体和最微不足道的变迁,但就在这诸多的变形之中,它的含义仍然奇特地忠实于雅各宾时期确定的意义。未来的革命者重拾起全部的雅各宾观念，如控制国家机器，政治上的唯意志论，甚至那些明显已经遭遇失败的观念，如个人完全融入某种被所谓统一意志支配的集体中，以及对个人持续不断的动员：从这个意义上说，在此后很长的时间里，人们不再经历复数的革命，而只是在进行一场单数的、特指的、大写的革命（la Révolution）。在革命的节目单中，人们偏爱国民公会的剧本，复制后者的词语，重拾当时各位角色的衣钵，通过国民公会的波折和枝节来思考自己的历史。1848年有自己的吉伦特派和山岳派。巴黎公社也将有山岳派，而布朗基派则是埃贝尔派的化身。俄国革命也将有自己的朱安党人，它的总动员（levée en masse），吉伦特派也再一次登台，因为列宁就用这个标签来痛斥托洛茨基和伯恩斯坦。因此，法国大革命总是在不断地复制自己或被滑稽地模仿。大革命的使命本来是要将人从传统中解放出来，但它本身却成了一种传统；对于这一悖论，托克维尔在回答时暗示说，如果大革命在重启，那是因为它"始终都是同一场革命"。

同一场革命，但又总是在重演，这究竟是怎样一种奇特的革命呢？准确来说这不是法国大革命，它既包含又隐藏着另一场革命，对于后者，马克思在《神圣家族》中描绘了其特征："1789年从社会小组中开始、中途以勒克莱克（Leclerc）和鲁（Roux）为主要代表、最后以巴贝夫密谋的失败而暂时遭到失败的革命运动，产生了共产主义的思想。1830年革命以后，在法国这种思想又为巴贝夫的友人邦纳罗蒂所倡导。这种思想经过彻底的研讨，就成为新世界的原则。"与其说这是一种思想，不如说是一种期许：人与人之间平等的期许，这的确与雅各宾革命的期许是一样的（只要注意一下预期中对形式上的自由和私有财产的批判），但后者需要重启，因为雅各宾革命只是为真正的平等打下的一份胆怯的草稿。

这样一来，法国大革命就与它的历史遗产大不相同，它不能归结为历史遗产。马克思后来指出，法国的革命阶级以所谓的普世话语掩盖了自己的私人利益。但这种欺骗性的包装也给了虚构以真实性，给了幻觉以未来。未来的革命者将再次掌握这一隐藏在面具下的颠覆性真理，用它来服务于另一场致力于实现真正平等的革命。不过，平等从来就不是一个有明确内容的目标，它的性质和历史到处都在散播分歧；另一方面，平等又是一个不断落空但又不断被重新激活的希望，所以平等的革命是一项永不完结的事业，它可以任意进入任何时空中，它的力量就来自自身无限的伸缩性。

最后，革命的动力如果要在任何地方都始终有效，还必须加上一种看来有些矛盾的力量，革命概念就是从两种对立观念的混合中汲取力量的：一种观念——用18世纪的话来说——是大革命具有不可抗拒的必然性的观念（在这种观念中，传统主义也可以从中找到自己的某个论点），革命者可以用它来论证个人为这一伟大事业的英勇献身，并可以事先就为革命使用的一切手段开脱；然而，这一观念还与另一个观念结合在一起，这就是人对自己的命运有绝对权力的观念，尽管二者结合的困难从来没有真正探讨过。从这个意义上说，大革命既是历史主义的一个重大意象，也是个人能动主义的对象；它绝对是属于人类的事件，但又完全超出了人力所及的范围；正因为如此，它才从自己各种相互矛盾的表象之中产生出异乎寻常的诱惑力。

莫娜·奥祖夫

延伸阅读

ARENDT, Hannah. *Essai sur la Révolution*, trad. de l'anglais par Michel Chrestien, Paris, Gallimard, 1967; éd. originale: *On Revolution*, New York, Viking Press, 1963.

BAKER, Keith Michael. «Revolution», in Colin LUCAS (sous la dir. de), *The French Revolution and the Creation of Modern Political Culture*, t.2, *The Political Culture of the French Revolution*, Oxford, Pergamon Press, 1988.

BOISSY D'ANGLAS, François-Antoine. *Quelques idées sur la liberté, la Révolution, le gouvernement républicain et la Constitution française*, s.l., 1792.

BUÉE, Adrien-Quentin. *Nouveau Dictionnaire, pour servir à l'intelligence des termes mis en vogue par la Révolution*, Paris, 1792.

CONDORCET, Marie-Jean-Antoine-Nicolas DE CARITAT, marquis DE. *Réflexions sur la Révolution de 1688 et sur celle du 10 août 1792*, s.l.n.d.

CONSTANT, Benjamin. *Des réactions politiques*, s.l., an V (1797); rééd. in CONSTANT, *Ecrits et discours politiques*, publiés par Olivier POZZO di Borgo, t.1, Paris, Jean-Jacques Pauvert, 1964.

DECOUFLÉ, André-Clément. *Sociologie des révolutions*, Paris, Presses universitaires de France, 1968.

ELLUL, Jacques. *Autopsie de la Révolution*, Paris, Calmann-Lévy, 1969.

FURET, François. *Penser la Révolution française*, Paris, Gallimard, 1978.

GOULEMOT, Jean-Marie. «Le mot "révolution" et la formation du concept de révolution politique», *Annales historiques de la Révolution française*, n° 39, 1967.

GOULEMOT, Jean-Marie. *Discours, révolutions et histoire. Représentations de l'histoire et discours sur les révolutions de l'âge classique aux Lumières*, Paris, Union générale d'éditions, 1975.

HABERMAS, Jürgen. «Droit naturel et Révolution», *Théorie et pratique*, t.1, trad. de l'allemand par Gérard Raulet, Paris, Payot, 1975.

MABLY, Gabriel BONNOT, abbé DE. «Observations sur le gouvernement et les lois des Etats-Unis d'Amérique», *Œuvres complètes*, t.8, Londres, 1789.

MABLY, Gabriel BONNOT, abbé DE. «Des droits et des devoirs du citoyen», *Œuvres complètes*, t.9, Londres, 1789.

RÉTAT, Pierre. «Forme et discours d'un journal révolutionnaire: les "Révolutions de Paris" en 1789», in Claude LABROSSE, Pierre RÉTAT et Henri DURANTON, *L'Instrument périodique. La fonction de la presse au XVIIIe siècle*, Lyon, Presses universitaires de Lyon, 1986.

参见条目

旧制度（Ancien Régime）

巴贝夫（Babeuf）

巴纳夫（Barnave）

孔多塞（Condorcet）

宪法（Constitution）

平等（Égalité）

雅客宾主义（Jacobinisme）

革命日（Journées révolutionnaires）

美国革命（Révolution américaine）

罗伯斯庇尔（Robespierre）

圣茹斯特（Saint-Just）

伏尔泰（Voltaire）

美国革命
Révolution américaine

美国革命和法国大革命是发生在18世纪末的两场伟大革命，两场革命的关系史最好地显示了它们的一个主要特征：当时人们很快就对这个时代的命运所系有了敏锐的理解，由此各种解释模式也迅速形成，而且一直支配着此后的争论。如果我们要理解当时产生的两种传统之间的复杂关系，最简单的办法或许应从如下的路径出发：1776年的革命者会以何种方式接受法国大革命，反过来，法国和美国的比较如何澄清了法国的革命思想。

法国大革命在盎格鲁-撒克逊世界造成的第一个后果是打破了自由派的团结，使得英美革命的意义呈现出含糊性。不久前还曾一致为美洲反叛者辩护的自由派在1789年的问题上发生了分裂。1776年，柏克还在为美国革命辩护，就像统一派教士普莱斯（Price）和美国政论家潘恩（Paine）一样，但后二人在法国大革命期间成了他的对手；不过，双方都始终认为——并非没有理由——他们的根本立场并没有改变，都认为在对法国和美国进行对比时可以发现能支持其论证的依据。对于柏克，美国革命是英国"光荣革命"合法的女儿：它之所以反对英国议会，正是为了捍卫赋予议会力量的原则（"无代表不纳税"），而且，它尤其以有关自由的漫长历史经历为基础，这就使得美国革命的诉求具有**保守**而非**颠覆**的意义；所以，美国革命与法国大革命的"玄学"精神是彻头彻尾地对立的，后者对"人权"的超验性质的确认对欧洲的社会秩序具有潜在的摧毁性。但对于潘恩而言，为法国大革命辩护（他的《论人权》就是对柏克的《法国革命论》的回应）则是 1776 年他在著名的小册子《常识》中为美国革命辩护的延续；潘恩认为，法国人是通过法拉耶特从美国学习到对自由的热爱。因此潘恩进一步指出，回过头去看，法国大革命是对他在《常识》中对美洲反叛的"激进"解读的确认：捍卫自由的途径不是维持英国宪法（那是在民主、贵族制和君主制之间的一种不协调的妥协），而是依靠人民主权，而美国革命之所以合法，仅仅是因为当人民认为统治者侵犯了他们的权利时，他们就有权废除统治者。

柏克和潘恩都是在英国传统中成长起来的，对他们而言，1789 年的意义首先在于这种传统受到了质疑；不过，从很多方面看，他们之间的争吵也预示着更具美国色彩的争论，如 1800 年大选中杰斐逊（Jefferson）的支持者与约翰·亚当斯（John Adams）的支持者之间的辩论。柏克的德国门生弗里德里希·根茨（Friedrich Gentz）稍早已经出版了一部论著，对柏克的观点进行了系统化，论证法国大革命是个没有先例的事件，它与美国革命不能以同样的标准来判断，因为后者追求的只是保护权利免受暴政的侵犯，而这些权利是很久以来美国公民作为英国臣民就已经获得的。这本书被约翰·亚当斯的儿子约翰·昆西·亚当斯（John

Quincy Adams）翻译了过来，以打击杰斐逊的威望，后者被怀疑同情法国人的论点；所以，在美利坚共和国的某些开国元勋那里，两场革命根本对立的观念并不陌生，不过，它仅仅是美国政治辩论**内部**的一种观点；从杰斐逊及其支持者方面来说，我们也可以清楚地看到他们对法国大革命发展过程（从恐怖到帝国）的谴责，不过这类批评更多是针对法国人的**行为**（他们的鲁莽，急躁甚至狂热），而不是针对他们的**原则**：美国革命的进程较为缓和，但它与法国大革命一样激进。

从法国方面说，对于美国经验的态度也是很矛盾的。1789年之前，大部分"哲人"（除了伏尔泰这个明显的例外）认为美国革命是理性的胜利，但另一方面，美国革命又经常令人困惑地中庸，如依然眷恋着"普通法"这种"哥特式"体系和两院制这样的陈旧制度。因此，早在费城制宪会议召开之前，米拉波、杜尔哥和孔多塞等人，很快就对美国人的制宪工作感到失望了。

在1778年3月致普莱斯博士的信件中，杜尔哥做了一番最清晰的论证。他评论说，美国人在组织自己的国家时，大部分时候都受英国人的制约和平衡及分权制度的启发；但这一制度完全是建立在英国宪制基础上的，对于后者，关键问题是约束王权，而对于一个建立在全体公民平等之上的体制来说，这种宪制没有任何存在的理由。所以，杜尔哥和他的朋友孔多塞对两项制度进行了严厉批评：这就是上议院（参议院）和"强大的行政权"，它们后来还成为联邦宪法的基本要素；他们认为，将民族代议机构划分为两个团体违反了民族统一原则（相反这意味着某种贵族制的存在）；另一方面，既然是实行统治的是**法律**，既然政府被严格限制在自己专门的领域内，行政权就应该大力缩减。对相当一部分法国的开明舆论看来，美国的经验显然不够彻底，它受英国传统的影响太深。需要强调的是，不应该对这种批评的社会意义进行错误的解读，因为杜尔哥既反对美国制度中的"贵族"元素，但他也指责这些制度低估了"自然"区分的重要性（即土地所有权造成的差异）。从根源上说，法国的哲人或重农学派的批评，体现了激进的政治理性主义与欧洲绝对主义的某些传统之间的奇妙结合；在法国，孔多塞和杜尔哥支持君主制进行的理性化努力，这一努力的标志就是君主制国家的行政和财政改革尝试；在这种理性化中，君主制国家的行动是与"哥特式"或贵族式的遗产对立的；对他们而言，区分不同政治体制的恰当标准不是主权受到的限制，而是启蒙与传统之间的对立程度；反过来说，在他们眼里，社会的理性化本身就足以保障自由，不过，这种自由与被理解为普遍性规则的法律的统治混淆在一起。当然，在制宪议会的辩论之中再次可以看到对美国经验的暧昧态度：一方面，美国的榜样继续被用来证明一个自由政体的诞生远非要依靠某种像英国那样的混乱历史，这可以是有意识的、自觉自愿的社会再生壮举的成果；另一方面，拉法耶特等人以美国的经验来为两院制或强大的行政权辩护，结果这些人被斥为与英国体制的赞赏者站在同一阵营。

　　因此，从美国方面来说，对法国大革命的疑虑从未走到全面和彻底否定其原则的地步，与此同时，从法国方面来说，对美国先例的热情赞赏大多伴随着对美国宪制原理的坚定拒绝，这种拒绝同大革命与绝对主义习性之间的内在勾连不无关系：正如此后将要看到的,两种革命传统的命运从未让双方超越前述两种困惑。反过来说,如果人们只是满足于将美国人的温和与法国人的激进对立起来(要么是为了哀叹法国缺乏真正的自由传统,要么是想证明,唯有法国的经验才配称得上大革命),两场革命之间的关系就无法达成某种和解;说到底,不管两场运动之间的差异有多大,二者的相似性还是更加突出一些,正如帕尔默等人在谈论"民主革命的时代"时出色地论证过的。美国也出现过**内部**政治冲突,这体现在大规模的流亡浪潮之上,尽管这里没有法国那样的血腥特征;此外,美国革命的历史,从费城辩论到杰斐逊与汉密尔顿之间的对立,就像法国大革命一样,也可以通过"古代"自由与"现代"自由之间的对立来解读,前者强调的是公民美德,后者指的是个人自由和工商业发展带给人的物质享受;最后,虽然美国革命起源于一场民族冲突,但它也在《独立宣言》中宣告了自己原则的"普世"价值。

当人们比较两场革命的宪法原则时,不应低估政治问题的重要性:美洲起义者面临的政治难题,与法国制宪议会议员们遭遇的难题有深刻的差异。

自托克维尔以来,人们反复强调,美国人生来就是自由的,这里指的是他们享受着"英国人的权利",其内部却没有强大的贵族体制;这也意味着,尽管《独立宣言》对乔治三世进行了长篇斥责,但主要的冲突并非美国人与王权之间的冲突,而是美国人与英国**议会**之间的冲突,他们用议会自己的经典格言来反对它:"无代表不纳税",抗议者依据的仅仅是被代议制机构违反的代表制理论。在英国人看来,议会之所以可以合法地在各殖民地课税,是因为只要议会是正常选举产生,即便各殖民地没有自己选举"自己的"代表,它们在议会中也被充分代表了;适用于美洲的英国法律和课税,其合法性并不低于针对所有英国其他臣民的法律和课税,何况英国一些重要城镇的居民有时也没有选举权,因为代表制度的目的并非捍卫社会肌体的某个部分的利益,而是发现共同利益。另一方面,美洲起义者在拒绝英国议会通过的税收时,也要求代表者某种意义上要服从被代表者,这就为**显明的**(explicite)利益代表观念敞开了道路,并至少不言明地预设了一个前提:公民与议员之间的利益冲突始终有可能存在。

法国碰到的是相反的问题:它需要**创立**一个代表制度,要赋予从三级会议派生出的议会以立法者的资格,而不仅仅是个咨询机构;要达到这个目标,首先必须放弃代表必须服从其委托者(commettants)的强制委托权(mandate impératif)的古老学说,这个学说明确禁止代表的任何"决策"权力;因此,从逻辑上说,这种情形导致的代表制理论,总体而言与美洲起义者拒绝的理论相当接近。

初始状况的差异可能导致了一个充满悖谬的特征,后者是各种使得法国的革命精神区别于美国激进主义的特征之一:法国人对公意概念的理解非常接近于卢梭,某种意义上说,他们对代表制机制的不信任感要少得多。

B. 贝林(B. Bailyn)通过对革命期间的小册子的仔细分析揭示,美国存在强大的激进思潮,甚至"共和主义"思潮,它赋予古典的自由主义一种非常特殊的意义。这类文字中的主导话题是统治者的不可避免的**腐败**。根据马基雅维利以来的"共和派"论者的经典论述,这个主题将**被统治者对统治者的监控**的要求基于一种悲观主义人性论之上;在这里,公民美德至少部分是以正确理解的利益为基础的:既然统治者天然地具有滥用权力的倾向,对被统治者而言,参与公共事务就是最好的保护。在革命刚开始时,这类主题很容易与对英国宪制所体现的"混合政府"的辩护对接起来,因为英国宪制被认为是一种**限制**国王和贵族权力的制度;稍后(尤其是在潘恩那里),这些主题转而具有某种**民主**意义,因为人们承认,君主制或贵族制的因素可以并应该从政府中剔除(而不仅仅是限制);费城制宪会议召开期间以及联邦宪法通过——宪法确认了大部分各州宪法中已经接受的观念——时,人们转而对革命原则做了某种"自由主义"的解读(这就导向某种制约和平衡机制的创建),但这一解读始终以根本上悲观主义的人性观为前提。因此,美国革命的核心问题是两个被认为根本性质不同的要素的结合:**政府**(这是镇压反社会暴力、统一集体行动所必需的)的目标是保护安全和自由的权利,但**自由**本身又是对政府行动的**限制**。

尽管《独立宣言》和《人权宣言》之间有某些相似性,但法国制宪议会的大部分成员(尤其如西耶斯)的理念很快表现出异样性:这一理念事实上基于某种综合,即代表制与卢梭的公意学说的综合,这乍看起来相当让人意外。在西耶斯那里,对代表制度的辩护不仅仅出于对实际情况的考量(对一个大国来说,不可能由人民直接行使主权),更基于一种积极的自由理念:西耶斯区分了"公民权利"和"政治权利",对于他,自由的定义就是安全和享有个人权利（而不是参与和分享主权），他认为，代表制度实际上**扩展**而非**压缩**了自由，因为这一制度（本身也是劳动分工的一个结果）使得部分公民**摆脱**了可以由别的公民完成的任务。此外，这种本质上的自由主义学说，从一开始就与另一种大为不同的论点混合在一起：强调法律作为"公意之表达"的优先地位，认为法律是在公民的协助之下制定的，它高于一切其他权利来源，并禁止在个体和主权者之间出现任何"局部性联合"；可以说，正是在这一点上，大革命与卢梭结合在了一起，它重拾卢梭的法律中心主义，拒绝任何高于主权者意志的"基本法"观念，并对"朋党"（factions）非常不信任（因为朋党否认了卢梭眼中的自由保障：没有代表制时，人民就和主权者同一）。然而，在整个大革命时期，这种模棱两可的态度一直维持着：罗伯斯庇尔并没有否认代表制的合法性，而热月党人也没有否认法律的优先性。

　　从两场革命的源头上看，可以发现两种非常不同的经验，这就导致两种制度逻辑的形成，两种逻辑在很多问题上都是对立的：法国人认为，朋党只有服从公意才能消除其恶劣影响，但美国人试图（得益于《联邦党人文集》的作者）赋予其有限的地位以驯化朋党，但这种地位在制度运作中是得到明确认可的；分权原则使得美国人十分强调司法权的重要性，但法国人认为首先要确保立法权的绝对优势地位，对于一些涉及自由的事务，立法权不仅是唯一的保障，而且是唯一的法官。

　　我们也会看到，一些有关两场革命之关系的传统辩论有点人为的性质，如本世纪初法国人布特米（Boutmy）和奥地利法学家耶利内克(Jellinek)的争论，两人辩论的话题是1789年《人权宣言》和美国人的各种《独立宣言》之间的关系。耶利内克指出，法国制宪议会议员们受到美国**榜样**的启发，他们从美国人那里借用的某些观念有着古老的新教自由主义传统，法国的《人权宣言》是给英国历史和美国历史打上深刻烙印的一系列《人权法案》（*Bills of rights*）的延续；这些看法都是正确的。但布特米的下述说法也同样正确：美国人的成就很大程度上应归功于启蒙哲学的共同财富，因而也应归功于法国的资源；虽然两份重要宣言的**目标**不同（一个是要在"人类的见解"面前论证美国独立的合法性，另一个则是要系统阐述"人的不可让渡的神圣的自然权利"），但它们都有共同的"普世性"抱负；而它们之间最基本的区分是赋予法律的地位不同，这种差异则源于双方对自由之条件和自然权利之范围的基本见解的分歧。

《独立宣言》的出发点是神所设立的**自然法**（loi naturelle），自然法赋予人"不可让渡的权利"，保护这些权利是政府的**目的**；当政府不承认这个目的时，它就失去了合法性，但反过来说，如果政府遵守这一目的，它就被推定为合法的。法国人的宣言的出发点是**自然权利**（droits naturels），这些权利的保护已经不依靠从外部施加的某种简单的**限制**（limitation），而是依靠公民对立法行动的参与，这种参与事实上与自然权利**同处于一个层面**（第六条："每一个公民皆有权亲自或由其代表参与法律的制定"）；实际上，从民族主权观念的意思来看，一切已有政府的合法性从此都成了问题，因为政府只能通过民族的意志才能存在。在美国人的宣言中经常是最隐晦而且服从自然法（被统治者的同意，人民改变政治秩序的权利）的意思，在法国人的宣言中被放在了第一位，这就引发对整个政治制度进行全面重构的要求。

对自由主义学说的折扣是《人权宣言》真正的独特之处；宣言在暗示颠覆旧秩序的同时，也从某些方面预示着法国大革命所缺少的一些自由主义面相。一方面，《人权宣言》声称自然权利对于社会秩序有绝对优先地位，并坚称一切权威都应明确出自民族（第三条），这就威胁到所有现存政府；另一方面，宣言又将决定如何保障"不可让渡的权利"的事务托付给了人为法，这种决定权几乎是至高无上的，这就使得"不可让渡的权利"一开始就屈从于立法者认为维持公共秩序所必需的手段（宣言第四、十、十一条）。

柏克第一个觉察到了这一矛盾。探讨这个矛盾，是针对法国大革命的某种自由主义批判的主要论题之一，也是对两种革命传统的经典比较的一个聚焦点。批判者把美国人的稳重归因于他们对自然法学说的恪守，并指责法国人在个人无政府主义和国家专制主义之间摇摆不定。但不应否认的是，从这两种学说的逻辑来看，两种传统也有相互接近的倾向。实际上，法国人的学说有意思的地方在于，它表明了《独立宣言》的措辞中存在暧昧之处：一旦承认人民在政府不能忠实于其自然使命之时有权修改或废除政府，也就等于承认，人民归根结底是主权者，因为它有权裁定这种不忠，有权"根据它认为最适合于保证其安全和幸福的形式组织权力机构"；所以，在1789年之前，当问题涉及如何建立一个持久的政治体制时，美国人将人民主权原则放在了第一位，从而对自然法打了折扣，我们可以在《联邦党人文集》中看到这一点。但同样正确的是，正如汉娜·阿伦特指出的，美国人的传统是基于对政治体和基本权利的创造性的结合，这个结合设定，政治体在拟定其限度的原则**之前**就组织起来了（即宪法**修正案**的限定），而法国的传统则强调某种前政治原则（"人权"），并对基本法观念心存怀疑。

汉娜·阿伦特试图找回"现代革命丢失的宝藏"，在她看来，法国大革命中"社会问题"的出现，与《人权宣言》提出的这类要求有关，但它本身是反政治的，因为这种要求倾向于"将政治归结为自然"："人权造成的问题很多，柏克对它们的著名控诉既未过时，也不'反动'……新的政治体被认为基于人的自然权利之上，即基于作为自然人的权利：对'食物、服装和人的再生产'的权利，也就是对生存必需品的权利……**旧制度**被指控剥夺了其臣民的这些权利——自然人的生活权利，而非自由和公民的权利。"

这一分析的意义首先在于，它证明法国大革命中"社会问题"的产生，并**不是**反映出法国大革命比美国革命更具"平等"倾向，毋宁说反映的是对贫困问题的新意识，这种意识将恻隐之心（pitié）变成了一种公共热情。实际上，在《独立宣言》中，平等也是一个主要原则（"人生而平等"），而且，尤其重要的是，对于熟悉欧洲的美国人来说，他们在那里遇到的极端的不平等才真正是确立自由的一大障碍，但美国盛行的相对平等以及不存在"贫困问题"（paupérisme），恰恰是共和国得以生存的最佳保障。汉娜·阿伦特认为，正是在这一点上，法国大革命是此后一切革命的肇始者；如果说它没有把追求**自由**放在首位，那并不是因为它高估了平等的价值，而是因为将"生存需要"放在首位，从而戴上了**必要性（必然性）**的桎梏。

当我们比较"古代人的自由"和"现代人的自由"的抉择的意义时，两场革命的差异可能会更加明显。

在美国，这场辩论（即杰斐逊和汉密尔顿之间的辩论，体现了联邦党与共和党之间的对立）主要涉及工商业对公民身份的影响。杰斐逊实际上重述着"马基雅维利主义"的经典共和主义论点，认为不平等的加剧、政治的集中化和实业的过度发展将给自由造成危险，因为这会加剧公民的个人依附，削减他们参与公共决策的分量；汉密尔顿则秉承休谟的思想：在他看来，问题在于，如何促进利己主义服务于财富和国力的增长，以便从这种激情之中获得最佳的结果。但辩论双方对人性有种共同的概念，这一概念使得他们的目标都是**有限**的，这些目标涉及的是政治组织而非人性。但在法国情况相反，这些经典——至少从孟德斯鸠以来——论题有了一种新的意义，因为有来自社会问题的影响。于是就有"自然"和贵族或资产阶级教养之间的根本对立，各种诉求就具有潜在的**无限性**："无套裤汉"的目标不只是平等，而是要超越不幸，"腐败"也就不是一个政治范畴，而是一种**道德**特征，对再生的追求成了一项没有尽头的任务。

在 18 世纪，"贫困问题"的不存在或范围很小，还只是一个使美国区别于所有其他西方国家的一个较具普遍性的特征：相对的"身份状况的平等"中最主要的特征还不是经济方面的平等，而是几乎不存在**贵族制**。从托克维尔以来，人们就经常承认，这种状况（美国人"生来就是自由的"）是美国历史的关键之一，因为它尤其能够解释美国民主制度的和平特征：与法国的情况不同，在美国，"民主"精神是建设性而非毁灭性的，民主精神不能与"革命精神"混为一谈。在当代的史学著作中，这一主题在路易斯·哈茨（Louis Hartz）的论著中得到了特别出色的阐发，这就是已成经典的"美国例外"理论。哈茨与最近的历史学家不同，他认为美国政治传统的源头是洛克；在他眼里，美国民主的独特性在于它可以说是"自然的"，在于美国并不存在封建制度的经历：美国的社会没有强大的革命传统，也没有强大的反动传统（"因为它没有罗伯斯庇尔，它也没有迈斯特；它没有西德尼（Sidney）①，也没有查理二世"），而且，后来它也没有强大的社会主义运动。即便这种解释低估了美国政治传统中的"激进"元素，但它还是出色地阐明了这一传统的一个基本特征：由于没有贵族制的经历，美国的反动思想从未将回归平等之前的世界，视为替代民主的可行性方案，即使是最敌视民主逻辑的思想家，如老南方"独特制度"的理论家菲茨休（Fitzhugh）和卡尔霍恩（Calhoun）②，也没有迈斯特或博纳尔那样的一套完整的理论。相反，法国的政治传统一直受到"旧制度"与"大革命"的

---

① 这里指的应是 Algernan Sidney，1623—1683，英国共和派政治家。
② 菲茨休（George Fitzhugh，1806—1881）美国社会理论家，内战前曾著书论证奴隶制；卡尔霍恩（Johnc Calhoun，1782—1850），支持奴隶制的保守派政客。

冲突的支配，甚至大革命又重拾起君主制"绝对主义"传统中的那些核心要素（行政集权、主权、司法权的次要地位、公务员的特殊法律身份，等等）。

但是，即使是在这种最极端的情形下，还是应该承认两种革命传统之间存在一定的相似性，后来的南北战争也揭示了这一点，这场战争可能是美国历史上唯一真正的悲剧。奴隶制最昭彰地违背了《独立宣言》的原则，因为后者表达的是平等和自由的普遍性；而且，随着奴隶制度日益成为南方社会的关键性要素，它的理论家们开始逐步否认启蒙原则。于是，在赞成与反对奴隶制的辩论中，双方都出现了一些大大超越美国思想传统框架的论点。在废奴派一边，人们援引的不仅仅是宪法保障的各种自由，还有先于社会而存在的**人权**，此刻这一论点所具有的"颠覆性"，与法国大革命时代人们对人权的理解是一样的。在"奴隶制的支持者"一边，《独立宣言》诸原则的适用范围被受到严格限定（仅限于保护**自由人**的权利），甚至被完全否定：对于南方制度最坚定的捍卫者而言，宣言充斥着"华而不实的靠不住的笼统说法"，杰斐逊的观点来自"感情用事的法国哲学，这种哲学当时传播如此之广，以致随后肯定要招致如此血腥的结果"（乔阿特（Choate）和哈蒙德（Hammond），转引自卡尔·贝克尔（Carl Becker）的《论"独立宣言"》）。因此，当废奴主义者逐渐将美国宪法谴责为"与魔鬼缔结的契约"（加里森（Garrison））时，他们的对手则以主要以柏克为灵感的论据来维护宪法，以匡救"抽象的"人道原则的影响，他们认为，此类原则都与法国大革命的原则有某种联系。两场革命之间的关系到此时进入了关键的博弈：

南北战争及随后的重建终于按照"抽象原则"并使用法国大革命时期国民公会的手段斩断前缘、一锤定音。

在整个19世纪，法国舆论对美国的踌躇深刻地反映了当时对美国革命广泛存在的矛盾心理。对迈斯特这样的传统派来说，美国革命只是一次暂时性的误入歧途，但它是建立在启蒙哲学的抽象原则之上的。在共和派方面，人们赞美现代世界的首个伟大共和国，赞美它在反动时代成为来自法国的自由友人的避难所，这些赞美还经常伴随着对美国平等的某种理想化；但这种赞美并非没有一些重要的保留，这些保留反映在美国人自己的辩论中（从共和党和联邦党的辩论开始的美德与商业之间的对立，奴隶制和黑人问题），或者反映了两种革命传统之间一以贯之的分歧（法国的共和派不接受联邦主义和两院制）。与此相似的是，在自由派中间，"美国派"的身份逐渐明确，并与"亲英"潮流区别开；在亲英派看来，美国革命仅仅是英国革命的后续，它们都有社会"温和"的特点；但在美国的友人，如托克维尔和拉布莱看来，美国是一种彻头彻尾的新原则，即民主原则的发源地，法国大革命分享了这一原则，但美国的历史避免了"革命精神"的泛滥（托克维尔），美国的宪政学说也没有犯下严重的错误（拉布莱）。随着社会主义运动的发展，以及1848年革命及随后第二帝国的经历，亲美浪潮获得了某种持久的特征：这些美国的朋友是坚定的自由派和反威权主义者，他们想要成为民主派，但对社会主义感到疑虑，在他们看来，社会主义偏离了民主精神，在法国与绝对主义传统的影响关系密切。

与法国人对美国制度的保留态度相对应的是，美国人经常对法国的政治传统感到困惑，认为它既爱走极端又显得很混乱：正因为如此，在美国的政治学中，今天仍然存在某种非常活跃的传统，即认为法国的政治和社会制度与美国相接近，这是有关法国的最好的看法；而在法国方面，尽管这种接近的确部分地得以实现（在制度领域，尤其在政治制度中），但仍然存在这样一种意识：两国人民之间在思想方面仍存在深刻的差异，在文化和民风方面尤其明显。在这些看法中，究竟哪些来自两种革命传统的差异，哪些又是因为"美国例外论"与法国的旧制度和贵族制的经验的对立，还是留待读者自己去分辨。

菲利普·雷诺

延伸阅读

ARENDT, Hannah. *Essai sur la Révolution*, trad. de l'anglais par Michel Chrestien, Paris, Gallimard, 1967; éd. originale: *On Revolution*, New York, Viking Press, 1963.

BAILYN, Bernard. *The Ideological Origins of the Americain Revolution*, Cambridge (USA), Harvard University Press, 1966.

BECKER, Carl. *La Déclaration d'Indépendance*, trad. de l'anglais par Marie-France Bertrand et Marvin Holdt, Paris, Seghers, coll. «Vent d'Ouest», 1967; éd. originale: *The Declaration of Independence: A Study in the History of Political Ideas*, New York, Harcourt, Brace, 1922.

BUEL, Richard, Jr. *Securing the Revolution: Ideology in American Politics*, Ithaca et Londres, Cornell University Press, 1972.

HARTZ, Louis. *The Liberal Tradition in America: An Interpretation of American Political Thought since the Revolution*, New York, Harcourt, Brace, 1955; rééd. 1983.

PALMER, Robert R. *The Age of the Democratic Revolution: A Political History of Europe and America, 1760-1800*, 2 vol., Princeton, Princeton University Press, 1959-1964; rééd. 1970.

RÉMOND, René. *Les Etats-Unis devant l'opinion française, 1815-1852*, 2 vol., Paris, Armand Colin, 1962.

WOOD, Gordon S. *The Creation of the American Republic 1776-1787*, New York, Norton, 1972.

参见条目

孔多塞（Condorcet）

宪法（Constitution）

民主（**Démocratie**）

人权（**Droits de l'homme**）

平等（**Égalité**）

拉法耶特（La Fayette）

自由（**Liberté**）

启蒙（**Lumières**）

民族（**Nation**）

大革命与欧洲（Révolution et l'Europe (la)）

卢梭（**Rousseau**）

西耶斯（Sieyès）

主权（**Souveraineté**）

卢梭
Rousseau

卢梭经常被视为大革命的预言者和导师。从柏克到泰纳,中经基内和路易·勃朗,众多评论者都在大革命中看到了卢梭支配性的影响力。基内认为卢梭是大革命的"立法者"。"他对于大革命,"基内写道,"就是胚芽之于树木。"对于基内,《社会契约论》就是大革命的"律法书"。

人们尤其认为,这位《社会契约论》的作者是 1792 年 8 月 10 日之后(革命者)实行的一系列原则的思想源泉,更是从吉伦特派倒台到热月之间政策的启示者。"雅各宾共和国"被普遍视为卢梭影响力的巅峰。普选制和对直接民主制的高扬看来也很符合《社会契约论》的教导。管制性的经济政策也与下述哲学观念很协调:缔结社会契约之后,个人就把自己和自己的财产让渡了出去,以完全服从公意。有利于贫民的具体措施看起来是《第二论》①及其关于财富不平等的批判的遗产。如果我们相信路易·勃朗以及他之后的大革命历史的社会主义解释,大革命的

---

① 《第二论》(Second Discours)指卢梭的《论人类不平等的起源和基础》。

第二阶段则是受卢梭的思想支配的。《论人类不平等的起源和基础》及《社会契约论》的这位作者还被认为是如下观念的源头：一种公正的政治和社会秩序不仅要保护个人和社会免受专断权威的侵犯，还应该包含一个支持最贫困者的"监护性权力"的积极举措。

最后，还有一些人认为在《社会契约论》中看到了1793年6月到1794年7月雅各宾政治的威权独裁面相的思想根源。在邦雅曼·贡斯当看来，雅各宾领导人是从卢梭和马布利那里汲取这样一种观念的：公民应该"完全服从，以便民族成为主权者"。泰纳则强调，在"卢梭以斯巴达和罗马为典范建造起的民主修道院"中，"国家就是一切，个人什么都不是"，它与雅各宾派那严厉的、追求美德的专横共和国是有亲缘关系的。最近，人们还认为卢梭是大革命的"极权主义"特征的根源之一。根据 J. L. 塔尔蒙（J. L. Talmon）的看法，卢梭坚称存在一种"绝对的、合乎逻辑的、唯一有效的社会秩序"，政治意志应该并可能排除各种现实条件和阻碍去努力实现这一秩序，这就成为意志全权论信念的源头，这种信念是大革命的绝对主义的原动力，尤其是在1792年到1794年。

大革命无疑标志着一种伟大思想与一场历史运动的际会。只需一个证据就能表明这一点。还在卢梭的骨灰被安葬到先贤祠之前，历届革命议会就不断地向卢梭颁发颂词。从1790年10月起，他的一尊胸像和一本《社会契约论》就被放置在议会大厅中；当年12月，议会还表决通过了一份要求给予卢梭公共荣誉的动议。1791年8月，根据一份请愿书的要求，议会再次要求给予卢梭

458

459 "祖国对其伟大人物表达的崇敬之情"。但实际上,卢梭的骨灰迁往先贤祠一事曾受到卢梭的朋友和庇护人吉拉丹(Girardin)侯爵的反对,这位哲人就是埋葬在他的领地上的。这就是为什么迁葬一事被拖延并在议会表决了好几次的原因所在。最后下令迁葬先贤祠的决议是国民公会于共和二年芽月25日通过的,当时正值恐怖的白热期。共和二年花月18日,罗伯斯庇尔在关于最高主宰崇拜的演说中颂扬了卢梭,并且援引他作为权威。不过,直到热月之后的1794年10月11日,迁葬先贤祠一事才在拉卡纳尔的一份报告之后最终落实。在1795年的制宪辩论中,布瓦西·当格拉还以歌颂的口吻援引"《社会契约论》的不朽作者"。但在18世纪的最后几年,接近当权者圈子的一些知识分子,即"观念学派"(idéologues),如德斯蒂·德·特拉西(Destutt de Tracy)、卡巴尼斯(Cabanis)、沃尔内(Volney)和热朗多(Gérando),开始批评卢梭,认为正是由于他,大革命向专横统治和平等主义的方向发生了侧滑。根据罗德勒提到的一个传言,第一执政(拿破仑)于1800年8月来到埃默农维尔(Ermenonville)①,他在参观卢梭曾住过的一个房间时说道:"你们的卢梭是个疯子;就是他把我们引到今天这个田地的。"这位大革命的终结者对卢梭的影响盖棺论定;但他这样说的时候,显然也就承认了卢梭与大革命的二位一体。

所以很清楚的一点是,直到1795年左右,大革命的领导人

---

① 这个地方是卢梭临终前的隐居地,他死后葬在这里。该地是文中提到的吉拉丹侯爵的产业。

仍然是认同卢梭的。但这种认同还不足以确定《社会契约论》是否构成大革命的"律法书"。它同样不能确定,革命者是否从一开始就在一种坚定意志的鼓舞下,要将卢梭在《社会契约论》中已然描绘出的"抽象原则"付诸实践,尽管那些曾谴责大革命受卢梭唯意志论影响的人每每声称情况就是这样。最近关于《社会契约论》传播情况的研究表明,这部作品尽管并非不为人知,但它远没有《爱弥儿》成功,更不用说和《新爱洛漪丝》相比了,后者是18世纪最畅销的作品之一。在1789年之前,《社会契约论》单独出版了13次,《爱弥儿》出版22次,《新爱洛漪丝》出版50次。另外,后两部著作的再版是定期的。相反,《社会契约论》的各版本集中于其首次出版之后不久,这表明它的成功相对而言有点后劲不足。因此有充足的理由认为,卢梭在1789年之前的影响力和知名度,主要来自《新爱洛漪丝》和《爱弥儿》,而不是来自《社会契约论》。另一些研究者,如R.巴尔尼(R. Barny)则认为,尽管《社会契约论》的传播不是很广泛,但在1789年之前,它在即将为大革命提供领导精英的各阶层还是广为人知的。这当然是对的。不过,即使这部作品很知名,也不意味着它的反响可以与《新爱洛漪丝》和《爱弥儿》相提并论,包括在各精英群体中。同样没有理由认为,在大革命**之前**,那些将要成为革命领导者的人已经形成了一个特别的群体,他们拥有与有教养的公众不同的反应和趣味。此外,到1789年,《社会契约论》已经有十七年没有以单行本的形式再版了,但1790年出了四个单行本,1791年有三个,1792—1795年则有13个。如果说《社会契约论》的走红并不是在大革命爆发之前,我们又该如何认识革命者与这部著作的关系呢?

认为卢梭的著作中已经包含革命的萌芽,大革命只是卢梭著作影响力的展开,这样的认识也会忽视另一个不容置辩的事实。直到1791—1792年左右,大革命的对手也自称他们信奉卢梭。在他们引述的文本中,卢梭曾这样说:"任何有辨别力的人"都不会去改变"13个世纪的时间内"确立起来的法国君主制的准则和体制。卢梭憎恶暴力,比如他曾写道,"以一个人的鲜血购买自由太过昂贵"。他认可代表制,但条件是代表们必须受强制委托权的制约,而后来议会的敌人所强调的正是一点。他们以《关于波兰政府的思考》为依据,证明议会超越和违反了陈情书所授予的权限。当然,在这类参照中应该看到某种旨在陷对手于自相矛盾之境地的论证策略:革命议会声称信奉卢梭,但人们可以证明它并不忠实于那本它自称为其继承人的著作。这样的策略并不必然意味着论证者真的追随卢梭的原则,但它还是能表明,在很多革命反对派的脑海中,卢梭思想与议会成就密不可分的说法绝不是无懈可击的。不过,从1792年左右开始,那些谴责大革命的人就不再援引卢梭了,这时他们把卢梭视为大革命的各种错谬的责任者了。因此他们的论证策略失败了。相反,革命者在不断援引卢梭时,最终确立了他们是卢梭真正继承人的观念,这个观念很大程度上来自大革命进行自我论述的话语。从某些方面看,正是大革命确定了卢梭主义这一复杂思想的意义。

最后,大革命中先后出现的领导人都自称是卢梭的继承人,这个事实造成的问题与它解决的问题一样多,因为轮流支配着革命议会的不同派别之间存在深刻的分歧。如果说制宪议会的议员,罗伯斯庇尔和热月党人都曾先后认同卢梭,那么大革命中的卢梭遗产究竟是什么呢?卢梭究竟是何种政策的肇始者呢?当人们事后将卢梭主义视为1793—1794年雅各宾政策的鼻祖时,他们忘记了当时人并不是这样认为的。罗伯斯庇尔和圣茹斯特都曾歌颂卢梭,但卢梭遗骨迁葬先贤祠是由那些刚刚推翻了"僭主"的人完成的。人们甚至指控罗伯斯庇尔因为心怀妒忌而故意拖延迁葬事宜。如果说当时卢梭的形象已经完全同救国委员会的独裁联系起来,上述这些现象将难以解释。前后相继的一拨又一拨革命领导者都认同卢梭,但这恰恰提出了一个问题:他们究竟在卢梭身上发现了什么呢?

像人们经常提到的,在卢梭那里发现的是革命者赖以建立新秩序的原则吗?请求将卢梭迁葬先贤祠的请愿书把这位哲人说成"法国宪法的首要奠基人",因为他"确立了人与人之间权利平等的制度"和"人民主权"。然而,1791年宪法建立的是代表制。尽管卢梭强烈谴责过代议制,但他还是被宣布为正式认可这一制度的宪法的奠基人。在《关于波兰政府的思考》中,他的确接受过某种形式的代表制,但条件是必须以强制委托权为基础。制宪议会在1789年夏天就拒绝了强制委托权原则;在大革命的整个进程中,这个最初的决定从来没有被质疑过。在卢梭那里,整个公意理论要么意味着不存在代表制,要么是强制委托权:法律应该由所有人制定,因为只有当法律的对象同时也是法律的作者时,每个人才是自由的。当做出决定的是代表而不是人民时,卢梭政治理论的核心原则就在那一刻被违反了。

所以，法国大革命建立的核心机构，即代表制议会，事实上是违反卢梭的思想的。某些革命领导人意识到了卢梭与大革命之间的距离，尤其是西耶斯，他好几次对直接民主进行了非常严厉的批判。对于他，代表制不是迫于实际需要而万不得已的权宜之策，恰恰相反，它是根本性的进步原则的政治表达：这个原则就是劳动分工。

在这个问题上，西耶斯比很多其他革命者有更为清晰的认识，所以我们可以理解，他在少数公开评论卢梭的文字中对后者有非常激烈的批评。1793—1794年，他说卢梭"固然是位著名的作家……作为哲人，他在情感上很完美，但见识极差"，卢梭"那些雄辩的篇章细枝末节的东西极为丰富，但本质的内容贫乏得可怜，就是他自己把社会技艺的**原则**和人类社会的**开端**混为一谈的"。对于西耶斯，代表制是"社会技艺"最新的一项发明。这些片段并不能证明，卢梭的观念总的而言没有对西耶斯产生任何影响，但它们还是表明，这位宪法设计师关于这一关键制度的理念，的确不是从卢梭的思想中汲取的。另外，还有一个更为关键的要点可以说明，西耶斯不能被视为卢梭的信徒。从《论特权》到1797年剥夺贵族公民权的立法，西耶斯表现出始终如一的反贵族的狂热，即使经历革命政治的历次转向，这一狂热依然如故。在1789年的小册子中，西耶斯并不仅限于要求取缔特权，他还主张特权者不应构成的民族的一部分，他们甚至是民族的**敌人**。诚然，卢梭的著作可以笼统地被视为关于平等的辩护词，他敌视贵族和作为特殊现象（法律上认可的某种社会地位的优越性）的特权，但这些并非卢梭的作品中公开和核心的论点。在《论人类不平等的起源和基础》中，卢梭谴责私有财产导致的不平等与人的自然平等相对立。但他所描绘的关键性分裂，不是特权者和非特权者之间的分裂，而是更为普遍意义上的富人和强者与穷人和弱者之间的分裂。

当然，作为一种普遍意义上的平等思想，卢梭的平等主义可以被用来反对"贵族制"（aristocratie），当它并不特别针对贵族（noblesse）。更为重要的是，将特权者**排除**出共同体的意愿，将他们界定为**敌人**的做法，都不能被视为卢梭主义的遗产。（法国）反贵族的狂热有其独特性，是对作为法律认可的高级社会地位的特权的仇视；从这个意义上说，这种狂热主要源于法国的社会状况，而不是卢梭的理论。

在三级会议召开之后，尤其是在其转变成国民议会之后，议员应表达公意的观念便确立了起来。这样一来，在颇为赏识公意的话语中，肯定能看到卢梭主义的遗产了。

根据传统的看法，三级会议承载着人民和王国的"心愿"（vœu）。人们可以表达某种心愿，人们也可以让人聆听，但仅仅获得部分的满足。如果人民表达的不是"心愿"而是"意志"（volonté），那么唯一需要完成的任务就是执行这一意志。在这个意义上，可以说那种意味着行政权严格服从立法权的革命见解反映了卢梭主义的某种影响。但是仍然要指出的是，这种影响主要是通过口号和简明的观念（如公意、主权者）为中介、而不是通过各种概念的精确表达而实现的。这一点在圣茹斯特那里看得很清楚。他想证明，1791年宪法尽管碰到了各种反对意见，因而不是"公意之表达",但它仍然是合法的:"卢梭在指出公意具有不可转达、不可让渡和永恒性的特征的时候,"他在1791年写道,"其实只说了半截儿话。公意还应当是公正的、合乎理性的。如果人民自己对自己施行暴政,这就像他们受他人的暴政统治一样,同样是一种犯罪……"这里圣茹斯特是在指责卢梭,认为他没有说明,人民的意志若要真正有效就必须是"公正和合乎理性的"。然而,卢梭在《社会契约论》中用了整整一章来论述何以公意不可能是不公正的;他全部的论证都是为了表明,人民不可能自己对自己实行暴政。因此圣茹斯特完全误解了卢梭,他显然没有看到公意理论的一个关键要点。他的这段文字还有更引人注目之处:他强调人们无需考虑那种"向邪恶妥协的"意志,这种观念在卢梭那里是找不到的,它是这位未来的山岳派领导人的发明。这个观念后来被用来论证雅各宾独裁的合理性。当然,人们可以认为,卢梭的某些说法已经对此有所暗示。但是,圣茹斯特并没有看到这一点,他恰恰谴责卢梭没有此类的说法。这些证据表明,不应该高估卢梭政治理论的具体内容对革命者的影响。通常的情况是,革命者只是在卢梭的理论中读到了公意是一切权力之源的原则。

那么,是否应该把1792—1794年出现的直接民主的诉求和实践,视为卢梭理论的真正运用呢?毫无疑问,在这个问题上,卢梭的思想扮演着重要角色。在1789—1790年,像卢斯塔洛(Loustalot)这样的大众报人和福歇这样人气很高的会议演讲者,都在使用《社会契约论》的文本来证明,人民的主权不能让渡,公民的角色不能仅限于选举代表并任由后者统治他们。但是,要准确评估卢梭贡献的性质,还应该考虑不可让渡的人民主权具体表现出的诉求和实践。

在民众激进派那里，主权的不可让渡性首先表现在他们批准代表们提出的法律的权利要求上。批准法律的应该是人民，代表们只是负责将法律交由人民批准。人们经常援引《社会契约论》中的话："任何法律未经人民亲自批准都是无效的，就不成其为法律。"1793年的宪法认可了人民批准法律的原则。这样的制度无疑可以在卢梭的思想中找到源头。但实际上，卢梭明确说过，法律的提出不是由公民自己完成的，法律的提案权只属于政府。当然，这个说法乍看起来与严格的人民自治原则难以调和。另外，卢梭阐述的民主事实上是公民投票类型的民主。1793年的革命者仅仅是把卢梭授予政府的权利转移给了议员们，这项权利就是行政权，但政治原则仍然一样。可以说，卢梭主义的确给大革命带来了一种具体明确的制度观念，即人民批准法律。但是，1793年宪法在通过后不久就被搁置了，以致这一卢梭主义的真正遗产根本没有得以实施。

对于民众激进派来说，人民主权意味着持续监督代表、随时撤换代表的权利；所以无套裤汉强调街区机构（sections）的常设性意义就在于此。当常设性于1793年9月被取缔时，无套裤汉就组成了街区协会，以便每天聚会讨论议会的决议。在这场运动的领导者看来，持续监督代表们的诉求可以从卢梭那里找到依据，他们还引述卢梭的话："意志是不能被代表的。"对无套裤汉来说，代表们就是人民的"受托人"。不过，这些说法并不能引出这样的结论：无套裤汉所要求的人民监督的形式和程序来源于卢梭的思想。《关于波兰政府的思考》所宣扬的，是完全以强制委托权实践为基础的对代表们的监督。然而，无套裤汉不仅没有继承强制委托权的观念，而且，他们提出的具体要求是基于另一种完全不同的代表制观念。如果说监督应该是**持续的**（constante），撤换应该是**自由裁量的**（discrétionnaire），那实际上是因为，选出的代表并不被认为是某种已然明确表达了的意志的承载者。人民的意志不是在代表制之前就已经存在的，人民所要做的仅仅是每次通过的决议符合它的想法。提出的相关程序因而就是一种制衡机制，以平衡代表们不言明地被认可的自由决定权。因此我们可以借用 A.索布尔的说法，无套裤汉"没有从形式上继承强制委托权理论"，而是提出了一套本质上相当于这种理论的具体程序。实际上，人民对代表们持续的监督和压力来自一种与卢梭捍卫的观念完全不同的代表制观念。

雅各宾首领们的观念更加符合卢梭的学说吗？罗伯斯庇尔在演讲中几次引用过卢梭。他自己也没有采用强制委托权理论，但他利用卢梭来向代表们证明，他们所能具有的只能是人民的意志。实际上，这一切对于罗伯斯庇尔都只是一种政治上的机会主义。在 1789 年秋关于国王否决权的辩论中，他和西耶斯一样，反对越过代表们的意志而求助于人民的想法。在当时，这样的制度会增强国王的权力。在 1791 年 8 月关于修订宪法的议会辩论中，图赖坚持认为，人民只能通过代表行使其权力，这时罗伯斯庇尔引用卢梭和《社会契约论》来驳斥图赖，当时他的目标是要打击斐扬派。1793 年春，当吉伦特派和山岳派的冲突进入高潮时，罗伯斯庇尔再次引用卢梭的代表制理论，这次他试图以人民政府为依据推翻吉伦特派。不过，几周之后，当吉伦特派被清除后，他又捍卫起代表制的权利了。"人民大众不能自己统治自己……人民所能要求的一切，就是国民公会在革命的方向上前进；而它现在正在这个方向上前进。"1794年2月，在民众运动被镇压之后，罗伯斯庇尔又宣布："民主根本不是人民长期聚会以自行解决所有公共事务的状态。"所以，每当罗伯斯庇尔觉得议会不在"革命的方向上前进"时，他就会援引卢梭对于代表制的不信任。而当议会有了正确的方向，权力掌握在正确的统治者手中时，卢梭主义就消失了，他转而强调代表制的必要性。

至于管制经济、税收和征调制度，雅各宾派首领和民众运动的领导人显然也不是在卢梭那里发现此类观念的。卢梭极少对商业和财产流通造成的问题发表看法，因为他的理想是最大限度地限制交换和商业。在经济问题上，卢梭勾勒的社会基本是由独立的小生产者构成，他们尽可能地靠自己的产品生活。他认为，财产权应尽可能地平等，不过，一旦社会以这种平等基础构建起来，他又认为必须尊重财产权。"确实，"他在《论政治经济学》中写道，"财产权是所有公民权利中最神圣的权利，在某些方面甚至比自由本身还更重要。"诚然，《论人类不平等的起源和基础》提出，财产权的出现是社会苦难的源泉，但在任何此类规范性著作中，他都没有提出废除财产权或回到自然状态。相反，他的方案是对财产权进行平等化，限制商业，以达到一种虽然存在财产权但它不至于产生堕落效应的状态。

况且，在涉及税收和征调的经济辩论中，卢梭的名字和观念都没有被提及。雅各宾首领们使用的主要论点是"生存权"。

1792年12月,罗伯斯庇尔宣布:"首要的社会立法是保障所有社会成员享有生存手段的法律;所有其他立法都服从于这一法律;财产权的确立和保障都只是为了巩固这一立法;人之所以有财产权,首先是为了生存。"这种生存权概念在无套裤汉中深受欢迎。但卢梭没有在任何文字中提出过这一概念。人们当然可以说,它是内涵于卢梭的整个著作中的,但卢梭提出的让所有人获得生存手段的方案,是让所有公民都成为有产者,而不是在一种存在完全没有任何财产的不幸者的制度中实行经济管制手段。生存权概念也被用来论证共和二年实行的救助政策。1793年4月,罗伯斯庇尔提议,在已经并入宪法的《人权宣言》中写入这样一项原则:社会有责任"向其所有成员提供生存手段,或者是为他们提供工作,或者保障所有没有工作能力之人的生活"。1793年的《人权宣言》承认,"公共救助是一项神圣的责任"。我们可以再一次指出,国家应该救助不幸者的原则并非来自卢梭。卢梭的方案是确保每个人都有一笔财产以使他们自立。当然这是不够的,因为总会存在无劳动能力者,卢梭也意识到了这一点。但在《关于波兰政府的思考》中,他提出的建议是,救助应该由最富有的公民通过自愿捐赠来保证:这是以慈善为基础的,而不是基于国家责任。卢梭的方针仍然在于实现财产权的平等化。对财产权平等的向往也在无套裤汉的思想观念中扮演着重要角色,他们乐于引用《社会契约论》中的话,如"只有当所有人都有一些财产但没有人拥有过多的财产时,社会状态才是对人有利的",而且他们显然更愿意接受卢梭的影响而不是雅各宾首领们的话。后者坚决拒绝任何关于农业法的愿景,认为这是"骗子们编造出来吓唬笨蛋的虚幻幽灵",他们还反对财产封顶的想法。不可否认,雅各宾派的某些决定的确表现出某种对财产进行分配和平等化的意愿,人们似乎可以视之为卢梭主义的遗产:如以小份形式出售国有财产,设立强制性的遗产均分继承法,以及风月法令。但我们并不能说,这些措施构成雅各宾派经济社会政策的核心。

有些人认为,总体而言,"救国委员会的独裁"或"革命政府"可以视为卢梭政治理论的推论,尤其是卢梭描述的完全让渡的契约理论的推论;但他们忽视了一个明显的事实:当雅各宾派首领在议会为这种政府形式辩护时,他们**从来没有**引用过卢梭和他的社会契约理论。罗伯斯庇尔甚至在1793年12月宣布:"革命政府的理论就像产生它的革命一样,是全新的东西。不应该在那些丝毫没有预见到这场革命的政治作者的书中去寻找这种理论。"人们当然可以争辩,"革命政府"和个人权利对被宣告出来的公意的绝对服从,**本来有可能**借助《社会契约论》来加以论证。但事实上并没有。罗伯斯庇尔和圣茹斯特曾在其他场合引用过卢梭。如果他们认为在这个具体问题上可以以卢梭的权威为依据,那他们为什么不提及卢梭呢?如果考察一下他们关于革命政府演讲的具体内容,就会理解这种沉默。他们不是在庞杂纠结的完全让渡理论中寻找论据,而是在一种老生常谈的简单主题中打转,这主题是关于敌人的,人们要带着一整套的想象、带着热情去和敌人作战。显然,这并不是说,恐怖是战争和时局的"客观"产物。表象(观念)和心态在这里起了关键作用。如果人们想要理解究竟是什么使得救国委员会的独裁成为可能,并且愿意去关注那些支持独裁的人,那就应该将目光转向战争和敌人所构建的心态模式,而不是关注《社会契约论》。

此外,人们还可以指出,恐怖作为事实和制度,是基于一种双重原则:将政治对手当敌人来对待,但缺少对敌人的明确界定。每一次都是政府来划定公民与非人民的界限,前者属于人民,有权享受法律的保护,后者是"不能被接纳的敌人,送给他们的只有铅弹"。敌人可以依次是王党分子,囤积居奇者,忿激派,埃贝尔派,温和派,最后是所有"坏分子"。本质而言,恐怖是一种排斥制度,在这一制度中,分界线完全是流动的,它任由统治者操控。西耶斯在某种意义上可能是完全的"自由派",但是,当他将敌人的意象移入国内政治生活时,他可能就打开了大革命的潘多拉盒子。但这并不是卢梭的遗产。当罗伯斯庇尔宣布革命政府的源头不在启蒙哲人们的著作中时,人们应该相信他。

这一切是否意味着卢梭的思想对法国大革命毫无影响呢?远不是这样,因为大革命不能归结为反贵族的狂热和人民与敌人之边界的反复界定。革命心态中的其他重要因素是带有卢梭主义的印记的。此外,虽然卢梭的作品没有提供决定性的政治技术或程序,但它对某种精神状态的塑造是有贡献的。卢梭不是大革命的"立法者",但他对大革命施加了某种可被称作意见权威(magistère d'opinion)的影响力。

因为除了严格意义上的政治理论,使他成为广泛认可的权威的是他的那些道德著作。在《新爱洛漪丝》中,他在18世纪的"腐败"面前为家庭和婚姻美德恢复了名誉。在克拉朗看来,孕育幸福的是美德。在《爱弥儿》中,卢梭描绘了一种尊重孩子自发成长的"自然教育"。在《爱弥儿》提出的建议中,有两个看来特别触动人心:母亲应该亲自哺育孩子,不应该将婴儿包在襁褓中。孔多塞在1774年写道:"孩子们的身体之所以不再受紧身褡的束缚,他们的精神之所以不再受各种教条的重压,他们人生的头几年之所以能减轻奴役和桎梏,这都应该归功于卢梭……"卢梭是风习的革新者,他"让母亲回到了自己的本分中"(奶孩子),他将孩子从襁褓的"野蛮"束缚下解放出来:这个形象在大革命开始之后依然保留着;在大革命期间大部分献给卢梭的颂词中,我们都能看到这个形象。

不过,革命者在提到卢梭在风俗再生中的作用时,他们视之为政治再生的序曲。《爱弥儿》改变了养育孩子的方式,但这种改变被认为是革命**观念**本身的首次表达:人们可以摒弃过去的一切习俗,与各种成规断绝联系,以事物真正的本质为基础建立某种秩序。另外,《爱弥儿》还展现了变革和决裂观念的彻底性。卢梭这样写道:"人们不停地对我说,应该提议做可行之事。这就好比对我说,应该提议去做我们已经在做的事情,或至少建议某种可与现存的恶相容的善……父亲和母亲们,可行的事情就是你们想要做的事情。"最好以全新的方式去建设而不是纠正旧的东西,这种思想是法国的一种传统,我们可以在笛卡尔那里找到。但卢梭,尤其是《爱弥儿》,大大推动了这一思想在道德领域的有效性的确立,并进而推动它进入普遍的行为领域。不过这种被运用到政治事务中的思想,给整个法国大革命打上了印记。这一点当然是卢梭主义的遗产。

另外,虽说代议制政府的建立违反了卢梭的明确规定,但很多代议制的拥护者自认为与卢梭是一致的，并且把确立新政府制度之原则的光荣归于卢梭。当然，我们可以认为这见证了革命者对卢梭的误读。但我们应该试着理解，究竟是什么导致了这种解读。在代表制政府中，他们首先看到的是各种意志之间平等的结果。由于个人的意志根本而言是平等的，从本质上说，任何人都无权将自己的意志强加于别人，即统治别人，如果他没有被授予其他平等人的意志的话。在代表制支持者的文字和言论中，这就是最常见的论证代表制合理性的推理方式。当然，代表制政府在统治者与被统治者之间引入了某种区分，但这不是本质上的区分。统治者并不是根据其本质或其独特的品质（如他们的才智）而占据其位置，而仅仅是因为本质上与其平等和一致的个人对他们的授权。所以，归根结底，代表制建立在统治者与被统治者本质上（或性质上）平等和一致的基础之上，尽管这一制度在二者之间维持着某种角色和位置的区分。《社会契约论》描述的是一种被统治者**就是**统治者的结构，这两个术语是完全合一的；这就可以理解，何以从制宪议会到热月党人的国民公会，大革命都始终自称是卢梭的继承人：没有人民的授权，任何人都不能统治，正是这个原则将所有革命思潮聚合在了一起。

　　主权不可分割的观念也是如此。"意志要么是普遍的，要么不是：它或者是全体人民的意志，或者只是一部分人的意志。"卢梭曾这样说。在这一原则对革命者的影响中，人们不无道理地发现，这是历届革命议会始终拒绝任何形式的权力平衡、任何制衡和制约制度的原因之一。但重要的是看清楚卢梭的影响力究竟体现在哪里。主权不可分割的观念并非卢梭的发明。法国君主制的整个绝对主义传统都在这一原则的统率之下：只存在单一的最高权力，即国王的权力，其他的一切权力都服从于他。在法国，是绝对君主制确立了主权只有**唯一**的位置的观念和事实的。所以，卢梭主义留给大革命的遗产严格来说不是主权不可分割的观念。卢梭确立的是人民的**单一性**的观念，它像个人一样，只有一个意志。但这一观念绝不是显明的。像其他思想者一样，我们完全可以把人民看成由相互冲突的个人构成的无序的群体，或者把人民视为一个因各种观念或利益分歧而分裂的整体。卢梭比任何人都更强调人民本质上是个单一的整体，或者可以成为这样的整体，他将人民定义为具有意志的主体；这样一来，他就毋庸置疑地在思想上促成了大革命兑现的一个关键措施的可行性和可接受性：这就是将表达人民意志的人安排在了从前由国王占据的位置上。

另外，虽说卢梭不是带有反贵族狂热的理论家，他的作品中弥漫的全面的平等主义，还是在人们的脑海中打下了烙印。他对舆论的影响，很大程度上在于他为平等主义带来了有血有肉的具体形象。卢梭不仅限于对平等进行理论化，而是要将把平等展现出来。在《爱弥儿》中，他选择教学生学习细木工手艺，而细木工爱弥儿的形象是革命者们经常提到的。除了作品，卢梭的人格和生平看来也是平等主义的化身。他是仅凭才华而上升到伟人层次的平民之子。伏尔泰获取了巨额的财富，但让－雅克生活简朴，他拒绝了束缚其自由的年金，尽管年金会带来安逸；他还为生活所迫而毫不犹豫地给人抄写乐谱。他从来不否认自己出身低微，在埃默农维尔的最后几年中，他在农民的乡间活得很惬意。这些特征构成了一个品德高尚的谦卑的平民卢梭的形象。多少经过传说而变形的生平事迹在这里具有了某种政治价值。在关于银马克（marc d'argent）的辩论中，包括罗伯斯庇尔在内的好几个演讲者都引用卢梭，反对将被选举权仅仅保留给缴纳一个银马克税收的公民。他们很乐于强调这一点：按这个条件，卢梭也要被排除在外。

卢梭对雅各宾领导人，尤其是对罗伯斯庇尔所产生的独特影响，同样在于这种糅杂着形象和观念的云团，这个云团将政治和道德、将卢梭的生平和他的理论融汇成一体。在罗伯斯庇尔的言论和著作中，对卢梭的引用经常是与善良的人民的观念、应该对人民怀有热爱的观念联系在一起的。"我想对你们说，"他在《宪法辩护者》中写道，"从此我就懂得了让－雅克（卢梭）阐发的这个伟大的道德和政治真理，懂得人从来都只会热爱那些也爱他们的人；唯有人民是善良、公正、宽厚的，腐败和残暴完全是那些蔑视人民的人的专属品。"1792年，他在雅各宾俱乐部的一次演说中宣布："没有谁像卢梭这样，为我们提供了如此公正的关于人民的思想，因为没有人像他这样热爱人民。"但是，我们不能从人民是善良的、应该热爱人民这样的观念中引出某种政策或具体的制度。在这里，情感和意象所起的作用要大于政治概念和政治技术。

与卢梭联系在一起的形象看来还与严厉的美德共和国的观念相关。斯巴达和罗马共和国的形象让雅各宾领导人非常着迷，而卢梭的作品显然与这些形象所具有的诱惑力并不相悖。但关键是要看清卢梭对这一理想形象的传播所做出的真正贡献。共和国要求美德，要为公共利益牺牲个人利益，这种观念在18世纪的政治思想中实际上是个经典认识。在革命者中像卢梭一样知名的其他人物，同样阐述过类似的观念，尤其是马布利，还有孟德斯鸠。罗伯斯庇尔自己也将美德观念与孟德斯鸠联系在一起。卢梭本人的贡献主要在于，他通过美德一词的使用，将古典共和美德与善良结合在了一起。斯巴达和罗马的美德形象来自坚定与克己，甚至来自对公共事业的严格的忠诚。但对于卢梭，美德还意味着私人品德中的善良、感性和温柔。在卢梭那里，美德同时具有穆修斯·斯凯沃拉（Mucius Scaevola）和朱莉（Julie）的特质。① 卢梭没有对这两方面的关系发表明确的评论，但它们之间弥撒性的交融赋予了斯巴达美德以主体性和情感方面的魅力。这一点可能在18世纪美德共和国理想赢得的好感中扮演了关键的角色。私人品德中的温柔和为公共福利而斗争的坚定意志之间的结合，是1793—1794年雅各宾首领和无套裤汉鲜明的心态特征。按圣茹斯特的说法，"革命者"是这两种特征的结合："虽然他对坏人毫不妥协，但他富有同情心，他十分关心祖国的荣誉，对此不会有任何的马虎；他深知，革命如要稳固，就必须以从前坏人的坚定去向善……马拉在家中是温和的，他只让叛徒感到恐惧……J.-J. 卢梭是革命者，但也绝不是蛮横无理之人。"私人品德与公共美德之间没有区分，这是革命心态的一个特征，也肯定是卢梭主义的产物之一。

《社会契约论》并不构成大革命的纲领，因为革命者没有追随卢梭的具体描述，但他们在书中尤其能发现关于人性、社会和

---

① 斯凯沃拉是古罗马的英雄，朱莉是卢梭的著作《爱弥儿》中的人物。

历史的意象和一般性原则。另外，思想著作和具体行动之间的关系，在这里并不必然遵循某种线性的时间模式，即事先拟好的方案随后就会实施。拉卡纳尔已经看清楚了这一点：他在关于卢梭迁葬先贤祠的报告中称，远不是《社会契约论》指引大革命，"可以说是大革命向我们阐释了《社会契约论》"。卢梭的作品为革命者提供了一个工具，使他们可以命名和思考新的事实，在这些新事实中，历史向他们展示了自己在事实中的定位，并赋予他们的行动以意义。三级会议的召开并不符合卢梭的思想，但公意的观念——不管它在人们脑海中是何等模糊——还是把代表们推入一个前所未有的思想状态，并可以命名使他们获得合法性的实体。对于那些在1792—1793年重申"公意不能被代表"的人来说，卢梭提供了思考和论证某种现实局面——人民对议会施压的局面——的工具。这些话语和普遍原则一旦被采用，就会左右代议机构，进而左右行动者的决策。它们有助于厘清思考与可行性的分界线，但它们并不能带来确定性的解决方案。

因此，卢梭对革命心态的影响首先是通过某些十分宽泛的观念和原则为中介而产生的。这些原则和观念当然不是空洞的，它们能与某些具体的政治方案相协调。但它们相对来说缺乏明确性，这是它们具有诱惑力的决定性要素。尤其重要的是，卢梭将它们融入具体形象中，后者让这类观念和原则有了更为切近的可感知性。可以确定地说，革命者在卢梭那里找到了某些政策的**灵感**，但不是政治和宪制技术。卢梭的奇妙处境在于，他的作品之中毕竟包含着此类技术因素。这一点可以解释何以人们会误解他的影响的性质。美国的革命者和制宪会议成员曾在孟德斯鸠那里发现分权和权力制衡的观念。在另一种迥然不同的语境中，未来的社会主义革命也将在马克思那里汲取它们要付诸实践的观念：生产资料的集体所有制和无产阶级专政。卢梭和法国大革命的关系却不能以这样的方式来思考。另外，大革命的两个基本特征——将特权者排除出集体之外的原则，以及不断地重新划定人民与其敌人的界限——都不能归结为卢梭的影响。

贝尔纳·马南

延伸阅读

Œuvres de Rousseau 卢梭及有关卢梭的著作：

Œuvres complètes, 4 vol., Paris, La Pléiade, 1959-1969.

ANTRAIGUES, Emmanuel-Louis-Henri DE LAUNAY, comte D'. *Mémoire sur les Etats généraux, leurs droits et la manière de les convoquer*, s.l., 1788.

ANTRAIGUES, Emmanuel-Louis-Henri DE LAUNAY, comte D'. *Mémoire sur les mandats impératifs*, Versailles, s.d.

ANTRAIGUES, Emmanuel-Louis-Henri DE LAUNAY, comte D'. *Mémoire sur la constitution des Etats de la province du Languedoc...*, imprimé en Vivarais, s.d.

BARNY, Roger. *J.-J. Rousseau dans la Révolution française 1787-1791*, thèse en vue du doctorat d'Etat, 5 vol., Université de Paris X-Nanterre, 1976.

CONDORCET, Marie-Jean-Antoine-Nicolas DE CARITAT, marquis DE. *Lettres d'un théologien à l'auteur du dictionnaire des trois siècles* (1774), in *Œuvres*, éd. établie par François Arago et Arthur Condorcet-O'Connor, 12 vol., Paris, 1847-1849, t.5.

LAKANAL, Joseph. *Rapport sur J.-J. Rousseau fait au nom du Comité d'instruction publique* (29 fructidor an II, 15 sept. 1794), Paris, 1794.

MacDonald, Joan. *Rousseau and the French Revolution 1762-1791*, Londres, University of London, The Athlone Press, 1965.

Mercier, Louis-Sébastien. *De Jean-Jacques Rousseau considéré comme un des premiers auteurs de la Révolution*, 2 vol., Paris, 1791.

Pétition à l'Assemblée nationale concernant demande de la translation des cendres de J.-J. Rousseau au Panthéon français (27 août 1791), Paris, 1791.

Robespierre, Maximilien. *Le Défenseur de la constitution*, n° 1, in *Œuvres*, 10 vol., Paris, Presses universitaires de France, 1960-1967, t.4.

Robespierre, Maximilien. Discours, in *Œuvres* (tomaison entre parenthèses): sept. 1789 contre le veto royal (6); avril 1791 sur le marc d'argent (non prononcé) (7); 10 août 1791 (7); 2 janv. 1792 (8); 2 déc. 1792 (9); 25 févr. 1793 (9); 21 avril 1793 (9); 10 mai 1793 (9); 14 juin 1793 (9); 25 déc. 1793 (10); 17 pluviôse an II (5 févr. 1794) (10); 18 floréal an II (7 mai 1794) (10).

Roussel, Jean. *J.-J. Rousseau en France après la Révolution 1795-1830*, Paris, Armand Colin, 1972.

Saint-Just, Louis-Antoine de. *Esprit de la Révolution et de la constitution de la France* (1791), in *Œuvres*, Paris, G. Lebovici, 1984.

Saint-Just, Louis-Antoine de. Rapports, in *Œuvres*: 10 oct. 1793; 8 ventôse an II (26 févr. 1794); 11 germinal an II (31 mars 1794); 26 germinal an II (15 avril 1794).

Sieyès, Emmanuel. *Qu'est-ce que le Tiers État?* (1789), précédé de l'*Essai sur les privilèges* (1788), Paris, 1888.

Sœyès, Emmanuel. *Qu'est-ce que le Tiers État?*, rééd. avec une préface de Jean-Denis Bredin, Paris, Flammarion, coll. «Champs», 1988.

Sieyès, Emmanuel. [Fragments sur Rousseau], in Charles-Augustin Sainte-Beuve, «Etude sur Sieyès», *Causeries du lundi*, 3ᵉ éd., Paris, 1851, t.5.

Soboul, Albert. *Les Sans-Culottes parisiens en l'an II. Histoire politique et sociale des sections de Paris, 2 juin 1793-9 thermidor an II*, La Roche-sur-Yon, H. Potier, 1958 (aussi Paris, Clavreuil, 1958; rééd. 1962, avec sous-titre *Mouvement populaire et gouvernement révolutionnaire*).

Soboul, Albert. «Classes populaires et rousseauisme sous la Révolution», *Annales historiques de la Révolution française*, 1962.

SOBOUL, Albert. «J.-J. Rousseau et le jacobinisme», *Études sur le «Contrat social» de J.-J. Rousseau*, Publications de l'Université de Dijon, n° 30, Paris, Les Belles Lettres, 1964.

STAEL, Germaine DE. *Lettres sur les ouvrages et le caractère de J.-J. Rousseau*, Paris, 1789.

TRÉNARD, Louis. «La diffusion du "Contrat social"», *Études sur le «Contrat social» de J.-J. Rousseau* (voir Soboul).

参见条目

民主（Démocratie）

平等（Égalité）

革命政府（Gouvernement révolutionnaire）

雅各宾主义（Jacobinisme）

孟德斯鸠（Montesquieu）

再生（Régénération）

共和国（République）

罗伯斯庇尔（Robespierre）

圣茹斯特（Saint-Just）

无套裤汉（Sans-culottes）

西耶斯（Sieyès）

主权（Souveraineté）

选举制度（Suffrage）

主权
Souveraineté

483 民族主权原则是法国大革命的核心，这一点几乎不需要强调了。这个原则的创立及实施是通过国王的绝对主权向民族转移而实现的，这个自明之理却应该复述并加以探讨。

在法国大革命中，很多问题应是来自以民族的名义提出主权概念这一事实所包含的概念上和政治上的难题，因为主权观念是在宗教战争的动荡之后的两个世纪中，以绝对君主制的名义阐发出来的，而且，宗教战争已经促使博丹对这一观念提出了最早的现代阐述版本。

像博丹批驳的反君权论者的学说一样，他的主权理论也是以某种模糊的宪法传统中的概念前提为基础的。多个世纪以来，法国的宪制理论家们都在强调这个事实：君主作为自己领地内的皇帝，已经被授予**全权**（plenitudo potestatis）；但他们也都指

484 出，这种绝对权力因为神法和自然法，因为习惯和法律程序，从而因为王国的宪法（constitution）而受到限制。在宗教战争引发的激烈争辩中，问题并不是要知道王权是否有限制，而是在这

些限制面前,君主是否要向另一个人类权力负责。在博丹看来,反君权派的合法抵抗学说必然导致对混乱的恐惧,正是这种恐惧促使博丹提出,为了维持社会秩序,就必须有一个至高无上的意志发挥效力。他强调说,这种意志若要至高无上就必须是单一的(unitaire)。而意志如要成为单一的,就必须是持久和不可分割的,因而也是不可让渡的和绝对的;因此,这种意志就独立于任何他人的裁决和命令:主权者(souverain)是不能用法律来审判的;先前存在的法律不能束缚他行使其立法意愿的自由——这是主权权力(puissance souveraine)的终极特征,博丹认为,这一特征的根源就深深镌刻在关于法国国王的传统法律格言之中:"因为这是朕的意愿"(car tel est notre plaisir)。

作为"一个国家的绝对和恒久的权力",即博丹所认为的主权,在理论上可以为一个君主行使,也可以被一个统治阶级或全体人民行使。但《国家论六篇》的目标是要证明,主权只有在真正的君主制中才有效。集体性的——无论是所有人还是一群人——主权权威绝没有主权者权威所不可或缺的统一性(unité)。这种意志的统一性只能在"超越所有臣民的君主"个人身上才能得到完满实现,这种君主的"权威(majesté)将不会被分割"。博丹否认臣民有给君主设限以制约其主权行使的权利,但他并不否认这种限制的存在。作为神在尘世的代理人,君主服从神的法律。作为按章设立的权威的持有者,他还服从规范王位继承、规定王室产业不可让渡的基本法。因此,当他合法行使自己的主权时,他就服从自然法,服从一个贵族制社会秩序中人们所要求遵守的那些原则,首先是尊重臣民的自由和财产权。

实际上，这个社会的基本性质就在于，它是由众多的等级和阶层、社区和团体、省份和地方构成的。这一点是博丹的基本假设，也是君主主权论者的基本假设。因此，确定公共利益的主权就是在众多阶层和等级之中建立秩序和统一。没有主权，它们就不能维系。在绝对君主制的理论中，社会被想象成各不相同的团体的集合体，所以主权的秩序化功能至关重要。换言之，实际的立法权——设立法律或任意修改法律的权利——的确是主权的标志，但人们认为，主权的实施只是在相对狭隘的政府职能范围之内，而且，政府职能就是在已然形成的社会秩序内部维持人和事物的合法组织状态。从这个意义上说，国家是个消极的实体——为了维持和维护良好的社会秩序——，而不是最高立法意志的能动性的表达。至于政府，则基本是司法性质的：确保在众多的团体、等级和阶层中赋予每个人应得的东西，无论是他的权利、责任还是特权，都在事物的传统秩序之内。

因此，绝对君主制的早期理论家尽管对法国的宪制传统有所改造，但他们的主权学说并未摆脱其宗教、哲学和法学前提。绝对君主制仍然包裹在某种玄学、宪制和法学秩序之内，而且它的职责就是要人尊重这个秩序；主权从根本上说也受这一秩序的各种前提的限制。但是，路易十四亲政后，主权权力开始抽离出这一法律秩序，尽管理论上说它就是为维持这一秩序而产生的。主权权力没有以任何方式质疑这种秩序，但它开始与之疏离。用现代话语来说，国家（作为权力的代理者）开始与社会分离了。

博须埃完美地揭示了这一过程。他的《根据圣经圣言论政治》

(*Politique tirée des propres paroles de l'Ecriture sainte*)背离了法国的宪法传统，从而与博丹形成鲜明对照。在博须埃关于绝对君主制的辩护词中，圣经的历史取代法国君主制的历史，成为政治辩论的特选领域；圣经的权威代替了宪制史中的先例、抽象理性和法律根据。这样一来，与宪法传统脱钩的君主主权就只能不断提高调门。一方面，博须埃对王权的神圣性进行了激进化的处理，进而强化了王权在已建构的社会世界面前的独立性。人们不再满足于将国王说成上帝的助手："他们就是神，并以某种方式分享了神圣的独立性。"另一方面，博须埃还特别强调，社会秩序和政治统一只有通过君主个人才存在，它们全都源自他的意志。"当众人被某一个人或某个人格代表时，多数的人就成为单数的人。"霍布斯在《利维坦》中这样说。人民只有在臣服于主权者这一行动中才成为一体。国王是主权者，因为国家仅仅存在于他个人，并通过他个人而存在；他是唯一真正具有公共人格的人；他是唯一真正具有公共意志的人："整个国家都寄托于他，全体人民的意志都聚合于他的意志之中。"

与这种变化相呼应的是君主制的庄严表现形式中的变化。国王入城仪式（entrées royales）将国王视为某种复杂的法律秩序中的一个元素，并强调王权和王国是相互定义的，这是对王权的宪法限制。路易十四抛弃了这种仪式，转而发展一种宫廷礼仪，这就宣告一种新的政治空间的诞生，而这种空间是直接来自国王本人的。过去的国王是社会秩序的代表者和其法律原则的担保人（他自己也是这种秩序的构成要素之一），如今则强调社会秩序出自国王，他是真正的源泉。国王不再用进入他的城市的方式来彰显君主与臣民之间的相互责任；此后，发自宫廷的命令就传遍整个王国，人们到处唱着庄严的感恩曲以歌颂国王的军功。

不过，这种军事成功之所以有可能，仅仅是因为王权动员社会资源为国家服务的能力增强了。一系列的改革促使司法政府让位于行政政府：例如，外省督办（intendant）的制度化，这些人现在就像凡尔赛的大臣一样，并且在凡尔赛有正规的办公室；此前例外性质的应急税收措施转变成有组织的社会生活中常态性的义务；设立削弱地方和个人特权的新征税机制；以集中化的管理取代各地的参与式做法。在这一新行政制度的核心，最根本的是战争和社会幸福之间、课税和不可课征之间的关系。正如税款收入取决于人民的支付能力，战争组织也取决于行政机构缔造繁荣的能力。为了动员社会资源，政府就必须将这种资源最大化。

这样一来，督办及其助理的职能就不仅限于抽取当地的资源；他们还应设法扩大资源，为此就要改进农业生产，鼓励工商业发展，修建道路和运河：总之，要增进繁荣和社会幸福。由于目标发生了一次典型的错位，目的和手段之间的关系在18世纪被颠倒了。国民财富不再是战争的手段，它本身就成为一种目的。这就产生一种新的行政伦理，这种伦理不再将最初的司法职能，即维护作为消极实体的国家的职能，放在政府工作的中心，而是将最高行政权威扩展到公共利益领域。在这种背景下，主权作为积极的立法权的定义也改变了。启蒙哲学逐渐发展出一种普遍幸福论的观念。根据这种观念，君主可在需要时重组传统社会，甚至可以改造一个根据等级、特权和个体主义原则组织起来的王国，将它变成一个整合了各种有用公民的共同体。主权权力不再仅仅是从内部维护社会秩序，它还要从外部对社会采取行动。

在18世纪，这种发展趋势在旧制度政治文化中埋下了深刻的矛盾，这反映在两类精英之间日益频繁的冲突之中，一类是大臣和督办组成的新的行政精英，另一类是更为古老的司法官员精英。这些冲突促成某种反抗绝对君主制的话语的出现：绝对主义被等同于专制，国王的行政被等同于"大臣专制"。

在这之后，社会秩序如何才能重新与主权权力合二为一？这个难题主宰了旧制度最后几十年的政治生活，人们也提出了各种不同形式的政治话语作为解决方案。第一种，也是流传最广的一种，就是召唤16世纪以来逐渐消逝的法国传统宪法中的观念资源，它再次强调民族应成为一个具有政治身份和集体权利的历史实体。在18世纪50年代及随后的日子里，绝对君主制不止一次地被召到历史、法学和宪法辩论的审判席上。由勒佩奇（Le Paige）率先重新打开的"民族权利"的历史武器库，为一系列的政治论战提供了主要的意识形态武器：从18世纪50—60年代日益激进的高等法院的抗辩，到18世纪70年代初的反莫普的小册子，再到革命前夕的反内阁宣传。这种话语倾向于对法官的角色做更具政治色彩的论证，将他们视为民族在立法领域内的同意权的象征，但最后它通向了对全国三级会议的要求，并认为这是民族意志唯一和最终的制度化表达。这样，主权一下子被视为源自民族实体；主权的行使通过国王与民族之间的契约而交给某位君主，他在行使主权时须服从这一契约的规定，当他不遵守契约条款时，民族可以对其进行检举。这基本上是一种消极的、防御性的民族主权论，但它必然要将国王的政治身份（因而也是他的主权）所占有的位置腾给民族。对民族作为历史和政治角色的重申，已经以最醒目的方式呈现在三级会议召开前夕的小册子文献中了。

490　　当然，卢梭坚持一种非常不同的话语。他摒弃历史事实和法学理由，将传统的等级－阶层社会瓦解为众多的个人，以便以分析的方法将法律面前平等的公民重构为一个政治共同体。对于卢梭，正如对于霍布斯，这一从多数到统一的转变只能通过所有个人对唯一人格的绝对和不可撤销的服从才能实现。卢梭认为，"最严格的民主制和最彻底的霍布斯主义之间"不可能有任何"可以忍受的折中"，但他不是把这种人格放在某个君主的自然人格之中，而是放在全体公民构成的集体人格中。这就产生了社会契约的形式，契约中的每个人都将自己交付给所有人，个人同时以整体之成员的身份行动以接纳所有其他人。

因此，《社会契约论》把论述绝对君主制及其所有属性的理论家们阐发的主权，从国王这一自然人转移到了人民这一抽象的集体人格那里。在卢梭的学说中，正如在君主制理论家的学说中，主权是不可分割和不可让渡的：当它被委托、被代表时，与它合为一体的人格之统一就不能不被摧毁。这在理论上产生了对代表制的拒斥，拒斥的力度与对绝对君主制的否定比起来也不遑多让。卢梭强调，主权权力一旦被授予某位君主或委托给某些代表，它就立刻被个别化了；它就不再作为公意而只是作为个别意志而存在。还应该强调，卢梭的学说与君主制理论家的学说在另一点上也是一致的，即主权权威尽管是绝对的——它不受任何其他意志或先定的法律的限制——，但它还是有自己的限度。公意（volonté générale）若要保持其真正的公意性质并超脱于任何个别性，就必须在目标和源头上都是普遍的（générale），"从所有人出发并适用于所有人"。

实际上，卢梭在为具有抽象集体人格的人民提出主权索求时，就已经把主权权力和社会秩序结合在了一起。创立公意就是奠定真正的社会秩序的行动；真正的公意的维持是社会持久存在的条件；公意的摧毁也意味着社会秩序同时解体。在卢梭的政治话语中，主权和社会重新成为合体。

从这个观点出发，将卢梭的论述与重农学派及其门徒们提出的观点进行比较是很有启发意义的。后者企图通过用自然法则来改造主权权力的行使，从而消除主权权力与社会秩序之间的愈益脱节。对于一个以法律方式（这里的意思是人为的方式）构造起来的等级和阶层社会，他们想以社会的自然秩序取而代之，在他们看来，这个社会应基于有产个人主义的原则，因为这是人与自然世界之间真实关系的表达。他们从一个对团体制社会采取行动的政治强权国家出发，试图建立一个行政中转国家（Etat-relais），这种国家的权威不是来自有产者个人组合成的现代公民社会，相反是国家在为个人表达其利益，并为个人的需求服务。通过设立省议会引入代表制，这是改变政府模式的关键，提出这一看法的有杜尔哥、杜邦·德·内穆尔、孔多塞、勒·特罗内，最后还有卡隆。与对一个毫无生气的消极实体采取强制比起来，"让一个有活力的实体运动起来"似乎要容易得多，办法就是让各种社会利益都在省议会中有代表存在。他们的民族既不是高等法院宪制主义推崇的、带有历史和法律上形成的权利的民族，也不是卢梭笔下组织成抽象集体个人的主权人民,而是一个有产者组成的充满活力的社会,这些成员都在为个人幸福而工作,但工作是在开明而理性的行政当局的有益监护下进行的,因而与社会需求形成了完美的和谐。归根结底,这意味着主权意志被改造成了社会需求的理性表达。重农学派的理论旨在以社会利益的名义将权力溶解在社会之中。

用尽可能简单的话来说,民族主权诞生于法国大革命将主权权力从王权移交给民族的时刻。但这是什么样的民族呢?是高等法院(议会)宪制主义的民族,还是重农学派的民族?主权又是哪种主权?是残留在高等法院理论中、从根本上被理解为君主权威的终极源头和界限的民族主权,还是卢梭理论中的直接人民主权,即被理解为直接承载着整个真实的社会秩序的那种意志,还是被重农学派理论改造过的、作为社会利益的理性表达的主权?

实际上,在1788年7月5日由政府挑起的大辩论中,在关于三级会议应遵循的形式的政治讨论中,我们可以看到这些竞争性的话语纷纷亮相。随后,它们都融汇在有关民族主权学说的最强有力、最引人注目的表述中,这就是西耶斯的小册子《第三等级是什么?》。西耶斯的文字克服了历史性的民族,将民族抽离出宪制主义的陷阱,并赋予其卢梭理论中那直接和积极的人民主权。实际上,他将民族改造成了纯粹的政治存在。博须埃曾提出国王的玄学意象,西耶斯以有关民族的纯粹世俗的——但同样是玄学的——意象取而代之,民族一开始就具有某种终极自然秩序,它在庄严地行使自己的主权意志时不受任何限制。"应该把世界上各民族设想为没有社会联系的个人,或者设想处于所谓的自然状态……由于民族的意志只存在于自然秩序之中,这种意志若要展现其全部的效能,就只需具有意志的自然特征。"在这之前,民族是由君主制国家经过多个世纪的持续努力才创建起来的,但它现在竟然成了某种形而上学意义上的预备条件,这真是一个令人瞠目的反转。《第三等级是什么?》的逻辑对现存国际关系格局的威胁,丝毫不亚于它对法国君主制的制度格局的颠覆。一旦这种逻辑被接受,人类的历史就要成为一部民族自决的历史。

如果说作为集体存在的民族属于某种先于一切历史的自然秩序,那么,其真正的成员就是尚未具有历史头衔的个体,因此第三等级的成员还没有因为特权的历史累积而失去身份。西耶斯的民族,正如卢梭的人民,是法律面前平等的公民个体的联合。但这是一种什么性质的联合呢?在这个问题上,《第三等级是什么?》有个引人注目的特征:尽管它赋予民族以卢梭所谓的人民所具有的许多特征,尤其是全体平等的公民通过某种共同意志而缔结的联合体具有的统一性和普遍性,但西耶斯根本不认为社会契约是集体存在的逻辑基础。西耶斯在小册子中假设,一开始就存在"或多或少的希望团结在一起的孤立的个人"。所以,建立政治社会的第一步就在于发挥个人的意志:"联合是这些意志的成果;它们是一切权力的源头。"但任何社会契约都不是为详细规定联合行动的性质和条件而订立的。在《第三等级是什么?》的开头处,西耶斯诉诸某种更接近重农学派而非接近卢梭的语言,认为民族的特征在于社会和经济组织,其基础在于自然秩序,并通过人类生存不可或缺的必需品的生产和分配而得以维系,这就更突显了使政治社会自然化的倾向，契约论起源则被进一步淡化。

西耶斯对《社会契约论》核心论点的忽略引人注目，却是有充足的理由。在《第三等级是什么？》中，西耶斯的目的不在于强调契约创立的某种道德存在的人为性和脆弱性，而在于民族及其共同意志这一关键事实："民族意志……只要存在就是永远合法的，它是一切合法性的来源。"在卢梭的理论中，每当公意不再起作用，人民也就不再是抽象的集体存在。但西耶斯推翻了这种逻辑。因为公意消失而导致联合体瓦解的威胁，可以说在他的文本中是不存在的。他并不认为，以个人意志取代公意时，就是以专制主义和特权摧毁了民族。他同样不认为，法国人在认同其代议制形式时，他们就不是（或将不是）一个民族。他之所以排斥这些代议制形式，仅仅是因为它们不合法，因为它们与民族认同的现实不相符合。"一个民族不能决定它将来不是民族。"民族从虚构的存在变成了原初的实在。

495　　《第三等级是什么？》是一篇政治修辞的杰作。但是，西耶斯不能控制自己小册子的所有意涵。像所有此类著作一样，这篇小册子所述说的东西要比作者自己想要述说的更多——或更少。随着它的酵母开始在法国的政治话语中发酵，人们必定能发现西耶斯未曾预见的意义延伸。民族主权原则将在一系列的革命措施中获得日益明确的表达，这些措施如创立国民议会，如网球场宣誓，如8月4日夜，如《人权宣言》，如宣告了宪法基础的议会早期辩论；而宪法将在确认如下原则的基础上拟定："主权是统一、不可分割、不可让渡和不受时效约束的。主权属于国民

(Nation)。"但是,这一原则的落实与《第三等级是什么?》的作者宣扬的方式根本不同,这在某种意义上已经预示着革命者将主权从国王向民族转移时将要碰到的困难。

民族如何才能行使刚刚宣告的主权呢?这是1789年8月底和9月的制宪辩论的核心问题。穆尼耶和王政派提出的国王绝对否决权和权力平衡机制遭到否决,意味着彻底否认他们关于民族是主权之源而非其积极代理人的理念。由此,主权应被理解为民族所直接和随时固有的。但是,在一个不可能实行直接民主制的广大社会中,如何确保统一的主权意志得到直接和即刻运用呢?民族主权的不可分割和不可让渡,如何与代表制的必要性兼容呢?西耶斯在辩论中坚持,民族意志只能在代表制大会中才能得到表达;摆脱了众多选区的部分利益的共同意志,只有在这里才能通过整个民族的代表们之间的辩论得以形成:这是以代表制的话语重新表述卢梭主义的要求,即公意应该在源头和目标上都是普遍的。尽管《第三等级是什么?》之前已有各种论述,但西耶斯的观点意味着,公意不能被视为一种独立和先行的积极意志,只是此后通过代表制从原始大会转移到国民议会手中。西耶斯强调,在国民议会之外不存在任何共同意志:民族只有在统一的代表制机构中才具有集体人格。从这个观点出发,坚持搁置否决权就是荒谬的。

不过,在接受搁置否决权时,制宪议会采取了一种十分不同的有关民族主权表达形式的看法,这种看法的出发点基于这样一种假设:现存的公意是积极的先行意志,它内在于整个民族实体之中。但是,一旦主权被认为内在于民族实体之中,立刻就会出现一种始终存在的危险，即代表制议会可能偏离公意——个别意志有可能取代民族真正的意志。这就是国王宪政功能的来源，他在行使搁置否决权时就是民族的另一个"代表"。因此，国王有责任推延接受立法机构通过的、任何被怀疑未能符合民族公意的法令，直到民族能够有效地自我表达为止。

搁置否决权只是大革命为调和民族主权不可让渡性与代表制实践而进行的历次尝试中的第一次。导致君主制走向毁灭的是一场新的革命，这一革命受如下意识的推动：在路易十六手中，否决权已经变成了规避公意的工具。但本身具有代表性的国王本来应该保障公意之表达，于是，在1792年8月10日的起义之后，人民自己取代了国王的位置，开始对议员实行持续的直接监督。民众主权（souveraineté populaire）取代了民族主权（souveraineté nationale）。

无套裤汉表达的民众主权有好几种意思。首先，它意味着应该将"不受时效约束、不可让渡和不可委托"的主权权力，理解为内在于巴黎各区常设公民聚会群体的直接和随时具有的主权权力。这里的人民有血有肉，它的意志积极而显明，它的统一不受积极公民与消极公民这种悖逆区分的侵害，而且，它的意志摆脱了繁复的间接选举制度强加的束缚。在无套裤汉话语的核心之中，人民这一术语的社会和政治内涵存在根本性的混淆。主权人民是政治性的人民实体，是公民通过其全体一致的意志而形成的总体。但这里还有社会性的人民实体，即劳动者构成的人民，这些人通过他们与物质性自然的具体可感的关系、通过其需求的直接性来界定他们共同的存在感。每个成员，每个街区，都可以为整体而发言。这种与自然的共同关系也被用来定义人民。无套裤汉用西耶斯曾用来批驳特权者的逻辑来攻击富人和游手好闲者：主权民族的基础在于有具体内容的劳动，它只能由积极投身这种有益的劳动的人构成。"一个显而易见的真理是，民族是无套裤汉的，少数掌握所有财富的人不属于民族；他们只是特权者，但他们的特权快结束了。"天文台街区在1793年9月这样说道。

这种不可让渡的民众主权观念造成了严重后果。立法法案在通过之前应经过民众的直接批准的要求并非毫无影响。革命政治很快就对此有了感应，因为国民议会议员们成了**受委托的人**（mandataires）而不是代表。正如各街区向议员们提交的无数请愿书所提到的，他们之所以被派往议会，不是以人民的名义做决定，而是担负人民的主权意志。由此产生了人民质询和监督议会并审查其决议的权利；在人民认为必要时传唤某些议员前来做说明的权利；任意撤销、召回、谴责或替换不忠实的受托人的权利。最后还有人民的起义权：如1792年8月10日向一个分裂的议会强加民众意志的起义；或者清洗不驯服的代表机构，以恢复反映民众意志所必需的统一性的权利，1793年5月31日到6月2日的日子就是如此。

巴黎人民的起义行动是以这些有争议的诉求为理由的，从而把民族主权不可让渡这一革命难题推向了危机的顶点。对于民众起义，人们可以论证说，这是统一的人民对背叛的受托人窃取其不可让渡的主权意志的终极拒绝，但人们也可以谴责说，起义只是人民中的部分人的非法僭越，他们试图行使整个民族的权力；但这两种情境下的难题是一样的：如何以宪法手段根除诉诸起义的必要性？这是1793年初孔多塞在向国民公会提交吉伦特派宪法时提出的问题，但在5月31到6月2日的日子过后，艾罗·德·塞舍尔（Hérault de Séchelles）在陈述山岳派宪法时也有同样的问题。

吉伦特派宪法提供了一个既复杂又完整的解决方案，它试图将立法机构的行动置于人民的理性判断之下，而人民是聚集在初级大会中的全体人民。这是企图将革命变成一种持续的和平制度，从而让起义归于无益，不过，这种尝试在国民公会那里几乎不能成功。对于圣茹斯特，这类机制中产生的公意，注定要带上过多的孔多塞理性主义的烙印。而罗伯斯庇尔则谴责不断诉诸初级大会的做法：这种民主的繁文缛节将使人民感到疲倦，从而有助于出现破坏主权的阴谋活动。

1793年山岳派的宪法方案规定了一种较为简单的保障行使民众主权的方式。它依据对几个初级大会的调查，详细规定了法律草案提交全民公决的具体程序。它还建议设立国民陪审团（其选举时间和方式与立法议会相同），负责审判被控滥用或不忠于其职责的议员。国民公会通过这部宪法时，对有关民众公决的规定进行了限制，但它在国民陪审团的提案前退缩了。这个条款造成的混乱，就像声名扫地的搁置否决权一样危险，如果将其引入主权的行使之中，将会削弱甚至阻碍立法机构的行动。但又该如何"保障人民免受立法机构的压迫"呢？负责重新审视这一问题的救国委员会，提出了一个堪称无套裤汉诉求的变通版：每个议员任期届满之时，都将由当初选举他的初级大会进行审查；如他有过令选民不满之行为，则会失去被选举权，亦不能担任其他公职。不过，这个提议同样受到指责，因为它被认为威胁到了民众主权的完整性。它会纵容耍弄阴谋的民族之敌堂而皇之地免于惩罚,而品德高尚的民族之友则可能受到谴责。吉伦特省、旺代省撤销过它们那些背信弃义的议员吗?清洗过后的国民公会当然认为没有,它还拒绝赋予部分人民——不管他们是谁——"剥夺整个民族所敬重的某位代表"的权利。不可让渡的民众主权的问题造成的迷局,除了起义似乎就没有其他办法可以走出了。对于这种理论上的挫败,国民公会的议员们还有个方便的说法聊以自慰:"人民始终存在。"

人民始终存在。但人民无处不在吗?所有人都是人民吗?在焦虑不安地提及旺代时,国民公会关于国民陪审团的辩论已然指出了另一个关键问题,即民族／民众主权概念所固有的难题。西耶斯所捍卫的民族主权概念,只是要求不同的利益在国民议会的协商中转化成统一的意志。但制宪议会在接受搁置否决权的同时所采纳的主权观念——而且因为无套裤汉、因为他们视议员为受托者的观念而进一步强化——则超出了西耶斯的想法。这种观念意味着,议会的统一直接来自民族／人民作为一个实体的统一。主权民族的意志既是统一的也是不可让渡的:人民作为实体所体现的统一,应该与其试图赋予议员的统一是一回事;所以就完全不能容忍人民实体内部存在分歧。

在这种逻辑中,统一性是主权的条件;民族要么是全体一致的,要么什么都不是。贯穿大革命始终的那种敌意就是由此而来的,这就是对任何公开表达个别意愿或局部利益,从而威胁主权意志之统一的政治行为的敌意。通过排斥来实现统一的持久倾向也是由此而来的。大革命一开始就是以根除享有特权的贵族而构建起主权民族的。但是,在战争和内部分裂中进一步强化的统一意志的逻辑,在一步步扩展"贵族"范畴时,也将其对应物"民族"或"人民"进一步缩小了。对民族之敌的检举揭发、清洗和动用革命司法手段,都将嫌疑犯的名单无限拉长了。

然而,无套裤汉在要求实施嫌疑犯法的同时,实际上也在要求国民公会将所有不团结因素从人民之中清除。每当统一衰弱时,合作者中的任何一方都应该将统一性强加给其他方。这就是恐怖的基本逻辑。对此没有谁比罗伯斯庇尔说得更明白。他在1793年5月10日宣称,"人民是善良的,但它的代表们是可以被腐化的;应该在人民的美德和主权中寻找防范政府邪恶行径和专制主义的安全阀"。但是,这一防范政府祸害的安全阀本身应该掌握在政府手中。这是为恐怖辩护的决定性论据。罗伯斯庇尔先后于1793年12月25日和1794年2月5日强调,民众政府的主要动力源就在于能使个人意志等同于公意的美德。没有共和美德的政府可以在人民之中寻找资源;但是,如果这种美德在人民之中消失,自由也就消亡了。所以,对国民公会、对它的各委员会和官员而言,当务之急是维护和增强人民的政治美德。恐怖"不是别的东西,仅仅是迅猛、严厉、坚强不屈……的公正,它是美德的发扬",所以,显而易见的紧迫任务是根除分歧和混乱。

但是,当"贵族结成民众社团,反革命的傲慢将阴谋和匕首隐藏在褴褛衣衫之下"时,该如何区分人民和敌人呢?对分歧的恐惧发展到了这样的地步:任何政治行动都被视为真实或潜在的颠覆性的、不道德的意愿的表达,以致恐怖变得无法限制。

恐怖的政治经验是此前没有想象过也无法想象的，它引发了对主权概念的系统批判。西耶斯的著作将民族主权置于革命话语的核心，这方面他可能比任何人更为明显，但后来他成了极端民族主权论最早的谴责者之一。在共和三年热月2日的演说中，他再次将代表制看成劳动分工原则在政治事务中的运用，而将劳动分工视为现代社会的基础。他曾经追讨被国王篡夺的主权，此时则强调法国人民也被无限的、绝对的、专断的权力的病毒感染了："人们曾带着某种爱国主义的骄傲认为，虽然伟大国王们的主权是如此强大，如此可怕，但伟大人民的主权必定是另一种颇为不同的东西。"但实际上，个人在创立政治社会时，并未将其全部的权利转交给共同体，也没有把所有的个人权力授予共同体；相反，他们保留着很多的权利，只是将维持其自身所必需的少量权力变成公共权力。政治不再是某种专断意志的统一行使："道德和社会自然中没有任何专断，正如物理自然中没有专断一样。"主权权力的集中，而非它的让渡，才是最大的政治暗礁；权力的限制、权力的分化、权力服务于多元的利益和社会需求，这些才是社会性事实的主要目标。就这样，西耶斯在概述其早期思想中的重农主义论点的同时，再次重申了一种社会话语的优先性，这种社会话语的基本观念是，在现代公民社会中，理性、利益和功能的分配是有差别的。

这些论点首先被邦雅曼·贡斯当捕捉到，他的论述堪称法国自由主义的经典形式。对于贡斯当，恐怖的关键是混淆了古代人的自由和现代人的自由，前者表现为主权意志的集体行使，后者则意味着作为私人的个人福祉的安全；而恐怖的主要责任人是古典政治美德的伟大赞美者卢梭和马布利。他们被自己不切实际的观念引入歧途，认为现代人可以恢复古代人享有的集体主权，这样一来，革命者就不可避免地陷入"被称为恐怖统治的难以理解的眩晕"之中。这种对恐怖的自由主义反思包含两个关键论点：一个是对基于公意理论的民众主权原则的批判；另一个强调应当维持国家与社会这一重大区分。贡斯当并不否认，以公意为依靠的合法政府是值得向往的，当然这里的公意指的是被统治者的共同许可；但他完全拒绝导致无限主权权力的公意观念。在他看来，集体主权的支持者最大的错误在于，他们的攻击针对的是绝对权力的持有者，而不是针对这种权力本身。他们不是设法摧毁绝对权力，而只想着将它交给全体人民。"这本是一场灾难，他们却认为打了个胜仗。他们把整个社会都赔了进去。"他们认为，任何个人或团体都无权让其他人服从其个别意志，这是对的；但认为作为整体的社会可以对其成员实施无限主权，则是错误的。

根据贡斯当，卢梭曾预感到打着人民旗号的可怕权力的危险性，所以他宣称主权不能被让渡，不能被委托，不能被代表——实际上，这是在声明主权绝不可能实施。贡斯当试图以有限的政治权威理念取代公意的暴政，这样他就走向了与政治意志主义话语的抗辩。他转向重农学派的话语，认为社会的构建不能依靠意志的实施，而是基于人与人之间的自然关系；法律无非是这种自然的社会关系的表达。在这种前提下，通过主权意志的自由行使进行立法——这是从博丹到法国大革命的主权学说的标志——就在社会秩序本身的性质问题上产生了一个根本性的误解。"法律不是任由立法者支配的。法律不是他的自发创作。立法者对于社会秩序的关系,一如物理学家对于自然的关系":换言之,立法者是法律的观察者(遵从者),而不是创造者。

因此,恐怖揭示了一切政治意志主义理念内在的专横,要祛除这种专横,唯一的出路是在国家和公民社会之间确立一种绝对的区分,划定一条神圣的边界,以保卫不应受任何政治权力侵犯的那部分人类生活。革命者梦想的社会秩序是人类意志的透明的表现,而贡斯当则坚持,对于国家来说,公民社会必须是隐晦和不可渗入的。

随着这种对国家与社会所必需的分界线的辩护,主权学说又回到了自己的起始点。早期的绝对主义理论家们强调的是,必须有一个统一的主权权威从内部维持社会,这个权威尽管至高无上,但同时也受社会秩序的性质的限制,而主权既是社会秩序的条件,也是其基本的表现形式。但是,积极有为的行政国家的发展扰乱了这种与社会秩序呈合体关系的主权的意义,这就促使人们努力为社会收回一种主权权力,这种权力看来会从外部威胁社会,而不是从内部维系社会。

革命者将最为激进的论点与公意理论融汇在一起,并将主权不容让渡的行使落实于民族/人民的单一实体之中,这也是在尝试重新将主权内化于社会。但是,他们为满足统一和不可让渡所需的条件而进行的努力,酝酿出了恐怖的逻辑,将集体自由的理论转变成了专制主义的实践。国家与社会的现代区分,强调二者必须分离的自由主义主张,就是对这段经历的历史回应。

基思·迈克尔·贝克(Keith Michael Baker)

延伸阅读

BACOT, Guillaume. *Carré de Malberg et l'origine de la distinction entre souveraineté du peuple et souveraineté nationale*, Paris, CNRS, 1985.

BAKER, Keith M. (sous la dir. de). *The French Revolution and the Creation of Modern Political Culture*, t.1, *The Political Culture of the Old Regime*, Oxford, Pergamon Press, 1987.

CARRÉ DE MALBERG, Raymond. *Contribution à la théorie générale de l'Etat*, 2 vol., Paris, Sirey, 1920-1922; rééd. 2 vol., Paris, CNRS, 1962.

FRANKLIN, Julian H. *Jean Bodin and the Rise of Absolutist Theory*, Cambridge (Angleterre), Cambridge University Press, 1973.

SINGER, Brian. *Society, Theory and the French Revolution: Studies in the Revolutionary Imaginary*, New York, St. Martin's Press, 1986.

SOBOUL, Albert. *Les Sans-Culottes parisiens en l'an II. Histoire politique et sociale des sections de Paris, 2 juin 1793-9 thermidor an II*, La Roche-sur-Yon, H. Potier, 1958 (aussi Paris, Clavreuil, 1958; rééd. 1962, avec sous-titre *Mouvement populaire et gouvernement révolutionnaire*).

参见条目

旧制度（**Ancien Régime**）
革命议会（**Assemblées révolutionnaires**）
宪法（**Constitution**）
民主（**Démocratie**）
选举（**Élections**）
绝对君主制（**Monarchie**）
民族（**Nation**）
重农学派（**Physiocrates**）
罗伯斯庇尔（**Robespierre**）

卢梭（Rousseau）

无套裤汉（Sans-culottes）

西耶斯（Sieyès）

选举制度（Suffrage）

恐怖（Terreur）

汪达尔主义
Vandalisme

在法国大革命创造的新词当中，汪达尔主义是极少数人既知道其作者又知道其诞生背景的词。布卢瓦的宪法派主教格雷古瓦修士，制宪议会中最有影响力的议员之一，国民公会的成员，在共和二年创造了这个词，并向国民公会提交了一系列报告。用他在《回忆录》中的话来说，此举是为了"制止事态"（tuer la chose），也就是检举和遏制对各种文化财富，如纪念物和绘画、书籍和历史文书的摧毁，因为它们被当作邪恶的过去的象征，即"封建制度"、"国王暴政"和"宗教偏见"的象征物而被销毁。1794年1月（共和二年雪月），格雷古瓦在关于公共纪念物和铭文的报告中首次使用了"汪达尔主义"这一术语，但只是随意提到。这个词直到热月9日之后才真正开始其光辉历程。这尤其得益于格雷古瓦以公共教育委员会的名义提交的三份《关于汪达尔主义的报告》（Rapports sur le vandalisme），时间分别是共和二年果月14日、雾月8日和共和三年霜月24日。这个新词很快就被接纳，最终进入了各种话语圈中，而且还不断出现在国民公会的辩论中、公共和私人通信中。"汪达尔主义的大斧子"、"汪达尔主义的狂暴"，诸如此类的说法的生成也就很自然了。因此，从这个套话的源头来说，上述报告构成**有关**和**针对**大革命汪达尔主义的话语发展的一个重要阶段。此前关于毁坏纪念物的指控仍然笼统模糊，但格雷古瓦的控诉附上了一长串纪念物的名单，它们是被摧毁的"科学和艺术作品"：巴黎的卜莎东（Bouchardon）的作品；法兰夏德（Franciade）的蒂雷纳（Turenne）墓地（法兰夏德就是原来的圣丹尼，然而我们可以注意到，王家墓地被摧毁一事并未被提及）；沙特尔的大教堂被毁坏，屋顶的铅板被揭走，顶上光秃一片；各修道院和城堡的图书馆被完全没收，房子在潮湿中朽坏；圣日耳曼-德普雷宏伟的图书馆被大火吞没；凡尔登的一尊圣母像被摧毁，凡尔赛的一尊古代朱庇特胸像被打碎；安德尔省有人要卖掉一些非常好的柑橘树，理由是共和派需要的是苹果而不是柑橘，等等。所以这不是孤立的案件，而是席卷整个国家的"破坏狂热"。在格雷古瓦念到的长长的名单（虽然很不完整，但我们今天很清楚，它本来应该远为丰富和让人印象深刻）中，除了确凿的事实，还有一些谣言和想象：在巴黎，有人传言国立图书馆被纵火，马赛也有人想焚毁所有图书馆；还有人计划摧毁法国所看重的**全部**纪念物。

格雷古瓦在这些报告中赋予这个新词以越来越广泛的含义，这种趋向还因为无数重复和散布这个术语的文字而进一步加剧。汪达尔主义的对象不能简化为被"野蛮人挥舞大斧子"的历史纪念物和艺术科学品。汪达尔主义同样意味着"要徒劳地改变地名的名副其实的狂热"，这种狂热已经发展到这样的地步，以致不久后"博斯平原都要改称山岳了"；另一种狂热是改人名，如用布鲁图斯（Brutus）取代雅各（Jacquot），用阿里斯蒂德

（Aristide）取代皮耶罗（Pierrot）。"汪达尔主义"尤其是一种针对"才智之士"的"有组织的体系"，大革命期间受到迫害的学者、艺术家和文人的漫长名单就见证了这一点。最令人震惊的例子就是拉瓦锡（Lavoisier），他是法国和整个科学的骄傲，共和二年花月，他表示希望能将被送上断头台的时间推迟15天，以完成对共和国有益的实验；然而，据说革命法庭的庭长迪马（Dumas）这样回答他："革命不需要学者。"这句话虽然流传甚久，但实际上并没有人说过，而且格雷古瓦提到的背景也完全不准确；不过这并不妨碍"反汪达尔主义"的事业找到自己的殉道者，并一下子就发现了其象征。孔多塞是另一个殉道者：5月31日的暴动之后，他被当作吉伦特派遭受镇压，并在监牢里写下了《人类精神进步纲要》，这是歌颂进步与大革命之光荣的真正的赞美诗，但随后他就于共和二年芽月5日自杀，以免自己被送上断头台。

因此，格雷古瓦在他的报告中为所有关于汪达尔主义的话语提供了一个铸模，他将**对各种汪达尔行径**的揭发汇聚于同一个表达法之中，他还编订了一个汪达尔行径的目录，并**对汪达尔主义的责任人提出了指控**。在最后这一点上，格雷古瓦像所有受他启发的热月党人一样，没有让人产生丝毫的怀疑：他的指控在**汪达尔主义与恐怖主义**之间画了一个连字符。在热月9日之后，人们尤其强调罗伯斯庇尔的个人责任：暴君或译僭主罗伯斯庇尔和汪达尔主义者罗伯斯庇尔就是同一个人。"汪达尔主义者罗伯斯庇尔"的形象已经成了一句老生常谈，以致人们经常复述这句话，仿佛它是确凿无疑的，甚至还在这之上添加了既浮夸又富有煽动性的点缀意象:"意图烧毁图书馆的新奥马尔(Omar)[①]"(弗雷龙(Fréron));"一步步堕入可憎的野蛮之中的野心勃勃的无知者"(M.-J.谢尼埃(M.-J. Chénier));"一个惊人地无知的邪恶暴君……对一切专注于高深研究、一切具有广博知识的人都满怀憎恶和嫉妒"(福克鲁瓦(Fourcroy))。因此,热月的言论重拾并深入利用了启蒙的一个主导观念:一切暴政都自然是基于无知之上的,并且显然对科学和艺术心怀仇恨;所以,那位"邪恶暴君"想使法国变得野蛮,以便更稳当地奴役它。但是,这些指控很快就取得了越来越广泛的内涵。除了罗伯斯庇尔,这些指控还针对**汪达尔主义者**(vandalistes),这是当时的另一个新词,既指那些直接犯下毁灭罪行之人,尤其是非基督教化运动期间的圣物毁坏者,也指那些想把汪达尔主义视为一种政治和文化纲领以从中渔利的人。因此,对书籍和艺术品的毁坏、对艺术家和学者的迫害只是一个整体现象的若干效应,而这个整体现象就是法国和大革命的**恶棍化**(encanaillement)。恐怖就是恶棍掌权(canaille au pouvoir),而"汪达尔主义者"只是"恐怖主义者"的另一张面孔。这种越来越激烈和多样化的反汪达尔主义的话语,将恐怖主义者的整个形象与汪达尔主义的渣滓完全合一,他伪装成革命者和爱国者,扼杀正直人士、散布恐怖、抢劫和偷盗他们都还嫌不够;他们还要奴役公共生活,给它盖上厚重的污垢;他们还憎恨文化,毁掉他们看不懂的书籍和欣赏不了的艺术品,一

[①] 这里指的应该是 7 世纪上半叶阿拉伯征服者奥马尔,他曾在埃及焚毁亚历山大图书馆。

句话,他们使得法国汪达尔化(野蛮化)。恐怖使得汪达尔主义制度化,在它蹂躏过的废墟之上,热月党人的国民公会建立起了自己的文化创造物:这就是综合工科学校(1794年9月)、师范学校(1794年10月),以及旨在协助"艺术家"的学院(Institut, 1795年10月)。这还不算为有效终止破坏行为而采取的所有坚定措施(但未能阻止拆除其他形式的文化遗产,如名人公馆、隐修院、城堡,以及各种贱卖给投机者以便拆毁的国有财产)。因此反汪达尔主义的话语传达的是这样一种意象:热月党人当局要给自己营造一种**文明权威**的形象,它要努力不让这个国家再次堕入汪达尔主义和恐怖的深渊。这种"反汪达尔主义"的话语还可以安抚因为恐怖而惊恐和流散的旧的文化精英们,也是在鼓励和培育共和国奇缺的新精英。它还给热月党人和督政府带来附加的威望,甚至另外的合法性,它们当时十分需要这种支持,好让人们忘却关于它们过往的回忆,因为这一回忆受到恐怖的拖累。作为汪达尔主义和恐怖暴政的揭发者,这个政权一下子就表现得像是启蒙的合法继承人,因而也是1789年原则的合法继承人。在转向大革命真正的源头时,革命本身那戏剧性的经历也就走完了自己完整的循环圈;大革命开始时的特征主宰了其终点。

虽说热月时期是反汪达尔主义话语形成的强势时刻,甚至算得上一个转折点,但这一话语的全部历史不能浓缩于这个时期。**汪达尔主义**根本不是个中性的术语,在格雷古瓦发明这个新词之前,我们可以发现**汪达尔人**(vandales)所表达的一整套形象。在启蒙的话语中,汪达尔人是"野蛮人中最野蛮"的。而在革命的修辞中,有一个众所周知的说法,即有待被摧毁的过去被称为

"野蛮的"(barbare):暴政、特权、不公正的法律和税收体制。野蛮的同时也是专制和愚昧的。在一种既开明又革命的话语中,另一个尽人皆知的说法是:整个专制制度就是建立在愚昧之上的,愚昧导致野蛮并与后者混合。旧制度完全是野蛮和专制的,它必然要将民族置于愚昧的境地;而自由只能以启蒙的知识为基础,它是"野蛮的愚昧"的天然仇敌。但是,关于"野蛮"的指控同样指向了大革命本身,从7月14日之后,大革命的对手就这样谴责它。当时人们非难的是革命的暴力;屠杀无辜者、将死者的头颅挑在枪尖游街示众的暴民必然是"野蛮人"。暴力的上升,尤其是在8月10日暴动和9月的屠杀过后,更是被人指责为"野蛮的"和"汪达尔式的"。反革命话语所表达的意象,愤怒和恐惧的言说方式,同时也是诅咒大革命的方式,却是一种前所未有的现象;从根本上说,这里作为与文明对立的毁灭性力量的"野蛮人"不是来自外部而是来自内部,这个现象就越发难以理解了:正如当时最明智的反革命观察家和分析者马莱·迪潘(Mallet du Pan)说的,他们来自"我们中间"。当然,革命的观念学派愤怒地拒绝这些指控:很难说大革命是一种纯粹的摧毁性力量;相反,它的业绩和目标根本而言是建设性的。如果说民族的再生必然要通过摧毁来完成,那恰恰是因为过去就是野蛮的;所以大革命的内外敌人就被认定为"野蛮的"和"汪达尔式的":尤其是被反法联盟的暴君们释放出来的"匪帮"(hordes),以及成为盲信主义囚徒的旺代农民。但是,一个可能已经植根于大革命之中的隐约的"野蛮"阴魂总在盘绕和折磨着人们的头脑:"不要像我们的国内敌人指责我们的那样,去干一场哥特人和汪达尔人的革命",米拉波在1791年提交他关于公共教育的计划时这样呼吁。在随后的几年中,面对文化财产的毁坏,教育体系被摧毁,以及汹涌的破坏文化浪潮,人们对于革命事业的堕落的焦虑日甚一日。责任当然总是被推诿给外国人、居心不良者,尤其是人们的愚昧,后者是灾难性的过去的遗产:总之,责任归于既敌视革命又外在于革命的各种力量。不过,在国民公会新的辩论中,在历史文物委员会和公共教育委员会的文件中,我们可以感觉到一种越来越大的麻烦:当各种"野蛮"行径显而易见地不是亲王和教士们的罪过,而恰恰就包含在无套裤汉、革命军队、监督委员会、共和国代理人的爱国主义公民行为中,而且被这样或那样的革命特派员包庇乃至怂恿,那又怎能谴责它们是外在于或敌视大革命的"野蛮行为"、指责犯事者是"汪达尔人"呢?共和二年春天,当埃贝尔派被处决后,以罗伯斯庇尔为首的救国委员会将这些"密谋者"当成了替罪羊。这些人被指控,为了颠覆政府和篡夺权力,企图败坏一切,将人民投入愚昧的深渊并毒害他们。于是,这个政治密谋就解释了大革命何以能在自身之内滋生出对历史文物的破坏和对学者的迫害,这些可怕的暴行败坏了大革命的高贵事业。因此,就是在恐怖的鼎盛时期,为了服务于雅各宾专政,攻击汪达尔人的范式被发明了出来。热月党人的话语后来加以利用并用来抨击"恐怖主义者"。这种话语将"汪达尔主义"等同于恐怖主义,一下子就改变了针对"野蛮"的开明革命者与汪达尔主义行径的造作者之间的界限。当然,"汪达尔人"的表象还保留着其早期的功能,即指称**他者**,他与文明、与同革命事业密不可分的启蒙是对立的。不过,这个"汪达尔主义恐怖分子"的**他者**——

罗伯斯庇尔成了其象征——已经潜入"我们"中间,想要窃夺革命,扭曲革命,使革命蜕变成它的对立面,即变成新的专制。换言之,关于汪达尔主义的话语在抨击"汪达尔"现象的同时,试图解释何以这种与大写的革命的诸原则背离的现象,如何又表现为内在于**革命事态**进程之中,并与革命呈现的面貌相一致的。热月当局将自己与新专制和旧专制、与君主制和恐怖全都对立了起来,于是它要同时与新旧"野蛮人"进行战斗。这样一来,他们确认了大革命与启蒙之间深刻的一致性,以及已经从恐怖和野蛮中挽救了民族的这个政权的文化和教育使命。

热月党人的话语本质而言是一种意识形态,但它反映了当时的暧昧和矛盾。从长期来看,这套话语不会让任何人满意;对一些人来说,它对大革命的抨击过分了,尤其是对雅各宾和山岳派时期,因为它认为后者是毁坏行为的责任者;对另一些人来说,由于将毁灭的狂热仅仅限定在恐怖时期,从而使得汪达尔行径的责任局限化,这种话语总体而言就为大革命进行了过分的开脱。由于自身的暧昧,这种话语注定要成为有关大革命汪达尔主义的偏激而狂热的辩论的起点,这场辩论将撕裂19世纪的大革命史学,其余波我们今天依然感受得到。这种话语提供了一个模子,尤其是它将对现象的描述和谴责、将对其缘由的追寻和责任的认定融汇在了同一个步骤之中。在进入这场辩论之前,我们要顺便提一下,这个新词含义的扩大直到今天都没有停止过,包括因某种表面看来毫无缘由的个人或集体攻击行为导致文化作品和公共物件的毁坏(被踩躏的电话亭已经成为此类行为的象征,社会学家和心理学家都在焦虑地考察这些行径)。所以今天若要明确这个最初的课题,即格雷古瓦创造这个新词时所要制止的"事态"(chose)的话,就应该进行一些区分,也就是在已经成为一个泛称名词的**汪达尔主义**之上加上形容词**革命的**。

如果说关于革命汪达尔主义的论战在19世纪末有时具有荷马史诗的措辞色彩,那是因为辩论已经大大超越了其表面上的对象,即大革命期间对文化财富的摧毁。的确存在摧毁行径,这一点无人质疑;但也没有人想为之辩护,那种行为在一个如此深信进步和文明的时代是不可想象的。不过,对破坏的幅度,尤其是对破坏的责任问题存在争议。在指控的一方,人们强调的是这一现象,即**革命的**汪达尔主义具有的特征:为此人们详细盘点了各种破坏行为,其中不仅包括对传统文物的毁坏,还有在国有财产出售之后发生的破坏;人们也试图证明,破坏和劫掠几乎不能归因于偶然行为,而是一种全面的计划,是与大革命不可分割并贯穿其整个历史的一种摧毁性的意愿和狂热的表现。在辩护的一方,人们强调的是,"整体而言"大革命期间的破坏不比其他战争和动荡年代更为严重;而且,在随后的帝国和复辟时代,也有同样的破坏行为,甚至更多,这是因为当时缺少评估古代纪念物的审美标准;尤其重要的是,这类破坏传统的行为只是革命进程中的意外,是某些很短时期内的特征,主要发生在非基督教化浪潮中,而且与大革命的整体文化政策是相反的;大革命的文化政策远不是摧毁性的,而是要为民族保留过去的文化成就。人们已经懂得,像有关大革命的很多其他史学争论一样,这场辩论只是再一次地复制了"左"与"右"的对立,辩论至少影响了以起源于大革命而自豪的第三共和国的文化事业,因此辩论中的意识形态问题大大超过了其本来的论题。

对于争论的核心问题,即革命政权在破坏和摧毁行径中的责任问题,或许可以认为两个对立阵营都有一定理由,尽管它们在辩论中都有偏执的一面。不过与此同时,我们应该拒绝采用任何一方的观点。

历届革命政府当然都希望避免毁坏和拆毁文化财富。历届革命议会颁布了一长串的立法,规定了各种措施来保护书籍、宪章、文书、图画、家具,这些东西一旦被国有化之后,就应该加以认真盘点,存放在专门的仓库中。最初的措施可以追溯到1789年11月;补充性措施可见于1790年(10月)、1791年(5—6月)、1792年(9月)。1790年建立了一个由学者和艺术家组成的历史文物委员会(Commission des monuments),专门负责保管巴黎和各历史文书库中的文物。在恐怖鼎盛期的1793年10月,即惩治嫌疑犯条例通过一个月之后,国民公会颁布了一系列"强有力的"措施,以制止各地导致"毁坏艺术、科学和教育纪念品"的暴行,并为此组建了一个专门的机构,即临时艺术委员会。热月党人的国民公会也采取了一整套的扶植文人和学者的措施,在学者当中,蒙日(Monge)、居东·德莫沃(Guyton de Morveau)、拉普拉斯(Laplace)、福克鲁瓦还在政治和社会方面有了惊人的擢升:在督政府和执政府时期,他们当上了高官和部长。我们还能很容易地列举更多的扶持文学艺术的法令、条例和制度。

不过,这个措施,以及旨在反复敦促提醒的文件名单,本身就已经表明它们是多么无效,如果不是完全不适合一个一旦启动就无法控制的进程的话。所有这类保护文物免遭破坏的措施，对其他的革命决策而言就像个防火隔离墙，而后一类决策势必要将文化财富置于危险之中。将教会财产收归国有，没收流亡者的财产，以及国有财产的让渡，所有这类措施都势必导致整座整座的图书馆、众多的历史文书和图画集的强制性搬迁，并致使它们被堆积在条件很差的临时性仓库中：这就不可避免地导致损毁，姑且不提针对艺术品的肆意偷盗和投机，以及贱卖被下令拆除的修道院及城堡的行径。著名的1792年8月14日法令取缔"封建制的各种象征物"，要求拆毁"因为偏见和暴政"而被竖立起的纪念物，这就决定了难以数计的艺术品和历史文物被毁灭的命运。固然，国民公会为控制破坏行为而作了若干限定，但一个月后，由于这份著名法令导致的惊人破坏已经十分明显，以致不得不发出新的通知和限制条例。但这一切根本没有因此结束，因为1793年夏秋又发出了一系列法令，强烈要求消除所有公园、房屋、教堂和各封闭场所的徽章和"各种王权象征物"。非基督教化浪潮究竟意味着什么，体现为从被劫走的钟，以理性和"神圣平等"的名义被摧毁的教堂塔楼，外形被损毁的雕塑，被撕裂的图画，以及被熔铸的宗教圣物。在"革命派与共和派"阵营，当然有人反驳说，这些恰恰是革命政府所谴责的暴行，而且非基督教化的破坏浪潮为时甚短，损坏祭坛和雕塑的主要是革命军队中的兵痞，他们的行为很快就被阻止；另外，有些做法是因为"外在局势"的需要，因为军队缺少铜和硝石。但这样的辩词非常没有说服力，反驳起来很容易。在共和二年的宗教文物破坏中大显身手的勇敢的无套裤汉们,毫无疑问受到了当局的恩惠,而且所有可能采用的惩罚措施几乎都没有执行。在数年的时间里,这种毁坏行为持续不断,它带有明显的连续性,尽管这期间权力集团更换了好几次,尽管"外在局势"的压力已经消失:克吕尼修道院的例子足以说明这一点。

在有关革命汪达尔主义的辩论中,各种对峙和相反的意见在我们看来既相互矛盾又互为补充,它们彼此都以局部和片面的方式揭示了大革命文化政策,以及指导这一政策并给其提供合理依据的表象体系的**内在矛盾**。大革命自认为是启蒙的女儿,它从一开始就有一种文化使命感,一种特别的教化使命感。对我们关注的问题而言,这个使命感表现为**既摧毁又保存**的意愿。的确,革命当局有意担当国有化文化财产的管理者的角色;对于这个民族的代表者来说,让这些财产服务于民族的责任应归于它,它应该成为艺术的保护者,因而也应该将艺术品置于一个与民主的政治空间相适应的文化空间之中。始终在为自己高声要求担当这一职责的革命政权,因为文化财产管理工作实际存在的各种难题而栽了跟头:有待管理的这笔财富的数量太大,这就显示出可资利用的手段和人员的不足,全国各地的临时仓库中堆放的一百多万册书籍在腐坏,这个例子就足以说明问题了。但绝不仅仅是目标与手段之间的矛盾。更具决定性意义的矛盾牵涉的是如何处置这些财物。作为启蒙的继承人,大革命很想延续某种有文化的过去;但它又特别强调自己是一个被许多世纪的暴政和偏见所污染的过去的**再生者**(régénératrice)和**净化者**(purificatrice)。所以确实需要保护过去的作品,但有一个条件:任何不配一个再生后的民族观瞻的元素都要**清除**。革命精英们当然有一种可靠的筛选标准,标准之所以可靠,是因为它同时以启蒙的成就和大革命的奋起为基础。但在实践中,这类标准是模糊的,它们始终都存在问题;所以,甚至保护与摧毁之间的边界也是变动的,很难把握,因为"再生"同时要求这两个方面。这些难题本来已经够麻烦了,再加上宗教问题又贯穿革命文化经验的始终。非基督教化是由革命精英"自上而下"发动的,但它的内在含义,并不必然等同于革命军队在乡村和小市镇进行的宗教文物破坏行为;另外,旨在实现精英意图的集中统一化的法令,其实际执行也因为各地的传统而在各省和各社区呈现极大的差异。出于反宗教的破坏狂热而摧毁一座修道院,或者为了最为便捷地获取钱财以购买国有财产而毁坏修道院,从其破坏效果看都一样是汪达尔主义行为;但从各自的社会文化意义和意识形态影响而言,两种情形又有很大的不同。这里有出于意识形态的"高尚的"汪达尔主义,也有仅仅受贪婪的获利心理驱使的低俗的汪达尔主义。但我们对前者绝没有任何偏袒,而只想指出,大革命期间存在好几种汪达尔主义,同样也存在好几种"非基督教化",而人们往往将各种汪达尔主义混为一谈。

但从另一个方面来说,一个十分蹊跷的事实是,革命汪达尔主义对激发对于过去的好奇心、对唤醒对民族传统的崇拜起了推动作用。汪达尔主义——尽管是以极端的扭曲形态——使得革命纲领导致的文化和政治上的绝境昭然若揭,这个纲领就是要在过去的遗产与文明开化的原则之间做彻底的分割。

对汪达尔主义和损毁艺术品暴行的谴责,本身还不构成这种政策的文化替代策略。真正的替代策略出现于1795年10月21日，那一天，公共教育委员会决定接受年轻画家亚历山大·勒努瓦（Alexandre Lenoir）的建议，设立"一个历史与年代博物馆，人们在那里将能重新找回各个时代，各个展厅的雕刻都将按照其代表的不同时代的准确面貌和特征加以排列"。这样就产生了法国历史文物博物馆，但它要到1816年复辟王朝时期才在从前的小奥斯定修道院正式开办。勒努瓦为历史文化和民族光荣的纪念物找到了一个庇护所。在依次排列的各个展厅中，摆放着一些陵墓和一度流散各地的名人胸像；当缺少某个纪念物时，勒努瓦就命人仿造一个。于是人们能在这座博物馆里看到王家陵墓，如弗朗索瓦一世和卡特琳娜·德·美第奇的墓，它们旁边摆放着一些政治家的墓，如米歇尔·德·罗皮达尔（Michel de L'Hospital）和科尔伯（Colbert）的墓，以及一些学者和作家的墓，如笛卡尔和孟德斯鸠的。展厅的格局也试图再现每个时代的"特色"，不过各展厅的次序反映了进步的理念，尤其是通过光照变化效应来体现这一点：中世纪各展厅是半昏暗的，17—18世纪各展厅则是耀眼的光芒。

有人指责勒努瓦自己的业绩本身就是一种"汪达尔主义"的成果，因为他将墓地从其原址迁离，并违反时间顺序，将从前的雕塑和新作品摆在一起。不过，这座博物馆的一个伟大的创新之处在于它重新提升了民族历史的价值，这成为它获得巨大成功的保证。这些伟人的墓地除了有其象征物、权杖和十字架，还被赋予一种与爱国主义利益相关的**历史**价值，它们可以见证穿越许多世纪的民族的光荣。共和国于是担当了民族记忆的继承人和守护者的角色,它可以坚信自己的民族-国家身份。另外,将众多过去的痕迹和象征物人为地集中到同一个场所——尽管这些物品非常不协调——并且只靠年代顺序串联在一起,这种做法激发了人们的想象力,正如梯叶里和米什莱后来回忆的,这使他们产生了民族历史的统一性的观念。

布罗尼斯瓦夫 · 巴奇科

延伸阅读

BACZKO, Bronislaw. *Comment sortir de la Terreur. Thermidor et la Révolution*, Paris, Gallimard, 1989.

DESPOIS, Eugène. *Le Vandalisme révolutionnaire. Fondations littéraires, scientifiques et artistiques de la Convention*, Paris, 1868.

GAUTHEROT, Gustave. *Le Vandalisme Jacobin. Destructions administratives d'archives, d'objets d'art, de monuments religieux à l'époque révolutionnaire*, Paris, 1914.

GRÉGOIRE, Henri-Baptiste, abbé. *Œuvres*, avant-propos par Albert Soboul, 14 vol., Nendeln (Liechtenstein), Kraus-Thomson Organization; Paris, Editions d'Histoire sociale, 1977 (notamment t.2, *Rapport à la Convention*).

POMMIER, Edouard. *L'art de la liberté. Doctrines et débats de la Révolution Française*, Paris, Gallimard, 1991.

POULOT, Dominique. «Alexandre Lenoir et le musée des Monuments français», in Pierre NORA (sous la dir. de), *Les Lieux de mémoire*, t.2. 2e vol., *La Nation*, Paris, Gallimard, 1986.

RÉAU, Louis. *Histoire du vandalisme. Les monuments détruits de l'art français*, 2 vol., Paris, Hachette, 1959.

参见条目

国有财产（Biens nationaux）

孔多塞（Condorcet）

非基督教化（Déchristianisation）

启蒙（Lumières）

米拉波（Mirabeau）

罗伯斯庇尔（Robespierre）

恐怖（Terreur）

热月党（Thermidoriens）

伏尔泰
Voltaire

"伏尔泰的错,卢梭的错。"伴随着伽弗罗什(Gavroche)的这句话,①整个19世纪都认为这两位哲人的观念导致了大革命,不管人们对这些观念是诅咒还是赞颂。米什莱写道:"当这两个人故去之后,大革命已经在人们头脑的高地中完成了。"此外,伏尔泰本来可以认为书籍统治世界的观念来自于他。不过我们不要在这种关于革命缘起的智识论解释上逗留过久。我们只需注意,伏尔泰和卢梭这两位站在大革命门槛上的导师级人物之间建立了一种对等关系。对于依然记得两位哲人之间战争的人来说,这种并列式的结合本身就是一件大事。用雨果的话来说,要想两人在死后实现和解,其难度不亚于将他们迁出先贤祠这样奇幻场景的出现:"两具头骨相互碰撞,撞出的火星兴许能让创作了《哲学辞典》的大脑和创作了《社会契约论》的大脑相互交流并实现和解。"

---

① 伽弗罗什是雨果的小说《悲惨世界》中的一个街头顽童。根据小说的描述,他在1832年共和派的街头起义中曾唱起一首歌谣,歌中有"这是伏尔泰的错"(C'est la faute à Voltaire),"这是卢梭的错"(C'est la faute à Rousseau)的歌词。

"伏尔泰和卢梭"这个双面神灵在19世纪的上升远不是一帆风顺的。1878年两人逝世一百周年时还可以看到这一点,当时路易·勃朗想要组织一个联合庆典,但他遇到重重障碍,活动最终告吹了。大多数时候,人们都觉得不可能在各种相互矛盾的体系和敌对的作者之间实现和解,除非采取功能性的分类法,如可以根据任务、时代或思想进行划分。

对任务进行划分,就好像这两个伟人分别承担了大革命的各项伟大工作一样。伏尔泰主持的是源于自由原则的各项措施,卢梭则主持平等所要求的各项工作。按米什莱的说法,前者要承担"火热的人道"的繁重工作,后者则要挑起博爱的重担。雨果则认为,伏尔泰要拨动"普世主义"的心弦,卢梭则负责拨动公民的爱国心弦。朗弗莱(Lanfrey)认为伏尔泰是大革命的智慧,卢梭是大革命的动力。一个(伏尔泰)关注形式上的权利,另一个(卢梭)侧重实际权利。我们在饶勒斯那里还能看到这一幸运的劳动分工论的回音。

由于大革命不是一天完成的,这种分工也就是一种阶段性的分工。如在路易·勃朗那里,伏尔泰是18世纪的表达和总结,而卢梭是19世纪的预言者。或者是二人在同一个革命进程中有各自受青睐的阶段。在基内看来,伏尔泰的阶段是在革命之前,制宪议会推崇的是孟德斯鸠,立法议会和国民公会都是卢梭的阶段。路易·勃朗也有类似的划分,稍有区别的是,伏尔泰占统治地位的阶段是制宪议会时期,随后他丧失这一地位,但热月9日之后又得以恢复;在伏尔泰的两段统治之间是卢梭短暂的反个人主义的中间统治期。但奥古斯特·孔德的划分不一样:伏尔泰对大革命的权威性只持续了吉伦特派统治的那八个月；接下来是狄德罗的时期，这是孔德主义者眼中真正的幸福时期；最后到来的是卢梭时刻。

　　这样的分期显然意味着，时段的划分也是一种思想的划分。有一个广为人知的反革命观点，它是菲耶韦（Fiévée）提出来的："德行败坏之人"的兴起应归咎于伏尔泰，而卢梭则招募疯子为追随者。另一个流传很广的说法是，伏尔泰统治了男性的思想，卢梭控制了女性的心灵，维尼（Vigny）就为此说提供了证明：他说自己的父亲有"一个类似于伏尔泰的头脑"，他母亲的则"类似于让-雅克"。更有意思的是政治上的划分。在路易·勃朗、比谢和奥古斯特·孔德眼里，伏尔泰的追随者属于"资产阶级"，是吉伦特派，有时候还加上埃贝尔派：这是消极的哲学派别，他们对罗伯斯庇尔的敌视本质而言是对卢梭的敌视。反过来，山岳派——奥古斯特·孔德把丹东派排除在外，认为他们信奉的是狄德罗——则是卢梭的始终不渝的信徒。

　　那些把"伏尔泰和卢梭"请入先贤祠——大革命期间还没有任何其他文人跨入先贤祠的大门——的人，他们是否意识到这些划分？是否有过此类分期？在法国大革命期间，他们到底赋予伏尔泰何种角色？依据的是何种形象？对伏尔泰的回忆如何能有助于大革命的自我理解？如果人们最终要承认法国革命者真正倾心的是卢梭——这让柏克大为震惊并思考何以如此——，那么同样需要理解的是，究竟是什么使他们完全认同伏尔泰？

　　1778年3月30日，在戏剧《伊琳娜》（*Irène*）再度上演时，人们在剧场里为伏尔泰的胸像戴上了王冠,当时他还在世;可以认为这是法国大革命的起始日期,是一个不为国王加冕而为文人祝圣的时代的开端。1791年7月11日,伏尔泰被迎入先贤祠,当时国王出逃瓦伦被截回没几天,大革命正经历一个特别混乱的阶段,而伏尔泰的第二次加冕就是在这种情境下完成的。这个行动的主事者是夏尔·维莱特(Charles Villette),他认为这是修复伏尔泰蒙受的羞辱。这是病患缠身的伏尔泰临终故事的最后一幕,他晚年很担心遭遇勒古薇尔(Lecouvreur)小姐遗骨所经历的可怕命运,[①] 于是就跟各权威机构——它们已经不再坚持拒绝给人安排墓地,以免引起公愤——协商,好让自己埋葬在菲尔奈,[②] 但之前他的尸体必须经过秘密的香料防腐处理。一个具有反讽意味的遭际打乱了这个美妙的安排:伏尔泰的家族收回了他的遗体,由于他那位当修士的侄子的热情,他还在塞里耶修道院得到了一个不太适宜的墓地。现在,先贤祠仪式的组织者做了这样的规划,在伏尔泰的遗体从修士们那里被夺过来之后,就缓慢向巴黎进发,并在巴士底狱的原址上逗留片刻,他的棺椁被放置在一个堆起来的土丘上。随后,四匹白马拉着装载棺椁的大车穿越城市,并在一些象征性的地点停留:植物亭,按当时一些小册子的说法,那位被宪法羞辱的国王,与凯旋的公共舆论之王的对峙,

---

① 勒古薇尔(Adrienne Lecouvreur,1692—1730)是法国女喜剧演员,曾出演过伏尔泰的戏剧作品,两人一度关系密切。勒古薇尔病故后,教会因她的喜剧演员身份而拒绝让她葬在教会的墓地,经伏尔泰等人的安排方才秘密下葬。

② 菲尔奈(Ferney)是个小市镇,位于今法国和瑞士边境法国一侧,伏尔泰1759年后曾长期这里居住。

给所有人都留下了深刻印象；夏尔·维莱特公馆前，这里的戴蒂尼会（Théâtins）修士码头变成了伏尔泰码头，附近的圆形剧场上可以看到卡拉斯小姐们站在了显眼的位置；再就是停在了民族剧院，以向这位《布鲁图斯》（Brutus）的作者致敬。最后，遗体被隆重安放在先贤祠，这几乎是对伏尔泰曾经梦想的人类典范赋予了宗教般的神圣性，而他本人就是主张伟人高于国王和英雄的理论家。当然，墓地选址本身就带有反教权主义的用意，这一点所有人都看出来了：圣热纳维耶芙（Sainte Geneviève）①似乎要禁止伏尔泰进入她的教堂，但在夏尔·维莱特的极力坚持和威斯敏斯特的榜样的感召下，这里成为一座被正式认可并细心地清除了一切圣徒庇护的先贤祠（万神殿）。当时的送葬队伍混杂着各色人等，其中可以看到戴红帽的巴士底的征服者，寡妇，甚至还有一个穿着制服、被称为胜利女神的妇女，但教士被排除在外。组织者倒是想过让教士参加，而且有一项要求200名白衣教士参与的命令。但最终这个计划被放弃，夏尔·维莱特的仪式虽然有"充分的宗教性"灵感，但它却成为大革命期间第一场没有教士参加的庆典。

这次庆典催生了不可胜数的演讲、题词、小册子和各种仪式活动，它们可以让人更好地理解当时人们对这个伟人的想象。在这次行动的组织者看来，伏尔泰首先是吹响革命号角的先锋。在被人笼统地鼓吹为具有预言能力的作家中间，伏尔泰尤其值得一

---

① 先贤祠（Panthéon）一词原意为诸神之殿，即古罗马的万神庙。巴黎的先贤祠原址是以5世纪时巴黎的圣徒热纳维耶芙命名的教堂。

提，他在1764年4月2日给肖夫兰（Chauvelin）的信中写道："我所看到的一切都是在为一场必定会到来的革命散播种子，我将很高兴能见证这场革命。"（他在津津有味地回忆被自己的"小侄子们"大加利用的"美妙吵嚷"时备感欣慰。）这段文字被反复引用，而且脱离其具体语境（语境是"每天都被焚烧的主教们的命令"，当时伏尔泰脑子里想的只是那些"败类"），但它们到处被用作依据。1791年11月17日，当《布鲁图斯》再度轰动上演时，有人把伏尔泰的胸像搬到了舞台上，于是人们欢呼他是"大革命的先驱"。几个月后，那些把他推向神坛的人甚至信奉这样一种观念："伏尔泰锐利的目光已经看穿了未来，对于他散播种子的再生事业，他已经预见了曙光。"在当时开启的辩论中，人们赋予伏尔泰双重的荣誉：他不仅预言了大革命的到来，而且所说的"就像我们看到的这样"。特雷亚尔还信誓旦旦地说，伏尔泰已经感到"革命不可能再拖延"。因此，革命者在伏尔泰的著作中发现的，就是革命已经迫在眉睫的传言，是新秩序正阔步到来的确证。"一个美好的时代正在酝酿中"，伏尔泰曾经说。为了看到这场"革命"（对于他的阿谀奉承者来说，这个词在1764年之后词义的显著转变以及伏尔泰对它极其灵活的使用都是无足轻重的），他所需要的"也许只是两三年"。这种胜利的口吻尤其贯穿于他关于宽容的文字中，而且从来没有消失过。人们可以从他的《哲学辞典》中摘录出一部文集，以《伏尔泰致三级会议的陈情书》为题出版。

伏尔泰既是预言者，也是创造者，他的作品，正如1791年7月《普罗旺斯信使》提到的，"就是摧毁巴士底狱的武器"。将启蒙视为大革命的缔造者的观念——这种从现实回溯既往的幻觉在19世纪进一步发展——如此迅速地成为一种常识，这不免让人震惊，尽管存在一些十分孤立但很清晰的批判声音，如穆尼耶的看法。的确，在1791年制宪议会完成的工作中，可以被认为出自伏尔泰的著作的各种措施，能拉出一个长长的清单：如出版自由，立法统一，刑事诉讼程序的改革，以及教士领取薪资的制度。一份捍卫伏尔泰进入先贤祠并批驳詹森派——如果想到对詹森主义的敌视是伏尔泰生平和思想中的一个组成部分，就会明白这个派别敌视他是有理由的——的小册子列举了如今反映在事实中的伏尔泰原则："宗教被限制在自己的范围之内，耶稣的门徒将属于恺撒的还给了恺撒，国王的权力受到限制并服从于法律，惩罚报复的宫殿被推翻，小暴君们被消灭。"尤其是制宪议会的宗教政策为伏尔泰哲学的展现提供了特别的机会：关于教会财产的辩论在雅各宾俱乐部受到欢呼，当时有个不知名的成员站起来说，议会决定的一切都能在伏尔泰那里找到；特雷亚尔则完全以伏尔泰的术语进行有关修会的辩论，甚至根据社会效用来做一些妥协，如保留那些专事照顾病患或从事儿童教育的修士们的房屋。至于制宪议会开始时提到的"称职的教区神甫"，即掌管出生记录，维护家庭和睦，不参与神学争论的教区神甫，其典范就是《哲学辞典》中善良的特奥蒂姆（Théotime），而且此人并不排斥"温柔、和善而又正直的配偶"。各种小册子都在演绎同一个主题：伏尔泰像祖父一样教导自己的"小孙女"，即大革命。

不过，在议会辩论中，很少有明确表示大革命受惠于伏尔泰的举措，甚至引用他的著作、提到他的情况也很少见。在关于教会财产的辩论中，人们对伏尔泰只字未提，虽然辩论的基调是伏尔泰式的，加拉（Garat）在发言中也有不那么隐晦的暗示，但他竟然是要否认这个问题与"新哲学"相关。贝尔加斯（Bergasse）关于司法权的报告中也没有提到伏尔泰，但报告中全都是伏尔泰思想中非常看重的措施，如预审的公开性和法官的责任制。大革命关于伏尔泰的形象，并非事先就编订了有待实行的改革名单的设计师。伏尔泰远为常见也远为光辉的形象是不知疲倦地为公正而战的斗士形象。他的棺椁穿越巴黎时，那上面写着这样的话："他为卡拉斯、希尔万、拉巴尔、蒙巴伊辩护。"我们已经看到，卡拉斯的女儿们出现在了仪式中。1793年，国民公会甚至下令在图卢兹当年卡拉斯受刑的地方竖立一根赎罪柱。大革命在伏尔泰的身上看到的是"卡拉斯的救星"、拉里（Lally）[①]的复仇者。大革命忽略了作为思想者和理论家的伏尔泰，它强调的是那个不懈地追求兑现自己观念的人在尘世得到圆满实现的意愿。大革命的伏尔泰是米什莱笔下的伏尔泰，"他经受磨难，他是全世界的牺牲品，他在圣巴托罗缪被割喉，他在塞维利亚被烧死，他被图卢兹高等法院与卡拉斯一起判处车裂"。"年迈的斗士啊，"米什莱最后说，"王冠献给你。"王冠就在去先贤祠的送葬队伍中，那是个带星的王冠，随着棺椁上的不朽塑像一起晃动，塑像下方就是棺椁上脸庞朝下的遗体，"仿佛睡着了一样"。

为公正而战的年迈斗士总是与自由斗士的形象密不可分。对

[①] 拉里（Comte de Lally，1702—1766），法国将领，七年战争中被英军俘虏，返回法国后被冤杀。伏尔泰为其鸣不平。

于自由的理解，伏尔泰无疑是有过很多变化的。一开始他将意志和自由视为一回事。稍后，通过对洛克的阅读，他深信自由意志的观念是荒诞的（"我想要"（je veux vouloir）的说法是没有意义的），一切自由都取决于执行的权力：对瘫痪者来说，自由并不是想走动，而是能够走动。此外，《哲学辞典》明确指出，在有关自由的争论中，有些人想到的是行动的能力，有些人想到的是意志的能力，还有些人想到的是执行的能力。伏尔泰是最后一类人，因为他的思想虽然有波动，但有一种深刻的意识几乎没有改变过，这就是自由是人从传统中自我解放的能力，自己来界定一种新秩序并使其变成现实的能力。伏尔泰从英国人那里学到了消极自由的观念，他对此颇为尊重，不过，对于人仅仅依赖法律的观念，在他那里总是辅以一种对人类力量的积极认识，即人能够挣脱奴隶制、奴役和永恒誓言的束缚。革命的小册子所领会的正是这种力量。颂扬出版自由的小册子自然将伏尔泰视为庇护神，但不只是此类小册子。所有崇拜伏尔泰的行动主义的小册子都在不懈地宣扬、招募、战斗，而且它们都崇拜伏尔泰的超级洒脱，这个人曾写下这样的文字："过去的时光就像没有出现过"，应该"不论在哪里，永远从此刻出发"，他们甚至更为自觉地引述那位行事迅速的亚历山大了："胜利的英雄不需要祖先。"当第一份向伏尔泰致敬的法令颁布时，一位议员提议将伏尔泰称作"思想的解放者"。正因为如此，拉马丁把这个神一样的人物的棺椁进入巴黎，看作"自由接管了这座城市和圣热纳维耶芙的神殿"，由此证明大革命对自己有十分恰切的理解。

这一神化行动恰逢瓦伦事件的创伤（这也意味着伏尔泰关于善良的立法者国王的整个观念最终破产了），它是否标志着一个阶段的终结呢？伏尔泰的凯旋曾经确定了自由革命的基调，但是在那之后，是否清理了场地，以迎接更契合平等革命的卢梭统治时期的到来呢？这是路易·勃朗所看重的时间划分中的第二个阶段吗？从表面看，情况的确如此。首先，在一系列的小争论中，罗伯斯庇尔已经走上前台。最重要的争论发生在雅各宾派内部。1792年4月，罗伯斯庇尔在雅各宾俱乐部连篇累牍地抨击"阴谋党人"与纳尔榜（国防大臣）合谋串通，这些人包括加戴（Guadet）、福歇、布里索和孔多塞。这个指责让布里索大为恼火：谁敢攻击一个三十年来"与伏尔泰和达朗贝尔一起"同王权、迷信和盲从作战的人（指孔多塞）呢？罗伯斯庇尔反驳说："大革命已经让旧制度的人物相形见绌。"他没有点伏尔泰的名，但针对的正是此人，因为他勾勒的是一个逢迎达官显贵、歌颂国王的文人。共和二年花月18日，罗伯斯庇尔发表了一篇重要演讲，论述"宗教道德观念与共和原则之间的关系"，这份堪称他真正的哲学遗嘱的演讲明确地表达了他对伏尔泰学说的怀疑。这个被过分吹捧的伟人属于这样一个"派系"，它"在政治上总是罔顾人民的权利"，"在道德上远不止要摧毁宗教偏见"。他（伏尔泰）还是迫害让-雅克（卢梭）的人之一。必须承认，伏尔泰的这种负面形象（是路易·勃朗的解释的后盾）始终出自于与卢梭笔下萨瓦那位贫穷的代理神甫的对比，后者的《信仰自白》是以贝尔纳丹·德·圣-皮埃尔（Bernardin de Saint-Pierre）为原型的。最后可以指出，严格的计量方法表明，提到伏尔泰的次数随着大革命的进展而不断下降。R. 加利亚尼曾仔细翻阅 1791、1792、1793 年的 4500 份小册子，他注意到，1791 年伏尔泰被提到的频率比卢梭更高，这很可能是因为攻击天主教的缘故；1792 年这两位作家大体持平；1793 年卢梭超过了伏尔泰，而且，总的来说，提到他们二人的总次数在逐渐减少，好像大革命已经越来越不需要什么庇护人了。

不过，这样的明确的阶段划分很难让人信服。被认为属于伏尔泰的时期（1789—1791）远不是一个具有一致性的时期。从大革命一开始，人们就可以对天主教采取敌对措施，因为议会当时对伏尔泰"全集"的献词引发了一场风波。格雷古瓦下令在弄清楚著作是否有删改之前推迟一切辩论。迁葬先贤祠的准备措施再次点燃了对立各方的立场。由此促成了一个强硬的詹森主义群体，并导致了一大堆反提议，这些提议或是要让伏尔泰的封神淹没在一场涉面甚广的奖章颁发运动中（因为还要给孟德斯鸠、马布利和卢梭等人戴上桂冠），或者是间接回避此事；朗瑞奈（Lanjuinais）试图使其从日程中抹去：他认为，伏尔泰或许值得去感谢，但不值得人类去崇敬。在当时发表的小册子中，足足有一半是敌视伏尔泰的。1791 年 8 月，一份请愿书要求将卢梭迁葬先贤祠，其中把伏尔泰称作"毁灭的天才"，而且在革命舆论中这种看法从来没有退却过。要想说明这一点，我们只需选取 1790 年的一场争论即可，争论的一方是以福歇为首的《铁嘴报》的编辑团队，另一方是克洛茨（Cloots）。福歇认为，伏尔泰这个"平常的绅士，城堡主，有教养的人"的文字之下流露的始终是轻浮、无常、尖刻、无视平等的形象，一句话，他是个贵族（aristocrate），尽管这是所有标签中最不适合伏尔泰的。尤其不可想象的是，当人们向卢梭致敬时，还向一个如此敌视卢梭的人致敬（在塞巴斯蒂安·梅西耶《2440年》中，以这个理由足以焚毁伏尔泰的著作）。福歇以先贤祠里的安葬者应相互兼容为名——这个说法将被反复提及——强调一致性：怎能向"观念和原则上截然对立的不同人物"致以"相互龃龉的崇敬"而不产生逻辑矛盾呢？克洛茨反驳说，福歇根本不理解伏尔泰，因为他根本不懂"法国的自由概念"。这种纯粹伏尔泰式的法国观念的独特性就在于它将自由视为启蒙的产物，但福歇却把自由看作基督教的成果，对伏尔泰而言，这是再荒谬不过的事了——克洛茨的这一看法非常敏锐。这两种观点造成了这份报纸与读者之间的分裂，博纳维尔（Bonneville）试图加以调合。他认为，伏尔泰有一些弱点，尤其是他不切实际地将希望寄托在一个开明权威身上，但这些缺点是他那个时代的产物。应该防止反时代倒置的错误，不要把那些在当时无法寄寓的期望挪到伏尔泰的时代。这显然会导致一个推论：法国大革命应该摆脱伏尔泰的影响。

还需要补充一点，人们引用伏尔泰可能与引用卢梭完全不是一回事，这就意味着要对整个计量结果做相对化处理。大革命期间，人们大量使用伏尔泰的文本（大革命的十年中他的"全集"出了六版，"选集"出了两版），但它们更像来自一个精心打造的格言宝库，与具体语境脱离了关系，这些话写在旗帜上，或者突出雕塑的某种姿态，或者伴着车辆游行队伍，的确是很合适的。革命期间的每次情节转换都会很好地揭示这一点。如伏尔泰的话可以用来证明处决君主的合法性（"如果有暴君，就该将他们罢黜");可以斥责谴责这次处决的教宗("梵蒂冈说到底是受其政治统治的");或者用来提升革命战争的士气,尽管这对一个如此缺少爱国主义色彩的作家来说几乎荒谬到了无以复加的地步("对所有高贵的心灵而言祖国都是珍贵的");或者用以歌颂自由("我的心中镌刻着自由,对国王心怀憎恶");但更为出人意料的是被用来论证平等:"人都是平等的,人之所以有差异不是因为出身,而仅仅是因为美德",《穆罕默德》(Mahomet)中的这两句韵文成了大革命期间的引用经典。这种零碎的用法难道会让一个热衷于思想连续性的人感到愉快吗?对此我们不能肯定;但是,这种引用方式也意味着某种无拘无束,与同期引用卢梭时的情绪性和概括性的使用相去甚远。

因此,不可能在大革命中找出一段时间,可以称在这个时期伏尔泰占据着不受其他思想挑战的统治地位。热月党人的国民公会和督政府也很少追随伏尔泰,虽然这两个政权的领导人都以伏尔泰为依仗,而且还要反击一下罗伯斯庇尔-卢梭,但当时的局势并不允许这些反教权主义者采取持续和一以贯之的反教权政策。要用伏尔泰来识别某个政治派系,那就更加不好说了。山岳派中有些人是伏尔泰的狂热信徒,如罗默;甚至罗伯斯庇尔自己也在必要时引用伏尔泰("如果没有上帝,那就应该造一个上帝")。人们曾反复提到,吉伦特派是伏尔泰的追随者,证据是加戴的一次表白和孔多塞写的《伏尔泰传》,但实际上他们是卢梭的崇拜者,他们在这两位哲人之间拉开了"无限的距离",布里索就是如此。"孟德斯鸠啊,伏尔泰啊,"博纳维尔说道,"但还有你,我亲爱的卢梭!"毕佐(Buzot)和罗兰夫人都区分了自己对伏尔泰的赞赏与对卢梭的崇拜。沃尔内（Volney）的笔名来自伏尔泰（Voltaire）的第一个音节和菲尔奈（Ferney）的后一个音节，看来他是伏尔泰的坚定支持者了，但他在《历史课程》(*Leçons d'histoire*)中承认："如果你在伏尔泰的信徒面前攻击伏尔泰，他们只是以推理和玩笑为伏尔泰做一点不冷不热的辩护，他们会觉得你顶多是个品位不佳的人；但如果你在卢梭的信徒面前攻击卢梭，你将会引发他们宗教恐怖般的敌意，他们会认为你是个恶棍。"克洛茨的表态更具讽刺意味，他说伏尔泰缔造了哲学家，而卢梭缔造的是教派信徒。在这种情绪中人们会提到伏尔泰，而卢梭完全无法与之相比。在摧毁者与重建者之间——这里我们复述一下贝尔纳丹的类比——，在利用财富的人和利用贫穷的人之间，在城市人和乡下人之间，在作品以其广度闻名与作品以其深度闻名的人之间，大革命做出了明确无误的选择。即使大革命过去之后，人们还是继续将大革命与卢梭联系在一起。而伏尔泰则和大革命脱离了关系，不过他的著作仅在1814—1824年就发行了160万册，这个数字在当时堪称奇迹。雷米萨（Rémusat）讲述说，在他祖母韦尔热讷夫人（Mme de Vergennes）的反革命沙龙里，"哪怕公开地支持制宪议会的观点恐怕都不保险，但可以继续赞赏伏尔泰，把他抬高到无人匹敌的境界"。

为何会有这种分离，究竟是什么妨碍大革命的思想完全接纳伏尔泰，这仍然需要解释。有人想到，他并不倾向于民主。约瑟夫·德·迈斯特认为，对于大革命，伏尔泰大概只会喜欢其反宗教的一面，但"大概会憎恶其他的方面，因为没有人比他更加敌视一切形式的平等"。19世纪的社会主义者也将注意到伏尔泰那种平静的实用主义和冷酷的现实主义，尽管他接受民主制的平等主义（"枢机主教的厨子完全可以说他和主人是一样的人"），但他拒绝社会平等（"但至少在奥斯曼苏丹占领罗马之前，厨子还是厨子"）。伏尔泰曾多次说，一个审理诉状的高官是不懂如何造鞋子的，这句套话后来回响在一些敌视性的小册子中，它们都把伏尔泰视为鄙视人民的人。但相比于作为反基督教的伏尔泰形象，这个主题出现得要少一些：仿佛反民主的伏尔泰形象因为一场戏剧的影响而被平衡了，因为剧中欢呼的奴隶们是在向最微不足道的平等暗示致意。同样地，作为1790—1793年最受欢迎的剧目，《布鲁图斯》也因被视作共和主义的悲剧而让人忘记伏尔泰对开明君主的殷勤。

大革命对于伏尔泰的享乐主义者形象显然更为反感，他本来可以用另一个带点美德色彩的、更为欢快的词来定义愉悦（plaisir）（"人啊，正因为你们的愉悦你们才认识神"）。伏尔泰不信任"苍白病态的推理者"，他承认自己更喜欢热爱感官享乐的人，这在很多人看来就被罗伯斯庇尔排除在其群体之外了。还有一种信念也对伏尔泰不利，因为他在反驳孟德斯鸠——"一部著名作品的品德高尚的作者"——时说，美德"不是任何事务、任何政治责任的原则"。另一种非常具有伏尔泰色彩的观念是，人是从激情中获得动力的，激情是"驱动整个机器的"真正的"轮系"；但这种观念让反革命者和雅各宾派都很反感，对于他们，伏尔泰实在是个"品性败坏之人"。

这就让人怀疑，大革命对伏尔泰的抵制植根于伏尔泰的人性论中。伏尔泰对马布利、卢梭和所有"充满悖论的著作"的抱怨，有这样一种前提假设：人性不可能具有它并不存在的面目，而且它是不可能改变的。尽管伏尔泰大唱进步的赞歌，但他的思想中有一种强大的固定性：人是一种栖居于存在物阶梯的特定档次上的受造物，他固然能够增长其自由，强健其智识，扩大其幸福，但这都是在人类状况的许可范围之内，而人类状况本质而言是不可改变的。此外，这种对有限性的意识既滋长了伏尔泰的悲观主义，也是其乐观主义的源泉：作为受造物的人类只是"一根线那么高的虱子"，在宇宙这台宏大的机器中几乎不存在；但另一方面，这种孱弱的受造物竟然被授予了理性这一难以置信的礼物。这种实用主义同样支撑了他对于时间的观念：时间的流逝伴随着改进，但在改变局部之前就改变整体，这样的想法在他是不可设想的。他相信有更美好的时代，但未来并没有占据他的思想（当然过去也没有，这就使他十分坚定地排斥卢梭的多情善感）：人应该适应当下，这才是他关心的重大问题。谴责他的人认为他的所有保守主义主张，如认为贫穷不可避免，人类状况的不平等无法克服，都根源于他的社会想象力所遭遇的时代局限。

这里可对伏尔泰与法国大革命之间的不相容关系做一点评估。革命观念本身意味着，一场前所未有的事变将彻底改造生活，这一事变可以改造人类幸福的条件，甚至可以改造人性中的各个要素。另外，就这一点而言，大革命显示了它与基督教观念的相似性，后者也是取决于一个不可思议的历史事件，这个事件能够将恶的存在转化为善。这样我们一下子就明白了，为何革命者利用伏尔泰的方式既带有象征色彩但又漫不经心：伏尔泰的人性不变论对革命者的抱负是一种深层的抗拒，因为，正如路易·勃朗锐敏地指出的，更新这个世界在伏尔泰看来是"道学家的狂想"。当巴卜可（Babouc）将那座小雕塑献给天使易迪列（Ituriel）时，他向后者提了一个重要问题：真的因为这雕塑不全是黄金和钻石做的就要把它打碎吗？① 故事中提示的回答是否定的，这就让人明白，伏尔泰同时认为两种真理都是可以接受的，而大革命可能愿意接受其中的一个，但对另一个则抱有深刻的拒斥。第一个真理是，应该给予人性具有的独立才能以一切展现的机会；第二个真理是，人只能在其本性范围之内施展他的才能。简言之，尽管人应该努力创造更好的日子，但不要去梦想更好的人。新的时代是可能的，但新的人绝无可能。

莫娜·奥祖夫

延伸阅读

La Bouche de fer, Paris, Imprimerie du Cercle social, octobre 1790.

CONDORCET, Marie-Jean-Antoine-Nicolas DE CARITAT, marquis DE. *Vie de Voltaire*, Kehl, 1789.

GALIANI, R. «Voltaire et les autres philosophes dans la Révolution française. Les

---

① 这是伏尔泰于1748年发表的讽喻小说《世界本来如此》（*Le Monde comme il va*）中的故事。天使易迪列派遣巴卜可前往古波斯都城波斯波利斯调查该城百姓的恶行，以判别是否应该摧毁这座城市。巴卜可到达波斯波利斯之后发现，这里的居民的确很凶暴，但也有很多可取的优点。于是他将贵重金属、宝石和泥土混合在一起造了一座小雕塑，将它送给易迪列，并问了文中提到的问题。易迪列回答说，"尽管不是尽善尽美，但还算过得去"，并放弃了摧毁这座城市的念头。

brochures de 1791, 1792, 1793», *Studies on Voltaire*, t.174, Oxford, 1978.

GAY, Peter. *Voltaire's Politics*, New York, Vintage Books, 1965.

MAILHOS, G. «Le mot "révolution" dans l' "Essai sur les mœurs" et la "Correspondance" de Voltaire», *Cahiers de lexicologie*, n° 13, Paris, 1968.

MOUNIER, Jean-Joseph. *De l'influence attribuée aux philosophes, francs-maçons et illuminés sur la Révolution de France,* Tübingen, 1801.

POMEAU, René. *La Religion de Voltaire*, Paris, Nizet, 1969.

WALDINGER, Renée. *Voltaire and Reform in the Light of the French Revolution*, Genève, Droz, 1956.

参见条目

布里索（Brissot）

孔多塞（Condorcet）

平等（Égalité）

博爱（Fraternité）

吉伦特派（Girondins）

自由（Liberté）

启蒙（Lumières）

孟德斯鸠（Montesquieu）

罗伯斯庇尔（Robespierre）

卢梭（Rousseau）

图书在版编目（CIP）数据

法国大革命批判辞典.4，观念卷/（法）弗朗索瓦·孚雷，（法）莫娜·奥祖夫主编；黄艳红译.—北京：商务印书馆，2022

ISBN 978-7-100-19008-4

Ⅰ.①法… Ⅱ.①弗… ②莫… ③黄… Ⅲ.①法国大革命—研究 Ⅳ.① K565.41

中国版本图书馆 CIP 数据核字（2020）第 164231 号

权利保留，侵权必究。

法国大革命批判辞典
4
观念卷
〔法〕弗朗索瓦·孚雷
　　　莫娜·奥祖夫　主编
黄艳红　译
刘北成　校

商　务　印　书　馆　出　版
（北京王府井大街36号　邮政编码100710）
商　务　印　书　馆　发　行
北京中科印刷有限公司印刷
ISBN 978 - 7 - 100 - 19008 - 4

2022年2月第1版　　　开本 880×1230　1/32
2022年2月北京第1次印刷　印张 15⅞
定价：96.00 元